XINLI
JIANKANG JIAOYU

心理健康教育

靳贤胜　李　敏　李军霞／主编

电子科技大学出版社
University of Electronic Science and Technology of China Press
·成都·

图书在版编目(CIP)数据

心理健康教育 / 靳贤胜，李敏，李军霞主编. -- 成都：电子科技大学出版社，2019. 9（2021.9重印）
ISBN 978-7-5647-7278-9

Ⅰ. ①心… Ⅱ. ①靳… ②李… ③李… Ⅲ. ①心理健康－健康教育－高等学校－教材 Ⅳ. ①G444

中国版本图书馆CIP数据核字（2019）第155227号

心理健康教育

靳贤胜　李　敏　李军霞　主编

策划编辑　周清芳
责任编辑　张静心

出版发行　电子科技大学出版社
　　　　　成都市一环路东一段159号电子信息产业大厦九楼　邮编　610051
主　　页　www.uestcp.com.cn
服务电话　028-83203399
邮购电话　028-83201495

印　　刷　四川墨池印务有限公司
成品尺寸　185mm×260mm
印　　张　19
字　　数　500千字
版　　次　2019年9月第一版
印　　次　2021年9月第三次印刷
书　　号　ISBN 978-7-5647-7278-9
定　　价　37.80元

前言 PREFACE

《国家中长期教育改革和发展规划纲要（2010-2020年）》《教育部　卫生部　共青团中央关于进一步加强和改进大学生心理健康教育的意见》（教社政〔2005〕1号）《普通高等学校学生心理健康教育工作基本建设标准（试行）》（教思政厅〔2011〕1号）等文件明确指出，要大力开展大学生心理健康教育工作，促进大学生健康成长，培养造就拔尖创新人才，建设人力资源强国。为推进大学生心理健康教育工作，教育部特制订《普通高等学校学生心理健康教育课程教学基本要求》（教思政厅〔2011〕5号）。该文件要求各高校应结合本地区、本学校实际，制订科学、系统的教学大纲和教学计划，并组织实施教育教学活动。目前，各高校都急需适合当代大学生的、行之有效的心理健康教育教材。

当今的在校大学生在变化多端的社会环境下成长，受世界多极化、文化多元化的影响，在学习、生活、性格及思维方式等方面有着鲜明的时代印迹。同时，大学生正处于心理自我形成的关键期，他们需要灵活、新颖、个性化强的心理健康教育与咨询服务，几乎所有的大学生都知道感冒了应该怎么办，而且他们必然会寻求有效的治疗，直至康复。然而，他们被误解、愤怒、羞愧、不满遮住了视线、看不到真相时，他们又该向谁求助呢？又有谁曾经告诉过他们，应该怎么样去应付心灵上的“感冒”呢？

鉴于此，编者借鉴国内外关于大学生心理健康教育的研究成果，针对当代大学生特点，对心理健康、环境适应、自我意识、学习优化、人际交往、挫折与压力、恋爱心理、网络心理、完善人格、积极心理品质、生命教育与危机应对等12个大学生心理健康发展主题进行了阐述。本书每章节设计了心灵故事、知识导读、相关链接、互动体验、心理测试、拓展阅读、启发思考等栏目，既注重系统的理论知识的学习，也注重课堂中学生的互动体验以及心理调适能力的训练，力求满足大学生的多方需求，并帮助大学生学会面对在大学期间可能出现的心理冲突与矛盾，树立健康的心理意识，优化心理品质，增强预防、缓解心理问题和心理调适的能力，培养积极、乐观、向上的生活态度。

本书努力体现以下几个特点。

一是体系完整。本书包括12章内容，结构完整。

二是可读性强。本书在保持理论完整的前提下，以形式多样的学习版块充实和丰富全书内容，突出了可读性和趣味性。

三是操作性强。本书既适合教师教学，即采取开放互动模式教学；也适合学生学习和心理“自助”，即采用心理测试、角色扮演、案例分析、小组讨论等多种方法，让大学生通过活动、思考和体验解决成长过程中遇到的实际问题。

本书由靳贤胜、李敏、李军霞担任主编，刘利敏、薛庄林、皇甫柏会、杜炜、王磊、崔正贺担任副主编，全书由李敏、李军霞负责统稿，靳贤胜定稿。

本书既可作为高校大学生心理健康教育课程的教材，也可作为大学生提高心理健康水平的自主读物。本书理论与实践相结合、心灵故事和经典案例并存，富有实用性，具有可操作性。

本书在编写过程中得到了许多专家及同行的关心与支持，同时也借鉴和参考了最新的研究成果，在此，我们表示衷心的感谢。

由于编者水平有限，书中难免有疏漏之处，恳请专家、同行及广大读者批评指正，以便进一步修订，使之日臻完善。

编　者

2019年7月

目　录　CONTENTS

第一章

大学生心理健康导论

健康是实现理想和幸福生活的保障，如水之于鱼、空气之于生命。拥有健康，才能拥有一切。开展心理健康教育是促进大学生身心健康和全面发展的重要举措，既可以为其成年以后直至终生的幸福奠定良好的基础，也可以通过教育手段和方法，对大学生的各种心理和行为问题尽早发现、尽早矫治，助其及时地调整自己，使其拥有完满的校园生活。

第一节　心理健康概述

心灵故事

拥有健康并不等于拥有了一切，可是失去了健康却等于失去了一切。健康不是他人的施舍，健康是对生命的不懈追求，是生存的底线，是生命力的重要源泉。如果没有健康，我们就失去了生命的活力和青春的色彩，兴味索然，效率降低，生命也因此而黯淡了。

对人而言，健康是一个永恒的话题。著名哲学家叔本华曾说，在一切幸福中，人的健康胜过任何其他幸福。可以说，一个健康的乞丐要比疾病缠身的国王幸福得多。”当一个人拥有了健康，他就可能拥有人世间所有的财富。

对大学生而言，健康更是一个不可回避的话题。大学生要想在学习中保持较高的成效，在业余生活中保持浓厚的兴趣，在实践中保持足够的精力和自信，在任何险境和挫折面前保持勇往直前的活力，就必须重视健康。当你认识到健康的重要性之后，你生活在这个世界上的第一个奋斗目标就是——拥有一个健康的身体和平和的心态。

知识导读

一、健康观的演变

（一）健康的含义

健康是一个随着历史发展不断完善的概念。对健康理解的核心在于对身心关系问题的认识。长期以来，人们普遍认为：“健康就是躯体没有疾病，吃得香、睡得甜、身体壮、能劳动。”这是一种片面的健康观，它的片面性在于只看到了人的生物属性而忽视了人的社会属性，没有关注到人的精神和心理的健康。心理学、生理学和现代医学的研究与实践证明：人是生理、效率与社会层面的统一体。人的身心健康密不可分，相互依赖，相互制约。长期生病会使人产生消极情绪，如焦虑、忧愁、疑心、烦恼，因而会表现出心理上的种种障碍；同样，心理的不适也会引起多种躯体疾病。心理的、社会的和文化的因素同生理因素一样，与人的健康、疾病有着非常密切的关系。

世界卫生组织（World Health Organization，WHO）将健康做了如下定义：健康是“不仅没有身体的缺陷和疾病，还要有生理、心理和社会适应都完满的状态”。因此，除了生理健康之外，心理健康是完整健康观的重要组成部分。这一概念表明：21世纪人类健康是生理的、心理的、社会适应与道德健康的完美整合。

（二）健康的标准

为了加深人们对健康的认识，世界卫生组织提出了10条健康标准：

1. 有充沛的精力，能从容不迫地担负日常工作和生活而不感到疲劳和紧张；
2. 态度积极，勇于承担责任，不论事情大小都不挑剔；
3. 精神饱满，情绪稳定，善于休息，睡眠良好；
4. 能适应外界环境的各种变化，应变能力强；
5. 自我控制能力强，善于排除干扰；
6. 体重得当，身体均匀，站立时头、肩、臂的位置协调；
7. 眼睛炯炯有神，善于观察，眼睑不发炎；
8. 牙齿清洁，无空洞，无痛感，无出血现象，齿龈颜色正常；
9. 头发有光泽，无头屑；
10. 肌肉和皮肤富有弹性。

从这10条健康标准中可以看出，健康包括身体健康（上述标准中1、6、7、8、9、10条）和心理健康（上述标准中2、3、4、5条）两个方面，二者相辅相成，缺一不可，相互联系，密不可分。严格地说，没有一种病是纯粹身体方面的，也没有一种病是纯粹心理方面的。所以，我们在考虑自身的健康和疾病时，必须注意身心两个方面的反应，从整体上把握健康的概念。

二、心理健康的内涵

所谓心理健康，是指人的内心世界与客观环境的一种平衡关系，是自我与他人之间的一种良好的人际关系的维持，即不仅能获得确保自我幸福感和安定感，还能自我实现，具有为他人的健康贡献服务的能力。心理健康的定义是与心理障碍和疾患相对而言的，随着社会的发展，人类对心理健康的概念也有一个不断修正、完善的过程。

心理健康有广义和狭义之分。从广义上讲，心理健康是指一种高效而满意的、持续的心理状态。从狭义上讲，心理健康是指人的基本心理活动过程内容完整、协调一致，即认识、情感、意志、行为、人格的完整和协调，能顺应社会并与社会保持同步。具体表现为：身体、智力、情绪十分协调；适应环境，人际关系中能彼此谦让；有幸福感；在工作和职业中，能充分发挥自己的能力，过有效率的生活。

从操作性定义视角看，我国学者对心理健康的定义可以概括为：

1. 有幸福感和安定感；
2. 身心的各种机能健康；
3. 符合社会生活的规范，自我行为与情绪适应；
4. 具有自我实现的理想和能力；

5. 人格统一和协调；

6. 对环境能积极适应，具有现实志向；

7. 有处理调节人际关系的能力；

8. 具有应变、应急及从疾病和危机中恢复的能力。

三、大学生心理健康的标准及特征

（一）大学生心理健康的标准

1. 智力正常

智力是以思维能力为核心的各种认识能力和操作能力的总和，它是衡量一个人心理健康的重要标志之一。从智商来看，智商在90分以上为正常。正常的智力水平是人们生活、学习、工作的最基本的心理条件。一般来讲，大学生的智力是正常的，智力总体水平高于同龄人，因而衡量大学生的智力，关键在于看大学生是否正常地、充分地发挥了效能。智力结构中各种因素在认识活动和实践活动中能有效地发挥作用，学习兴趣浓厚，求知欲强烈，能愉快地完成学习任务，是心理健康的表现。反之，厌学情绪严重，学习效率低下，不能坚持正常学习，就是心理不健康。

2. 情绪健康

情绪是人们对客观事物是否符合其需要所产生的态度体验。情绪健康包括以下内容。

（1）心情愉快。心理健康的人积极情绪多于消极情绪，能保持乐观、积极、向上的心态，虽然有时也会有悲伤、忧愁、愤怒等情绪体验，但持续的时间不会太长，不会成为主导心境。

（2）情绪反应适度。情绪有适当的引发原因，反应强度与引发情境相符合。如果对愉快的事情做出痛苦的反应，或者对伤心的事情做出愉快的反应，都是情绪异常的表现。

（3）情绪稳定。善于控制和调节自己的情绪，使其能在适当的时间、场合恰如其分地表达，既能克制约束，也能适度宣泄，不过分压抑。

3. 意志健全

意志是人们自觉确定目的，并根据目的去克服各种困难，实现预定目标的心理过程。一个人的意志是否健全主要表现在意志品质上。意志健全者在行动的自觉性、果断性、顽强性和自制力方面都有较高的水平。意志健全的大学生应当是在各种活动中有自觉的目的，而不是缺乏主见或盲目决定、一意孤行；执行决定中能及时决断，并根据外界的环境变化灵活调整决定；能以坚韧不拔的毅力克服一切困难和挫折，实现预定的目标；同时，能有效地控制、调节自己的心理活动，使之符合实现目标的要求。

4. 人格完整

人格是指一个人的整体精神面貌，即具有一定倾向性的心理特征的总和。人格的各种特征不是孤立存在的，而是有机结合成相互联系的整体，对人的行为进行调节和控制。如果各种成分之间的关系协调，人的行为就是正常的；如果失调，就会造成人格分裂，产生不正常的行为。双重人格或多重人格是人格分裂的表现。一个人的人格一经形成，就具有相对稳定的特点，一般不会在很短的时间内发生很大的变化。如果一个乐观、豁达的人无缘无故地突然变得悲观、抑郁，就可能是心理不健康的征兆。因此，形成一个统一的、协调的人格和形成一个残缺的、失调的人格，对心理健康和行为表现的影响是截然不同的。

5. 人际关系和谐

人际关系和谐是心理健康的重要标准，也是维持心理健康的重要条件之一。心理健康的大学生表现为：乐于与人交往，善于交往；不仅能悦纳自己，也能悦纳他人；既有广泛而深厚的人际关系，又有稳定的知心朋友；在与人交往中不卑不亢，保持独立而完整的个性；心理相容，互相接纳、尊重，而不是心理相克，相互排斥；对人情感真诚、善良，而不是冷漠无情、凶残、邪恶；在集体中能融为一体，能正确处理竞争与协作的关系；既能与朋友欢聚共享快乐，也能独处而不感到孤独。

6. 社会适应良好

心理健康的大学生，能与社会保持良好的接触，认识社会，了解社会，使自己的思想、信念、目标和行动跟上时代发展的步伐，与社会的进步与发展协调一致。如果与社会的进步和发展产生了矛盾或冲突，应及时调节、修正或放弃自己的计划和行动，顺历史潮流而行，而不是逃避现实、悲观失望，或妄自尊大、一意孤行，逆历史潮流而动。

7. 自我评价正确

一个心理健康的大学生能够正确地评价自己，并悦纳自己；能对自己的优缺点客观认识，有自知之明；能恰如其分地认识自己的价值，摆正自己的位置，既不以自己在某些方面高于别人而自傲，也不因某些方面低于别人而自卑；努力发挥自己的潜能，自尊、自强，正视现实，积极进取。一个心理不健康的人往往缺乏自知之明，并且不能悦纳自己，心理状态无法平衡。

8. 心理特点符合年龄特征

人的一生包括不同的年龄阶段，每一年龄阶段其心理发展都表现出相应的心理特征，称为心理年龄特征。一个人心理行为的发展，总是随着年龄的增长而发展变化的。心理健康者应具有与多数同龄人相符合的心理特征，如果严重偏离，心理发展严重滞后或超前，都是心理不健康的表现。

（二）大学生心理健康的特征

1. 相对性

心理不健康与有不健康的心理和行为表现不能等同。心理不健康是指一种持续的不良状态，偶尔出现一些不健康的心理和行为并不等于心理不健康，更不等于已患心理疾病。这正如一个人睡了一次懒觉，不能就此给他下一个懒惰的结论一样。心理健康的人也有心理问题，没有一点心理问题的绝对心理健康是不存在的。所以，不能仅从一时一事而简单地给自己或他人下心理不健康的结论。

2. 连续性

心理健康与不健康之间没有绝对的界限，两者不是截然分开的，而是一个连续变化的过程。从良好的心理健康状态到严重的心理疾病之间有一个广阔的过渡带，如果把心理健康比作白色，心理不健康比作黑色，那么，在白色和黑色之间存在着一个很大的灰色区。

3. 可逆性

心理健康的状态不是固定不变的，而是动态变化的过程。随着人的成长、经验的积累、环境的变化，心理健康状况也会有所改变。假如我们不讲究心理卫生，心理问题增多，心理健康水平就会下降；反之，如果注意心理保健，减少心理问题，心理健康水平就会提高。所以，我们所做的一次判断只能反映某一段时间的心理健康状态。

4. 发展性

心理健康的标准是一种理想尺度。它不仅为我们提供了衡量是否健康的标准，而且为我们指明了提高心理健康水平的努力方向。每一个人都应当追求心理健康和心理发展的最高层次，充分发挥自己的潜能，促进自己的全面发展。

5. 过程性

心理健康不是没有心理困扰。大学生在成长过程中会遇到各种困扰，大学生的生活也可以说是充满了困扰的生活。例如，进入大学不适应大学生活，饮食起居不适，宿舍拥挤；幻想与现实的不一致造成的失落与苦闷；感到同学关系难以相处，缺少知心朋友；自己在中学时代的优势和优越感在强手如云的大学里失去后，不知给自己如何定位等。这些迷茫和困扰是常见的现象或者说是必然的经历，不能说是心理不健康。对大学生来讲重要的是学会解决，在克服困扰中成长。

四、大学生心理异常的划分标准

划分正常心理与异常心理的作用主要是在从正常人群中检测心理异常的人，它是为防治性目标服务的。心理异常的划分标准一般有四种。

（一）经验标准

这种标准是以个体的主观经验为标准进行判断的，通常作为一种辅助的标准使用。这些感受通常包括被评价者的满意感、幸福感、自我感觉痛苦或快乐程度等。

（二）社会规范标准

即在社会规范的基础上来衡量、判断行为是否异常、是否偏离社会公认的行为规范。社会规范标准较多地被临床心理学家采用。

（三）临床诊断标准

这是在长期临床实践的基础上，对各种心理障碍的典型症状做出归纳和概括后，用来作为参考依据的一种判断标准。有些异常心理现象或致病因素在常人身上是不存在的，若在临床诊断中某人被发现身上有这些病因或症状，就可以被认定为“异常”。这一标准因其客观、准确而得到医学界人士的支持。

（四）统计学标准

人的许多心理品质，如智力、性格特征，都可以看成有量的差异。心理健康状况也是这样。全部测量的分布接近于统计学上所说的“正态分布”。可以说，大多数人所具有的心理健康状态是正常的，偏离大多数人状况的视为异常。这种异常实际上有两种情形，一种是心理健康状况程度高于大多数人，另一种则相反。

与统计学标准相联系的是心理测验的判断标准，这两者是根据同一原则进行判断的。

对于正常人怀疑自己某种行为是否异常，可以从以下几个方面进行自我检测。

1. 这项行为有无明显妨碍你的工作，使工作效率显著降低？

2. 这项行为有无明显影响你对自己的态度，使你讨厌自己？

3. 这项行为有无明显妨碍你和他人的关系，使他人不愿和你交往，或使你不愿和他人继续交往？

4. 这项行为是否明显妨碍你和现实环境的接触，使你不易辨认环境，或想逃离环境？

如果你对上述四个问题的回答都是否定的，则说明这项行为对你没有什么不良影响。

若是肯定的，最好咨询一下心理学工作者或临床心理学家。

相关链接

亚健康状态

亚健康即指非病非健康状态，这是一类次等健康状态（“亚”即“次等”之意），是介于健康与疾病之间的状态，故又有“次健康”“第三状态”“中间状态”“游移状态”“灰色状态”等称谓。世界卫生组织将机体无器质性病变，但是有一些功能改变的状态称为“第三状态”，我国称为“亚健康状态”。亚健康主要分为以下几种类型。

1. 身体成长亚健康：学生营养过剩和营养失衡同时存在，体质较弱。

2. 心理素质亚健康：来自家庭、学校的压力，引发了青少年的逆反心理、反复心理、自卑心理、厌学心理等，抗挫折能力较差。

3. 情感亚健康：本应关心社会、对生活充满热情，但实际上他们对很多事情都很冷漠，使自己的“心理领空”越来越狭小。

4. 思想亚健康：思想表面化、脆弱、不坚定，容易接受外界刺激并改变自我。

5. 行为亚健康：表现为行为上的程式化，时间长了容易产生行为上的偏激。

互动体验

如何看待心理健康的标准

下面的心理或行为健康吗？我们如何理解心理健康的标准，并填在表1-1中。

1 . 一位男生与另一位男生在街上见面时相互亲吻。

2 . 一位女生边走路边自言自语。

3 . 一位活泼开朗的男生突然沉默寡言，经常默默流泪。

4 . 一位女生故意在公众面前说另外一位女生的坏话。

表1-1　如何理解心理健康标准

我认为心理健康具有以下标准	我认为心理健康的标准具有以下具体表现

心理测试

大学生健康生活方式的心理诊断

【指导语】

这是一份大学生健康生活方式的测试量表，一共有15个问题，请你根据自己的实际情况，逐一回答。为了保证测试的准确性，请你认真作答。

【测试量表】

1. 如果需要早起床，你会（　　）。

A.. 定好闹钟　　B. 请别人叫　　C. 自己醒来

2. 早上睡醒以后，你会（　　）。

A. 立即起床学习　　B. 不慌不忙，起床后做操，然后学习

C. 在被窝里能多躺一会儿是一会儿

3. 你的早餐通常是（　　）。

A. 稀饭和馒头　　B. 牛奶和面包　　C. 不吃

4. 每天到教室上课，你总是（　　）。

A. 准时到教室　　B. 或早或晚，但都在10分钟之内

C. 非常灵活

5. 吃午饭时，你一般（　　）。

A. 急匆匆地　　B. 慢吞吞地

C. 从容吃饭，饭后休息一会儿

6. 尽管学习很忙很累，也和同学有说有笑（　　）。

A. 每天如此　　B. 有时如此　　C. 很少如此

7. 对校园生活中出现的矛盾，你会（　　）。

A. 争论不休　　B. 反应冷漠　　C. 明确表态

8. 在课余时间内，你一般（　　）。

A. 参加社交活动　　B. 参加体育活动或文娱活动　　C. 做家务

9. 对待来客，你（　　）。

A. 热情，认为有意义　　B. 认为浪费时间　　C. 非常讨厌

10. 晚上你对睡觉时间的安排是（　　）。

A. 同一时间上床　　B. 往往凭一时高兴

C. 等所有的事情做完了以后才睡觉

11. 如果你自己能控制假期，你会（　　）。

A. 集中一次过完　　B. 一半安排在夏季，一半在冬季

C. 留着，有事时用

12. 对于运动，你一般（　　）。

A. 喜欢看别人运动　　B. 做自己喜欢的运动　　C. 不喜欢运动

13. 最近两周，你（　　）。

A. 到外面玩过　　B. 参加过体力劳动或体育运动　　C. 散步400米以上

14. 你是怎样度过暑假的（　　）。

A. 消极休息　　B. 做点体力劳动　　C. 参加体育活动

15. 你认为自尊心的表现方式是（　　）。

A. 不惜代价要达到目的　　B. 深信经过努力会有结果

C. 要别人对你做出正确的评价

【评分标准】

请参照表1-2将各题的得分相加，计算出总分。

表1-2

题号	A	B	C	题号	A	B	C	题号	A	B	C
1	3	2	0	6	3	2	0	11	2	3	1
2	1	3	0	7	0	0	3	12	0	3	0
3	2	3	0	8	1	2	3	13	3	3	3
4	0	3	2	9	3	0	0	14	0	2	3
5	0	1	3	10	3	0	0	15	0	3	1

【结果解释】

如果你的总分在37～45分，说明你的生活方式良好，你是一个善于学习、生活和工作的人，有较高的工作效率和学习效率。

如果你的总分在25～36分，说明你的生活方式比较好，能在繁忙的工作中掌握恢复活力的艺术，有提高效率的潜力。

如果你的总分在13～24分，说明你的生活方式健康程度中等，你应该努力改善自己的生活方式。

如果你的总分在12分之下，说明你的生活状况不佳，应该下定决心彻底改变有害的生活习惯。

拓展阅读

一切都是我的选择，我对自己的生活负全责

现在，我想请你放松一下，和我一起做一个小活动。

请你从坐着的椅子上站起来，请你一定站起来！你站起来了吗？好的，非常好，现在，请你坐下！你坐下了吗？很好，谢谢！然后，请你再一次起立，拉开你的椅子。嗯，很好。最后，请坐！

活动结束。

我要问的是：是谁让你起立和坐下的？请你仔细思考过后再作答。

你的答案是什么？是我？你说是我让你起立和坐下的？

那我想问你第二个问题：如果我请你和我一起做的活动不是起立和坐下，而是要你躺在地板上或爬到楼下去，你会怎么样？

我相信，你一定不会听我的话。

那么，请你再想想我的第一个问题，是谁让你起立和坐下的？找到答案了吗？对，是你，是你选择和我一起做游戏，起立和坐下；是你选择不参与我的第二个活动，是你自己！

道理似乎很简单，但事实上，在我们的生活中，我们却常常搞不清楚是谁让我们处于现在的境地、经历现在的事件、体验现在的感受。

我们习惯于把我们发现的问题和遇到的困难归因于外界而不是自身。我们常常把自己放在“受害者”的位置上，是周围的环境和人造成了我所面临的困境，而我无能为力、别无选择，我只是一个“受害者”。

就像上面提到的，有人在抱怨自己倒霉：学校不好、学院不好、专业不好、老师不好、同学不好、宿舍不好、食堂不好、澡堂不好……总之一切都有问题！是的，生活中时时处处都存在不尽如人意的地方，可你有没有想过：真正的问题出在哪里？

最好的朋友离你而去了，他伤害了你，他将你困在他给你的伤害中，你挣扎不出来。是的，分离不是你愿意的，但伤害，真的是他给的吗？就像你有权利不参与我的第二个活动一样，如果你不给他伤害你的权利，他还能伤害到你吗？

你慢慢理解这样一个事实：任何经历都是我们自己的选择，包括所有的情绪都是我们自己选择的结果。无论我们感到被伤害、愤怒、悲伤、害怕，还是高兴、愉快、幸福、有力量，也都是我们自己的选择。如果你选择觉得自己倒霉，是你的选择；如果你选择觉得受到了伤害，是你的选择；如果你选择生气，是你的选择；如果你选择悲伤，是你的选择；如果你选择害怕，也是你的选择。别人不对此负责，唯一负责的人是你自己。你对你的生存状况负全责。你是唯一有权利支配你自己的人，每一个人都是自己生活的唯一创造者和责任人。

我是自己的主人：我学习的主人，我工作的主人，我生活的主人，我情绪的主人，我对我的幸福和痛苦负责。

我选择愉快地学习，幸福地生活！

（摘自：http://max. book118. com/html/2015/1010/27055600. shtm）

第二节　大学生心理健康的现状与特点

心灵故事

小赵上大学以后非常郁闷，他在开学时积极参加社团面试，一心想着大展拳脚，然而自己心仪的社团面试没有一个能顺利通过，最终去了一个不怎么喜欢的社团，而且一直都是做跑腿打杂的事情，与自己开始的设想相差甚远。大学的学习方式和高中的学习方式存在很大区别，小赵一时也难以适应，再加上大学里卧虎藏龙，各种才华展现，自己一直引以为傲的学习优势也难以继续保持。最近，他和室友也常发生摩擦……似乎各种事情都不顺利，小赵对现状越来越不满，一直情绪低落，做任何事情都提不起兴趣，更别说专心学习了。

小赵同学进入大学后各方面的不适应是引发心理困扰的主要原因。我们每个人到新环境中都会面临一系列改变，如生活方式的改变、人际网络的构建、自我的重新确认、学习方式的变化、评价标准的多元化等。如果没能完成这些转变，我们的心中必然产生落差，心理冲突也就此产生。

知识导读

一、大学生的心理发展特点

在校大学生是青年当中最富有理想、朝气、奋斗精神，以及文化层次较高的青年群体。大学生的心理活动特征以其生理特征为基础，同时又受社会环境和教育方式的影响，但发展是大学生心理的主旋律。

（一）心理发展水平趋于成熟

大学生年龄大都在18～23岁，处于青年期，是青少年向成人转变的过渡期，也是青少年心理向成人心理过渡的关键时期。体力、脑力和性格方面都发生了巨大变化，生理发育基本成熟，而心理处于迅速走向成熟又没有完全成熟的时期。心理成熟往往落后于生理成熟。从心理发展过程看，认知迅速发展，达到了相对成熟。主要表现有：在智力方面，记忆力发展达到高峰，观察力敏锐，接受理解能力强，认知的核心要素思维已经由经验型向理论型转化，抽象逻辑思维日益完善，发散思维迅速增强，创造性思维逐步发展；在情感方面，情绪强烈，情感丰富且稳定性增强，高尚的情操日益发展，社会道德感和社会责任感增强；在意志方面，意志品质得以形成，意志的自觉性、果断性、坚持性和自制力达到较高程度，在意志行动上从容易冲动发展到具有一定的自控力，且形成相对稳定的习惯；在人际交往方面，人际交往能力进一步提高，人际关系进一步扩大，渴望友谊，向往爱情；在需求方面，出现大量新的需要，对生活充满憧憬和期望……

从人生观来看，大学生的人生观尚未完全形成和稳定。如果以人生观的形成作为心理发展成熟的标志，一般来讲，到了25岁左右人生观才比较稳定。从智力来看，虽然达到了相当高的水平，但辩证思维有待发展，考虑问题往往带有主观性和片面性。虽然充满热情，但是情绪波动大，心境变化剧烈，有时狂热，有时消沉，需要满足时兴奋不已，遇到挫折时悲观失望。自我控制能力不强，不能有效地克制自己的冲动行为。

从个性发展看，虽然性格、能力等个性心理特征都达到基本成熟的水平，但理想、信念、自我意识、个性意识等要经过大学阶段才能逐渐接近成人的发展水平。

（二）心理发展充满矛盾

由于当代大学生在学校接受教育时间长、缺乏社会经验和实践锻炼、心理成熟滞后于生理成熟，又由于当代多元文化因素和价值观的影响、传统价值权威的衰落、个体人生观的不成熟和经济上的不独立，使得大学生心理充满矛盾和冲突，构成了大学生心理的特殊性。大学生的心理矛盾主要有以下几方面。

1. 理想与现实的矛盾

大学生富于幻想、憧憬未来，一般理想比较高。上大学之前，往往把大学生活理想化，认为大学里充满诗情画意。入校后才发现大学不像想象的那么神秘，校园没有想象的那么美丽，生活也没有想象的那么浪漫和轻松，于是感到失望、沮丧甚至悲观。有的学生只有美好的向往而没有切实的行动，眼高手低，好高骛远，不愿从小事做起，只想一举成名，一鸣惊人，这就必然产生理想与现实的冲突。

2. 情绪与理智的矛盾

由于大学生的生理发展与心理发展不平衡，理性思维与感性认识不一致，往往使情绪丰富而动荡，容易激动、兴奋，也容易转向消沉、悲观，特别是遇到挫折，情绪往往走向极端，往往不能客观地去评价周围的人和事，不能理性地处理遇到的问题，而是感情用事，以自己的感情、好恶作为处理问题的标准，根据自己的感性经验去评价人和事，不善于处理理智与情绪的关系，有时明知道应该怎样做而行动上却做不到。

3. 自尊与自卑的矛盾

经过激烈的竞争进入大学校园，大学生成为青年中的佼佼者，受到社会的称赞、父母的宠爱、同龄人的羡慕，容易产生一种自豪感、优越感，表现出强烈的自尊心。然而，大学里人才济济，许多高中时期的尖子生，其优势不再明显，失去了往日的荣耀，尤其是来自农村的大学生，往往感到在语言表达、服饰打扮、言行举止、文体活动、气质风度等方面，已不如人，自惭形秽。因此，有些同学就怀疑自己、否定自己，丧失信心、悲观失望，产生了自卑感、挫折感和焦虑感。

4. 交往需要与防范的矛盾

人际交往是人的基本需要。大学生一般远离亲人，有感情失落感，有渴望友谊、需要关爱、希望找到知心朋友的需要。但大学生彼此之间相处时间较短，加之青少年心理具有一定的闭锁性，不愿敞开自己的心扉，因此很难在短期内遇到知心的朋友并建立起真挚的感情和友谊。于是，大学生常常感叹：“熟人不少，朋友不多；接触的人不少，可信赖的人不多。”大学生喊出的“理解万岁”就是这种矛盾心理的反映。

5. 独立与依赖的矛盾

处于青年时期的大学生，随着生理上的成熟，独立意识和自主性大大增强，希望摆脱家庭和老师的束缚。但是，经济上的不独立、生活上的经验缺乏决定了大学生一时难以摆脱对家庭和师长的依赖，这就造成了独立性和依赖性的矛盾。

6. 求知欲强与认识水平不高的矛盾

大学生智商较高、思维敏捷、兴趣广泛、求知欲强，乐于接受新事物、新思想和新观念，但是，由于社会经验不足、生活阅历不深、认识问题和分析问题的能力不高，往往不能全面、正确、辩证地看待客观事物，容易良莠不分、真伪难辨。例如，对西方的一些观念盲目地接受，对网上的信息不加甄别地听信等。

7. 性冲动与性压抑的矛盾

处于青年时期的大学生性生理已经成熟，本能的欲望使他们有了性的冲动。但是，由于受社会道德、法律、校规校纪的制约，本能欲望难以满足，性冲动被压抑。大多数学生通过学习、人际交往、文体活动转移了自己的注意力，使之得到升华或合理释放；而部分学生由于缺乏性知识，不会转移性冲动，一味地压抑，导致性冲动和性压抑的矛盾。

二、不同阶段大学生的心理问题特点

（一）大一：适应问题

刚刚考入大学的新生面临的问题很多，随着生活环境的变迁、人际关系的变化、学习方式的变更，既感到新奇又感到不适应。这一阶段是崭新人生阶段的起点，原有的心理平衡被打破，一个新的平衡正在建立。大一学生的适应问题主要表现在以下几个方面。

1. 生活上的不适应

大学生在考进大学之前大多没有离开过家乡、父母，来到大学以后，他们要适应新的气候、新的饮食，更要适应与中学截然不同的生活节奏和行为规范要求，生活上要自己料理，要与陌生的老师和同学交往。这对大学新生来说是一种挑战。

2. 学习内容的不适应

高中学习的知识是初中知识的延续，而进入大学后，除了一些公共课，还有专业课，要学习很多平时没有任何接触的知识。不少新生会感觉难以消化这么多知识，学习很吃力。另外，大学时期，班集体关系不像高中时那么紧凑，老师对学生的管理相对较少，给学生更多的自主空间。这样较为松散的班级关系同样让一些新生难以适应，无所适从，心里没着没落，不习惯没人管。

3. 学习方法不习惯，专业思想不稳定

大学里有着与中学截然不同的学习内容、学习方法和人才衡量标准，老师的授课方法和学生的学习方法都与中学有很大区别，许多新生感到不适应，不知道如何学习。与中学相比，大学的学习压力减轻了、节奏变缓了，很多大学生不知道怎样支配大量的课余时间。

（二）大二：学习问题

大二是相对平稳的一年，入学时的不适应得以消除，新的心理平衡已经建立起来，大学生活进入了相对稳定阶段。随着年级的增长，大学生在成长过程中不断成熟。这一时期，大学生的心理特点主要表现出以下特征。

1. 心态趋于平稳

刚入大学时的茫然和躁动心态趋于平缓，对大学环境和生活已十分习惯，大多数学生都能给自己准确定位，找到自己的人生新坐标，学习生活步入井井有条阶段，并逐渐深入到专业课的学习中去。

2. 求知欲增强

大二学生已进入专业课程学习阶段，对自己专业的了解加深了，专业思想稳定了，知识贫乏感增强了，学习动机和目的也明确了。他们渴望拓宽新的知识领域，不仅刻苦学习专业知识，而且对其他知识也兴趣颇浓，热衷于博览群书、参加社会实践，十分重视培养自己的真才实学。这期间，大多数学生面临的难题就是学习，如专业课开得比较多、英语要考四级等。大学生此时开始思索自己的前途，有的想多考证，便于找工作；有的想升本、考研，给自己加码；也有的觉得压力大、任务重……

（三）大三：深造或择业问题

修完了全部学分课程以后，按时上课下课这种有规律的大学生活就结束了，开始实习、做毕业论文，大学生活进入毕业阶段。毕业近在咫尺，深造或就业问题迫在眉睫，即将面临毕业走向工作岗位的大学生，其自身特征、心理活动、情感体验等与以往发生很大的变化，主要表现在以下三点。

1. 大学生明显成熟

这一时期大学生的自我意识趋于完善，个性品质趋于稳定，自我评价和自我控制能力增强，对社会和事物的评价也增强了客观性，遇事比较冷静，能妥善做出反应，这标志着他们的世界观、人生观已基本形成。特别是经过岗位实习后再返校回来的大学生，更给人一种成熟的感觉。

2. 危机感增强

通过毕业实习的检验，他们感到自己的知识和能力不足，开始冷静地分析自身素质，并希望能够通过最后阶段的拼搏，提高自身各方面的能力。

3. 产生了复杂的情感

临近毕业的大学生面临是继续求学还是择业两种选择，有些学生想继续深造，但更多的学生想踌躇满志干一番大事业。择业求职的心理困惑是毕业生的突出问题。他们奔波在学校、社会组织的各种供需见面会上，期望能找到一份满意的工作。不少毕业生择业时受社会上一些舆论的左右，盲目从众，追逐热门，不考虑自身条件及职业特点和社会整体需求，使择业范围和发展空间大大缩小，并导致挫败感和消极情绪的产生，引发心理问题。

三、大学生心理问题的原因分析

（一）社会方面的原因

1. 社会变革带来的心理失衡

随着社会变革的不断深入，人们的价值观发生了变化。人们对大学生的目光中消失了艳羡，使得不少奋力拼搏考入大学的精英们感到失落。人们在急剧变化的社会中感到动荡不安和生存危机。一些农村学生十二年寒窗奋斗苦读，希望考上大学改变命运，如今，辉煌的目标一下子变得黯淡，他们有理想破灭的失望、命运不确定的担忧和前途未卜的困惑。这些都困扰着大学生的心灵。随着个体的成熟，知识的丰富，青年学生的社会责任感也在增强，忧患意识加重。对社会现状的不满使大学生心理处于矛盾之中，心理失衡，忧虑烦恼。

2. 激烈竞争，就业困难导致的精神压力

竞争就是通过竞赛争得一定的东西。随着社会的发展变化，人们的竞争心理已经形成，努力奋斗、拼搏进取成为时代精神。竞争使得人无法保持过去的安稳，竞争的程度也越来越激烈。与此同时，竞争带来的精神紧张与疲劳，以及失利后带来的挫败感与失落感，也给人带来了沉重的心理压力，使人紧张、焦虑、失落、沮丧。尤其是在社会转型期，竞争机制不健全导致的竞争不平等，对大学生伤害更重，更为无奈苦恼，难以承受。

3. 信息污染导致的情趣低调和变异

当今，社会环境的影响与学校教育施加的影响，往往是异步、异向、异质，使大学生的正常情感受到了很大侵扰。如，文化市场上的低品位的音像、图书，带有一些煽情色彩的小说作品，在很大程度上腐蚀着青年的心灵。加之大学生个体发育成熟，性心理已经萌动，极易受其影响，使得一些大学生追求低级情趣和感官刺激，不思进取，不求上进，像有的同学说的“举头望明月，低头思姑娘”，谈恋爱时疯疯癫癫，一旦失恋便失魂落魄，情感空虚。生理需求与道德之间的冲突，使一些学生烦躁不安，精神恍惚。

（二）学校原因

1. 高等教育体制改革层面的影响

高校招生和就业体制的改变，要求学生交费上学，并在一定范围内自主择业，增加了对学生的约束机制，直接冲击着大学生心理。他们必须承担上学的部分成本，这给约40%的大学生带来了沉重的经济压力。一些生活艰苦的大学生不仅面临着学习的压力，还面临着经济拮据的困扰、对父母的歉疚和心理上的自卑。这使他们有挣扎的痛苦，有心灵上煎熬，感到自己软弱无力、无奈与无助，最易产生抑郁忧愁和自卑情绪。

2. 学校忽视心理健康教育的影响

学校对大学生心理有着直接的影响，学校课程的设置、教育教学计划、学校制度、校园环境、人际关系、就业制度、收费制度、分配制度等问题都直接影响着学生的心理和情绪。尤其是一些学校重专业知识，轻情感培养和心理素质训练，对学生出现的心理问题或不良情绪也没有给予足够的重视。学生对消极的情绪不会调节放松，不能合理地宣泄排解，以至于压抑积累、郁结于内，任其发展、由轻到重，形成不良的心境或心理疾病。加之学习、竞争的压力，人际关系由单纯变得复杂，如学习好坏、门第高低、贫富悬殊、地位不同、优越感与自卑感等，变得难以相处，容易冲突。

（三）家庭原因

心理学研究表明，家庭环境对人的一生都会产生重大影响，特别是早年形成的人格结构对以后的心理发展影响深远。家长的个性品质、学识修养、教育方式、对社会的态度、对子女的要求和期望，以及家庭结构的稳固程度和经济状况等对大学生的心情和态度都有着很大的影响。假如父母情绪不良、修养不高、对人生持消极态度、家庭濒临解体、经济困难等都可能对青年学生产生心理压力和负面影响，导致情绪不良。

（四）大学生自身因素

个体对外部环境的适应性低下，以及主观对外部环境的歪曲反映都是导致情绪心理障碍的重要原因。随着个体的成熟、知识的丰富，大学生发现社会原来如此复杂，真善美与假恶丑在对抗中也常常交混在一起，同一事物原来可以有诸多价值标准来衡量，相悖的标准有时也能够同样接近目标等，这就使他们原来由中小学教育形成的观念发生动摇，人格构架发生倾斜，看问题产生偏见。加之生理上的成熟、性心理的萌动与冲动、生理需要与道德标准的冲突、冲动与压抑的矛盾，使情绪心理易发生扭曲和变形。

另外，个性方面过于内向和依赖、从小被父母过分溺爱呵护、生活能力差、学习落后、人际关系不良、以己为中心、自私偏执、法制观念淡薄、思想修养差以及病理状态等，也是导致大学生情绪不良和心理异常不容忽视的因素。

相关链接

如何做到自我接纳

1. 停止与自己对立：不论自认为做了多少不合适的事，有多少不足，从现在起，都停止对自己的挑剔和责备，要学会站在自己这一边，维护自己生命的尊严和价值。

2. 停止苛求自己：允许自己犯错误，但在犯错后要进行总结反思，做出补偿，以弥补自己错误造成的损失，不重复犯同一个错误。

3. 停止否认或逃避自己的负性情绪：要先坦然地承认并且接纳自己的负性情绪，不论它是沮丧、愤怒、焦虑还是敌意。人产生负性情绪是很正常的，它提醒你对现状要有所警觉，这是改变现状的先决条件。如果一个人不为自己的成绩差而沮丧，他就不会去努力学习；如果一个人不为和别人的矛盾而苦恼，他就不知道自己的人际交往方式需要调节。所以，不要怕产生负性情绪，也不要否认或逃避。首先要接纳它，然后再想办法解决引起负性情绪的问题。

4. 无条件地接纳自己：学习做自己的朋友，站在自己这一边，接受并且关心自己的身体和心理状况，不加任何附加条件地接纳自己的一切。

互动体验

成长五部曲

【活动导入】

从远古生物进化到今天的人类社会，人类经历了漫长的发展与变化，一部人类进化史就是一部人类的成长史。同样，我们每一个人也要经历成长，在成长的不同阶段，我们会遇到许多成长中的问题，如困惑、无奈、失望与伤悲等。与此同时，成长也是一件美好的事情，充满奇特、幸运、感动与创造。成长过程中的点点滴滴需要我们悉心体味……

【规则与程序】

所有组员需要完成从“蛋—小鸡—鸟—猴子—人”的五级进化过程。

1. 每级生物都有自己独特的代表性动作：蛋是蹲下抱头，小鸡是半蹲着左右舞动双手，鸟是站着左右舞动双手，猴子是单足立着、一只手在额前，人是直立行走。

2. 活动过程中，组员都以身体姿势代表每级生物所处的阶段，不能用语言交流。

3. 每一次进化采用“锤子、剪刀、布”的方式进行，首先两个同类的生物猜拳竞争，谁赢了谁就往上进化一级。输的一方仍然要找同级的生物进行猜拳，赢的一方往上进化，直至进化为人。任何阶段，输的一方都要退回到“蛋”，再找处在“蛋”的组员进行猜拳，赢方逐级往上进化。

4. 进化到人的组员可以先站到场地的一边，观察活动的进行。没有完成进化的组员要在场地中继续完成进化。在活动的最后阶段，总会留下个别组员没有完成进化。

5. 活动时间为20分钟。

【讨论要点】

1. 成长是艰难的。每一个人的成长都不是一件容易的事，学习、做人、处事都需要我们经年历事，需要我们不断反思，总结过去的经验与教训，延续成功的方法。“破茧成蝶”就是人生的写照，要想使自己成为美丽的蝴蝶，我们必须经历和忍受破茧的过程。

2. 每一个人的成长方式不同。每一个人的生长环境不一样，家庭、学习环境、相处的人群以及自身条件等，这些复杂因素共同造就了我们每一个人不一样的成长方式。有的人很容易取得成功，有的人却需要蛰伏许久才能超越自我；有的人是这样的性情禀赋，有的人却是那样的资质平凡；有的人是这样的行为模式，有的人却是那样的处事风格……只有了解自己的成长方式，才能更加明确自己前行的道路。

心理测试

大学生心理健康测试

【指导语】

对于以下40道题，如果你感到“常常是”，画“√”号；“偶尔是”，画“△”号；“完全没有”，画“×”号。

【测试量表】

1. 平时不知为什么总觉得心慌意乱，坐立不安。（ ）
2. 上床后，怎么也睡不着，即使睡着也容易惊醒。（ ）
3. 经常做噩梦，惊恐不安，早晨醒来就感到倦怠无力、焦虑烦躁。（ ）
4. 经常早醒1~2小时，醒后很难再入睡。（ ）
5. 学习的压力常使自己感到非常烦躁，讨厌学习。（ ）
6. 读书、看报甚至在课堂上也不能专心一致，往往自己也搞不清在想什么。（ ）
7. 遇到不称心的事情便较长时间地沉默少言。（ ）
8. 感到很多事情不称心，无端发火。（ ）
9. 哪怕是一件小事情，也总是放不开，整日思索。（ ）
10. 感到现实生活中没有什么事情能引起自己的乐趣，郁郁寡欢。（ ）
11. 老师讲概念，常常听不懂，有时懂得快忘得也快。（ ）
12. 遇到问题常常举棋不定，迟疑再三。（ ）
13. 经常与人争吵发火，过后又后悔不已。（ ）
14. 经常追悔自己做过的事，有负疚感。（ ）
15. 一遇到考试，即使有准备也紧张焦虑。（ ）
16. 一遇到挫折，便心灰意冷，丧失信心。（ ）
17. 非常害怕失败，行动前总是提心吊胆，畏首畏尾。（ ）
18. 感情脆弱，稍不顺心，就暗自流泪。（ ）
19. 自己瞧不起自己，觉得别人总在嘲笑自己。（ ）
20. 喜欢跟自己年幼或能力不如自己的人一起玩或比赛。（ ）
21. 感到没有人理解自己，烦闷时别人很难使自己高兴。（ ）

22. 发现别人在窃窃私语，便怀疑是在背后议论自己。 (　　)
23. 对别人取得的成绩和荣誉常常表示怀疑，甚至嫉妒。 (　　)
24. 缺乏安全感，总觉得别人要加害自己。 (　　)
25. 参加春游等集体活动时，总有孤独感。 (　　)
26. 害怕见陌生人，人多时说话就脸红。 (　　)
27. 在黑夜行走或独自在家有恐惧感。 (　　)
28. 一旦离开父母，心里就不踏实。 (　　)
29. 经常怀疑自己接触的东西不干净，反复洗手或换衣服，对清洁极端注意。 (　　)
30. 担心是否锁门和可能着火，反复检查，经常躺在床上又起来确认，或刚一出门又返回检查。 (　　)
31. 站在经常有人自杀的场所、悬崖边、大厦顶、阳台上，有摇摇晃晃要跳下去的感觉。 (　　)
32. 对他人的疾病非常敏感，经常打听，生怕自己也身患同病。 (　　)
33. 对特定的事物、交通工具（电车、公共汽车等）、尖状物及白色墙壁等稍微奇怪的东西有恐怖倾向。 (　　)
34. 经常怀疑自己发育不良。 (　　)
35. 一旦与异性交往就脸红心慌或想入非非。 (　　)
36. 对某个异性伙伴的每一个细微行为都很注意。 (　　)
37. 怀疑自己患了癌症等严重不治之症，反复看医书或去医院检查。 (　　)
38. 经常无端头痛，并依赖止痛或镇静药。 (　　)
39. 经常有离家出走或脱离集体的想法。 (　　)
40. 感到内心痛苦无法解脱，只想自伤或自杀。 (　　)

【评分标准】

画“√”得2分，“△”得1分，“×”得0分。

【结果解释】

0～8分：心理非常健康，请你放心。

9～16分：大致还属于健康的范围，但应有所注意，也可以找老师或同学聊聊。

17～30分：你在心理方面有了一些障碍，应采取适当的方法进行调适，或找心理辅导老师帮助你。

31～40分：黄牌警告，有可能患了某些心理疾病，应找专门的心理医生进行检查治疗。

41分以上：有较严重的心理障碍，应及时找专门的心理医生治疗。

拓展阅读

你是胡萝卜、鸡蛋还是咖啡豆

一个女儿对父亲抱怨她的生活，抱怨社会生存压力如何大，求职如何困难，自己是多么烦恼，事事艰难使她不知该如何应付生活，想要自暴自弃了。她已厌倦抗争和奋斗，好像一个问题刚解决，新的问题就又出现了。

她的父亲是位厨师，他把她带进厨房，他先往三只锅里倒入一些水，然后把它们放在旺火上烧，不久锅里的水烧开了，他往第一只锅里放些胡萝卜，第二只锅里放只鸡蛋，最后一只锅里放入碾成粉末状的咖啡豆。他将它们浸入开水中煮，一句话也没有说。

女儿咂咂嘴，不耐烦地等待着，纳闷父亲在做什么。大约20分钟后，他把火关闭了，把胡萝卜捞出来放入一个碗内，把鸡蛋捞出来放入另一个碗内，然后又把咖啡倒在一个杯子里。做完这些后，他才转过身问女儿，“亲爱的，你看见什么了？”“胡萝卜、鸡蛋、咖啡”，她回答。

他让她走近些，并让她用手摸摸胡萝卜。她摸了摸，注意到它们变软了。父亲又让女儿拿一只鸡蛋并打破它，将壳剥掉后，他看到的是一个煮熟的鸡蛋。最后，他让她喝了咖啡。品尝到香浓的咖啡，女儿笑了。她问道：“父亲，这意味着什么？”

他解释说，这三样东西面临同样的逆境——煮沸的开水，但其反应各不相同。胡萝卜入锅之前是强壮的、结实的，毫不示弱；但进入开水之后，它变软了、变弱了。鸡蛋原来是易碎的，它薄薄的外壳保护着它呈液体的“内脏”；但是经开水一煮，它的“内脏”变硬了。而粉沫状咖啡豆则很独特，进入沸水之后，它们倒是改变了水。“哪个是你呢？”他问女儿。“当逆境找上门来时，你该如何反应？”

人生不如意的事十有八九，前进的路没有一帆风顺的，而一个人在逆境时的表现往往决定了个体的人生走向。面对逆境，有的人努力奋争，百折不挠；有的人浅尝辄止，一番争取之后，偃旗息鼓；有的人陷入困境，就心怀恐惧，绕着问题走。不同的态度导致了不同的结局，或是到达理想的彼岸，或是缩手缩脚碌碌无为。亲爱的同学，你是胡萝卜、鸡蛋还是咖啡豆？

（摘自：http://blog.zzedu.net.cn/zhangpin/article_5942B1EB-F9A9-4A.html）

第三节　大学生心理健康教育的任务与途径

心灵故事

轰动全国的云南大学2004年“2·23”案犯，马加爵，23岁，只因与同学一起玩牌，别人说他偷牌，他说没偷而发生摩擦，因此产生仇恨心理杀死四名同学。

心理专家对他的犯罪心理曾做分析：他家境贫寒，所以总有自卑感，很少与人沟通，总觉得别人瞧不起他。他与人交往产生矛盾，往往不考虑自身的原因，总把原因归在他人身上。认知心理学关于人际交往有一条规则即“黄金规则”，指“像你希望别人如何对待你那样去对待别人”这样一种理性观念。可是人们所持观念往往是这样：“我对别人怎样，别人就必须对我怎样”或者说“别人必须喜欢我，接受我”。这些不合理的、绝对化的要求，恰恰是所谓的“反黄金规则”。越是这样想就越觉得心理不平衡，心理问题就此产生。此外，他是一个极度自我中心的人，与很多同学积怨，导致人格及心理扭曲，产生报复杀人的恶念而最终杀人。其实，这场悲剧是可以避免的。在矛盾发生的初期，如果能得到社会支持系统的帮助，自己能积极地进行心理调适，或主动寻求专业的心理帮助，把不良的情绪加以释放和宣泄，从而使心理压力得以缓解，悲剧就不会发生。

学习导读

一、大学生心理健康教育的任务和内容

学校心理健康教育是指教育者根据学生生理、心理发展的特点，运用心理学等多学科的理论与技术，对学生进行心理健康知识和技能的教育与训练辅导，培养学生良好的心理素质，促进学生身心全面和谐发展和综合素质提高的教育活动。加强大学生心理健康教育

工作是新形势下全面贯彻党的教育方针、实施素质教育的重要举措，是高等学校德育工作的重要组成部分，是促进大学生全面发展的重要途径和手段。

（一）大学生心理健康教育的任务

教育部在《关于加强普通高等学校大学生心理健康教育工作的意见》中对大学生心理健康教育的任务和内容做了明确规定："高等学校大学生心理健康教育工作的主要任务是根据大学生的心理特点，有针对性地讲授心理健康知识，开展辅导和咨询活动，帮助大学生树立心理健康意识，优化心理品质，增强心理调适能力和社会生活的适应能力，预防和缓解心理问题。帮助他们处理好环境适应、自我管理、学习成才、人际交往、交友恋爱、求职择业、人格发展和情绪调节等方面的困惑，提高健康水平，促进德智体美等全面发展。"

大学生心理健康教育的核心任务是给学生提供一个反思和体验的心理空间，使他们能够用宁静平和的心态去审视自己、思考人生；给学生提供一个交流的机会，使他们能够真诚地表达自己的思想、情感；给学生提供调节自己、影响别人的方法，使他们在人际交往过程中以健康的心态面对自己和他人，用真心和关爱去获得友谊、理解与和谐的人际环境。

除此之外，大学生心理健康教育还应注意面向少数有心理障碍的学生，开展补救性和矫治性的心理咨询与辅导，使他们尽快摆脱障碍，调节自我，恢复和提高心理健康水平，增强发展自我的能力。对极少数有严重心理疾患的学生，能够及时识别，并转介到专业心理治疗机构，同时予以密切配合，以尽快治愈疾病，帮助学生重返校园生活。

（二）大学生心理健康教育的内容

高等学校大学生心理健康教育工作的主要内容如下。

1. 宣传普及心理科学基础知识，使大学生认识自身的心理活动与个性特点，了解心理健康对成才的重要意义，树立心理健康意识。

2. 介绍增进心理健康的途径，使大学生掌握科学、有效的学习方法，养成良好的学习习惯，自觉地开发智力潜能，培养创新精神和实践能力。

3. 传授心理调适的方法，使大学生学会自我心理调适，有效消除心理困惑，自觉培养坚韧不拔的意志品质和艰苦奋斗的精神，提高承受和应对挫折的能力，以及社会生活的适应能力。

4. 解析心理异常现象，使大学生了解常见心理问题产生的原因及表现，以科学的态度对待各种心理问题。

二、心理健康教育的重要意义

青年学生正处在身心发展的重要时期，随着生理、心理的发育和发展，竞争压力的增大，生活环境日趋复杂，身心健康发展受到的负面影响越来越大，致使青少年学生的心理健康问题较以前更显著和突出。

令人担忧的是，不良的心理健康状况不仅导致了学生自身的身心疾病，严重影响了身体健康和学习活动，同时还直接损害了他们的品德发展和正常的社会性适应。如，因心理健康问题而休学、退学、离家出走、死亡，甚至犯罪等，给社会、学校、家庭和个人造成了消极后果。因此，开展大学生心理健康教育，对大学生健康成长和发展、对精神文明建设、对社会稳定都有着十分重要的意义。

（一）有利于促进学生全面发展

我国现阶段学校教育的培养目标，就是以马克思主义关于人的全面发展思想为理论基础，培养适应社会经济、文化建设所需要的全面和谐发展的各级各类人才。高校培养的学生不仅要有良好的思想道德素质、文化素质、专业素质和身体素质，而且要有良好的心理素质。学生的心理健康教育与德智体美诸方面的教育有着密切的关系，是其中不可缺少的部分，从某些方面来说也是对全面发展教育的融通和优化，具有很大的相互促进和相互制约的作用。为此，学校必须大力加强心理健康教育，促进学生素质的全面发展和提高。

（二）有利于促进学生身心健康

毛泽东曾指出，学校应以健康第一；陶行知也曾指出，健康是生活的出发点，也是教育的出发点。由此可见，健康教育有着重要的意义。但是，健康不仅是没有疾病，而且是一种个体在身体上、心理上、社会上完全安好的状态。没有精神上、心理上的健康，就难以保证生理的健康，也谈不上真正的健康。然而，在现实生活中，人们对健康的评价，往往只注意生理上的健康，而很少注意精神的、心理的健康；只重视生理健康的教育与训练，而忽视心理健康的教育与训练。这不仅影响了学生的心理健康，也使学生的生理健康得不到保证。只有学生的生理健康和心理健康都得到了重视，才能全面提高学生的身心健康水平。

（三）有利于促进学生思想品德教育

大学生正处于品德形成的重要时期，也处于世界观、人生观形成的关键时期，同时还处于心理上充满矛盾和冲突的时期，心理复杂且多变。不掌握他们的心理，就难以真正了解其思想，也无法进行有效的思想品德教育。不使其具备健康的心理素质，也难以塑造优良的道德品质。当然，这绝不意味着心理健康教育可以取代思想品德教育，或思想品德教育可以取代心理健康教育。因为两者在理论和实践体系方面有着显著的区别，故不能混为一谈或互相替代。但两者并不对立，在学校教育工作中可以各司其职，各得其所，并能相互借鉴与促进。在本质上又都是以培养全面发展的人为宗旨，似“车之双轮，鸟之双翼”，缺一不可。因此，可以说开展心理健康教育丰富了德育的内容，扩展了德育的方法，增加了德育的途径，进一步加强了德育的地位和功能，在更高层次上提高了人的素质，使之达到全面发展的培养目标。

三、心理健康教育的原则

（一）教育性原则

贯彻教育性原则，要求做到：一是要以马克思主义辩证唯物论的思想和观点做指导，结合我国的实际情况，有选择地借鉴西方关于学校心理健康教育的理论方法和技术，对大学生进行心理健康教育；二是要把心理健康教育与学生的道德品质教育、思想政治教育等结合起来，使心理素质与思想道德培养相互影响、相互促进；三是重视正面的启发教育和积极引导，培养学生积极进取、乐观向上的精神，帮助学生树立正确的世界观、人生观和价值观。

（二）全体性原则

贯彻全体性原则，教育者要了解和把握所有学生的共同需要，以及普遍存在的心理健康问题；对学生要一视同仁，创造条件，最大限度让尽可能多的学生参与其中的所有活动。另外，所有工作的出发点都要有利于促进全体学生的发展和成长。

（三）差异性原则

贯彻差异性原则，一是要了解学生的个体差异，如年龄差异、性别差异、学习差异、思想差异和个性差异等；二是要区别对待不同学生，灵活采用不同的方法、手段和技术，灵活运用心理健康教育的原理和方法；三是要认真做好个案研究，积累资料，总结提炼，增强个别教育的实效。

（四）保密性原则

贯彻保密性原则，要做到：求助学生的所有资料和信息绝不应作为社交闲谈的话题；求助学生的个案资料不应出现在教育者的公开演讲和谈话中；教育者应避免有意无意以个案举例来炫耀自己的能力和经验；教育者所做的个人记录，不能视为公开的记录，不能随便让人查阅；教育者不应随便将记录档案带离咨询与辅导机构；任何咨询与辅导机构都应设立健全的储存系统来确保当事人档案的保密性。当然，替来访者保密也不是绝对的，在某些特殊情况下，为了进行科学研究，为了求助学生和他人的利益免受伤害，可以进行正当泄密。但依然是不能损害求助学生的利益，要最大限度地保护求助学生权益。

四、心理健康教育的途径和策略

（一）心理健康教育的途径

心理健康教育通过以下四种途径来实现：心理素质教育、心理辅导、心理咨询和心理治疗。这四者之间的关系我们可以通过一个故事来理解。有三个钓鱼人聚在一处水潭边钓鱼，突然，他们发现有人在河上游落水并被冲进水潭。于是，有一个钓鱼人便跳进水中把落水者救了上来，并用人工呼吸法进行抢救。就在这时，他们又见到另一个被冲下来的落水者，另一个钓鱼人也跳入水中将他救了上来……可是，他们同时又发现了第三个、第四个和第五个落水者。这时，这三个钓鱼人已经手忙脚乱，显得穷于应付了。有一个钓鱼人似乎想起了什么，他离开现场去了上游，想去做一件性质不同但目的一致的工作：劝说人们不要在这里游泳，并在上游的入水处插上一块木牌以示警告。可是，仍有人无视警告被冲进水潭，三个钓鱼人仍然忙于从水中救人的工作。后来，其中一个钓鱼人似乎最终醒悟，他说这样仍然不能从根本上解决问题，他要去做另一项工作——教人们游泳。这似乎是问题的关键，因为人们有了好的水性，能够像他们三个钓鱼人那样，即使被冲下深水或急流之中，也能独自应付，不至于深陷危险之中甚至遭受灭顶之灾。如果以此来比喻心理健康教育，则第一步跳入水中抢救落水者的工作，就好比心理治疗，即运用心理学方法，对已经产生较严重心理障碍的人员进行专门的调节，使之恢复正常的状态。作为一项艰巨而充满意义的工作，心理治疗往往需要花费相当多的时间和精力，“被治疗者”也往往感受到深刻的痛苦和不安。第二步有一个钓鱼者去上游对人们进行劝说，这就好比是心理咨询，即根据个体心理特点与规律，运用心理学方法，帮助前来求助的人员排除各种心理障碍，使之能及时摆脱不利的心理状态，恢复到健康状态。尽管这是一项充满意义的工作，但一般来说，只对咨询者或接受咨询者发生作用和影响。第三步那位幡然醒悟，立志去教人们游泳的钓鱼人所做的工作（诸如游泳知识的讲解、游泳技能的培训、体能的提高、体质的增强等），就好比心理素质教育和辅导，即根据个体心理特点与规律，运用心理学方法，设计各种方案来实施，以促使学生良好的心理素质形成。他找到了落水者需要人们救助的根本原因——水性不好，并着眼和致力于教会人们游泳，试图从根本上解决问题。

（二）心理健康教育的策略

1. “全面渗透，多渠道全方位推进”策略

为了更好地实现心理健康教育的目标，就要将心理健康教育渗透到学校的各项工作中，形成“多渠道实施、全方位推进”的局面。心理素质教育、心理辅导、心理咨询和心理治疗就是实施心理健康教育的专门渠道，但是，仅限于专门的渠道是不够的，应该将心理健康教育渗透到各科教学中和学校各项活动中，这样就能形成众多的非专门渠道，促进学校心理健康教育工作的开展。

“全面渗透，多渠道全方位推进”策略还要求形成家庭、学校、社会的心理健康教育网络，全方位地推进学校的心理健康教育工作。

2. “创设健康的心理发展环境”策略

健康的教育环境应是有利于学生充分发挥潜能、形成健全人格的环境，其中，最为关键的是要有利于学生形成积极的自我概念，并在此基础上形成自信心与自尊心，从而能较好地适应环境。健康教育环境的创设，需要我们继续努力推进从应试教育到素质教育的转变，使学校教育的课程模式、教学模式和评价模式都有利于学生发展潜能，发展个性。同时，学校领导要转变观念，树立正确的教育观、质量观和学生观，强调学生完整人格的发展。

3. “发展优先，防重于治”策略

“发展优先，防重于治”是指学校心理健康教育工作应该首先着眼于培养学生良好的心理素质，注重维护与促进学生的心理健康发展，同时，注意心理健康教育的关键期，积极预防青少年心理健康问题的产生，而不能将工作重点放在已出现的心理问题的矫正与治疗方面。

相关链接

如何维护大学生的心理健康

1. 学会自助是关键

有句话叫“解铃还须系铃人”，说的是南唐时候的故事。南唐时，金陵清凉寺有一位泰钦法灯禅师，他性格豪放，平时不太拘守佛门戒规，寺内一般和尚都瞧不起他，唯独住持法眼禅师对他颇为器重。有一次，法眼在讲经说法时询问寺内众和尚：“谁能够把系在老虎脖子上的金铃解下来?”大家再三思考，都回答不出来。这时，法灯刚巧走过来，法眼又向他提出这个问题。法灯不假思索地答道：“只有那个把金铃系到老虎脖子上面去的人，才能够把金铃解下来。”法眼听后，认为法灯颇能领悟佛教教义，便当众赞扬了他。后来，“解铃还须系铃人”这句话就被流传下来，人们用它来比喻谁造成的困境还得由谁自己来解决。对待我们所面临的心理健康问题也是一样，心理问题的产生主要是由我们自己的认知态度偏激、狭义等所致。要改变认知心态，别人不可能代替我们，就像别人不能代替我们吃饭、呼吸一样。只有自助，才是走出心理困境的唯一出路。

2. 主动排查很必要

近年来，大多高校采用通过对学生定期进行心理健康普测，结合日常摸底排查的方法，

及时发现有心理问题的高危人群，通过受过专业培训的心理辅导员或专兼职心理咨询老师的约谈识别，对确有心理问题的学生建立重点关注档案，进行跟踪辅导。所以，同学们要高度重视和认真对待心理普测和心理问题排查工作，积极主动配合。一方面要应用所学的心理健康知识经常检视自己的心理健康状况；另一方面也要关心周围的同学，观察和了解他们是否有心理困扰发生。特别是大学生心理健康协会会员和各级学生干部，包括班级心理委员、宿舍心理信息员，要成为排查问题的骨干成员，做到发现问题及时反馈。

3. 寻求支持与帮助是手段

当同学们发现和认识到自己有了心理问题，而自我调适又不能奏效时，就应该积极寻求外界的帮助。如父母或亲友的帮助、同伴间的心理互助，以及学校的心理咨询机构、社会的心理咨询与治疗机构、知名的心理咨询网站、心理服务热线等的咨询与治疗。

互动体验

发现快乐

【活动导入】

让学生明白只要我们善于发现，生活中到处充满快乐。

【规则与程序】

准备3份小礼品，印发短文材料《美国年轻人眼里的开心时刻》。

1. 请学生回想最近两周令自己开心的事件，在笔记本上列出自己的“快乐清单”，每人至少列出10项。

2. 请部分学生读出自己的快乐清单。

3. 把短文《美国年轻人眼里的开心时刻》发给学生，请学生快速阅读，对照自己的“快乐清单”进行比较。

4. 小组脑力激荡法：在同学的“快乐清单”及短文的启发下，大家开动脑筋再尽可能多地寻找快乐，每个小组请一位同学做记录，完成小组的“快乐清单”。

5. 以小组为单位读出小组的“快乐清单”，给想得最多的3个小组发礼品。

6. 教师小结：生活中不缺少快乐，只是缺少发现。

【附】 美国年轻人眼里的开心时刻

1. 异性一个特别的眼神。

2. 听收音机里播放自己最喜欢的歌曲。

3. 躺在床上静静地聆听窗外的雨声。

4. 发现自己想买的衣服正在降价出售。

5. 被邀请去参加舞会。

6. 在浴缸的泡沫里舒舒服服地洗个澡。

7. 傻笑。

8. 一次愉快的谈话。

9. 有人体贴地为你盖上被子。

10. 在沙滩上晒太阳。

11. 在去年冬天穿过的衣服里发现20美元。

12. 在细雨中奔跑。

13. 开怀大笑。

14. 开了一个绝妙幽默的玩笑。
15. 有很多朋友。
16. 无意中听到别人正在称赞你。
17. 醒来时发现还有几个小时可以睡觉。
18. 自己是团队的一分子。
19. 交新朋友或和老朋友在一起。
20. 与室友彻夜长谈。
21. 甜美的梦。
22. 见到心上人时心有撞鹿的感觉。
23. 赢得一场精彩的棒球或篮球比赛。
24. 朋友送来家里自制的甜饼和苹果派。
25. 看到朋友的微笑，听到他们的笑声。
26. 第一次登台表演，既紧张又快乐的感觉。
27. 偶尔遇见多年不曾谋面的老友，发现彼此都没有改变。
28. 送给朋友一件他一直想要得到的礼物，看着他打开包装时的惊喜表情。

仔细琢磨一下，快乐真的就这么简单。只要你用心活着，用心去感受，很多的时刻都是你的开心时刻。

心理测试

大学生人格健康量表（UPI）

【指导语】

以下问题是为了解你的健康状况并增进你的身心健康而设计的调查。请你按题号的顺序阅读，在最近一年中你常常感觉到或体验到的项目上做“是”选择，没有就做“否”的选择。为了使你顺利完成大学学业，身心健康地去迎接新生活，请你做真实选择。

【测试量表】

姓名________　　性别_______　　年龄_______　　测验日期_________

01. 食欲不振 02. 恶心、胃口难受、肚子痛 03. 容易拉肚子或便秘 04. 关注心悸和脉搏 05. 身体健康状况良好	16. 常常失眠 17. 头痛 18. 脖子、肩膀酸痛 19. 胸痛憋闷 20. 总是朝气蓬勃的	31. 为脸红而苦恼 32. 口吃、声音发颤 33. 身体忽冷忽热 34. 注意排尿和性器官 35. 心情开朗	46. 身体倦乏 47. 一着急就出冷汗 48. 站起来就头晕 49. 曾有失去意识、抽筋 50. 人缘好、受欢迎
06. 牢骚和不满多 07. 父母期望过高 08. 自己的过去和家庭是不幸的 09. 过于担心将来的事情 10. 不想见人	21. 气量小 22. 爱操心 23. 焦躁不安 24. 容易动怒 25. 想轻生	36. 莫名其妙的不安 37. 一个人独处时感到不安 38. 缺乏自信心 39. 办事畏首畏尾 40. 容易被人误解	51. 过于拘泥 52. 对任何事情不反复确认就不放心 53. 对脏很在乎 54. 摆脱不了毫无意义的想法 55. 觉得自己有怪气味
11. 觉得自己不是自己 12. 缺乏热情和积极性 13. 悲观 14. 思想不集中 15. 情绪起伏过大	26. 对任何事都没有兴趣 27. 记忆力减退 28. 缺乏耐力 29. 缺乏决断能力 30. 过于依赖别人	41. 不相信别人 42. 过于猜疑 43. 厌恶交往 44. 感到自卑 45. 杞人忧天	56. 过于在意别人在自己背后说坏话 57. 总注意周围的人 58. 在乎别人的目光 59. 觉得别人轻视自己 60. 情绪易被破坏

辅助题：

61. 至今为止，你感到在自身健康方面有问题吗？　　(①是　②否)

62. 曾经觉得心理卫生方面有问题吗？　　(①是　②否)

63. 至今为止，你曾经接受过心理咨询和治疗吗？　　(①是　②否)

64. 如果你有健康或心理卫生方面想要咨询的问题，请写在下面，另外，上述1～60问中有想咨询的问题，请写下问题的题号。

【评分标准】

UPI是University Personality Inventory的简称，是为了早期发现、早期治疗有心理问题的学生而编制的大学生精神卫生、人格健康调查表。UPI问卷本身共60个项目。其中，5、20、35、50是测伪尺度，不计分，其余56个是症状题，包括身心状况。8、16、26是关键项目，应给予更多的关注。UPI的60个问题中除了4个测伪尺度不记分外，其余56个问题做肯定选择的记1分，否定选择的记0分。测验完毕后，标出总分。

【结果解释】

第一类筛选标准（即有可能有心理问题者）

满足下列条件之一者：

1. 总分在25分（包括25分）以上者；
2. 第25题做肯定选择者；
3. 辅助题中至少有两题做肯定选择者；
4. 明确提出咨询要求的且属于心理问题者。

第二类筛选标准（即应引起关注的）

满足下列条件之一者：

1. 总分在20～24分者；
2. 8、16、26题中有一题做肯定选择者；
3. 辅助题中只有一题做肯定选择者。

第三类筛选标准：不属于一类、二类者

其中，第一类学生可能有明显的心理问题，应尽快约他们到心理咨询中心面谈，了解问题的性质与程度。通过每人30分钟左右面谈，区分出A、B、C类。

A类：各种神经症、心理矛盾冲突激烈，明显影响正常学习、生活者。对他们要继续坚持面谈，直至症状缓解或消除。

B类：一般心理健康问题者，属于适应不良，能维持正常的学习与生活者。面谈时建立信任关系，有问题时可主动咨询。

C类：无特殊问题者，症状暂时不明显或已解除。

第二类学生应引起重视，有条件时可请来面谈。一般过半年左右再调查一次。

第三类学生属于一次通过者，即心理比较健康者。

拓展阅读

学会每天问自己十个问题

如果你想走出烦恼，放松心情，以积极健康的心态面对每一天，那就尝试以自问的方式开始每一天。这些问题会给你带来力量和好心情。

1. 我拥有什么？

通常，我们会为自己没有的东西而苦恼，却看不到自己拥有的，正如那句口口相传的话："失去了才知道珍贵。"让我们走出哀怨，这样就可以看到什么是我们拥有的。

2. 我应该为什么感到自豪？

为你已经取得的成绩而自豪。成绩不分大小，每一次成功都意味着向前迈出了一步。

3. 我应对什么心存感激？

每天都有很多事情让我们为之心存感激，同时也有很多人值得我们感谢，因为他们在无形中教会了我们一些事情。

4. 我怎样才能充满活力？

每天都要计划好做一些积极的事情，让自己充满活力。例如，可以给那些一直以来你都很欣赏，却很久未联系的人打电话，对同学说一些鼓励的话，保持微笑，或留出时间进行体育锻炼等。

5. 我今天能解决什么问题？

设法把那些原本想留到明天才解决的问题今天就解决掉，尽量在当天完成手边的工作，要敢于面对那些棘手的问题，并换一种角度看待它们。

6. 我能抛下"过去的包袱"吗？

"过去的包袱"指那些长年累积起来的伤心的经历和怨气。背着这些沉重的生活包袱有什么用呢？建议你对过去做一个总结，把值得借鉴的经验保存起来，然后永远地卸下重负。

7. 我怎么换个角度看待问题？

很多时候，根本问题就是我们看待事物的方式。很多人都经历过为一件事苦恼不堪，过后又觉得可笑的时候。悲和喜只是我们看问题的角度不同而已。

8. 我怎样过好今天？

做些与往常不一样的事情。如果我们走出常规，学会享受生活，那么生活就是丰富多彩的。我们要敢于创造和创新。

9. 今天我要拥抱谁？

拥抱是我们的精神食粮。曾经有一位心理学家说过，要想健康，每天要至少拥抱8次。身体接触是人最为基本的需求，它甚至可以帮助我们开发大脑。

10. 我现在就开始行动？

是让生活过得索然无味，还是积极向上？决定权就在自己的手中。

（摘自：http://www.diyifanwen.com/lizhi/lizhiwenzhang/16122144640317009524.htm）

启发思考

1. 如何科学地理解健康的概念？什么是心理健康？

2. 对照大学生心理健康标准，请你评估一下自己：你是一个心理健康水平如何的人？在哪些方面做得比较好？哪些方面需要努力提升？

3. 现在的你在校园中可能面临什么问题需要你重新思考和面对？

第二章

大学新生适应管理

大学是信息的海洋，是知识的殿堂，是成长的沃土，是栋梁的摇篮，是精神的家园，是青春的舞台，更是人生的一次重要转折。每一位步入大学校园的新生都曾有过一系列关于大学生活的憧憬。然而，从学习内容到学习方法，从人际交往到生活环境，有太多陌生而又具有挑战性的任务摆在大学新生面前。如何应对这些挑战、适应大学生活、顺利完成学业是所有大学新生必须面对的课题。

第一节　初进大学，你适应吗

心灵故事

对于小周来说，初进大学后最大的感受就是对新的教学方式的不适应。高中时，老师都盯得很紧，还不时地有个测验或考试，不想努力都难。但在大学里，作业不常布置了，老师也很少主动来关心自己的学习，连上课地点也不固定了。面对这么“宽松”的学习方式，小周有些手足无措。

小王说：“上大学之后突然多了那么多时间，我都不知道怎么过了……”的确，高中的每一天几乎都被安排得满满的，上了大学，时间一下子宽裕很多，反而觉得不知所措、无所事事。每天上完课之后如何处理大段的空余时间成了他最头痛的问题。

小李说：“我发现下了课，老师连面都碰不到了，大学老师不像中学老师那样一直在办公室里，我有问题也很难及时找到他解答，让我自己去找，又觉得特别不好意思。高中时都是老师主动找我们，盯着我们。可是不找老师，很多问题又得不到解答，着实让我非常为难。”

小红说：“中学时只需念好书就行，生活琐事一切由父母包办。进了大学，一切都得靠自己，感觉很不适应。”

小张的父母在他刚入学的时候，把一个学期的生活费都给他打到卡里了，结果不到一个月的时间，他的钱已经花去了大半，小张的问题是不会理财。

诸如此类的描述都属于大学新生适应问题，初入大学，新鲜、陌生、惊奇各种感觉交织在一起，如何更好地适应大学生活，成为每位大学新生的必修课。

知识导读

一、大学生适应概述

（一）适应的含义

适应是来源于生物学的一个名词，用来表示能增加有机体生存机会的那些身体和行为上的改变，心理学上用来表示对环境变化做出的反应。由于心理学研究对象从简单的感知觉、认知学习、行为习惯、人格到社会性，具有复杂的层次性，因此，心理学领域对适应概念的理解和运用也存在三种不同的层次。

1. 生理适应，即生物学意义上的适应，指在有机体的机能和感知觉水平上，个体对声、光、味等刺激物的适应。在此层次上，适应至少可以分为两种类型：一是长期性适应过程，指个体或群体为了求得生存和发展，在生理机能或心理结构上产生改变，以适合于自身生存环境的历程。二是即时性适应过程，指有机体感官随着刺激在时间上的延续，感受性水平发生变化的现象，如感官适应、个体学习等。

2. 心理适应，通常指个体遭受挫折后借助心理防御机制来使人减轻压力、恢复平衡的自我调节过程，这是一种狭义的适应概念。

3. 社会生活环境适应，包括个体为了生存而使自己的行为符合社会要求的适应和努力改变环境以使自己能够获得更好发展的适应，这是社会适应层次上的概念。

综合以上观点可以看出，适应这一心理现象具有以下性质和特点：

（1）适应是主体对环境变化所做出的一种反应，适应伴随环境的变化而产生，没有环境的变化就无所谓适应或不适应；

（2）适应的目的是达到或恢复主客体之间的平衡，因此，适应就是主体不断建立平衡的动态变化过程；

（3）适应是在主体自我意识作用下的自我调节过程，其中，同化和顺应是主要的自我调节方式。

（二）大学新生适应的含义

大学新生适应主要是指个体从中学生到大学生的角色转换，在与大学这个复杂多变的环境互动中不断调整，最终达到身心平衡的动态过程。

二、大学新生常见的适应问题及概述

在现实生活中，一个大学新生离开家乡，离开父母和家庭，步入一个新的生活环境，学习的内容发生变化，生活的方式发生变化，日常接触的社会群体也发生变化……这些变化，都以一定方式影响着学生的心理，造成学生心理上的不平衡和行为上的不适应。在一次对大学新生的调查中发现：有42%的学生反映，由于环境的改变，出现了矛盾、困惑心理。其中，一部分学生表现出对现实的失落感。由于中学时教师为了激励学生刻苦学习，考出好成绩，把大学描绘成一个“人间天堂”，学生也将考大学作为唯一的和最终的目标来激励自己在高中埋首苦读。但当跨入大学校园后，突然发现事实并非如此，进而怀念起过去的中学生活。而且一部分学生还发现在中学时站在山顶“风景这边独好”的感觉没有了，在高手如云的新集体中，昔日那种“鹤立鸡群”的优越感荡然无存，无形中在心理上

产生一种失落感。另有一部分学生表现出对专业学习的困惑心理。与中学相比，大学学习具有更多的自主性、灵活性和探索性，进大学后，他们一时无所适从。有些学生感觉一下子从中学的严格管教中“松了绑”，但又不知如何安排学习，心中感到忧郁、焦虑和恐慌。还有一部分学生表现出对生活及其环境的不适应。进入大学后，由原来依赖父母的家庭生活过渡到相对自立的大学集体生活，心理上产生一种孤独感。综合以上因素，大学新生常见的适应问题主要表现在以下几个方面。

（一）角色转换困难

从一名中学生转变为一名大学生，每一位大学新生都面临着角色的转换，面临着对自我的重新定位。在这种角色的转换过程中，如果自身的行为不能随着角色的变化而变化以符合角色的要求，不能随着时间、环境的不同而进行相应的调整，就可能会出现角色的冲突，从而出现适应不良。例如，有一些同学入校后，首先感到难以适应的是在班级中地位的变化，因为能进入大学的学生在中学往往都是尖子生，并且习惯了“拔尖”的地位，而进入大学以后，各方面的人才聚集在一起，势必使大部分同学失去原来的“拔尖”地位，而成为“一般”甚至“比较差”的成员。这种地位的变化越强烈，他们适应起来就越困难。很多同学在中学时期是学习尖子，是带着“过去的辉煌”来到了大学。然而进入大学后由于人才荟萃，不少人在学习上的优势将会削弱或消失，不再成为大家关注的焦点。大多数同学要从优势角色向普通角色变化，面对新的角色，有的同学发觉自己不管是从学生干部职务还是从学习上都很难再现辉煌，于是便产生一种“挫折感”。有的新生由于往日盲目的自信和骄傲，此时便觉得自己落伍掉队，原有的优越感和自豪感变成了自卑感和焦虑感。这一转变很可能引发大学生对自己角色定位的困惑，精神上会出现失落感，自卑、抑郁、退缩等心理问题常常就会发生。

（二）生活环境难适应

陌生的校园、陌生的脸孔、全新的语言环境、崭新的校园内外文化生活、怎样适应新的生活和新的环境，这些都是大学新生进入校园后首先要面对的问题。对大多数刚踏进大学校门的新生来讲，他们在入学前，对大学的生活、大学的环境都有美好的憧憬，然而理想与现实之间总是会有很大的差距，如果不能及时进行调整，以减少理想与现实间的冲突，就很容易导致各种心理落差和心理失衡，以至于不能很好地适应。

家庭舒适的生活条件、父母的各种关爱，使许多学生缺乏独立的生活能力，他们一旦离开了父母，便感到生活上失去了依靠。对新生来说，进入大学后，没有了父母、长辈的每日悉心照料，他们首先要独立生活，要独立面对生活中的困难，要学会日常生活的打理，要学会自己照顾自己。从一日三餐到个人的生活，一切都要由自己做主，这些变化会使一部分同学感到手足无措。此外，饮食习惯的改变、生活环境的改变等，可能有的同学会抱怨食堂不可口的饭菜，抱怨集体生活的种种不便，抱怨同宿舍舍友的一些不良习惯……一系列生活习惯和环境的改变都可能使他们感到不适应，因而出现想家、思念亲人、怀念老同学等现象，并由此可能产生各种烦恼，出现焦虑、抑郁、敌对、低落的情绪，严重者会影响心理健康。曾有一位考到外地高校的男生，由于无法面对离开父母照顾的生活，产生了严重的厌学情绪，最后选择了退学，也不愿选择独立面对生活。

（三）人际关系的问题

我国心理学家丁瓒教授指出：“人类的心理适应，主要是对人际关系的适应；人类的心理疾病，主要是由人际关系失调而来。”对大学生而言，也同样如此。人际关系在大学生活中始终都是影响心理健康的重要因素。人际关系不良，会给大学生带来很多烦恼、焦虑和不安，进而可能产生许多心理问题。有调查发现：在大学一年级新生中，有一半以上的同学有人际交往方面的心理困惑，这是大学新生最大的心理问题。

在大学，来自天南地北、五湖四海的学生汇集成一个社会的群体，由于地域与家庭的不同，以及他们原来各自的生活方式、性格、兴趣、思想观念、饮食习惯等多方面也存在的明显差异，在这个大家庭的人际交往过程中，不可避免地会发生一些摩擦、冲突和情感损伤，这一切难免引起一部分心胸狭窄的学生不快。本来他们远离父母就有一种孤独感，一旦出现人际关系不和谐或发生其他冲突，这种孤独感就会进一步加剧，从而产生压抑和焦虑。有些学生表现为人际交往心理障碍。因为语言表达能力较差，使得他们害怕与他人沟通，把自己的内心情感世界封闭起来。这种人经常处于一种要求交往而又害怕交往的矛盾之中，很容易导致孤独、抑郁或自卑。还有些是因为性格上的不合群，他们在学生中不被理解而被排斥，其中一部分人便独来独往，不与他人接触，久而久之就产生一种性格孤僻、粗暴等心理倾向。

（四）学习的困惑

大学是人生一个重要的转折点。据有关调查显示，有60%的新生存在不同程度的学习心理问题。刚从中学毕业考上大学的大学生，在大学都要经历学习心理与学习方法的适应期。有的同学很快就能适应，而有的同学则适应得很慢。首先，作为大学新生必须有意识地尽快从心理上主动适应大学的学习生活环境，才可能为成才打下坚实的基础。其次，大学的学习比中学更复杂，同时也更为自觉、独立。老师的授课方式也不同于高中，大学里很少有人监督你、主动指导你。相当一部分大学生上大学后产生“动机落差”，比如高中阶段学习的唯一目标是考上大学，一旦目标实现了，上大学后就开始松懈自己，没有重新树立新的目标。最后，自我控制能力差，缺乏远大的理想，没有树立正确的人生观，产生学习动力不足，从而影响学习效率与学习效果。培养自主学习能力，实现由被动学习变为自主学习，有助于适应新的大学学习任务和环境。这就需要学习具有主动性，自己做时间的主人，有计划地进行学习，能充分利用自习的时间；要善于选择参考书或文献资料，有选择地学习，而不是盲目学习。此外，还要多渠道学习，除在课堂上学习外，还能够利用图书馆、资料室的图书资料进行自学，还能够积极参加有关的学术讲座或课外兴趣小组的学习研究，并能够主动拜访老师或同学，争取老师和同学对自己的指导和帮助。另外，要学会探索性学习，要积极参与实践，通过参加一定的社会实践活动，了解社会、增长知识和能力。

（五）其他方面

大学校园里人才济济，这使得大学生在文艺、体育以及知识面、交往能力、经济条件等方面的差异更加突出，势必会引起攀比、嫉妒、自卑等心理。特别是大学生中的一些贫困生，由于家庭贫寒造成的生活困难以及与富裕同学相比差距很大，会使他们经常产生由于经济上的相对贫困而导致的自卑和心理失衡，甚至出现某种程度的心理困扰，如果不能及时进行调适，就会使其消极的认知和情感体验被泛化到生活的其他方面，使他们感觉到自己在经济基础、风度仪表、人格魅力等方面处处不如别人，产生强烈的自卑感。在这种心态的长期影响下，就会形成消极、冷漠、孤僻、退缩等心理和行为特征。

三、大学生适应不良的常见原因分析

适应不良是导致大学生心理问题和心理不健康的重要原因之一。对绝大多数大学新生来说，陌生的校园、新的人际关系、新的学习内容和方式等一系列的改变都需要大学生具有较强的适应能力。导致大学生适应不良的常见原因主要有以下几个方面。

（一）自我意识问题

自我意识是一种比较稳定的、系统的认知，是关于自我、自我与他人和社会关系的一种认知。自我意识过强或过弱都是不符合心理健康标准的。前者表现为以自我为中心、唯我独尊，后者则表现为唯唯诺诺、随波逐流。自我意识良好的核心是自知与自爱。某大学调查发现，有21%的学生对如何发挥自己的优点和克服缺点感到迷茫，有一部分学生看到班上有些多才多艺、能力较强的同学，觉得自己一无是处，事事不如人，产生自卑心理。有些学生知道自己不足，但又不知道如何改变自己。在大学阶段，个体的自我意识逐步增强，但在相当长的时间内，他们并没有形成关于自己的稳固形象，自我意识还不够稳定，看问题往往片面主观，加上心理的易损性，一旦遇上暂时的挫折和失败，往往灰心丧气，怯懦自卑。而且他们对周围人给予的评价非常敏感和关注，哪怕一句随便的评价，都会引起内心很大的情绪波动和应激反应，以致对自我评价发生动摇。

过于自卑或过于自信是影响大学生社会适应的常见原因。自卑与自信是人性格中的两面，相互排斥却又相互依赖，就好像一个铜板的两面。每个人身上都有属于自己的优点或缺点，因此，每个人或多或少都会有自信与自卑的感觉。一个人如果过于自信，以至于只有自信而没有自卑，那就会变得自大，就会忘乎所以，自以为是，目中无人，从而影响与他人的关系，自己孤立了自己，导致人际关系不良；而一个人如果过于自卑，以至于只有自卑而没有自信，就会缩手缩脚，一事无成，总认为自己样样不如人，因而陷入自责、不安、懊悔之中，导致适应不良。所以，当一个人在与他人比较中获得自信时，他要学会与自己比较来获得自谦；而当他在与他人比较中感到自卑时，他也要学会自己与自己比较来获得自信。自信与自卑是一个人自我感觉的天平，只有正确地认识自我，才能保持心理的平衡，才能更好地适应周围环境。

美国人本主义心理学家马斯洛在谈到心理健康时指出，要能够悦纳自我、悦纳他人，接受自然。并指出，心理健康的人能够了解自己的实际情况，意识到自己的优点和弱点，并且容忍并认可它们。因此，如果不能建立良好的自我意识，不能实事求是地接纳自己，在现实生活中就容易出现心理的不平衡，出现对大学生活的不适应，甚至会造成某些心理障碍。

（二）认知偏差问题

认知是指我们对周围事物的看法或观点。一个人是否有正确、健康的认知方式，直接关系他的心理状况。美国心理学家埃利斯（A. Ellis）认为，人的大部分情绪困扰的心理问题都来自于不合理的信念。这些不合理的信念，主要表现在以下三个方面：一是绝对化。即以自己的意愿为出发点，对一切事物怀有其必定会发生或不会发生这样的信念。二是过分概括化。这是一种以偏概全的不合理思维方式，常用一两件事情来对自身及他人进行不合理评价。三是糟糕透顶。即认为某一事情发生了，必将会非常可怕，后果极其严重。其实，事情并非像自己所认识的那样，往往并不是事情本身可怕，而是我们把它想得很可怕。

美国心理学家贝克（Beck）指出，适应不良的行为与情绪源于适应不良的认知。个体对待事物的态度常常左右着个体的行为，消极的态度必然导致消极的行为。例如，有两个学生，考试时都得了80分。一个为自己取得的成绩而感到高兴，因为他认为自己顺利地通过了这门考试，成绩良好；而另一个则感到失望痛苦，因为他认为80分未达到优秀水平，对他来说，达不到优秀就意味着失败，由此而情绪低落、责备自己、学习无心思。因此，对现实的消极观点或片面地看待事物、主观臆想、以偏概全等都影响着个体的适应，认知上的偏差会使我们的适应能力大大降低，阻碍自我潜能的发挥，所以，在学习、生活、人际交往中，当我们由于不适应而出现情绪困扰时，应该检查一下自己的认知是否出现了偏差。

（三）人格心理特征

人格是一个人独特的心理特征，具有相对的稳定性。适应的好坏与人格心理特征有着密切关系，下列人格心理特征常常导致适应不良。

1. 依赖心理

在儿童时期，父母对子女的过度保护可能促成其过分依赖的人格特征，过分依赖的人缺乏主见、决策困难，总是希望或依靠别人来做决定；缺少独立性、自主性，常附和别人、压抑自己，过分寻求别人的赞同支持，过度依赖别人的照顾，不能独立面对生活。有一位大学生，是家里的独生子，父母对他无微不至的关照，从小到大一直如此。当他考上大学，离开父母来到新的环境时，他表现出严重的焦虑不安，生活上也不能很好地照顾自己，决策时更是不知所措，等等，这一系列问题都是由于心理过于依赖所致。

2. 偏执与嫉妒心理

三国时代，有一名将周瑜，才智过人，但嫉妒心极重，容不下与他才智相当的诸葛亮，欲除之而后快，费尽心机，想尽办法，不料却“赔了夫人又折兵”，气得长叹“既生瑜，何生亮”，“金疮摒裂”而亡。嫉妒的人心胸狭窄，不能容忍旁人超过自己，对比自己强或优秀的人，心怀醋意、讽刺、挖苦，甚至造谣、中伤、打击，将时间、精力和才智浪费在与人计较、攻击或伤害他人的无益行动中，其结果是既损人又害己。有嫉妒心未必是坏事，嫉妒心人皆有之，但不能过，过之害人害己。

有一个学生，入学一年换了三个班级，每次都是觉得在原班级待不下去。究其原因就在于他无法与人和睦相处，从他的眼光看，周围的人都跟他过不去、嫉妒他、压制他，实则是他本人的偏执心理作怪。这样的人敏感多疑，不信任人且个性固执，自认为自尊心很强，期望别人都尊重他、重视他，未受到特殊待遇便感觉受了委屈；别人无意中的一句话他就认为是针对他的，与他过不去；固执己见，很难接受不同意见；只看对他不利的一面，忽视了好的一面。个体一旦形成对某人不好的看法便不再改变，结果时常与人相争，容易与人为敌，总是感到他人对不起自己，有意为难他，人际冲突不断，难以适应现实生活。

3. 追求完美

追求真善美是人类的共性，但有人过于追求完美，不能容忍缺点或失败，对自己持过高的要求。作为学生，考试门门要优秀；与人相处，希望大家都对他有好印象；对自己的缺点过分夸大，考试若有成绩未达到期望水平便认为是失败；若有人对自己印象不好，便认为自己全都不行。过高的标准并不总是能实现，一旦遇到挫折，达不到期望目标，便认为是自己的过错，是自己无能。担心失败，担心别人看不起自己，过于追求完美的个性，会使自己“活得很累”，从而将影响正常能力的发挥和人际关系的和谐。

4. 过于冲动

遇事沉不住气、易发脾气、做出过激反应、与人争吵甚至大动干戈，这种遇事冲动的个性对适应非常不利：一是破坏了心理的平衡，使人失去了理智；二是破坏了与人的关系，影响了感情；三是冲动性导致行为失控，产生许多难以意料的后果。

（四）神经系统特性

有研究表明，心理适应能力会随年龄的增长、知识经验的丰富而不断增强。另有学者在研究中发现，大学新生在入校后做心理适应能力测试，学生的心理适应能力水平相当。但经过同样环境和条件的大学三年学习后，再测试，结果发现，有些学生心理适应能力得到了很大的发展，而有些学生虽然较他本人来说有所发展，但较其他学生而言发展相对缓慢。大学生心理适应能力的发展更多地还受个体气质的影响，即受神经系统特性的影响。心理适应能力与神经系统特性呈显著正相关，当神经系统特性的兴奋强度、抑制强度、神经过程灵活性高时，根据巴甫洛夫的神经类型学说，该个体进行长久的心理适应能力相对也高。反之，神经系统特性弱，则心理适应能力也较低。

在神经系统特性方面，男性的兴奋强度高于女性，理科大学生的抑制强度高于文科大学生。这说明，男大学生可能在进行长期紧张活动及应付困难的持久性方面比女大学生强，而理科大学生可能在重心控制能力、抑制一定活动的能力方面比文科大学生强。

此外，该研究还发现，心理适应能力与“自我与经验的不和谐性”呈显著负相关，与“自我灵活性”呈显著正相关。“自我与经验的不和谐性”是指个体自我观念与经验之间存在差距，而引起的内心紧张与纷扰。因此，心理适应能力的发展受个体自我概念对经验的期望是否合理有关。当自我概念是理性评价时，会促进心理适应能力的发展。反之，会抑制心理能力的发展。同时，心理适应能力还与个体对客观事物的认知是否灵活、变通有关，当个体的认知呈灵活变通时，心理适应能力相应发展；当思维刻板、僵化时，则阻碍心理适应能力的发展。

因此，充分了解大学生气质特性，帮助大学生了解自己的生理特性，发扬气质特性中的优势，克服并改变气质特性中的劣势，转变认知观念并进行创造性思维训练，有助于大学生心理适应能力的提高，从而促进大学生的健康成长。

（五）人生观和价值观

大学生生活适应与发展是受一定的价值观念影响的。科学的价值观和价值参照标准，使得大学生在现代化的生活方式面前，可以运用现代价值观去观察生活、分析生活，从而适应生活、驾驭生活。价值观选择困难是大学生生活适应和发展困难的重要原因。在中国社会过去相当长的时间内，人们奉行以“群体为本”的道德价值观，在这种观念的影响下，个体的行为总是更多地迎合集体的利益和要求，人们更多的是采取压抑、节制等方式去消极地适应社会和群体；而当代学生面临的人生观、价值观选择是复杂和多样的，改革和现代化进程为各种思潮的产生、传播提供了宽松的环境，各种纷繁复杂的价值观念也迅速产生、传播。如有人奉行以“个体为本”的道德价值观，其行为总是从个人利益出发，忽视群体与社会的利益，在这种价值观取向下，其适应与发展的方式是与前者截然不同的。每个学生在面对诸多压力和生活改变时，不管他们是有意还是无意，都会遵循自我的人生观和价值观，摸索出一套自我的适应生活的方法和机制。但是，由于目前多元化价值观念并存，造成了当代大学生选择价值观念的困难，同时，价值观念的变化也导致大学生在心理上产生混乱与失衡，并采取逃避、压抑、投射等消极的方法来应对现实，最终导致个人与现实脱节，不能适应生活。

相关链接

大一新生的适应曲线

大一新生对新环境生活的适应遵循U形曲线模式，其中包括四个明显的阶段。

阶段1（1个月内）：新奇阶段，愉快体验，心境最好。1个多月的时间一晃而过，甚至忘了学习；打电话、上网、访友、上街、报告新奇发现和心情。主要倾诉对象：家人、亲戚、朋友、老同学，总之主要是过去认识的人。

阶段2（2~3个月）：幻想破灭，学语言，为沟通而斗争，心境渐趋平和。新奇过去，回到现实，发现还没有真正开始，连语言都成问题，乡音难改，有时还被当地人或同学笑话，“传统”习惯和观念在新环境中变得无用。开始考虑是否学习当地语言及习惯，希望与新环境中的人沟通，甚至要为此而斗争。

阶段3（4~6个月）：进入低谷，受挫，混乱，心境最差。几个月后，新生进入最低谷，所有的文化差异都赤裸裸地展现出来，受到来自自己视听及各种线索的无法解释的信息的围攻。受挫感和混乱感在第三阶段表现得最为突出，此时个体的心境也最差。对新生来说，这是适应期最艰难的阶段，如果不能平安度过，有可能会影响整个大学时期。

阶段4（6个月后）：认识新文化，逐渐适应新环境，心境回升。新生逐渐开始适应，与文化冲击有关的消极反应也逐渐消失。在第四阶段，新生认识到在新文化下什么是重要的，什么是无关紧要的。

绝大多数新生经过第一学期四个阶段，都能平安、顺利地适应新环境，建设性地展开自己的大学生活，从学生时代逐渐转入职业生涯发展时代。

互动体验

走过你我

1. 现在，所有的人自然围成一个大圈，“1、2”报数。报1的人向左前方一步走，报2的人原地不动；报1的人向右转，向前行进，保持队形；报2的人向左转，向前行进，保持队形。行进中应按照老师的指导慢慢行动。

2. 教师：走过我们面前的每个人，已经是我们朝夕相处的同学，将会是我们越来越熟悉的朋友。请每个人用一个愉快的表情和一个手部动作与走过你对面的同学打个招呼。当老师说“停”的时候站住不动。外圈向左转，内圈向右转，面对你对面的人，请双手紧紧握在一起。然后，内外圈的人站成一个大圈，请肩膀挨着肩膀，不要留空隙。请闭上眼睛，手拉起手。要实实在在闭上眼睛，不要留缝隙，实实在在拉起手，不要只牵着别人的手指，要手心贴着手心。

3. 教师：我们刚刚组成一个新的班集体，我们还不熟悉，我们还觉得很陌生，把自己包裹在自己的小圈子里。我们不敢去敞开心扉，担心自己无法获得别人的认可和接纳。我们内心还忐忑不安，还缺乏安全感，还没有感受到同学和集体的温暖。我们每个人每天都在忙着自己忙不完的事情，也会感到孤单和孤独。学习、工作上的竞争使我们常要考虑“留一手”，我们常说的词汇是思考和斟酌。其实，这些都不妨碍我们成为彼此的朋友，感谢亲人，感谢爱人，感谢朋友，感谢相遇相识的人，还要感谢和我们作对的敌人，这些都是我们不同人生阶段的贵人。此时此地，不管我们握着的是谁的手，我们感受到的是温暖。我们感受到自己的温暖和力量传递给了身边的人，感受到来自他人和这个团体的力量。这种力量源源不断，永不枯竭，给了我们安全和温暖。每个人给了别人一点点，会得到许多许多。我们是彼此人生中的贵人。我们并不孤单。带着这些温暖和力量，在新的班级大家庭中去感受学习和生活的愉快和幸福。好，“三，二，一”，请睁开眼睛。

心理测试

大学生适应能力测试

【指导语】

下面的问题能帮助你更好地了解自己的适应能力。每道题有3个答案，请你认真阅读，然后选出与你实际情况相符合的一项，并填入表2-1。

表2-1

	A是	B无法肯定	C不是
1. 我最怕转学或转班级，因为每到一个新环境，我总要经过很长一段时间才能适应			
2. 每到一个新的地方，我很容易同别人接近			
3. 在陌生人面前，我常无话可说，以至感到尴尬			
4. 我最喜欢学习新知识或新学科，它给我一种新鲜感，能调动我的积极性			
5. 每到一个新地方，我第一天总是睡不好，就是在家里，只要换一张床，有时也会失眠			
6. 不管生活条件有多大变化，我也能很快习惯			
7. 越是人多的地方，我越感到紧张			
8. 在正式比赛或考试时，我的成绩多半不会比平时练习时差			
9. 我最怕在班上发言，全班同学都看着我，心都快跳出来了			
10. 即使有的同学对我有看法，我仍能同他（她）交往			
11. 老师在场的时候，我做事情总有些不自在			
12. 和同学、家人相处，我很少固执己见，也乐于采纳别人的看法			
13. 同别人争论时，我常常感到语塞，事后才想起该怎样反驳对方			
14. 我对生活条件要求不高，即使生活条件很艰苦，我也能过得很愉快			
15. 有时自己明明把课文背得滚瓜烂熟，可在课堂上背的时候，还会出差错			
16. 在决定胜负成败的关键时刻，我虽然很紧张，但总能很快地使自己镇定下来			
17. 我不喜欢的东西，不管怎么学也学不会			
18. 在嘈杂混乱的环境里，我仍然能集中精力学习，并且效率较高			
19. 我不喜欢陌生人来家里做客，每逢这种情况，我就有意回避			
20. 我很喜欢参加社交活动，我感到这是交朋友的好机会			

【评分标准】

凡是单数号题选“是”计−2分，选“无法肯定”计0分，选“不是”计2分。

凡是双数号题选“是”计2分，选“无法肯定”计0分，选“不是”计−2分。

将各题的得分相加，即为总分。

【结果解释】

1. 35～40分：社会适应能力很强，能很快适应新的学习、生活环境，与人交往轻松、大方，给人的印象极好。他们无论进入什么样的环境，都能应对自如。

2. 29～34分：社会适应能力良好。

3. 17～28分：社会适应能力一般，当进入一个新的环境，经过一段时间的努力，基本上能适应。

4. 6～16分：社会适应能力较差，依赖于较好的学习、生活环境，一旦遇到困难则易怨天尤人，甚至消沉。

5. 5分以下：社会适应能力很差，在各种新环境中，即使经过相当长时间的努力，也不能够适应，常常困惑；且因与周围的环境格格不入而十分苦恼。在与他人的交往中，总是显得拘谨、羞怯、手足无措。

如果你在这个测试中得分较高，说明你的社会适应能力较强。但如果你得分较低，也不必忧心忡忡，因为一个人的社会适应能力是随着年龄的增长及知识经验的丰富而不断增强的。只要你充满信心、刻苦学习、虚心求教、加强锻炼，你的社会适应能力就一定会增强。

拓展阅读

大学宣言

我是某某大学某某学院某某专业某某班的学生，我的人生将从这里重新起航。

过去的成功将保留在青春档案里，新的阶段到来了，我们将在未来的时间里痛快淋漓地享受学习的快乐、生活的快乐、大学的快乐和人生的快乐。

纵观大局，运筹帷幄，排除杂念，集中精力，行动起来吧!我们要打拼现在，储蓄未来。只要敢梦想，够努力，就没有做不成的事情。朋友们，让我们豪情满怀地共同扛起大学的旗帜，开始新的光明征程!

我们要记住：战胜自我与超越自我是每个人前进的必然选择!

充实过好每一天，每天都会有新收获，今天的收获会成就未来的事业。无论是狂风暴雨，还是荆棘坎坷，我们不会在任何人面前低头畏缩，不会在任何困难面前逃避投降，更不会自暴自弃、沉沦平庸。我们有的是青春的面庞、挺拔的脊梁、实力的自信，还有乐观积极的人生态度、敢打敢拼不畏困难的奋斗精神。

亲爱的同学，目标已经定位，动力正在加速，毅力不断增强，成功即将来临。让我们热爱生命，用心生活，品味快乐，收获成功。光阴有限，人生有限，追求无限，奋斗无限。我们要在有限的时光里造就无限的未来。加油吧，同学们!

第二节　大学新生生活规划

心灵故事

大学新生如是说：

“这是什么破地方啊？昨天还穿短袖衫，今天就得穿棉袄……”

“我真不爱吃食堂的菜，什么菜都放糖，连包子馅都放糖，郁闷……”

“我是农村的，原来在高中的时候，大家都说地方话，觉得挺好。上了大学，我说地方话，室友就学我；课上回答问题，同学们就笑我，我心里挺不舒服……”

“我觉得大学里的人际关系好像比高中复杂了，有时候感觉很困惑，不知道该怎么样跟宿舍同学相处……”

“我觉得大学生活空闲时间特别多，平时也没人管。我不知道在空闲时间里该干什么？”

“上了大学，经常见不到班主任、辅导员，来了两个月了，我都不知道我们辅导员姓什么？”

“学校太大，教室、宿舍、食堂离得都挺远，感觉特别不方便……”

“以前上高中的时候，都是没钱了就跟家里要。现在，家长把一学期的生活费都给了我，我没理过财，也不会有计划地消费，结果一个月就快把半年的生活费用完了。”

以上描述都从不同层面表达了大学新生生活适应方面的问题，你遇到过以上这些情况吗?

知识导读

大学新生面临的第一个巨大变化就是生活环境的变化。有些学生从中小城市、乡镇到大城市读书；有些同学从南方到北方，或者从西部到东部上学，地方变了，气候变了，饮食习惯变了，生活习惯变了……这些生活方面的变化都需要新生尽快适应。生活上能否适应，就成了他们必须迎接的第一个挑战。

一、环境适应

（一）自然环境的适应

第一次离家远行的入学旅程，是大学生独立生活的开始。很多大学生在谈到入学旅程时认为，第一次独自离家远行，的确对自己没有多大的信心，但是经过这第一次独立处理事情的锻炼，如买车票、转车签票、托运行李等，就觉得自己有点儿像个大人了，而这种感觉正是他们走向成熟的良好起点。

如果说入学旅程是大学生独立处理事情的开始，那么入校后能否迅速地了解和熟悉校园环境，则决定了大学新生能否在这个环境中自如地生活、学习。

首先，要尽快熟悉校园的“地形”。有的新生入校后一安排好行李，马上就到校园的各处熟悉情况，例如，了解教室、图书馆、商店、电话亭在什么地方，食堂什么时候开饭，如何购买澡票，甚至学校有几个门等，都在短时间内了解清楚。这样，在办理各种手续、解决各种问题的时候就会比别人更顺利、更节省时间。与此相反的是，某些大学新生显得非常拘谨，生怕走远一点儿就会迷路，又不好意思开口向别人寻求帮助，最后不得不尽量少走动、少说话，实在迫不得已就跟在别人的后面。

其次，要多向高年级的同学请教。直接向高年级的同学请教是熟悉校园环境的一个最快捷的方法。一般来说，多数高年级的同学都比较愿意把他们的经验传授给新生，以帮助他们尽快适应校园生活，尽量少走弯路。

最后，在班级中担任一定的工作，也能帮助你尽快适应校园生活。对环境适应快的大学新生，很快就能成为班级中的核心人物，并担任一定的班级工作。这样与老师、同学接触得越多，掌握的信息越多，锻炼的机会也越多，能力提高较快，自信心也就逐渐建立起来了。

（二）语言环境的适应

新生在大学校园里应尽量用普通话进行交流，使自己消除陌生感，这样有利于大学新生角色的转变。语言环境的适应并不太难，新生在平时的生活和学习中，应多向字典学习，向普通话好的同学学习，尽量掌握标准的发音。

此外，在发音准确的基础上，还要进行不懈的练习，发现错误及时纠正。有些同学出错的时候生怕别人笑话，因此尽量减少开口说话的机会，结果几年的大学生活下来，仍然是一口家乡话。如果能和其他同学结伴练习普通话，互相纠正，互相促进、提高，效果就更好了。

除此之外，掌握一些必要的地方方言也有助于适应环境。如，出门办事或上街买东西都可能与讲方言的当地人打交道，如果会说当地的方言，交流起来更方便，也能避免可能会发生的“欺生”现象。

总之，大学新生尽快适应语言环境，使自己消除地方语言的陌生感，有利于自身角色的转变。

（三）人际环境的适应

大学里面的师生关系不会像高中那样联系紧密，学生要学会做自己的老师。此外，能否与同学建立良好的人际关系也是一个关键。在大学新生的人际关系中，问题最多的就是同学之间的关系。由于班级和宿舍里的同学分别来自不同的地域和不同的家庭，他们在思想观念、价值标准、生活方式、生活习惯等方面都存在着明显的差异，在遇到实际问题的时候往往容易发生冲突。差异是客观存在的，每个大学新生都必须面对它、接受它。

首先，要学会承认各人有各人的生活习惯和价值体系，如果你与别人生活在一起，你就得连同他（她）的生活方式一起接受。如果别人的生活方式有碍于你的生活（如，夜里看电视影响你的休息、未经允许随便动你的东西等），你就需要委婉地提出意见，并适当地进行自我调整（如，调整作息时间、调换宿舍等）。

要想处理好同学之间的关系，还要做到对人宽、对己严，切忌以自我为中心。在平时的生活中，做到三主动：即主动与同学打招呼、主动和同学讲话、主动帮助别人。在帮助别人的时候，不要过于计较别人能不能、会不会报答你。要主动去做一些公共的工作，以增加同学们对你的好感，同学间的关系也就会融洽了。

在给同学提意见的时候，必须动脑筋，讲究方法和技巧。比如，同宿舍的人爱彻夜卧谈，影响了大家的休息。直接提意见制止他们难以奏效，那么，可以相应地调节自己的计划，或推迟上床的时间，或听听英语。需要注意的一点是，给别人提意见一定不能当着众人的面，以免对方难堪、丢面子。

二、生活能力的培养

对于很多“90后”的新生来说，上大学是第一次离开家，第一次开始独立生活。高中时期，学生的大部分精力都用来读书，父母包办了一切生活琐事。而走进大学，脱离了原来的生活轨道，新生开始独立面对这一切。因此，必须学会料理个人生活，培养和锻炼自己的独立生活能力，这也是我们将来走向社会必须要具备的能力。

（一）培养生活自理能力

大学新生应学会料理日常生活，准时起床、运动，自己整理床铺、收拾房间，自己洗衣服、缝补衣服，根据天气变化增减衣物，调理好每天的饮食，等等。在这个过程中，多和同学交流，这既能增进同学之间的友谊，又能在一定程度上促进生活能力的提高。

（二）学会理财

刚入大学时，同学们都没有太多的“理财”经验，日子过得“前松后紧”，在最初的时间里大手大脚，逛街、旅游、聚餐……两个月就把钱花得差不多了，以后的日子只好节衣缩食或向父母索要，甚至借钱生活。

因此，大学新生要学会“理财”。在刚入学的两三个月中，有计划地进行消费，在生活中，哪些开支是必需的，哪些开支是完全不必要的，哪些是可有可无的。钱要花在刀刃上，避免完全不必要的消费，可花可不花的尽量少花。尤其要根据父母的经济能力和自己“勤工俭学”的能力来进行日常消费，切不可盲目攀比。

一个比较有效的大学新生理财方法是：每个月初都制订一个切实可行的“消费计划”，并且要尽量按照计划执行，多余的钱可以存入银行，以备不时之需。

（三）培养良好的生活习惯

良好的生活习惯是确保顺利、成功度过大学阶段的一个重要基础。为了让大学生活过得充实，从进大学起，就应切实重视这个问题，培养良好的生活习惯，并防止不良生活习惯的形成。

1. 按时作息，养成早睡早起的习惯。有的同学精力旺盛，习惯在晚上卧谈，深夜两三点钟仍毫无困意，结果第二天上课时非常疲惫，根本无心听课，有时干脆旷课，在宿舍里补觉。长期如此，不仅影响课业，还容易引起失眠，以及影响同宿舍的其他同学。晚睡的同学大都会晚起，一个直接的影响是饮食不规律，很多人早晨起床较晚，来不及吃早饭便去上课，有的索性取消了早饭，有的则在课间随便吃些零食，时间一长，身体肯定受到影响。

2. 坚持体育锻炼。“文武之道，一张一弛”，学习之余参加一些文体活动，不但可以缓解刻板紧张的生活，还可以放松心情，有助于提高学习效率。听音乐、跑步、做广播体操、踢足球等，都有助于增强体质，提高对疾病的抵抗力。

3. 远离不良生活方式。由于没有监督，有的同学一进大学就开始放松对自己的要求，沾染上抽烟、酗酒等不良生活行为。其实，大学并不是学习的终点，而是一个新的起点，这些不良行为将成为大学生求学道路上的一大障碍。

相关链接

大学生的8个不良饮食习惯

科学合理的饮食有助于提高大学生的身体素质和学习效率。但当代大学生大多缺乏营养学知识，饮食行为基本处于盲目状态，随意性较大，能按科学方式对待饮食的人为数不多。以下是大学生常见的8个不良饮食习惯。

1. 不吃早餐或早餐质量不高。大学生普遍不重视早餐，相当多的大学生不吃早餐或早餐质量不高。国内外的许多研究表明，不吃早餐和早餐质量不高的学生，其数字运用、创造性、想象力和身体发育等方面均会受到严重影响。因此，要重视对大学生进行“早餐教育”，让大学生意识到吃早餐的重要性，并让大学生了解早餐的食物种类、数量和营养搭配情况。

2. 偏爱零食。大学生喜欢吃零食的情况非常普遍，尤其是女生更加偏爱零食。零食所提供的能量、营养素不如正餐均衡、全面，而且多数零食味道浓厚，过于香甜或咸，脂肪和糖、盐的含量较高，既影响大学生进食正餐的胃口，又容易造成钙、铁、锌、碘、维生素等多种营养素的缺乏。因此，要教会大学生选择营养相对均衡、全面的零食，既享受到吃零食的快乐，又能获得良好的营养。

3. 偏爱“洋”快餐。从营养的角度看，“洋”快餐普遍都是肉多、菜少、高能量、高脂肪、低膳食纤维、低维生素、低矿物质的食品。比如，马铃薯的营养价值非常高，含有丰富的维生素、矿物质和优质淀粉，但用马铃薯炸制而成的薯片、薯条含有大量的油脂、能量，维生素也被破坏了，是典型的“能量炸弹”。

4. 偏爱油炸食品。油条、煎饼、炸鸡等油炸食品以其鲜美酥脆的口感，深受大学生青睐。但油炸食品脂肪含量多，不易消化，且食用油反复高温加热还会产生有害物质，常吃油炸食品会产生消化不良、肥胖等症状，严重的还会诱发癌症等严重疾病。

5. 校外就餐。男生在校外就餐的次数明显高于女生。他们选择校外就餐的原因：有的认为校外饭菜价格适中，口味要比学校食堂好；有的认为校外就餐自由方便，不受时间和地点的限制；有的是因为同学、朋友聚会而外出就餐。大多数学生校外就餐的地点选择在学校周边餐馆、街边小店、小摊上，但这些地方大多条件简陋，缺少消毒器具，用餐环境恶劣，存在严重的食品安全隐患。

6. 开水饮用量偏少。很多大学生没有主动饮水的习惯，每日的饮水量不足，往往是渴极了才暴饮一顿。现在的瓶装水和饮料越来越多，有些家庭条件好的大学生常以此替代白开水，认为比喝白开水更有营养，尤其偏爱含糖的饮料和果汁。其实，从健康的角度来看，白开水是最好的饮料，里面含有多种对人体有益的矿物质和微量元素，而且它不用消化就能被人体直接吸收。

7. 蔬菜和水果摄入量少。大学生膳食结构不合理还表现在每餐主食量摄入偏多，而蔬菜和水果摄入量较少。蔬菜和水果能够为人体提供每日必需的多种维生素和钙、磷、铁等矿物质，还能增加膳食纤维，有助于体内酸碱平衡，从而达到一个平衡的膳食模式。

8. 饮食不规律。有相当一部分大学生的一日三餐进餐时间无规律，甚至三餐的食量分配也无任何规律，随意性非常大。如果摄食不足或饮食过度，都会伤害脾胃。饮食不规律，饥一顿饱一顿是导致消化系统紊乱的主要原因。长期没有规律的饮食也会导致疾病的发生，必须引起注意。

以上这些不良习惯，你有没有？如果有，你需要改改了。

互动体验

心动和行动

1. 列出以前最成功的五件事，主要描述成功时的感受和心情，并填在表2–2中。

辉煌过去：

表2–2

最成功的五件事	当时的感受和心情

2. 列出大学期间最想做的十件事，主要规划出时间和具体实施方法，并填在表2–3中。

我要度过这样的大学：

表2–3

最想做的十件事	具体实施时间和方法

小组内交流，每个人都要在其他人的表格上签名，作为见证者和监督者。

心理测试

大学生理财能力测试

【指导语】

本测验的目的是调查大学生的理财能力，使其对自己的资产规划进一步完善。本测验共有22道题目（表2-4），请认真阅读每一个题目，并根据你的真实情况选择答案。

表2–4

	不相符	有些不相符	不确定	有些相符	相符
1. 我第一次光顾一家店就会办理会员卡					
2. 我经常关注理财方面的知识					
3. 我一直有用生活费创造新价值的想法					
4. 我有记账的习惯并能天天坚持					
5. 我会根据当月的生活费控制下个月的生活费					
6. 课余时间我会去学习而不是娱乐					
7. 我会收集代金券、打折券并使用					
8. 我觉得理财很重要，需要系统学习					
9. 遇到组合出售的商品我会算一算是否比单件划算再买					
10. 我很清楚次贷危机的含义					
11. 我会把旧东西都留着以备不时之需					
12. 如果没有带打折卡我会留着下次再买					
13. 我对自己的财务状况很清楚					
14. 我对著名理财家欧曼很了解					
15. 我觉得花多点钱买一件贵的有质量的商品，比买便宜的但不耐用的划算					
16. 我愿意办理需要手续费的会员卡					
17. 我有收集纪念币、邮票的习惯					
18. 我觉得每月的开销合理适中					
19. 同学聚会时相比某人单独请客我更倾向于“AA制”					
20. 我懂得信用卡安全					
21. 我会按时兑换积分					
22. 我遇到自己非常喜欢但不在预算范围内的东西，不会购买					

【评分标准】

不相符得1分，有些不相符得2分，不确定得3分，有些相符得4分，相符得5分，最后把得分相加。

【结果解释】

1. 0～20 分：你的理财能力太低，财务使用过度，生活没有规划，给自己带来很大负担，亟须加强理财知识的学习。

2. 21～40 分：你的理财能力偏低，财务规划水平低，不能很好地管理自己的财务支出。

3. 41～60分：你的理财能力一般，需要合理控制自己的花费，做到不透支。

4. 61～80分：你的理财能力良好，在财务使用方面有较好的控制能力。

5. 81～110 分：你的理财能力很好，对自己财务管理有很高的水平。

拓展阅读

心灵的天空不下雨

炎热的夏天，一个五六岁的小女孩，手捧一杯冰激凌，蹦蹦跳跳地走出冷饮店，一不小心冰激凌“啪”地掉在了地上。小女孩沮丧地望着那一堆即将到口的美食，眼泪就要掉下来。这时，一位小哥哥走过来：“只会哭，不怕羞。你知道光着脚踩在冰激凌上的感觉吗？我就试过！”小哥哥背着手，昂着头，像个小大人。

小女孩迟疑了一下，还是脱下凉鞋，把小脚丫轻轻地放到冰激凌上。当乳白色的冰激凌从她的脚趾缝里歪头歪脑地钻出来时，小女孩惊讶得睁大眼睛，快乐地告诉小哥哥：“凉凉的，滑滑的，还有点痒痒的，真好玩！”

冰激凌落地也好，下雨也好，这些在大人看来微不足道的小事，在孩子眼里都是重大事件，这种变故常常令他们不知所措。而我们，除了习惯性地给他们备好雨具或者把他们关在屋里，以免他们的身体遭受雨淋以外，很少注意到此时孩子们更需要另一种“雨具”——为他们的心灵撑起一片晴朗的天空。

人生路上不可能总是晴空万里，我们的事业、我们的家庭、我们的身体、我们的亲情与友情……都有“下雨”的时候，都有美食即将到口却又落地的时候，我们谁都没有一套完整的对付这些“下雨”的技巧。但是，我们可以拥有，也应该培养我们拥有一颗不变的晴朗的心，那就积极主动地迎接变化，享受变化，与变化共舞。

假如心灵的天空不下雨，我们还用怕外面风雨交加吗？

当我们遇到变化，遇到挑战，应该勇于面对，积极主动去适应这个变化，掌握主动权。

同时，我们还要注意调节自我的意识，认真评价自我和变化的环境，对自己采取的行动进行估计，并尽可能地调整到最好状态。

新生们，你们准备好了吗？

第三节　大学新生时间管理

心灵故事

迷迷糊糊过了几年，一无所有，原来我不是在上大学，而是被大学上了。

假如时光倒流，我一定把自己的专业课学好，即使我不喜欢，但它至少可以让我找到一份让我生存下来的工作；考试前一定好好复习，不作弊。作弊不仅对那些平时努力学习的同学很不公平，更糟糕的是自己养成了不劳而获的坏习惯，为了一点分数，却失去了做人最基本的品质——诚信。

假如时光倒流，我一定努力学习英语，拿到英语六级证书，不再拿“企业看重的是实力，而非证书”来作为自己不考证的理由。一个刚踏出大学校门的新人，我拿什么来证明我的实力，拥有这些证书，至少可以证明我的学习能力以及我的勤奋努力，而这些也是企业所看重的。“别人没有，我有！”在一个人人都有英语四级证书的年代，英语六级证书就是一个很有分量的筹码。

假如时光倒流，我一定少玩游戏，把时间用来学习计算机、摄影等，以致不会到现在自己还做不出一个像样的表格、PPT，更不用说做出什么动画、仿真之类的东西了。另外，我还要拿出些玩游戏的时间，看看《职来职往》，了解一下现实的职场，并结合自己实际，给自己做个职业生涯规划，为自己踏入社会做好准备，不致于使自己过得那么迷茫，没有规划。

假如时光倒流，我一定去学生会里面干一干，虽然很多人对学生会不屑一顾，说他们很官腔，可是他们至少能够在众人面前说话，脸不红心不跳的。我是一个和女孩子说话都脸红心跳、现在还不敢在公众面前演讲的人，我需要去学生会里锻炼锻炼。

假如时光倒流，我一定要在平时及寒暑假去做兼职，一来可以提前了解社会，二来可以减轻家庭负担。父母为了供我们读大学真不容易，况且我的父母还都是农民。

假如时光倒流……

可惜一切的一切都是假如，一切都回不去了，过去的就让它过去吧，未来的路还很长，从现在开始好好努力，不再虚度了吧。

这是一位已毕业学生的心声，假如时光倒流，他一定不再虚度光阴。作为刚入校门的你，该怎么度过你的大学生活呢？

知识导读

一、时间管理的重要性

俗话说，时间就是金钱，时间就是效率。一个人要想获得成功，管理好自己的时间是一个很重要、很关键的因素。从某种意义上说，一个人的成就跟他时间管理的好坏是成正比的。时间管理好的人，是时间的主人，他每天虽然很忙，但忙而有序，忙而有效。他能合理安排好每天的时间，能有效利用零碎时间，因而他每天的时间是可以增加的。当然也不是说一天变成了25个小时，而是指他比别人拥有的“有效时间”增加了。

很多人都在问，读大学读什么？在大学除了正常地学习专业知识以外，还应学会自我学习、自我管理、合理有效地安排时间，逐渐养成一个良好的时间观念，这对以后的工作将有很大的好处。

二、大学生常见的时间管理问题

（一）“我想学习，但是死活学不进去，怎么办？”

典型的表现是在图书馆泡了一整天，下午出来感觉头昏脑涨，仔细想想，好像什么都没学进去，还白白浪费了一整天的时间，让我们看看这里面发生了什么事，回想一下，“去图书馆看书”前面是“我不得不去”，还是“我选择去”？很多同学都还处在高中和初中时代的惯性里，“学习是为老师，是为父母，是为所谓的未来，和我扯不上一点关系。”

这是“被学习”，所以“不得不去图书馆看书学习”，进而“死活学不进去”。针对这种情况，做如下建议。

1. 平衡“被学习”与“要学习”：如果我去图书馆，至少会带两种书，我会先用半小时的时间看一些自己感兴趣的东西，热热身，然后再去看枯燥的专业书，这样会引导我进入高效时段，学累了，站起来走走，然后再看看有趣的东西，再切换到专业书，这样的节奏和方法也同样适用于工作。“死活学不进去”往往是因为“我要学到死”“看不进去专业书我就不休息”这样的“赌徒”心态。

2. “被学习”中寻找动力：“如果有一天你爱上一个你讨厌的人，这才是最要命的。”每个人身上都有闪光点，枯燥的课本也不例外，比如说《微积分》，其实它可以解决很多生活中的问题，我们知道，大多数可乐罐是铝制的，市面上标准可乐罐的容积是355ml，但在保证容量的前提下，现有的可乐罐有没有做到最省料呢？通过学习《微积分》，计算极值不是我们最常做的内容吗？如果学习是枯燥的，那么，就从解决有趣的问题开始。

3. 进行自我分析：喜欢观察自己的同学可以通过自我分析的方式觉察一下抵触学习的原因，是因为缺少目标感，还是因为讨厌这门课的老师？还是认为自己对数字不敏感？找到问题的根源后通过自己的调整或者心理辅导员的帮助去解决它。

（二）“我不知道将来做什么，也不知道现在学什么才是今后能用上的，纠结啊！”

请问有谁知道自己将来做什么？哪怕是知道下一秒会发生什么？没有人。所以，做选择和做计划必须站在自己看得见方向的高度。同样是1.2米的距离，在地上，你可以轻松跨越，但如果让你站在30米的高空，你还能轻松跨越吗？恐怕很难。你可以从低到高慢慢试验，总有一个高度你会突然变得很害怕和犹豫，这个高度就是你可以掌控的范围。当高度再升高时，你就无法掌控了。所以，你会纠结！

计划看得见的未来，创造看不见的未来。比如说，“大学如何度过？”这是可以去计划的。而“未来我的老婆是谁”这是看不见的，只需要知道一个大方向即可，如“孝敬老人，温柔贤惠”的人。不同的人，看到未来的远近不一样，因为他们所站的高度不同。这个高度是什么？就是“经验”。失败的经验，成功的经验，累积下来就会垫在你的脚下让你看到更远的地方。所以，最浪费时间的就是纠结，有时候做出选择比选择什么更重要。如果你纠结于某个问题，不要只用脑袋想，付诸行动，拿一张纸，把两件事情写在最上面，然后分别列出两件事情的好处和坏处，然后去思考这个问题——“哪一个我可以放弃？”

（三）“我经常被突发事件干扰，所以总是没法按计划完成任务。怎么解决？”

突发事件像调皮的孩子，总是出其不意地在你面前哭闹，让你不得不去关注他，多陪陪他。大学期间的临时突发事件与工作之后的略有不同，大学期间的往往是“诱惑”，工作之后的往往是“打断”，所以，在大学期间要想不被突发事件干扰，就要经得起诱惑。比如说，“你准备看书的时候有人找你踢球”“你准备写论文的时候有人约你吃饭”，这时候你需要有自制力和目标感，其实也就是信守对自己的承诺。“计划下午看书”实际上就是一个承诺，一个对自己的承诺，不要轻易地去改变它。

三、大学生如何做好时间管理

第一，要有明确的目标和良好的习惯。如果你没有明确的目标，那你的时间是无法管理的。要有好的习惯，如不乱放东西、勤奋、办事不拖拉等。这些都是高效利用时间的必备条件。

第二，要根据目标制订一个明确的计划。你可以把每学年、每学期、每月、每周、每天、每小时所要做的每一件事情都列出来，因为详细的计划将有助于提高工作效率。

第三，做事要有技巧，要把事情分出轻重缓急、有主有次，按照一定规律去完成。首先是确定先后顺序，从最重要的事情开始做，重要紧急的事马上做；其次是做重要而不紧急的事；再次是紧急但不重要的事，要学会放弃；最后是对于不重要也不紧急的事，尽量不去做。在所要做的事情中，先做最有价值的事情。

第四，每天给自己一个不被干扰的时间，专心做自己的事，想想自己该做的事情。这个时间应该是质量最好的时间，一般以早上起床后的时间为最好，因为这时是最清醒、最清静的时候，容易把事情“想好、办好”“想全、办全”，这样时间的安排是比较合理的。养成每天早起床的习惯对学习的帮助是很大的。

第五，要用个人的价值观来决定自己的目标，把主要的时间和精力放在自己最重要的事情上，适当兼顾他人的要求；要让自己周围的环境更加和谐，同时也是让自己处在与自己价值观相同或相近的人群之中。这样能保持个人较好的情绪，做起事来效率会高一些。

第六，任何事情，争取一开始就要把它做对、做好，能一次做完的事情一定要一次做完，绝不拖拉。重复和反复做同一件事情是很浪费时间的。也就是说，2个小时的事情，一次用2个小时做完和分两次各做1个小时是不一样的，要有时间成本的概念。

第七，除了不果断、办事拖拉是明显浪费时间的现象外，还必须控制你的打电话时间、上网时间，这些是最容易浪费时间的。在电脑上做事，没必要时不要打开QQ等聊天软件，以防别人不知情时的干扰，有时尽管你是隐藏的，但在好友登陆时也会让你分心。

第八，学会向知名人士学习，向专业内的顶尖人士学习，向师长、学长学习，学习他们的成功经验，吸取他们失败的教训，保存自己值得学习的地方，这也是一种节省时间的学习方法。

相关链接

时间“四象限”法

时间“四象限”法是美国管理学家科维提出的一个时间管理理论，他把工作按照重要和紧急两个不同的程度进行了划分，基本上可以分为四个“象限”：既紧急又重要、重要但不紧急、紧急但不重要、既不紧急也不重要。

处理顺序为：先是既紧急又重要的，接着是重要但不紧急的，再到紧急但不重要的，最后才是既不紧急也不重要的。

“四象限”法的关键在于第二类和第三类的顺序问题，必须非常小心区分。另外，也要注意划分好第一类和第三类，都是紧急的，区别就在于前者能带来价值，实现某种重要目标，而后者不能。

1. 第一象限是“重要又紧急的事”

例如，应付难缠的客户、准时完成工作、住院开刀等。这是考验我们的经验、判断力的时刻，也是可以用心耕耘的园地。如果荒废了，很可能会变成行尸走肉。但我们也不能忘记，很多重要的事都是因为一拖再拖或事前准备不足，而变成迫在眉睫。该象限的本质是缺乏有效的工作计划导致本处于第二象限的“重要但不紧急”事情转变过来，这也是传统思维状态下的管理者的通常状况，就是“忙”。

2. 第二象限是“重要但不紧急的事”

例如，与生活品质有关的，包括长期的规划、问题的发掘与预防、参加培训、向上级提出问题处理的建议等事项。荒废这个领域将使第一象限日益扩大，使我们陷入更大的压力，在危机中疲于应付。反之，多投入一些时间在这个领域，有利于提高实践能力，缩小第一象限的范围。做好事先的规划、准备与预防措施，很多急事将无从产生。这个领域的事情不会对我们造成催促力量，所以必须主动去做，这是发挥个人领导力的领域，更是传统低效管理者与高效卓越管理者的重要区别标志，建议把80%的精力投入到该象限的工作中，以使第一象限的“急”事无限变少，不再瞎“忙”。

3. 第三象限是“紧急但不重要的事”

例如，电话、会议、突来访客都属于这一类。表面上看像第一象限，因为迫切的呼声会让我们产生“这件事很重要”的错觉，实际上就算重要也是对别人而言。我们花很多时间在这个里面打转，自以为是在第一象限，其实不过是在满足别人的期望与标准。

4. 第四象限是“不紧急也不重要的事”

例如，阅读令人上瘾的无聊小说、观看毫无内容的电视节目、聊天等。简而言之就是在浪费生命。所以，根本不值得花半点时间在这个象限。但我们往往在一、三象限来回奔走，忙得焦头烂额，不得不到第四象限去疗养一番再出发。这部分范围倒不见得都是休闲活动，因为真正有创造意义的休闲活动是很有价值的。然而，像“阅读令人上瘾的无聊小说、观看毫无内容的电视节目、聊天”等，这样的休息不但不是为了走更长的路，反而是对身心的毁损。刚开始时也许你觉得有滋有味，但到后来你就会发现其实是很空虚的。

互动体验

学习管理时间——“一天生活大圆饼”

1. 写出昨天的24个小时分别做了哪些事情？

2. 让我们以一天24小时为生活大圆饼，看看这个生活大圆饼要切割成哪些扇形饼块？

先在生活大圆饼中，找出更多的时间支出项目，算算上一个星期的168个小时，理出哪些项目是固定支出，哪些是未固定支出。然后，列出一张“时间收支周报表”（表2-5）。

（备注：上一个星期不一定会是一个有代表性的星期，我们且从这里作为检视的起点。）

表2-5　时间收支周报表

科目项次	项目		时间（小时）	说明
收入	7天×24小时/天		168.0	
支出				
固定支出				

科目项次	项目		时间（小时）	说明
	1	睡觉		
	2	上课		
	3	写作业		
	……	……		
不固定支出				
	1	上街购物		
	2	班级活动		
	……	……		

3. 反思：这是我要的“时间收支周报表”吗？学习时间够用了吗？哪些事情使用了较多的时间？哪些事情被我忽略了？我为什么如此安排？潜藏在原先时间资源运用背后的想法是什么？我的时间主要用在哪些事情上？我要不要做调整？我想要做的调整是什么？调整背后的想法是什么？我为什么要这样调整？

心理测试

时间管理自我诊断量表

【指导语】

请你根据日常学习与生活中对待时间的方式与态度，从A、B、C中选择最适合自己的答案。

1. 星期天，早晨醒来时发现外面正在下雨，而且天气阴沉，你会怎么办？

A. 接着再睡　　B. 仍在床上逗留　　C. 按照生活规律，穿衣起床

2. 吃完早饭，上课之前，你还有一段自由时间，怎样利用？

A. 无所事事，不知不觉地过去了

B. 准备学点什么，但不知道学什么好

C. 按制订好的学习计划进行，充分利用

3. 除每天上课外，对所学的各门课程，在课余时间里怎样安排？

A. 没有任何学习计划，随心所欲

B. 按照自己最大的能力来安排复习、作业、预习，并紧张地学习

C. 按照当天所学的课程和明天要学的内容制订计划，严格有序地学习

4. 每天晚上怎样安排第二天的学习时间？

A. 不考虑　　B. 心中和口头做些安排　　C. 书面写出

5. 为自己拟定了“每日学习计划表”，并严格执行。

A. 很少如此　　B. 有时如此　　C. 经常如此

6. 每天的作息时间表有一定的灵活性，以便留出拥有一定时间去应付预料不到的事情。

A. 很少如此　　B. 有时如此　　C. 经常如此

7. 当你学习忙得不可开交，而又感到有点力不从心时，你会怎样处理？

A. 开始泄气，认为自己笨，自暴自弃

B. 有干劲和用不完的精力，但又感到时间太少，仍拼命学习

C. 每天花时间分析检查自己的学习时间分配是否合理，找出合理安排学习时间的方法，在有限时间里提高学习效率

8. 在学习时，常常被人干扰打断，你怎么办？

A. 听之任之　　B. 抱怨，毫无办法　　C. 采取措施防止外界干扰

9. 学习效率不高时，你怎么办？

A. 强打精神，坚持学习

B. 休息一下，活动活动，轻松一下，以备再战

C. 把学习暂停下来，转换一下兴奋中心，待效率最佳的时刻到来，再高效率学习

10. 阅读课外书籍，怎样进行？

A. 无明确目的，见什么看什么，并常读出声来

B. 能一边阅读一边选择

C. 目的明确，阅读快速，加强阅读能力

11. 你喜欢什么样的生活？

A. 按部就班，平静如水　　B. 急急忙忙，精神紧张　　C. 轻松愉快，节奏明快

12. 你的手表或书房的闹钟经常处于什么状态？

A. 常常慢　　B. 比较准确　　C. 比标准时间快一点

13. 你的书桌井然有序吗？

A. 很少如此　　B. 偶尔如此　　C. 常常如此

14. 你经常反省自己处理时间的方法吗？

A. 很少如此　　B. 偶尔如此　　C. 常常如此

【评分标准】 选择A得1分，选择B得2分，选择C得3分。将你各题的得分加起来，然后根据下面的评析判断出自己的时间管理能力和水平。

【结果解释】

1. 35～45分，有很强的时间管理能力。在时间管理上，是一个成功者，不仅时间观念强，而且还能有目的、有计划、合理有效地安排学习和生活时间，时间的利用率高，学习效果良好。

2. 25～34分，善于对时间进行自我管理，时间管理能力较强，有较强的时间观念，但是，在时间的安排和使用方法上还有待进一步提高。

3. 15～24分，时间自我管理能力一般，在时间的安排和使用上缺乏目的性，计划性也较差，时间观念较淡薄。

4. 14分以下，不善于时间管理，时间观念淡薄，不能合理地安排和支配学习、生活、时间，需要好好地训练，逐渐掌握时间管理的技巧。

如果所得的分数较低，要提高警惕，努力寻求改进方法，增强时间观念。牢记："最严重的浪费就是时间的浪费。""放弃时间的，时间也会放弃他。"

制订时间使用计划，并认真执行。以星期为单位制订一个较长的计划。每天要有"每日学习计划表"和"时间使用表"，严格地按照计划学习，并自觉进行检查和总结。

记录和分析一天内使用时间的情况。将在一天里所做的事情及耗用的时间记录下来，然后进行分析，看看哪些时间使用得有价值，哪些时间是浪费掉的。只要做到持之以恒，对时间管理能力的提高是大为有效的。

拓展阅读

莫法特休息法

《圣经·新约》的翻译者詹姆斯·莫法特的书房里有三张桌子：第一张摆着他正在翻译的《圣经》译稿，第二张摆的是他的一篇论文的原稿，第三张摆的是他正在写的一篇侦探小说。莫法特的休息方法就是从一张书桌搬到另一张书桌，继续工作。

"间作套种"是农业上常用的一种科学种田的方法。人们在实践中发现，连续几季都种相同的作物，土壤的肥力就会下降很多，因为同一种作物吸收的是同一类养分，长此以往，地力就会枯竭。人的脑力和体力也是这样。如果每隔一段时间就变换不同的工作内容，就会产生新的优势兴奋灶，而原来的兴奋灶则得到抑制，这样人的脑力和体力就可以得到有效的调剂和放松。

具体方法如下。

1. 有计划地使用时间。不会计划时间的人，等于计划失败。

2. 目标明确。目标要具体，具有可实现性。

3. 将要做的事情根据优先程度分先出后顺序。一般来说，80%的事情只需要20%的努力，而20%的事情是值得做的，应当享有优先权。因此，要善于区分这20%有价值的事情，然后根据价值大小，分配时间。

4. 将一天从早到晚要做的事情进行罗列。

5. 要具有灵活性。一般来说，只将时间的50%计划好，其余的50%应当属于灵活时间，用来应对各种打扰和无法预期的事情。

6. 遵循你的生物钟。你办事效率最佳的时间是什么时候？将优先办的事情放在最佳时间里。

7. 做好的事情要比把事情做好更重要。做好的事情是有效果，把事情做好仅仅是有效率。首先考虑效果，然后才考虑效率。

8. 区分紧急事务与重要事务。紧急事务往往是短期性的，重要事务往往是长期性的，对所有罗列出来的事情定一个完成期限。

9. 对所有没有意义的事情采用有意忽略的技巧。将罗列的事情中没有任何意义的事情删除掉。

10. 不要想成为完美主义者。不要追求完美，而要追求办事效果。

11. 巧妙拖延。如果一件事情，你不想做，可以将这件事情细分为很小的部分，只做其中一个小的部分就可以了，或者对其中最主要的部分最多花费15分钟时间去做。

12. 学会说“不”。一旦确定了哪些事情是重要的，对那些不重要的事情就应当说“不”。

13. 奖赏自己。即使一个小小的成功，也应该庆祝一下。可以事先给自己许下一个奖赏诺言，事情成功之后一定要履行诺言。

人生的追求无非是健康、财富、快乐和爱，只是由于价值观不同，这四者的比例有所差异罢了。而这些追求的实现，无一不是用时间的分配、利用来实现的。从这个角度来讲，时间管理对人生的意义就是帮助人实现健康、财富、快乐和爱，所以，时间管理的最终目标，就是实现人生的追求——健康、财富、快乐和爱。

（摘自：《最不需要意志力的时间管理法》，京华出版社）

启发思考

1. 你在适应与发展上遇到哪些问题？你打算如何解决这些问题？

2. 新的一页翻开了，作为一名大学新生，你知道该怎样规划自己的大学生活吗？

3. 独立生活宣言：每个人写一份独立生活宣言，亲笔书写，寄给父母。

第三章

大学生自我意识培养

“认识自我”是人人都关心的一个永恒话题。但人生在世，最难得的莫过于认识自我。爱因斯坦说：“一个人的真正价值，首先决定于他在什么程度上和什么意义上从自我束缚中解放出来。”法国诗人拉封丹说：“有些人了解全世界，但不懂得自己。”研究表明，心理健康的人更多地表现为接受自我、认可自我，而心理有障碍的人则表现为对自己的不满和排斥。青年时期正是人生的关键时期，是自我意识发展分化的关键阶段。一个人只有对自己各方面都有比较明确的了解，才能在个体的发展上获得比较满意的结果。

第一节　自我意识概述

心灵故事

有一个生长在孤儿院的男孩，常常悲观地问院长：“像我这样没人要的孩子活着究竟有什么意义呢？”院长总是笑而不答。有一天，院长交给男孩一块石头，说：“明天早上你拿这块石头到市场去卖，但不是‘真’卖。记住，不论别人出多少钱，绝对不能卖。”

第二天，男孩蹲在市场角落，同时有好多人要向他买那块石头，而且价格越出越高。回到院里，男孩兴奋地向院长报告，院长笑笑，要他明天把这块石头拿到黄金市场去卖。在黄金市场，竟有人出比昨天高十倍的价钱要买那块石头。

最后，院长叫男孩把石头拿到宝石市场上去展示。结果，石头的身价较昨天又涨了十倍。但由于男孩怎么都不卖，这块石头竟被传扬成“稀世珍宝”。男孩兴冲冲地捧着石头回到孤儿院，将这一切禀报院长。院长望着男孩，徐徐说道：“生命的价值就像这块石头一样，在不同的环境下就会有不同的意义。一块不起眼的石头，由于你的珍惜而提升了它的价值，被说成‘稀世珍宝’，你不就像这块石头一样吗？只要自己看重自己，自我珍惜，生命就有价值，有意义。”后来，小男孩慢慢找到了生存的意义，在不断努力下，他终于愉悦地走上了人生的自我实现之路。

苏格拉底说，人最难认识的就是自己。当我们将目光投向自身时，认识自己、接纳自己、发展自己、超越自己的种种困惑和困难也就随之而来。只有正视这些困惑并解决这些困难，我们才能最终走向健康成长的彼岸。

知识导读

一、自我意识

自我意识并不是与生俱来的，它是人在社会交往中，随着语言和思维的发展而逐步形成和发展起来的。纵观自我概念的心理学研究，个体既能以主体我（即英语中的I）的身份去认识和改造客观事物（此时的“我”处于观察地位），又能以客体我（即英语中的Me）的身份被认识、被改造（此时的“我”处于被观察地位）。可见，每个人都是主体我（主我）和客体我（客我）的统一体。当个体把自己及其与外界事物的关系作为认识对象时，就涉及对自我意识的概念、结构、形成和完善的探讨了。

（一）什么是自我意识

自我意识是指个体对自己的认识，即个体对自己的身心状况与特征、自己与他人和周围世界的关系的认识，包括对自己心理倾向、个性心理特征和心理过程的认识与评价。它是人格结构的核心成分，是人的意识的本质特征，是人的心理区别于动物心理的重要标志。这种认识是个体通过观察、分析外部活动及情境、社会比较等途径获得的，是一个多维度、多层次的心理系统。

（二）自我意识的功能

1. 现实功能

自我意识影响个体现实的行为方式。人是社会的动物，人的行为既受社会因素影响，又与自我意识有着很大的关系。每个人的现实行为，并不单是由其所在的情境决定的，而且与自我认知、自我意识有着密切的联系。那些自我意识积极的学生，其成就动机、学习投入和学习成绩也明显优于那些自我意识消极的学生；当学生认为自己名声不佳时，他们会放松对自己行为的约束。可以说，个体怎样理解自己，是个体如何行为及以何种方式行为的重要前提和保证。

2. 经验解释功能

自我意识影响个体对过去经验的解释。不同的人可能会获得完全相同的经验，但每个人对这种经验的解释却可能有很大的不同。解释经验的方式决定于一个人的自我意识。一个自认为能力一般、只该获得平均成绩的学生，对比较好的成绩会认为是取得了极大的成功，感到十分满足；而对于同样的成绩，一个自认为能力优秀、应当获得出众成绩的学生，就会解释为遭到了很大的失败，并体会到极大的挫败感。事实证明，当个人的自我意识消极时，每一种经验都会与消极的自我评价联系在一起。而如果自我意识是积极的，每一种经验都可能被赋予积极的含义。

3. 影响未来期待

自我意识影响个体对未来事情发生的期待。个体对自己的期望是在自我意识的基础上发展起来的，并与自我意识相一致，其后继的行为也决定于自我意识的性质。研究发现，差生的成绩落后并不是孤立存在的，而是他的整个行为动力系统都出现了角色偏离的结果。成绩长期落后对于普通学生是不正常的，但对于差生，由于他们的整个行为动力系统都出现了偏离，并在偏离的状况下形成了一个新的自相一致的系统，因而在系统内部一切都变得正常。换言之，落后的学习成绩正是差生自己“期待”的结果。

（三）自我意识的结构

自我意识是意识的最高级形式，它不是单一的心理品质，而是认识、情感、意志的融合体，是一个完整的心理结构。

首先，从结构形式上来看，自我意识表现为自我认识、自我体验和自我控制。

自我认识是指一个人对自己各种身心状况的认识。它包括：自我感觉、自我观察、自我观念、自我分析和自我评价等。自我认识主要涉及“我是一个怎样的人”“我为什么是这样一个人”等问题。

自我体验是指一个人在自我认识的基础上产生的对自己所持的情感体验。它包括：自我感受、自尊、自爱、自卑、责任感、优越感等。自我体验主要涉及“我是否满意自己”“我能否悦纳自己”等。

自我控制是指不受外界诱惑因素影响，能够自己调节和控制自己的情感冲动和行为，是一种意志力强的表现。它包括：自主、自立、自强、自卫、自制、自律等。自我控制主要涉及“我怎样控制自己”“如何使自己成为理想的那种人”等问题。

其次，从内容来看，自我意识分为生理自我、社会自我和心理自我。

生理自我是指个人对自己身体的认识，包括占有感、支配感和爱护感。这是自我意识的最原始形态。

心理自我就是个人对自己心理活动的认识，它包括对自己性格、智力、态度、信念、理想和行为等的认识。

社会自我是指个人对自己在社会关系和人际关系中的角色、地位的认识，对自己所承担的社会义务和权利的认识等。

总之，自我意识是一个多维度、多层次的心理活动系统。这个心理活动系统表现为一个人对自己的思想认识、情感行为、个性特征以及人际关系各个方面的认识、情感和意志的统一。自我意识在发展人的个性中占有重要的地位，人的兴趣、能力、性格、情感、意志和道德行为无不受它的影响。

二、自我意识的发展阶段

大学生的自我意识是对儿童和青年时期自我意识的进一步发展，它既有继承性，又有自身的新特点。心理学研究表明，个体的自我意识从发生、发展到相对稳定，大约需要20多年时间。

（一）自我意识萌芽期

在生命之初，婴儿是没有自我意识的，他们甚至不能意识到自己和外界事物的区别。他们经常摆弄自己的手指，并把它们放进嘴里吸吮，但并不知道手指是自己身体的一部分，而把它们当作玩具。1岁左右的婴儿，才开始把自己的动作和动作的对象加以区别，意识到自己的手指与脚趾是自己身体的一部分，这是自我意识的最初形态。1岁半左右的儿童，从成人那里学会使用自己的名字，表明他们能把自己和别人相区别。2岁左右，儿童逐渐学会用代词“我”来代表自己，由此实现意识发展的一次飞跃，而掌握“我”字是自我意识萌芽的主要标志。3岁左右的儿童，自我意识有了新的发展，开始出现了羞愧感与疑虑感，出现了占有欲和嫉妒感，“我”的使用频率逐渐提高，并开始有了自我独立的要求。这一时期的儿童表现出来的行为是一种自我中心的行为，认为世界以他为中心，外部世界因他而存在，因而也被称为“自我中心期”。

（二）自我意识形成期

从3岁到青春期这段时期，是个体接受社会化影响最深的时期，也是学习角色的重要时期。这一时期，也是“社会自我”发展阶段或“客观化”时期，他们开始能意识到自己在人际关系和社会关系中的作用和地位，能意识到自己所承担的社会义务和享有的社会权利等。

（三）自我意识发展完善期

从青春期到青春后期大约十年时间，是心理自我的发展时期，自我观念渐趋成熟，自我意识经过分化、矛盾、统一，也逐渐趋于成熟。此时，个体开始清晰地意识到自己的内心世界，关注自己的内在体验，喜欢用自己的眼光和观点去认识和评价外部世界，开始有明确的价值探索和追求，强烈要求独立，产生了自我塑造、自我教育的紧迫感和实现自我目标的内驱力。主要表现为对自己的智慧、才干、道德水平等方面的评价和判断，从而产生如自我优越感等自我体验，追求政治上、事业上、道德上的上进和发挥自己的才智。这一时期称为心理自我发展时期或自我意识“主观化”时期，青年世界观、人生观、价值观的形成是心理自我成熟的标志。

三、自我意识与心理健康

良好的自我意识是心理健康的主要标志。人必须首先去爱自己和尊重自己，才能真正地去爱和尊重他人。心理健康的人必然对自己有较为客观的认识，能够接纳自我，又有适当的自尊；能清楚地认识自己，及时地洞察自己的感觉和意图。大学生自我意识的发展现状，既是以往心理发展和心理健康状况的集中反映，也是现阶段大学生心理健康、人格发展的新起点。因此，重视自我意识的发展，学会认识自我，树立自信心，培养独立性，应是大学生的永恒选择和终身追求。

四、大学生自我意识的形成

自我意识是人所特有的心理标志，它不是与生俱来的，而是后天获得的，是个体在社会环境中、在与他人的互动中逐渐形成的。一般来说，大学生对自己的认知可以通过以下四个方面逐渐形成。

（一）他人的反馈

他人对我们的品质、能力、性格等给予清晰的反馈，能增强我们对自己的了解。当我们被老师告诫要更加大胆一些，更加主动、更加勤奋一些时，我们便会从反馈中得知：自己有些害羞、不够主动、学习不够勤奋。特别是当许多人的看法一致时，我们就会相信这种看法是正确的，从而确定自己是这样的人。激励对成长中的大学生是非常重要的，我们经常说：“优秀的学生是夸出来的。”当否定性评价过多时，学生会产生“习得性无助”。

（二）反射性评价

生活中，那些与我们生活无关紧要的人有时并不会给予我们清晰明确的反馈，但我们可以从他们的态度与反应中来了解自己。符号互动学者库利提出的“镜中我”（Looking-glass self）认为，我们感知自己就像别人感知我们一样，镜子中的我或别人眼中的我就是我们感知的对象。我们常常依据别人如何对待我们来了解自己，这一过程称为反射性评价。

例如，一个大学生在一封信中写道："我感到非常孤独，宿舍的同学不喜欢我，常常是我在宿舍外面听着里面在热烈地谈论一个问题，而当我进入宿舍时，谈话就中断了，大家的表情也显示出冷淡与不在乎，我不知道自己做错了什么，得不到大家的认同。这使我非常痛苦。在来自不同家庭背景的同学中，我的家境略好些，可这不是我的过错，我一直主动地想与同学相处好，甚至做了一系列努力都得不到大家的认同。在中学以前，我一直是非常受人欢迎的，我现在变得沉默了，因为不知道该如何做。"这说明反射性评价对自我的形成也起着重要作用。

（三）依据行为判断

贝姆的自我知觉理论认为：在内部线索微弱或模糊的情况下，人们常常依据外在行为来推断自己的特征，如性格、态度、品质、爱好等。例如，当学生参加公益事业时，学生认为自己是一个高尚的人。但在大多数情况下，人们常常依据内部线索，如想法、情绪来了解自己，而且比外显行为更准确，因为行为易受外在压力的影响，更易伪装。个体的行为既具有外显性更具有内倾性，因而可依据自己的行为为自我的确立提供可靠的依据。

（四）社会比较

费斯廷格提出的社会比较理论认为：人们非常想准确地认识自我、评估自我，为此，在缺乏明确标准时，人们常常和自己相似的人做比较。

大学生正处于人生重要的发展时期，他的人生目标、职业理想、生活态度等都在形成之中，社会比较为大学生提供了认识自我、了解自我和发展自我的重要标尺。社会比较也是每一个个体认识自我不可或缺的方面。没有社会比较，就没有自我的进一步优化。当然，自我比较并不总是向着积极的方向，自我比较又分为向上比较、向下比较与相似比较。当个体的目的与动机不同时，采用的社会比较策略也不相同。例如，自我保护与自我美化的动机促使学生与那些不如自己走运、成功和幸福的人相比；而自我成功动机强的人更倾向于向上比较，向着那些比自己更加成功的人比较，促使自己更加成功。

互动体验

是谁塑造了我

【活动目的】

通过课堂活动，请学生挖掘个人成长历程中使其塑造与成形的影响因素和主要人物。

【活动步骤】

（一）教师要求学生在表3–1的空格中用关键词描述不同人物对他们的看法、评价，及任何难忘的正面和负面的经历，也可以用绘画投射的形式表现出来。

表3–1

父亲	母亲	兄弟姐妹	老师	同学
重要人物1	重要人物2	重要人物3	自己	其他

（二）要求学生在填写过程中，重点做如下自我探索。

1. 你对哪一个人的看法最为重视？原因是什么？

2. 最难填写的或最少资料的是哪一部分？原因是什么？

3. 假设你很努力填写，却始终出现资料贫乏的现象，你应当反省一下自己整体性人际关系到底如何。

4. 除非有充分理由，对全栏出现空白的情况，应做出解释与探索。

各栏所填写的，若是和谐又具正面取向时，反映你有着完整、健康的自我。若各栏资料出现矛盾或资料倾向负面取向时，你应努力面对自我。这项练习往往引发出你一些长期压抑的感受，有时还可能出现父母、其他人对自己的一些恶劣评价，甚至是羞辱性的评价，这实在是很痛苦的。面对这些情况，要设法做有效的处理，必要时，一定要寻求团体的帮助。

心理测试

你了解自己吗？

【指导语】

对下列题目，请根据你的真实情况如实做出“是”或“否”的回答。

【测试量表】

1. 你每天要照三次以上的镜子吗？（　　）
2. 你一点也不在乎别人对你的看法吗？（　　）
3. 你是否感到你其实并不了解自己？（　　）
4. 你很留意自己的心情变化吗？（　　）
5. 你常把自己和其他人比较吗？（　　）
6. 你常在晚上反思自己一天的行为吗？（　　）
7. 做错一件事后，你常弄不明白当时自己为什么要这样做吗？（　　）
8. 你比较注意自己的外表吗？（　　）
9. 你做事情的随意性很大吗？（　　）
10. 在做出一个决定时，你通常清楚这样做的理由吗？（　　）
11. 你总是努力揣摩别人的想法，并按照别人的要求与暗示行事吗？（　　）
12. 你是否总穿着比较得体的衣服？（　　）
13. 你弄不清自己是属于脾气好的人还是脾气坏的人吗？（　　）
14. 你弄不清自己的能力是比其他同学强或弱吗？（　　）
15. 你对自己将成为怎样一个人，没有一点把握吗？（　　）
16. 你总担心自己能否给其他同学留下好印象吗？（　　）
17. 你对自己的外貌有自知之明吗？（　　）
18. 在遭受一次挫折后，你总是要对自己的行为进行反思吗？（　　）
19. 你常控制不住自己而发火吗？（　　）
20. 有时，你自己也不知道自己为什么没有情绪吗？（　　）
21. 考试前，通常你不知道自己能否顺利过关吗？（　　）
22. 不少事情，在开了头以后，才发现你是没有能力完成吗？（　　）
23. 当你遇到不快时，你是否总是没法把自己从低沉的情绪中摆脱出来？（　　）
24. 考试完毕，在老师批改前，你常常弄不清自己是否考得好吗？（　　）
25. 大多数情况下，你知道自己行动的动机吗？（　　）
26. 你觉得别人应该对你留下好印象吗？（　　）

27. 你常感到莫名的烦躁吗？ （　　）
28. 你不知道自己与班上哪些同学较谈得来吗？ （　　）
29. 你清楚自己的长处和短处吗？ （　　）
30. 一般而言，你很清楚自己吗？ （　　）

【评分标准】

4、5、6、8、10、12、17、18、23、25、26、29、30题答“是”记0分，答“否”记1分。其余各题答“是”记1分，答“否”记0分。各题的得分相加，统计总分。

【结果解释】

0～9分：你很有自知之明，你对自己的长处和弱点有着较清楚的认识。

10～20分：你对自己的了解不够全面。你已经较多地注意到了自己的体验，但为了更好地了解自我，还需要掌握一些客观认识自我的方法。

21～30分：你不了解自我。尽管自我与你朝夕相处，但你看来仍是“当局者迷”。

拓展阅读

艾里克森的心理社会发展阶段理论

艾里克森是美国新精神分析派的代表人物。他把自我意识的形成和发展过程划分为八个阶段，每一阶段的发展危机就是他划分每一阶段的特征性标准（表3-2）。这八个阶段的顺序是由遗传决定的，但是每一阶段能否顺利度过却是由环境决定的，所以，这个理论又称为“心理社会发展阶段理论”。

表3-2

年龄阶段	发展危机（发展关键）	发展顺利	发展障碍
0~1.5岁（第一阶段）	信任感—不信任感	信任自己和他人，乐观	不信任自己和他人，悲观
1.5~3岁（第二阶段）	自主感—羞愧感	能自我控制，行动有信心	自我怀疑，行动畏首畏尾
3~6岁（第三阶段）	主动感—内疚感	有目标、有方向，主动进取	难以建立自信，无自我价值感
6~12岁（第四阶段）	勤奋感—自卑感	具有求学、做事、待人的基本能力	缺乏生活基本能力，充满失败感
12~18岁（第五阶段）	自我同一性—角色混乱	自我概念明确，目标方向明确	角色混乱，缺乏目标，彷徨迷失
18~25岁（第六阶段）	亲密感—孤独感	能投入工作，有建立亲密人际关系的能力	孤独寂寞，无法与人亲密相处，关系淡漠
25~50岁（第七阶段）	繁殖感—停滞感	热爱家庭，热爱公益，扶持后进	自我放纵，不管他人，自私，人际关系贫乏
50~死亡（第八阶段）	自我整合—失望	有秩序感和意义感	悔恨过去，悲观失望

在此，我们重点介绍大学生自我意识发展的第五阶段至第六阶段。

一、第五阶段：自我同一性—角色混乱（12～18岁）

第五阶段是青春期，其发展危机是自我同一性—角色混乱。个体自我意识发展的第五阶段是儿童由童年向成人过渡的阶段，也是自我发展的关键时期。这一阶段需要解决自我同一性危机，为进入成人期打下基础。

自我同一性主要有以下四个方面的内容：对个人未来的方向和个人独特性的意识；对个人以往各种身份、各种自我形象的综合感；一种对异性伴侣和爱的对象能做出明智选择的意识；一种对未来理想职业的向往和作为社会负责任成员的意识。换句话说，就是我们已经是什么样的人，我们想成为什么样的人和我们应该成为什么样的人。

艾里克森认为，此时青年人若不能形成自我同一性，则产生角色混乱或同一性危机。这样的青年人不能正确地选择生活角色，或在选择生活角色上缺乏一致性和连贯性，对未来没有正确的信念。这样的青年人不能明确地意识到自己是谁，自己有哪些区别于他人的特点，属于哪个阶层、哪个群体，过去怎样、今后向哪个方向发展。为此，他们体验到比以往更多的痛苦、焦虑、空虚和孤独。在这样的混沌状态下，他们感觉自己要对自己的未来做出明确选择，但他们不能，然而又觉得父母和社会逼迫他做出选择，于是他们反抗，以保护自尊心不受伤害。许多青少年犯罪都与同一性危机有关，这些青少年的逻辑是，与其做一个不伦不类的人，不如做一个臭名昭著的人。

艾里克森总结了同一性危机的几个症状：①回避选择、麻木不仁；②对人距离失调，不能建立良好的人际关系；③空虚、孤独，迫切感、充实的时间意识消失；④勤勉性的扩散，不能专注于工作或学习；⑤对他人的评价特别敏感，以病态的防御抵抗他人的批评；⑥自我否定的同一性选择，破坏、攻击或自毁、自灭。

艾里克森认为，一方面，从青年人内在的倾向来讲，每一个青年均可克服危机，达到自我同一性。但社会文化急剧变迁所带来的价值观方面的矛盾使青年人无法适应，因而导致内部的冲突与危机。另一方面，父母和其他老一辈人本身缺乏牢固的信念基础，因而无法给青年人提供适当的指导，也是造成青年人同一性危机的原因之一。但如果危机得到积极的解决，则形成忠诚的积极品质，忠诚是对自己的朋友、亲人和生活伴侣承担责任的意愿，也是执着地追求既定目标的能力。

二、第六阶段：亲密感—孤独感（18～25岁）

第六阶段为成人早期，发展危机是亲密感—孤独感。青年人通过青春期的发展，如果确立了稳定的自我同一性，就为他们与他人建立亲密关系打下了基础。

艾里克森指出，唯有具备牢固自我同一性的人才敢于同他人建立亲密的关系。

亲密是指关心他人、准备而且渴望把自己的同一性与他人的同一性融合在一起，与他人共享的能力。亲密关系的确立不能与性关系上的密切混为一谈。因为亲密关系不仅仅指性关系上的密切，还包括彼此的心理融洽和责任意识，以及相互的信任。亲密关系也不限于配偶之间，同事、朋友之间也可建立亲密关系。同甘共苦的同事和朋友相互关心、相互帮助，彼此分享对方的信任，同样具有浓厚的亲密感。如果一个人不具备与朋友、配偶建立亲密关系的能力，就会走向孤独。这种人回避与他人的亲密交往，不能与他人分享彼此的信任，自恋、自爱，与他人的交往仅仅维持在表面水平。这一阶段如果发展顺利，亲密的比例大于孤独的比例，则形成“爱”的积极品质。

艾里克森的心理社会发展阶段理论为不同年龄阶段的自我发展关键任务提供了理论依据，任何年龄段的发展失误，都会给一个人的终生发展造成障碍。它也告诉我们，为什么我们会成为现在这个样子，我们的心理品质哪些是积极的、哪些是消极的，这些心理品质多在哪个年龄段形成，从而给予我们更多的反思依据，促进我们的发展完善。

（摘自：http://blog. sina. com. cn/s/blog_4174991f0100lfte. html）

第二节 大学生自我意识发展特点

心灵故事

何某，大二女生，由于长期营养不良而导致精神不济，学习成绩下降，人际关系紧张。该生家庭贫困，无钱供她读书，她靠做家教挣来的工资维持生活，因此很自卑，总觉得同学都瞧不起她。其实，该生成绩不错，大一时曾获二等奖学金，同学对她评价还可以。可她却固执地认为同学都因她家庭困难而“鄙视”她，最令她苦恼的是没有男生追求她。为了改变现状，她常常连续一个月不吃肉，节约伙食开支，去买漂亮衣服，甚至买新上市的水果，在寝室吃给别的同学看，以获得同学的羡慕与“尊重”。这样的“牺牲”，并没有让她感觉到自己的处境有任何好转，反而发现同学投来异样的眼光，使心情越来越糟。由于长期缩食，她患上了严重贫血，常常头晕目眩，上课注意力难以集中，学习成绩大滑坡，以致补考多门而成为班上的“困难”学生。烦恼、自卑、懊恼时刻在吞噬着她不甘人后的自尊心，但此时的她已感力不从心，身心憔悴。

自我认识基础上的自我体验直接影响着人的心理健康。该女生由于自我认识的偏差而导致自尊与自卑的矛盾体验，为了掩饰自己的自卑，常常拒绝帮助、封闭自我，就其内心体验而言，是痛苦不堪的，外表的自尊无法欺骗自己真实的内心体验，她在自尊与自卑的矛盾中挣扎，最后以偏颇的方式来解决问题，使自己越陷越深。

知识导读

一、大学生自我意识发展的特点

随着个体心理和意识的不断发展，大学生自我意识的发展达到了新的水平。独立感、自尊心、自信心、好胜心等逐步趋于成熟；自我认识、自我体验、自我控制三方面趋于协调发展；自我意识的核心——世界观和人生观已基本确立。总的来说，大学生自我意识的发展是随着年级的上升而发展的，并表现出以下主要特点。

（一）大学生自我认识的特点

1. 自我认识的广度和深度大大提高

大学这一特殊的学习、生活环境，为大学生提供了一个博览群书、自由发展、自我实现的新天地。这个新天地为他们的自我认识向广度和深度发展提供了有利条件。大学生的视野更开阔了，关心的社会问题也多了，社会对他们的期望也比较高。这时，他们的自我认识不只涉及自己的气质、风度和性格等一般问题，而且还涉及自己的社会地位、社会责任、自我的价值等问题。通过对这些问题的分析和思考，大学生自我意识将达到新的广度和深度。

2. 自我认识的自觉性和主动性明显提高

大学是大学生走向社会前的最后学校学习阶段。学习期间，在他们面前摆着许多深刻的课题：我将来做个什么样的人？成就什么事业？我能为社会做些什么贡献等。求知欲强烈的大学生，总是急切地思考着这些问题，强烈地期待着一个满意的答案。这种思考比少年时期更主动、更自觉，具有较高水平。

3. 自我评价能力提高

随着大学生活的继续，大学生的知识增加了、社会经验也丰富了，大多数人对自己的分析、评价逐渐变得全面、客观和主动，对自己的优缺点有了较正确的认识和评价，并能选择自己的长处进行发展，开始具备在自觉基础上的“自知之明”，但是，大学生自我评价的能力有很大的个体差异。

4. 思维的独立性、批判性明显增强，强调民主、自由和个性

当代大学生少有保守思想，不囿于成见，不轻信盲从，喜欢独立思考人生和社会问题；特别关心我国民主、自由和法制建设；他们要求别人尊重自己，对那种简单生硬的教育方法极为反感。

（二）大学生自我体验的特点

大学生自我认识和自我控制能力的迅速发展，使得他们自我体验的内容和形式发生了极大的变化。

1. 从自我体验的形式看大学生自我体验的特点

（1）丰富性

大学丰富多彩的学习生活为自我体验的丰富性提供了有利条件。例如，由于意识到自己的成熟就产生了成人感；由于意识到自己的能力和品德的高低而产生了自豪、自尊或自卑、自惭等体验；由于意识到自己的社会角色和社会地位而产生了责任感和义务感。一般来说，在自我体验方面，男生比女生更有自信心、更富于活力，但容易急躁；女生则更热情、内心舒畅感更明显，但容易多愁善感。

（2）敏感性和波动性

大学生由于个性还不够成熟和稳定，也缺乏驾驭情感的意志力，因此，他们的情感体验表现出明显的敏感性和波动性。他们可能因一时的成功而产生积极的、愉快的情感体验，甚至骄傲自满、忘乎所以；也可能因一时的挫折、失败而低估自我或丧失自信心，甚至悲观失望。到了高年级，当大学生的自我认识和自我控制比较确定后，这种波动性才逐渐降低。

（3）深刻性

大学生的自我体验是深刻的。他们的自我体验不仅与自己的个性特点相联系，而且还与自己的生活信念和人格倾向相联系。当自我的生活信念和人格倾向为别人所悦纳，或客观事物符合自己的生活信念和人格倾向时，他们就产生愉快的情感体验。否则，就产生消极、不愉快的体验。

2. 从自我体验内容看大学生自我体验的特点

（1）自尊心和好胜心强烈

自尊心是指一个人悦纳并尊重自己，对自己抱肯定态度的情感体验，是一种希望别人尊重自己和自尊自爱的自我意识倾向。自尊心是一种内驱力（内驱力指由内部或外部刺激所唤起的，并使个体指向实现一定目标的某种内在倾向），它激励着自我不断奋发努力、创造佳绩。大学生会尽可能使自己的言行得到别人的尊重，以维护自己存在的价值，进而强烈地要求肯定自己和保护自己，因此，他们的自尊心很强烈，对触及自尊心的刺激十分敏感。

好胜心是一个人力求获得成功的一种自我意识倾向。好胜心往往与自信心有着密切联

系，因为丧失了自信心，就不可能去争取成功。具有极强自信心的大学生，好胜心也是十分强烈的。他们争强好胜、不甘落后，希望能用行动表明自己是人生道路上的强者。例如，有的大学生有目的地参加各种有益的社会活动，从中锻炼和表现自己的才干；大多数学生则把好胜心用在学习上，勤奋努力，博览群书，提高自学能力，为将来事业上的成功打下良好的基础，这是大学生好胜心发展的正确方向。

大学生自尊心和好胜心都很强烈，但要适当，如果把握不当，就容易转化为自卑感或嫉妒心。

（2）自卑感和孤独感明显

自卑感，也称自卑，是指一个人自己看轻自己，对自己的能力和品质评价过低，对自己持否定态度的情感体验，是一种消极的自我体验。过度的自卑可导致精力不集中、意志消沉、自信心极低，甚至自暴自弃，严重的可导致自杀。所以，大学生一定要及时克服自卑感，恢复自信，提高自尊，以便顺利完成学业，早日成才。

孤独感，是指一种由于缺乏他人的理解，自己感到与世隔绝、内心充满孤单寂寞的情感体验。在某高校的一项调查中发现，54.4%的学生有不同程度的孤独感，尤其是在新生中比例更高。为什么大学生中会有如此多的人感到孤独呢？研究表明，大学生产生孤独感的主要原因是青年期的闭锁性心理。大学生自尊心强、独立欲望强烈，但内心世界一般又不轻易向外人袒露，这就造成了一定时期的心理闭锁性。

孤独感不利于大学生心理平衡，影响正常友谊关系的建立。对于大学生来说，要减轻闭锁心理，就要积极参加集体活动和社会活动，尽量多交往，扩大人际交往范围，学习别人的长处，做到互相理解、互相学习，这样孤独感就自然可以消除了。

（三）大学生自我控制的特点

1. 自我控制能力明显提高

在成年人眼中，青年人是精力旺盛、富有朝气的，但也是极为冲动多变的。这是因为青年人的自我控制能力还较差。处于低年级的大学生，冲动性还较明显。进入中年级，特别是进入高年级后，随着知识积累和生活阅历的增加，大学生自我认识和自我评价水平增强，他们能够对别人的评价和自己的行动结果进行反省，及时调整自己的行为和目标，行为的自觉性和自我控制能力明显增强，而盲目性和冲动性则逐渐减少。

2. 自我设计的愿望强烈

大学生有设计自我、完善自我的强烈愿望。他们根据自我设计的“最佳自我形象”而不断地充实自己的知识、培养自己的能力、形成自己良好的性格与品德。大学生的成就动机是最强的，他们不愿做一个平平庸庸、碌碌无为的人，都想干出一番事业，能对社会、对祖国有所贡献，以实现自己人生的价值。但是，大学生的自我设计常会产生与社会要求不一致的矛盾，主要表现在：一方面，大学生都支持改革开放，希望有一个公平、民主、自由的社会，强烈反对腐败行为；另一方面在涉及自己的利益时，又对合理的利己主义、享乐主义、拜金主义等表示认同，甚至有人为了所谓的自我实现而损人。

3. 强烈的独立意识和自信心

独立意识，也叫独立感，是指个体力图摆脱监督和管教的一种自我意识倾向。大学生在生理发育上已完全具备了成人的特点，心理成熟和社会成熟也已达到较高的水平。

自信心是从独立感中派生出来的一种相信自己精力和能力的自我意识倾向。大学生有体力充沛、精力旺盛、思维灵活、记忆力强等优越条件，这是他们产生自信心的生理及心理基础，他们不仅对自己的才华、学识充满自信，而且对自己的风度、能力也充满自信。但由于知识、经验不足，部分学生易产生过分的自信，同时容易因一时的挫折而降低自信。

二、大学生自我意识发展中的矛盾和问题

大学生正处于心理迅速发展又尚未完全成熟的时期，自我意识还在不断发展中。传统观念影响下的大学生，在当前多元化的人生观和价值观的冲击下，在复杂多元的社会环境影响下，如果缺乏正确的引导和自省，容易出现各种发展的偏差，导致心理障碍。

（一）现实自我和理想自我矛盾

理想自我是指个人想要达到的完美形象，是个人追求的目标，它引导个体实现理想中的个人自我。现实自我是个人从自己的立场出发，对现实中自我的各种特征的认识。在现实生活中，理想自我与现实自我总是存在着一定的差距，合理的差距能够使人不断进步、奋发有为。但是，如果差距过大，则有可能引起一系列心理问题。

大学生心中承载着无数的梦想，每个人都渴望有登天的天梯，他们有抱负、有追求、有理想，成就动机强烈，特别是当市场经济将人们的成就意识凸显时，很多大学生心中涌动着成为比尔·盖茨的梦想，他们为自己设定了一个个美丽的“理想我”，也对大学生活进行了理想化的设定。但当他们一脚踏入大学时，现实与心中的理想形成了巨大的反差，新生出现了“理想真空带”与“动力缓冲带”，一时间找不到自己生活的方向。对理想自我的渴望与对现实自我的不满构成了这一时期大学生自我意识发展的重要组成部分。值得重视的两个方面，一是理想我与现实我有一定距离是正常的，它可以激励大学生奋发图强、积极向上；二是当现实我距离理想我太过遥远时，大学生会产生各种各样的心理不适，甚至自暴自弃，变得平庸无为，变得无所事事，变得没有动力。

（二）自主与依附的矛盾

一方面，大学生生理与心理的成熟使他们渴望独立，以独立的个体面对生活、学习和工作中遇到的问题，但由于长期的校园生活使他们缺乏应有的社会阅历与经验，当一些应急事件出现时，却又盼望亲人、老师、同学能够替自己分忧。另一方面，大学生心理上的独立与经济上的不独立也形成了明显的反差。特别是对于某些独生子女来说，由于长期受到父母的溺爱，这种独立与依赖的矛盾就表现得非常突出。

应当指出的是，独立并非意味着独来独往，独立并非不需要任何人的帮助和指导，并非不需要依赖别人，而在于个人必须对自己的行为负有责任。“一个好汉三个帮”，即使是一个独立性很强的人，也有依靠别人的需要。不同的是，独立的人更多的是依靠自己的力量和努力去解决自我的问题，而不是完全依靠他人的帮助或依赖于别人；独立的人能够权衡利弊、审时度势，能够勇敢做出决定并能够勇于承担自己的行为责任。过分的依附则使大学生缺乏对客观事情的判断能力与决断能力，显得优柔寡断，缺乏主见。事实上，任何心理成熟的独立个体，都需要他人的帮助，广泛的社会支持是个体心理健康的保障。

（三）自卑感

自卑是个体由于自我认知偏差等所形成的自我轻视和自我否定的情绪体验。不少大学生身上不同程度地存在着自卑心理：或认为自己其貌不扬，担心被人歧视；或认为自己天资愚钝，将来不能成器，对未来缺乏信心；或认为自己出身贫寒，担心被人看不起；等

等。对那些稍加努力就可以完成的任务，也往往因自叹无能而轻易放弃。在他们身上常常伴随着一些特殊的情绪体验，如害羞、不安、内疚、忧伤、失望等，并出现自鄙、自怨、自弃等心理现象。

个体自卑感形成的原因比较复杂，主要有以下几种影响因素。

1.来自自我认知的偏差

具体表现有：(1) 消极的自我暗示。凡事好从消极悲观的方面考虑，喜欢拿自己的短处与他人的长处比，总觉得“我不行”“我天生不是那块料”等，使自己的自信心逐渐丧失。(2) 过低的自我期望，进一步强化了自卑。(3) 过强的自尊。个体过强的自尊心，会导致自尊需要经常得不到满足，产生心理失望，并逐渐丧失自信。(4) 挫折的经历和不恰当的归因。尤其是多次受到别人的嘲笑、讽刺和打击时，有可能对自己的能力产生怀疑，出现过低的自我评价，从而一蹶不振。

2.来自个性的差异

瑞士心理学家荣格把人的性格类型分成两类：外倾型和内倾型。外倾型的人活跃而开朗，对周围的一切都很感兴趣，易受感情支配，不拘泥于小事，反应快；内倾型的人优柔寡断、孤僻，常有某种提防戒备心理，不愿抛头露面。心理研究表明，几乎所有的自卑者都伴有性格内向，他们情感脆弱，体验深刻，比较敏感，常常自惭形秽，总感到别人瞧不起自己，所以事事退缩，处处回避。结果，其增长经验才干的机会无形中大大减少。

3.生理缺陷原因

主要表现在一些身材矮小、身患残疾的学生身上。他们常常体验着常人不能与之相比的失落和痛苦，易产生自轻自贱的情绪，并由此陷入孤独、沉默、神经过敏的自卑境地。

4.幼年生活信息的影响

心理学家认为，自卑感起源于人的幼年时期。心理科学研究证实，不少心理问题都可以在早年生活中找到症结，自卑作为一种消极心态也不例外。

（四）自我中心或盲目从众

所谓自我中心，即人在观察事物或考虑问题时，以个人主观图式去对待有关事物，不能设想他人观点、他人内心世界的一种心理状态。自我中心的大学生自以为具有无穷的力量，自己是完全正确、无所不能的，完全有能力按照自己的设想来改造社会和世界，使之达到理想的境界。

盲目从众心理是一种普遍存在的心理现象，它是在群体舆论的压力下，放弃个人意见而采取与大多数人一致的自我保护行为。从众心理人皆有之，但是有的学生没有独立思考能力，缺乏主见，丧失自我，轻信盲从，就会有碍于个人发展。

造成从众心理过强的原因是多方面的，具体如下。

1.害怕孤立。为了求得小团体的认同，避免孤立而放弃了主见，随大流，凑热闹，以求“合群”。

2.缺乏自信。有些学生对自己的能力缺乏自信，不敢自己下判断、做决定，只好随大流。

3.当今不少家庭和学校那种一味要求“听话”“服从”的教育，使学生形成了一种极富惰性的人格特征，阻碍了他们的独立思考精神的培养。

互动体验

心理剧演出：我错在哪儿？

一、剧情：晓扬是一个自以为是的女生，由于过分张扬而不顾他人的感受，说话不讲究方式，总是颐指气使，把责任都推到别人的身上，同学和朋友离她而去，她也很苦恼，心想：我是为了大家好，为什么我说的话别人就不爱听呢？请大家帮她想想办法，让她明白自己的问题，学会谦让、理解他人，最后成为一名受同学和老师欢迎的人。

二、人物：晓杨（主要人物，班长）、晓英、晓华、晓梅、晓丽和老师。

三、场景：宿舍和教室。

四、道具：桌椅等。

五、演出

场景一：宿舍里，大家都在各自干着自己的事，晓杨气呼呼地推门而入，冲着大家说："咱们宿舍又没评上优秀。"又指着晓华说："就是因为你的床铺不整齐，跟你说过多少次了，你总是不听，结果大家都跟着你背黑锅。"晓华低着头不理她，晓杨离开了宿舍。此时，同学们聚在一起，开始声讨晓杨……

场景二：课堂上，晓杨因有事，迟到了。老师问她，她理直气壮地说是为同学们办事去了。老师说："以后上课是主要的，为同学们办事下课再去。"晓杨生气地嘀咕说："也不是我非要去的，是系里的老师让去的。"老师看了她一眼，没有理她，继续上课……

场景三：刚从系办公室出来的晓杨，直接跑到班级里，得意地和晓丽说："看你平时不吱声，这回你参加英语竞赛得了个优秀奖，看我给你报名报对了吧，要不然你还是不敢去参赛。"晓丽红着脸说："谢谢。"背地里大家议论纷纷……

场景四：晓杨的过分张扬，很多同学都越来越远离她……

六、分组讨论：请大家讨论晓杨的问题出在哪里，怎样做才是正确的，并把讨论结果分角色表演出来。

心理测试

自卑测试量表

【指导语】

对下列题目，请根据你的真实情况如实做出"是"或"否"的回答，不要做过多的考虑。

【测试量表】

1. 你是否对别人对你的看法感到担忧？（　　）
2. 假如走进商店逛一圈后却不买东西，你会感到不好意思吗？（　　）
3. 你是否总是尽量不做使别人感到不安的事情？（　　）
4. 假如有人偶然看见你赤裸着身体，你会感到羞耻与不安吗？（　　）
5. 星期天早晨你是否不愿意躺在床上睡懒觉？（　　）
6. 你觉得自己内心总是本能地拒绝与外界接触吗？（　　）
7. 你是否会违心地给你并不太喜欢的人赠送贺卡或生日礼物？（　　）
8. 你是否会依据别人的好恶来选择自己的服装？（　　）
9. 假如你使别人难堪，会不会感到内心不安？（　　）

10. 你是否常常花很多时间去做自己并不喜欢做的事情？（　）
11. 如果你明知不是你的过错，你会不会仍然向别人道歉？（　）
12. 你认为自己使父母失望了吗？（　）
13. 你是否犯过不可原谅、无法弥补的过错？（　）
14. 你经常觉得自己的表现不如别人吗？（　）
15. 当你做错事后，很久都不能忘记吗？（　）
16. 当你和别人闹了别扭后，通常会责怪自己吗？（　）
17. 你是否做过令自己终生遗憾的事？（　）
18. 你是否愿意为自己的过失而受任何惩罚？（　）
19. 你是否有时会对别人的恋情感到嫉妒？（　）
20. 你是否有时会对自己的性冲动感到厌恶？（　）
21. 你听到色情故事时，是否会感到羞耻？（　）
22. 你是否经常祈祷上天降福保佑你？（　）
23. 你的老师对你的学习成绩感到失望吗？（　）
24. 你是否经常回忆并检讨自己过去曾有的错误或不良行为？（　）
25. 你觉得和周围人相比，你显得微不足道吗？（　）
26. 你是否曾受到良心的谴责？（　）
27. 你是否认为失败总是跟随着你，你总是碰不上好运气？（　）
28. 你是否曾有过难以原谅的不良习惯？（　）
29. 你是否认为自己所得到的爱与感情，比自己应该得到的要少得多？（　）
30. 你是否经常花时间回想过去？（　）

【评分标准】

如果回答“是”计1分，回答“否”则计0分，请你根据你的答案情况把总分计算出来。

【结果解释】

15～30分：你常常愧疚、自卑，并往往将自己的感情世界封闭起来，习惯于不切实际地否定自己，夸大自己的过失与弱点。试一试，将自己看成一位成功者，消除内心深处的无能感与内疚感。积极的自我评价能免除很多身心疾病。当然，对自身的缺点亦应正视，但别让思想走极端，因为如果把自己的价值和某一件事的成败画上等号，那更会无形中增添心理压力。

8～14分：基本上你是自信的，但过失感在你的生活中扮演着重要的角色。其实，自卑心理人人都有，只不过程度不一样，自省程度亦不同罢了。心理学家阿德勒提出过“因自卑而追求卓越，扬长补短进行代偿”的理论。有自卑心理并不可怕，关键是怎样看待它，又如何将之转化为财富。所以，要清醒而客观、全面地看待自己，也别忘了经常鼓励、嘉奖自己。

8分以下：你全身上下充满了自信。自信是你生命中的阳光，让自卑在你心中无处可藏。

拓展阅读

摆脱自卑的自我暗示

面对自卑的攻击，我们应发挥自己的潜能，挖掘有效的方法。自我暗示就是一种非常有效的对抗自卑的方法。它非常简单，却有惊人的效果。

自我暗示起源于法国的一位药剂师鲍德茵。一天，有位客人到鲍德茵那里买一种要医生处方才能出售的药物。客人没有处方但他非要买到那种药物。鲍德茵没有办法，但又不能违法卖药，他灵机一动，给了那位客人数颗完全没有药性的糖衣片，并告诉他这就是他要的药物，还将其效力夸大了一番，然后将客人打发走了。

数天后，客人回到药房，大大地称赞了鲍德茵一番，说是鲍德茵的药治好了他的顽疾。鲍德茵糊涂了：从生理学的角度来说，糖衣片是无法治好这个人的疾病的，而实际上他又是因为吃了“药”才痊愈的。到底是什么治好了这个人的呢？唯一合理的解释是，心理因素治好了他的病。这种心理的因素就是暗示力量，再加上鲍德茵的大力推荐，糖衣片也成了灵丹妙药。

鲍德茵由此得出结论：自我暗示能激励潜意识的力量，使人的自我意识发生改变。自我暗示就像是一个控制站，我们可以有意识地运用创造性想象力去播下积极的种子，同时防止消极性的甚至破坏性的想法侵入我们的心灵。

在此基础之上，鲍德茵创立了心理暗示疗法。它主要有以下五大法则。

1. 要简洁有力，如“我非常自信”或者“我是自信的”！

2. 要积极乐观，如果你说“我不会自卑”，那么消极自卑将会移至你的意识里。所以，你应该说“我是自信的”。

3. 信念：你的句子要有可行性。即它要使自己相信，而不会令你产生抵触的念头。

4. 观想：当你默诵或朗诵暗示的句子的时候，你要在自己的脑海里清晰地见到自己变成理想中的那个人，他的一举一动都是你所希望的。

5. 感情：当你在观想的时候，你要对自己想象的角色满怀激情，充分接受。

对自我暗示的想法，你应勇往直前，切勿抱着试试看的心态，因为这首先会埋下自我怀疑的种子。

除了对自己进行正向的暗示外，我们还应承认自己的缺陷和不足。夸大自己的缺陷往往是为了预先给自己的失败找一个台阶，以此来逃避对失败的责任。但这种想法形成习惯之后，人往往就确信自己存在想象中的不足了。所以，要提高自己的自信心，首先就要学会接纳自己，它包括接受自己的缺点和优点。

（摘自：http://www.360doc. com/content/12/1201/15/553694_251382574. shtml）

第三节　大学生自我意识培养

心灵故事

李某，女，20岁，父母均为农民，家境贫困。自上学以来，常担心因缴不起学费会辍学。她觉得自己学习成绩不太好，没什么优点，不讨人喜欢，并且总不相信他人，不愿理会他人，对人冷漠，缺乏热情。总之，她感到高职学校生活非常灰暗，没有任何快乐，多次想退学。近来，她连续几天晚上做相同的噩梦，梦见父亲去世了，每次都从梦中哭醒，情绪低落，无法学习。

这是典型的自我意识混乱的案例。当大学生无法形成正确的自我概念和适宜的自我评价，同时不能达到自我同一性的确立而获得安定、平衡的心理状态时，就会出现自我意识混乱。青年期是人的自我意识迅速发展的一个特殊阶段。学习如何正确认识自我、理解自我，是这一时期的一个发展任务，直接关系到大学生能否建立健全的人格。

知识导读

一、健康自我意识的标准

健康的自我意识是个体健康成长、全面发展、走向成功的必备要素。把握健康自我意识的标准，培养健康的自我意识对大学生而言显得十分重要。

衡量自我意识健康的标准：

（1）自我意识健康的人，是一个有自知之明的人，既知道自己的优势，也知道自己的劣势，能正确评价和发展自我。

（2）自我意识健康的人，是自我认识、自我体验和自我控制协调一致的人。

（3）自我意识健康的人，是积极自我肯定的、独立的并与外界保持协调一致的人。

（4）自我意识健康的人，是理想自我与现实自我统一的人，有积极的目标意识和内省意识，积极进取，永无止境。

（5）自我意识健康的人，是一个不仅自己能健康发展，而且能促进社会文明和进步的人。

二、大学生自我意识完善的途径

（一）正确认识自我

正确认识自我，就是要全方位地认识自我。古诗云："不识庐山真面目，只缘身在此山中。"全方位认识自我是形成自我意识的基础。如果大学生能够全方位和正确地认识自我，并客观和准确地评价自我，每日三省吾身，就能确立合适的奋斗目标，量力而行，并为实现这一目标而不懈努力。正确地认识自我是健全自我意识的基础，有利于调适现在的我和构建未来的我。德国著名作家约翰·保罗曾说：一个人真正伟大之处，就在于他能够认识自己。如果一个人能对自己有一个全面、正确的认识和评价，就能够扬长避短，取长补短，根据自己的实际情况，选择相应的目标为之努力奋斗。要正确认识自我，有以下几种方法。

1. 在比较中认识自己

（1）与他人比较

有比较才有鉴别。人们在缺乏客观评价标准的情况下，可以通过与他人的比较来评价自己。与周围的普通人比较，能认识自己的实际水平及在群体中的地位；而与杰出人物比较，则能找出自己的差距和努力的方向。与他人比较，最重要的是要选定恰当的而不是盲目的参照系。同时还要学会用发展的眼光、辩证的方法去看待自己和他人。方法越科学，自我的位置就定得越恰当。恰当地评估自己的人，能做到既不妄自尊大，也不妄自菲薄，从而能合乎实际地确定自己的奋斗目标和行动计划。

有一项实验，请大学生作为被试者，让他们和另一些竞争对手一起讨论参加工作的问题。在讨论前，大学生被试者接受自尊测试。之后，有一半被试者看到的是衣冠不整、仪表一般的竞争对手，另一半接触到的是仪表端庄、谈吐文雅之士。讨论后，实验者又对大学生进行自尊测试。结果，接触到仪表比自己强的竞争对手的被试者，自信心明显下降；看到仪表不如自己的那一组被试者，自信心却大大提高。当然，在比较的过程中，不能专门“以己之长比人之短”，也不能专门“以己之短比人之长”，因为这样不能获得正确的自我认识。

（2）与自己比较

这是我们最常用也最能影响我们对自己看法的方式，是每一个人都需要学会的一种比较方式。当我们学会与自己的过去比较，必然能获得强大的心灵能量，因为战胜自己就是对自己的最好肯定。此外，我们还需要学会与理想我比较，让理想我成为自我发展的目标、方向和动力。

有这样一位大学生，他来到学校以后一直很自卑。因为他来自边远地区，见识、学识各个方面都不如周围的同学，而且不管他如何努力，总与周围人相差一截。他很不开心，直到后来学会了正确的比较——与自己比。他想：“我的起点本来比别人低，想要一步跟他们齐平，这是不可能的，但我在缩短与他们的差距，十年、二十年或许是三十年，我总可以跟他们差不多，如果坚持下来，说不定我会更厉害。”后来，经过一年的努力，他发现自己比原来更加坚强、更加独立、更加有主见了，他自己感到非常自豪。

2. 在自省中认识自己

古人云：“吾日三省吾身。”通过反省自我是自我认识的重要渠道。大学生应该学会自省，经常检查自己的行为和动机正确与否，行为过程中有什么不足，结果如何，有哪些收获和缺憾，从中发现长短得失，以便有的放矢地进行自我调整。可从下面几方面去认识自我。

（1）自己眼中的我。自己实际观察到的我，包括自己的生理自我、心理自我、社会自我。

（2）别人眼中的我。由别人对自己的态度、情感反应了解自我，这里的别人不是个别人，不是只与自己关系好的人，也不是对自己不友好的人，而是大多数人。

（3）自己理想的我。自己对自己的期望。

3. 通过专家咨询认识自己

咨询者到心理咨询中心、就业指导中心、专业咨询机构进行咨询，是一种了解自我的有效而快捷的方式。咨询人员会用他们的学识、经验以及科学的咨询技术给咨询者提供帮助。在咨询过程中，咨询者会获得大量的知识和信息资料，并获得对问题的重新认识，进而提高自己的决策能力。

4. 通过心理测验了解自己

心理测验是一种标准化、力求客观的测量手段。它的特点是能够在较短的时间内测出一个人的某方面的特点，并且能够描述出在某一群体中的位置。这样，通过测量，受试者能够在短期内，在比较中获得对自己的较为客观和准确的描述和评价。要注意的是，受试者要选择适合自己的、科学的心理测验。另外，要准确理解测验报告，最好由心理专家来解释测验结果。

（二）积极悦纳自我

心理学研究表明，心理健康者更多地表现出对自我的接受和认可，而心理障碍者则明显表现出对自己的不满和排斥。有些大学生对自己的容貌、性格、才能、家庭等方面不满，而又无力改变，便产生自我排斥的心理，这是心理幼稚的一种表现。人总要对自己有所肯定又有所否定，并且在自我意识的发展中建立起二者的动态平衡。否则，对自己不满过于强烈，就会加剧心理矛盾，产生紧张的心理，这样不仅会使个体感到活得很累，还可能引发心理问题，严重的可能出现悲剧。因此，悦纳自我是增进健康自我意识的关键和核心。

悦纳自我，首先要无条件地接受自己的一切，包括好的和坏的、成功的和失败的、缺点和优点。其次，要无条件地喜欢自己，肯定自己的价值，对自己要有价值感、愉快感、满足感和自豪感。再次，要接纳自己的不完善和失败，这是自信的表现，是自我完善的起点。每个人在身材、外表、能力、性格等方面都有一定的局限，对于过去的失败不要耿耿于怀，要吸取教训，总结经验，大胆尝试。最后，要珍惜自己的独特性，建立实际的目标，扩大社交圈子，不对自己有过高的要求，不为讨好别人去做事，多对自己的成就进行鼓励和奖赏。

（三）有效调控自我

自我调控是人主动、定向地改变自己的心理品质、特征以及行为的心理过程。在进行自我调控时，要处理好以下四个方面。

1. 要意识到社会的要求，并力求使自己的行为符合社会准则和要求。只有立足社会需求，从个人实际出发，将自己的行为和社会要求保持一致，才能得到社会的承认。

2. 制订完善和提高自我的计划和程序。有相应的计划和程序，才能避免盲目进行，使自己的行为有条不紊。制订出符合自己实际的计划后，要严格执行，不能朝令夕改。

3. 在行动中要运用自我分析、自我体验、自我鼓励、自我监督等各种激励措施。

4. 要培养健全的意志品质。只有意志品质健全的人，才能有效地自我控制，从而最终实现理想自我。

研究和经历都告诉我们，我们能通过改变实际行动来改变我们的心态，从简单易行的行动开始就可以培养自己的自我调控。正所谓“小事养成习惯，习惯形成个性，个性决定命运”。

（四）不断完善自我

加强自我修养，进行自我塑造，向着完善自我的目标努力是健全自我意识的最终目标。大学生应致力于不断完善自我，才能对自我有更多的认可和接纳。

佛教密宗有一种个人修炼方法叫作“观想本尊”。所谓“本尊”，就是自己最崇拜、最喜欢的一尊佛像。修炼者选择“本尊”后，想象这尊佛像进入自己的胸膛，越来越大，直到和自己一样大，并充满了自己的身体，和自己融为一体。他们相信，这样做可以让自己得到佛的智慧、佛的慈悲，使自己渐渐接近佛。

借用上述“本尊”概念，在这里介绍一种心理学技术——利用榜样提高自我约束力，通过想象自己和别人的融合而获得别人的品质，从而逐步完善自我。

1. 确定自己想要有的行为。如“我想变得善于交际”“我想控制自己的情绪”“我想变得温文尔雅一些”。

2. 选择你的“本尊”。你的“本尊”应该具备你要的品质，他可以是名人，也可以是你周围的平常人；你的“本尊”要和你有相似性，如你是男人，你的“本尊”最好是男人；你入“观想本尊”法后，不仅你期望的行为会和“本尊”相似，你的其他方面也会向“本尊”靠拢，你不可能只在你所期望的这一方面发生变化，你的变化是整体的。

3. 研究你的“本尊”。选好“本尊”后，你可以读一些他的传记资料，或者和他多接触。有可能的话，找一张他的照片多看一看，争取对他尽可能熟悉。你可以研究他所具有的好品质或好行为是如何形成的、他是如何实现自我控制和自我完善的、他与其他成功人士有何共同点等。

4. 想象与“本尊”融合。你只需每天选一个不受打扰的时间，想象“本尊”和你的身体融为一体，就像佛教密宗修炼者所做的那样。你想象他的一张照片进入你的胸膛，然后扩大，直到和你的身体一样大且融合在一起。只需这样做，不需要思考，不需要刻意学习和模仿，每天练习10～20分钟。不久你会发现，潜意识之中，你的行为和你的“本尊”越来越相似。如果你希望见效快，可以在社交场合有意识地对自己说：“现在我不是我，我是在表演我的‘本尊’。”那么，你期望的那项能力会好得让你自己都不敢相信。练习一个月后，你就不必再练了。你的“本尊”已融入你的心里，你不必再去演别人了。

当你在现实生活中遇到不能把握自己的时候，那就让你的“本尊”来监督和鼓励你做出正确的选择吧。

（五）努力超越自我

每个大学生都有远大的抱负和崇高的理想。古人说得好，要“齐家、治国、平天下”须从“修身、养性”开始，即从点滴小事开始，从积极行动开始，行知并重。要想运动健身，就坚持练习自己喜欢的体育活动；要想开阔思路，就多读书，多听讲座。在行动时，无论对人对事，均全力以赴，使自己的能力品性得到最大限度的发挥。行动之后再反省得失原因，再度投入行动，吸取教训作为经验，一旦有成果，便再反省总结。如此往复进行，对自我的认识便一步一步地得到扩展和深化，自我的境界也就自然而然地得到开拓与提升。

相关链接

首先，请用8分钟左右的时间将表3-3补充完整。你可以填写任何对你而言重要的东西，如家庭、爱人、住宅、工作等。请至少写出10项内容。

表3-3

项目	真实的我	理想的我	别人眼中的我
身高			
体重			
性别			
相貌			
家庭出身			
文化程度			
性格			
爱好			
理想抱负			
职业			
……			

现在，你可以填写答案了。首先，你可以竖着填，即一鼓作气填出真实自己的情况。如身高1.60米，体重45千克，性别女，相貌中上，家庭出身工人等。当这一栏填写完之后，你的大致情况就清晰地反映出来了。其次，你再填右边那一栏，即“理想的我”一栏。建议你也一次完成。如身高，你希望自己再高个一点，要1.68米，那就大大方方地填上，不必担心它是否能实现，只要是你希望的，那就写出来；又如家庭出身，你希望出生在书香门第，那么也大方地写出来。总之，你怎样希望的，就怎样写出来，不要嘲笑也不要批判自己，只要是真实的想法，就要承认它有存在的理由。再次，填完“理想的我”后，你可以动手描绘“别人眼中的我”了。很多大学生在填写这一栏时愁肠百结，因为他们并不知晓自己在他人眼中的印象。如果你也是这样，趁这个机会好好整理一下吧。

你也可以横填。如家庭出身，你本来出身农民家庭，你期望自己生在富商之家，而由于你的文化修养不错，大家都以为你来自教师家庭，那么在这一项里，你依次填出农民、富商、教师的字样。填完一项再接着填下一项。

当你完成了这张表格，相信你会惊喜地发现你对自己的认识比之前清晰许多。

接下来，让我们一起来分析这张表格吧。

首先来看看“真实的我”与“理想的我”。数一数，你写了多少项，它们不相符的有多少项。是不是很吃惊？原来我们满纸写下来，却发现我们所拥有的，我们并不满意！那么思考一下，这些不相符的项目里，哪些是可以改变的，如何改变，改变的代价你能否承受？哪些是不能改变的，你将如何对待自己这些不能改变的方面？比如相貌，真实的你只能算得上一般，但你希望自己更漂亮一些，尤其是那口歪七扭八的牙让你耿耿于怀，你希望改变。可以改变吗？当然可以，你可以选择带牙套纠正，改变的代价是要准备一定的金钱，但你现在没有，你可以选择借钱去改变，工作后再还；也可以先不管它，等有钱了再处理。那么，你知道如何对待这些不如意了吗？我们每个人都有许多不尽如人意的方面，如果不能改变，又无法接纳，会发生什么呢？一起来看一个真实的故事：

有一个女生，外表有着无可挑剔的完美，发如黑瀑，眼如秋水，肤如冰雪，气质高雅。但当主持游戏的老师统计谁为自己的相貌自卑时，她高高地举起了手。后来，老师私下问她，到底对自己的哪一部分相貌不满意？她悄悄地说，我有一颗牙齿长得不好看。说完，很努力地用手指拨开嘴唇，用更低的声音说，你看，左边上牙的第六颗。老师哭笑不得地说，要不是你告诉我，我就是在你对面凝望一百年，也不会看到这颗牙。她说，我知道一般人是看不到的，但我大笑的时候，会露出这颗牙。所以，我从小就不敢大笑，人家以为是我孤傲，看不起人，哪知我心里的苦水。后来上了大学，我还是不敢笑，人家称我是“冰美人”，哪里是“冰”，其实，还是因为这颗牙。后来找工作找对象，都因为这颗牙，受到的影响太大了！

对于自己的不完美，如果接纳，又会发生什么呢？一起看一个歌星的故事：

一个一直渴望能成为一名歌星的女人，容貌是她最大的致命伤。当她第一次登台唱歌时，为了掩饰一口难看的牙齿，她尽量拉长上嘴唇，希望能盖住，结果她的样子变得更加滑稽可笑，演唱会彻底失败了。一位观众听了她的歌，认为她很有天分，对她说：“我看了你的表演，知道你想隐瞒什么，你对自己的牙齿感到懊恼。”她听了满脸通红。这位观众继续说：“牙齿不好又能怎样？难道那也是罪过吗？不要去隐藏它们，张开大嘴大声唱出来，观众会喜欢你。”女人接纳了这个观众的劝告，忘记了牙齿的缺陷，专心地演唱，后来成为歌坛上一位闪亮的星星，很多人想模仿她，尤其是她张大嘴、露出牙齿陶醉歌唱的样子。

互动体验

“我是谁”二十问

请你根据自己的实际情况，尽快地完成以下二十个句子。这些句子都是以“我是……的人”为结构的，请你在下面的空白处填上句子的中间部分，使句子完整。

1. 我是________________________________的人。
2. 我是________________________________的人。
3. 我是_________________________的人。

4. 我是______________________________的人。

5. 我是______________________________的人。

……

“二十问”法，是心理学家了解一个人自我意识的一种简便有效的方法，通过上面的“二十问”，你就可以了解自己的自我意识的一些状况和特点。

1. 你的完成速度如何？完成速度与你对自己的了解程度有关，也与你愿意多大程度表露自己有关。有些人不介意表露自己，所以，他们就会写得快一些、多一些、深入一些，有些人不太希望表露自己，所以在写每一句的时候就会斟酌句子的内容。

2. 你写的内容的深度如何？比如，你可以看看在二十个句子中是表面性的句（如“我是在大学一年级读书的人”）多，还是反映对自己看法的句子多。表面性的句子反映了个体自我意识的深度不够，或者不愿意让别人了解自己的内心世界（尤其当这二十个句子是要求与别人交流时）。对于一个正常的大学生，应该已经到了自我意识有一定深度的年龄，所以除了开头的几句外，应该能写出比较多的反映自己性格特点和内心活动的句子。如果二十个句子中大多为表层的信息，你就需要反思自己的自我意识的深入程度为什么不够，是自我认识不够，还是不愿意袒露自己的内心世界。

3. 是正面的评价多，还是负面的评价多？这直观地反映出个体是否自信。如果负面的自我评价过多，表明个体的自我情感体验比较负面，个体不够自信。

4. 是正、负面评价都有，还是只有一方面的句子？这可以显示个体的自我意识是全面，还是片面？是客观，还是过度自负或过度自卑？如果所有的自我评价都是正面的，要留意自己是不是过度自负，看不到自己的不足；如果所有的评价都是负面的，则要留意自己的自我评价过分消极，个体很可能会因此出现抑郁等负面情绪乃至心理症状。

5. 二十个句子的内容如何？是否有集中的主题？如果二十个句子中有许多句子都涉及同一主题，那集中的主题反映的则是你当下最关注的事物，甚至是你以前自己都未意识到的。

总之，这简简单单的二十个句子能帮助你对自己有进一步的了解。这也是心理学研究和探索自我意识简单实用的方法之一。

心理测试

自我和谐量表（SCCS）

【指导语】

下面是一些个人对自己看法的陈述，填答时，请您看清每句话的意思，然后圈选一个数字（1代表该句话完全不符合您的情况，2代表比较不符合您的情况，3代表不确定，4代表比较符合您的情况，5代表完全符合您的情况）以代表该句话与您现在对自己的看法相符合的程度，每个人对自己的看法都有其独特性，因此，答案是没有对错的，您只要如实回答就行了。

【测试量表】

1. 我周围的人往往觉得我对自己的看法有些矛盾。 （1　2　3　4　5）
2. 有时我会对自己在某方面的表现不满意。 （1　2　3　4　5）
3. 每当遇到困难，我总是首先分析造成困难的原因。 （1　2　3　4　5）
4. 我很难恰当表达我对别人的情感反应。 （1　2　3　4　5）

5. 我对很多事情都有自己的观点，但我并不要求别人也与我一样。 (1 2 3 4 5)
6. 我一旦形成对事物的看法，就不会再改变。 (1 2 3 4 5)
7. 我经常对自己的行为不满意。 (1 2 3 4 5)
8. 尽管有时得做一些不愿意的事，但我基本上是按自己意愿办事的。 (1 2 3 4 5)
9. 一件事好就是好，不好就是不好，没有什么可含糊的。 (1 2 3 4 5)
10. 如果我在某件事上不顺利，我就往往会怀疑自己的能力。 (1 2 3 4 5)
11. 我至少有几个知心朋友。 (1 2 3 4 5)
12. 我觉得我所做的很多事情都是不该做的。 (1 2 3 4 5)
13. 不论别人怎么说，我的观点决不改变。 (1 2 3 4 5)
14. 别人常常会误解我对他们的好意。 (1 2 3 4 5)
15. 很多情况下我不得不对自己的能力表示怀疑。 (1 2 3 4 5)
16. 我朋友中有些是与我截然不同的人，这并不影响我们的关系。 (1 2 3 4 5)
17. 与朋友交往过多容易暴露自己的隐私。 (1 2 3 4 5)
18. 我很了解自己对周围人的情感。 (1 2 3 4 5)
19. 我觉得自己目前的处境与我的要求相距太远。 (1 2 3 4 5)
20. 我很少去想自己所做的事是否应该。 (1 2 3 4 5)
21. 我所遇到的很多问题都无法自己解决。 (1 2 3 4 5)
22. 我很清楚自己是什么样的人。 (1 2 3 4 5)
23. 我很能自如地表达我所要表达的意思。 (1 2 3 4 5)
24. 如果有足够的证据，我也可以改变自己的观点。 (1 2 3 4 5)
25. 我很少考虑自己是一个什么样的人。 (1 2 3 4 5)
26. 把心里话告诉别人不仅得不到帮助，还可能招致麻烦。 (1 2 3 4 5)
27. 在遇到问题时，我总觉得别人都离我很远。 (1 2 3 4 5)
28. 我觉得很难发挥出自己应有的水平。 (1 2 3 4 5)
29. 我很担心自己的所作所为会引起别人的误解。 (1 2 3 4 5)
30. 如果我发现自己某些方面表现不佳，总希望尽快弥补。 (1 2 3 4 5)
31. 每个人都在忙自己的事，很难与他们沟通。 (1 2 3 4 5)
32. 我认为能力再强的人也可能遇上难题。 (1 2 3 4 5)
33. 我经常感到自己是孤独无援的。 (1 2 3 4 5)
34. 一旦遇到麻烦，无论怎样做都无济于事。 (1 2 3 4 5)
35. 我总能清楚地了解自己的感受。 (1 2 3 4 5)

【计分标准】

各分量表的得分为其所包含的项目分直接相加。三个分量表包含的项目及题号如表3-4所示。

表3-4

	包含题目	自测分数
自我与经验的不和谐	1、4、7、10、12、14、15、17、19、21、23、27、28、29、31、33共16项	
自我的灵活性	2、3、5、8、11、16、18、22、24、30、32、35共12项	
自我的刻板性	6、9、13、20、25、26、34共7项	

【结果解释】

1. “自我与经验的不和谐”反映的是自我与经验之间的关系，包括对能力和情感的自我评价、自我一致性、无助感等，它所产生的症状更多地反映了对经验的不合理期望。

2.“自我的灵活性”与敌对与恐怖的相关显著，可以预示自我概念的刻板和僵化。

3.“自我的刻板性”不仅同质性信度较低，而且与偏执有显著相关，使用仍然在探索中。

4. 此外，还可以计算总分，方法是将“自我的灵活性”反向计分，再与其他两个分量表得分相加。得分越高，自我和谐程度越低。大学生中，低于74分为低分组，75～102分为中间组，103分以上为高分组。

拓展阅读

你比想象中更美

美国多芬（Dove）拍摄的一组广告让人特别印象深刻。这是多芬进行的“Real Beauty”计划。他们请来一位由FBI训练并在警局工作16年、能够根据口述画出人像的专业嫌犯素描家。接着再请来7名女性，让素描家在看不见这些女士的状况下，请这些女性向素描家口述自己的长相，画出第一幅人像。然后，再请陌生人同样向素描家描述7名女性的长相特征，让素描家画出第二幅人像。有趣的是，最后比较这两幅画时，大家才发现自己认为的样貌，往往都比陌生人眼中的来得忧郁、肥胖，甚至苍老许多。这透露了一项有趣的信息，那就是：你是不是对自己永远都不满意？

亲爱的同学，很多时候，都是因为我们的不自信，对自己已有的东西不够满意才导致不幸福，人总是这样，喜欢用挑剔的方式为难甚至折磨自己。爱美之心人皆有之，这本无可非议，但是我们不难看出，其实我们都似乎或多或少地丑化了自己，我们可能比自己想象中更美丽。多芬的调查却可以告诉我们这一点：你拥有着自己最美的本色，你可以比想象中更美，自信和珍惜将构筑一个女人的最美。

所以，我们与其花时间去挑剔自己，不如用来欣赏我们拥有的那些好的特质。You are more beautiful than you think，其实，我们都比自己想象得还要美丽。

（摘自：http://flyhigher. hunnu. edu. cn/youth/contents/203/94843. html）

启发思考

1. 大学生的自我意识是如何形成的？
2. 大学生自我意识发展的特点是什么？
3. 大学生自我意识发展中的矛盾和问题有哪些？
4. 大学生自我意识完善的途径有哪些？

第四章

大学生学习心理管理

大学阶段是每个学生求学生涯的高级阶段，也是人才成长由“求学期”进入“创造期”的过渡阶段。与中学相比，大学教育是高层次教育，具有主动性、专业性、综合性、多样性、实践性的要求。因此，大学生入学后经历由中学学习向大学学习转化的学习适应期，正逐渐形成大学生学习的新特点。

第一节　大学生学习特点

心灵故事

有个老木匠准备退休，他告诉老板，说要离开建筑行业，回家与妻儿享受天伦之乐。老板舍不得他走，问他是否能帮忙再建一座房子，老木匠说可以。但大家后来看得出来，他的心已不在工作上了，他用的是软料，干的是粗活。房子建好的时候，老板把大门的钥匙递给他并说道：“这是你的房子，我送给你的礼物。”他目瞪口呆，羞得无地自容。如果他早知道是在给自己建房子，他怎么会这样呢。

我们有时候也是如此，常常漫不经心地“建造”自己的生活，不是积极行动，而是消极应付，凡事不肯精益求精，在关键时刻不能尽最大努力。等我们发现了自己的处境，已深困在自己建造的“房子”里了。把自己当成那个木匠，想想自己的房子，每天敲进一颗钉，加上去一块板，或者竖起一面墙。既然已经在建造了，那就用你的智慧好好建造吧！你的生活是你一生唯一的创造，不能抹平重建，即使只有一天可活，那一天也要活得健康、高贵。大学的时光也是转瞬即逝，我们的同学也要把握好自己的每一天，充实自己，提升自己，学好每一天。

知识导读

一、大学生学习的特点

（一）大学学习的主动性

如果说中学着重人的智慧潜能的积累，那么大学则强调培养人的智慧行为，培养人运用各种基本知识解决复杂问题的能力。大学学习与中学学习截然不同的是：依赖性减少，自主性增强。大学学习的内容既包括基础知识和专业知识，还有本专业、本行业最新的前沿知识和技术发展状况，知识的深度和广度比中学都有所扩展。学习的主要方式依赖于大学生自己对知识的理解和把握，课堂教学往往只是提纲挈领式的。除此之外，大学生对学习内容有很大的选择权。除了必修课之外，大学里还开设了很多选修课，大学生可以根据自己的需要和兴趣去学习。

自学能力和自学习惯是大学生应当具备的能力和习惯。大学生主动性学习能力的培养，是适应大学学习的一个重要方面，每个大学生都要养成自学的习惯。正如钱伟长教授所说：一个人在大学四年里，能不能养成自学的习惯，不但在很大程度上决定了他能否学好大学的课程，把知识真正学通、学活，而且影响到大学毕业以后，能否不断地吸收新的知识和进行创造性的工作，为国家做出更大的贡献。

此外，大学生课余自由支配的时间较多，有的人用来学习，有的人从事自己喜爱的活动，也有的人不知如何利用这些时间。所以，在大学里你会发现，有的人忙得不可开交，有的人闲得无聊。这就需要大学生充分发挥自己的主观能动性，统筹规划自己的人生，合理安排自己的学习，选择适合自己的学习方法，以便在有限的时间内获得较高的学习效益，否则会不得要领，忙乱不堪。

（二）大学学习的专业性

大学教育具有明显的专业性特点。大学生是按国家需要培养的高级专门人才，从一入学就有一个专业定向的问题。大学的学习就是专业的学习，既要掌握与专业相关的基础知识和核心知识，又要了解本专业的发展前沿和经典理论。

很多大学生对自己的专业不甚了解，他们对自己的专业是否有兴趣会直接影响学习热情，进而影响整个学习面貌。就现实而言，每个人都必须学习自己的专业，但又不能满足于本专业这一狭窄的范围，需要扩大自己的视野。这就产生了一个矛盾：在人的精力、时间有限的情况下，如何处理好专业与非专业学习的关系。因此，如何正确处理好基础课与专业课之间的关系，是大学学习的一个中心问题。对于一个大学生来说，要防止出现两种倾向：第一种倾向是忽视基础知识的学习和基本技能的培养；第二种倾向是忽视大学学习的专业性。基础知识属于基本的、系统的、规律性的知识，具有稳定性，而专业知识是以基础知识为基础的，由基础知识再生的。因此，大学生应根据自己的时间和精力，合理安排专业知识和非专业知识的学习。

（三）大学学习的综合性

大学学习实际上是一种高层次的专业学习，这种专业性是随着社会对本专业要求的变化和发展而不断深入的。为适应当代科技发展的高度分化、高度综合的特点，大学在进行专业教育的同时，还要兼顾到适应科技发展特点和社会对人才综合性知识要求的特点，尽可能扩大综合性，以增强大学生毕业后对社会工作的适应性。

一般来讲，大学生毕业就业时，专业对口是相对的，不可能达到专业完全对口。所以，大学生在大学期间除了要学好专业知识外，还应根据自己的能力、兴趣和爱好，选修或自学其他课程，扩大自己的知识面，为毕业后更好地适应工作打下良好的基础。

（四）大学学习的多样性

大学学习的多样性不仅体现在学习目标选择的多样性上，还体现在学习形式的多样性上。学习目标的多样性主要体现在，每一个大学生在进入大学之后，会根据自己的兴趣、人生规划、老师等诸多因素考虑和安排自己的学习目标，从而进行学习的取舍。有的学生以追逐高分为目标，在考试中争考第一名，实现自我价值；有的学生把目标放在专升本、考研升学上，他们会花金钱和精力去学习政治、英语、专业课；还有的学生以考招教、特岗、公务员等实战型为主。

大学学习的多样性还体现在学习途径的多种多样上。在大学，虽然课堂教学是主要形式，但大学生可以依靠多种渠道，如自学、讨论、听学术讲座、参加第二课堂等活动来获取知识。同时大学的实践性教学活动占有很大的比重，加强实验、实训、社会实践和科研等实践性的环节，甚至可以走出校门做社会调查和志愿服务，这些都是大学生增长知识和才干的重要途径。

（五）大学学习的实践性

大学教育从某种意义上讲，正是培养有知识、有能力的高科技人才的重要环节。这就要求大学生在校学习期间，必须在全面掌握专业知识和其他有关知识的基础上，加强专业技能的培养和智力的开发，在学习书本知识的过程中重视教学实践环节的锻炼和学习。要认真搞好专业实习和毕业论文（毕业设计），积极参加各类社会调查和生产实践活动（如大学生暑期社会调查、创业计划大赛、家教等），通过大量的社会实践活动，更多地接触社会、了解社会，发现问题，并努力运用现代科学知识和手段去解决实际问题。这样既可以克服在学习中存在的理论脱离实际和“高分低能”的不良倾向，也可以不断激发自身的学习兴趣。

相关链接

李开复谈大学生如何学会学习和思考

在创新工场，每年都会收到几万份简历。很多时候，每打开一份简历我都不得不摇头叹息。大多数大学毕业生的简历都千篇一律。比如，某人，男，出生年月，政治面貌，英语四六级，平均成绩80分，刻苦努力，三好学生，等等。几乎每份简历都是在用应试体系里枯燥的成绩数字来描述、评价一个人。

这样的描述没有任何吸引力。难道一个人在大学四年之后，只能展示这些数字吗？你是否变成了应试教育培训出来的一台机器？你自己的特点在什么地方？除了分数之外，你学懂了什么？你在所学的领域有没有好的创意？在实际工作中，你学到的知识能否派上用场？

如何真正学会学习和思考呢？在大学期间，必须学会三种学习和思考的能力，这三种能力可以帮助你从应试教育的束缚中摆脱出来。

第一种也是最重要的一种能力，是自学能力。读中学时，老师会一次次重复课本内容，但进了大学后，老师只能充当引路人，学生必须积极主动地探索、学习和实践。在大学四年，要学会从一个被填充知识的人，变为自学知识的人。不能只会背诵，还必须要有理解的能力——这包括举一反三的能力，知其然也知其所以然的能力，无师自通的能力，等等。

该怎样培养自学能力？很简单，你必须学会问“为什么”。在应试教育体系中，只要学会“什么”就可以及格了，但在大学里，一定要学会“为什么”。当你真正理解一件事为什么如此时，你才能举一反三，无师自通。问“为什么”，要有打破砂锅问到底的决心，随时发问，上课问、上网问，问同学、问朋友……只有这样，你才真正学懂了，学到了。

第二种能力是从理论到实践的能力。不要只知道公式是什么，理论是什么，而且要知道在实际工作中如何运用。很多人进入社会才知道，以前学的会计、统计、哲学、文学之类，可能都不是你的老板要求你掌握的知识。有人说，其实在大学里学到的真正有用的知识，只是人一生中要用到的5%而已。所以，更重要的是要知道如何学以致用。例如，老师教了你怎么写英文，你要知道，怎么把英文技能应用到写一个真正的公关稿上；再比如，老师教了你怎么编程，你要知道，编程如何转换成商业价值，成为一个真正的产品。

第三种能力是批判式思维的能力。每一件事情，都有多种看法，不是只有一个非黑即白的答案。不同的人有不同的意见，每一个意见都值得了解和珍惜。不要被教条束缚，要学会用不同的观点来看问题。

怎么样培养批判式思维能力呢？建议你每碰到一个知识点的时候，不但要学会问“为什么”，还要学会问“为什么不”。为什么一定是这样，为什么不可能是那样？这会让你更深入地了解问题的本质。

如果你不希望在四年大学后成为应试机器，就应该多问“为什么”“有什么用”，以及“为什么不”。这几个问题能帮助你学到自学的能力、实践的能力和批判式思维的能力。

（摘自：《给未来的你——李开复在2011级大学新生学习规划讲座上的演讲》）

二、大学学习的智力与非智力因素

影响学习效果的心理因素有智力因素和非智力因素，前者包括注意力、观察力、记忆力、思维力和想象力，后者包括兴趣、动机、情绪、意志、性格等。注意、观察、记忆、思维、想象都是认识活动，是学习中不可缺少的智力因素，直接影响着学习，而兴趣、动机、情绪、意志、性格对于智力因素的发展则起着促进作用。

（一）智力因素

智力因素直接影响着学习活动。智力不仅影响着学生的学习成绩，更重要的是影响学生掌握知识与技能的速度、深度和灵活性，并且在很大程度上决定着学生的准备状态，决定着学生学习的可教育程度。智力是一种综合的认识能力，包括注意力、观察力、记忆力、思维力和想象力五个基本因素。学习本身就是一种智力活动，通过智力活动可以感知客观世界的万事万物，掌握科学知识，解决问题。人的智力的发展有巨大的潜在可能性。大学阶段是人的智力从“学习准备期”到“创造活动期”转变的过渡时期，是智力培养和开发的关键期。

（二）非智力因素

非智力因素虽然不直接参与认识过程，却是学习活动赖以高效进行的动力因素。非智力因素主要包括兴趣、动机、情绪、意志、性格等非能力特征。心理学研究发现，最有成就的人，往往是那些智商水平中上等且具有勤奋和不懈追求等优良品质的人。可以说，非智力因素是影响大学生学业成绩的主要因素之一。

1. 兴趣与学习

我们常说：“兴趣是最好的老师。”兴趣是一种带有情结色彩的认识倾向，它以认识和探索某种事物的需要为基础，是推动人去认识事物、探求真理的一种重要动力，是学生学习中最活跃的因素。有了学习兴趣，学生会在学习中产生很大的积极性，会去主动学习思考。兴趣往往是由好奇心开始的，进一步发展的话就会成为爱好。

2. 动机与学习

学习动机是由学习需要所激起，并指向一定的学习目标的内部心理状态，是直接推动并维持学生的学习行为以满足其学习需要的一种内在过程。也就是说，无论是学生产生某种学习行为，还是调整、维持或停止某种学习行为，都是学习动机作用的结果。一个学生是否想学习、为什么学习、喜欢学习什么，以及学习的努力程度、积极性、主动性等，都能够通过学习动机得以体现。一般而言，学习动机和学习效果是一致的。

3. 情绪与学习

情绪作为一种内在的动机力量，直接影响着学生的学习。情绪对人的学习行为有双重作用，既能促进、增强学习效果，也能削弱、减低学习效果。一般来说，高兴、快乐、喜悦等积极情绪推动着学生自觉地去完成一项学习任务，对学生的学习起促进作用；痛苦、忧伤、愤怒等消极情绪抑制着学生的学习热情，甚至会使学生拒绝接受老师布置的学习任务，对学生的学生起阻碍作用。但是，因高兴过度而得意忘形也会削弱学习效果，而“化悲痛为力量”“化压力为动力”也可化消极情绪为积极力量，从而促进学习。

4. 意志与学习

对于意志在学习中的作用，古今中外的学者都有深刻认识。荀子提出：“锲而舍之，朽木不折，锲而不舍，金石可镂。”苏轼也说：“古之成大事者，不惟有超世之才，亦必有坚忍不拔之志。”有人对大学生的学习曾做了这样的描述：大学生差别最小的是智力，差别最大的是毅力。意志对一个人的成长和成才都有着十分重要的意义。一个具有坚强意志的学生，不仅能促进其智力的发展，而且还可以调节和控制自己的情感，主导和支配自己的认知活动，按照自己的预定目标勤学苦练，克服困难，向科学知识的高峰不断攀登。

5. 性格与学习

性格是非智力结构中的核心成分，它决定着个体活动的方向和性质。具有某种性格特征的人，往往以其独特的处事态度和行为方式进行活动。性格具有较大的稳定性和一定的可塑性。它是在遗传的基础上，由环境和教育因素共同决定的。学生的性格特征与其学习效果之间是相互影响的。良好的性格特征有助于学业成功，而学习上的成功又会增强学习者的信心，产生良好的心境，树立远大的抱负，进而促进开朗、乐观等性格特征的发展。

互动体验

学 习 目 标

【活动目的】

通过学习目标的探索，掌握细化的目标，设定时间表，增强行动力。

【活动步骤】

1. 导入语

有人说，目标向上看就是信仰，向下看就是意识，向远看就是理想，向近看就是计划，向外看就是抱负，向内看就是责任。

生活是由一连串的目标组成的。目标是人们面对未来的选择，是人生价值的一种抉择，是实实在在地把理想变为现实的步骤。我们来分享一个故事。

三　年

有三个人要被关进监狱三年，监狱长可以满足他们每人一个要求。

美国人爱抽雪茄，要了三箱雪茄。

法国人最浪漫，要了一个美丽的女子相伴。

而犹太人说，他要一部与外界沟通的电话。

三年过后，第一个冲出来的是美国人，嘴里、鼻孔里塞满了雪茄，大喊道："给我火，给我火！"原来他忘了要火了。

接着出来的是法国人。只见他手里抱着一个小孩子，美丽女子手里牵着一个小孩子，肚子里还怀着第三个孩子。

最后出来的是犹太人，他紧紧握住监狱长的手说："这三年来，我每天与外界联系，我的生意不但没有停顿，反而增长了20%，为了表示感谢，我给你一辆劳斯莱斯！"

探索自我是学生在大学阶段需要学会处理和应对的重要的成长性问题。应对得当，能促使学生心智进一步成熟和发展，激发自我成长潜能，实现自我发展；反之，则易引发学生情绪和行为方面的压力和困扰。通过回顾以往的个人成长经历和展望未来的个人生活，思考自己期望的生活是什么样子的，跟现在的生活比有哪些不同，自己的大学生活规划以及如何去实这些规划等，进而引导学生确立积极的成才规划，实现个体发展。

2. 请按照以下步骤制订你的目标。

（1）请在表4–1中列出这一年里对你最重要的三个目标。

表4–1　列出三个重要目标

最重要的三个目标	目标对自己的意义和重要性	实现目标的把握

（2）要完成目标，必须注意表4–2中的三个方面。

表4–2　完成目标要关注的三个方面

目标要求	目标1	目标2	目标3
目标具体、生动			
目标完成的期限			
用肯定的语气来预期你的目标			

（3）回顾过去事件，总结经验教训，并填在表4–3中。

表4–3　回顾过去，总结经验

事件	成败原因	经验启示
事件1		
事件2		
事件3		

（4）为自己找一些值得效法的榜样。

① 在你的目标领域中找出有杰出成就的人，或者就是你身边的同学、朋友，简单地写出他们成功的特质和事迹。

② 闭上眼睛想一想，仿佛他们每一个人都会给你提供一些实现目标的建议，他们好像是你追求成功的最佳顾问。

（5）好好地计划每一天的生活，每日清晨，想想：

① 我要做什么？

② 我要如何开始这一天？

③ 我要朝哪个方向努力？

④ 我要得到什么结果呢？

心理测试

大学生学习兴趣自我评估

【指导语】

你可以通过下列问题来对自己的学习兴趣进行简单评估。阅读下面的问题，如果你有这种情况就选“是”，没有的话就选“否”。

【测试量表】

1. 我觉得学习是很轻松的事。 （是　否）
2. 我觉得学习是很有趣的事。 （是　否）
3. 我不需要强迫自己就能投入学习。 （是　否）
4. 在学习中我体会到的更多是快乐和收获。 （是　否）
5. 当我在学习的时候，别的事情很难打动我。 （是　否）
6. 我每天都会为学习做好明确的计划。 （是　否）
7. 我很少为了必须学习而感到郁闷。 （是　否）
8. 我如果一段时间不学习会觉得不舒服。 （是　否）
9. 我每天用在学习上的时间比其他活动多。 （是　否）
10. 学习任务的完成我总是能拖则拖。 （是　否）

【评分标准】

以上10个问题可以在一定程度上反映你对学习的总体兴趣。请计算选“是”和选“否”的题项总数。

【结果解释】

选“是”（第10题选“否”）的题项越多，则你的学习兴趣越浓厚。如果想进一步了解自己对某学科（如数学等）的兴趣，你可以把10个问题中的“学习”改成“学习某学科（如学习数学等）”，然后再进行自我评估即可。这样你就可以对自己所学各科的兴趣进行逐一的比较了。

大学生学习动力测量

【指导语】

这个量表主要是为了帮助你了解自己在学习动机、学习目标上是否存在困扰，共有20题。请根据自身第一感觉如实地回答每一道问题，在与自己情况相符的题目后括号内画“√”，不相符的画“×”。

【测试量表】

1. 如果别人不督促你，你极少主动去学习。 （　）
2. 你一读书就觉得疲劳与厌烦，总想睡觉。 （　）
3. 当你读书时，需要很长时间才能提起精神。 （　）

4. 除了老师指定的作业，你不想再多读书。 ( )
5. 如果有不懂的地方，根本不想设法去弄懂它。 ( )
6. 你常想自己不花太多时间成绩也会超过别人。 ( )
7. 你迫切希望自己在短时间内就能大幅度提高自己。 ( )
8. 你常为短时间内提高成绩而烦恼不已。 ( )
9. 为了及时完成作业，你放弃了许多你感兴趣的活动。 ( )
10. 为了及时完成作业，你宁愿废寝忘食、通宵达旦。 ( )
11. 你觉得读书没有意思，想去找个工作做。 ( )
12. 你常认为课本上的基础知识没什么好学的，只有看高深的理论，读大部头的作品才有劲头。 ( )
13. 只在你喜欢的科目上狠下功夫，而对于不喜欢的科目放任自流。 ( )
14. 你花在课外读物上的时间比花在教科书上的时间要多得多。 ( )
15. 你把自己的时间平均分配在各科上。 ( )
16. 你给自己定下的学习目标，多数因做不到而不得不放弃。 ( )
17. 你几乎毫不费劲就实现了你的学习目标。 ( )
18. 你总是同时为实现几个学习目标忙得焦头烂额。 ( )
19. 为了对付每天的学习任务，你已经感到力不从心。 ( )
20. 为了实现一个大目标，你不再给自己制订循序渐进的小目标。 ( )

【评分标准】

上述20个题目可以分为4组，它们分别测量你在四个方面的困扰程度：1～5题测查你的学习动机是否太弱；6～10题测查你的学习动机是否太强；11～15题测查你在学习兴趣上是否存在困扰；16～20题测查你在学习目标上是否存在困扰。

【结果解释】

一般地，假如你对某组（每组5题）中的大多数题目持认同态度，则说明你在相应的学习方面存在一些不够正确的认识，或存在一定程度的困扰。

拓展阅读

习得性无助感

习得性无助感是指由于连续的失败体验而导致的个体对自己的能力失去信心、对行为成功不抱希望的一种无能为力、自暴自弃的心理状态。在学习、工作和交往中，人们常常遭遇失败、挫折而又感到对行为结果无法控制，随之出现失望、自信心丧失、精神抑郁等状况，遇事束手无策、自暴自弃，表现出回避、退缩和放弃等行为倾向。

塞里格曼和梅尔于1967年在实验中首先发现了习得性无助感现象。实验以狗作为被试，分两个阶段进行。在第一阶段，将狗用皮带缚在吊床上，给予许多无法预料的、痛苦的电击。第一组狗只要用鼻子推动吊床底部的嵌板，即能逃避电击；第二组狗则无论怎样做也无法逃避或控制电击；第三组狗只是缚在吊床上，没有接受电击。24小时后进入实验的第二阶段。三组狗都被移放到一个双间穿梭箱内，在那里，每只狗只要跳过中间的栅栏，就可以逃避电击。结果发现，第一组和第三组狗很快学会对条件刺激做出反应，跳过穿梭箱中间栅栏，回避紧接着条件刺激终止而来的电击。然而，在第一阶段接受了不可逃避电击的第二组狗则无法学会如何避免电击，它们甚至不去尝试逃避电击，只是趴着不动，忍受电击，表现出痛苦和抑郁的表情，以致发出哀鸣声。这些狗之所以无法学会逃避或回避电击，是由于先前的对电击无法控制的经验所致，因此，塞里格曼和梅尔用“习得性无力感”这一术语来说明这种现象。

在学校，学生也常常因在学习上屡遭失败的打击而对自己的学习能力失去信心，从而厌倦或放弃学习，最终沦为学习差生。

第二节　大学生常见学习困扰

心灵故事

王同学，19岁，福建厦门人，某大专数学专业新生，入学不到三个月。性格内向，平时与舍友以及其他同学交流不多，除了打篮球没有特殊业余爱好或运动偏好。王某称近一个多月来自己因学习问题感到焦虑、自卑，入睡困难。开学后发现高等数学这门课很难学，做题的效率不高。为了学好这门课几乎把所有的时间都花在看书和做习题上，可还是没有起色。于是产生了不论自己再怎么努力，都学不好的想法，对自己产生了怀疑，感到越来越焦虑和自卑。最近上高等数学课的时候总是会无法集中注意力，有时甚至完全听不懂老师讲课的内容，下课以后感觉呼吸沉重，全身乏力，上其他课程则无这些症状。特别是最近遇到不会做的问题时会非常烦躁，担心期末考试会挂科。

这个同学在努力学习高数而不见起色的情况下，对自己的学习乃至自己本身缺乏自信，产生抑郁、焦虑和自卑心理。在抑郁、自卑情绪状态下，人的思维会变得既缓慢又狭窄，对负面信息的关注会多于对正面信息的关注，会对自身形成一些不合理的认知。同时，焦虑情绪会让人变得容易被激怒，也就是一点小小的刺激都能引起他很大的情绪反应。建议王同学用实际行动降低对考试挂科的恐惧与焦虑，克服学习无助感，把书本上的知识弄懂，把习题弄懂，以不变应万变。还可以通过老师和同学的帮助，把该课程的知识内容各个攻破。多发现自己擅长的地方，消除不自信的不合理认知。

知识导读

对大学生来说，学习是首要任务和主要活动方式。但是很多大学生在学习时信奉“学不在深，抄上则灵；分不在高，及格就行。斯是教室，唯有闲情；小说读得勤，无书声之忧耳，无思考之苦心。寻思上网吧，打牌下象棋，心里曰，混文凭”。大学生学习困扰是指影响其正常学习行为和学习效能的心理因素或心理状态，常见的学习困扰问题有：学习动机问题、学习与考试焦虑、学习倦怠和注意力不集中。

一、学习动机问题

动机是由某种需要所引起的有意识的行动倾向。它是激励或推动人去行动以达到一定目标的内在动因。大学生学习动机是直接推动学习的内部力量，也是学习的一种需要。学习动机是影响学习效率的重要变量，大学生学习动机的缺乏直接影响着高等教育的质量。

（一）学习动机问题的表现及原因

学习动机是直接引起大学生开始并持续学习活动，通过努力实现既定目标的心理动力。相关研究表明，过强或过弱的动机都不利于发挥个人能力，只有中等强度的动机才最有利于学习。因此，可以根据学习动机的强度，把大学生的学习动机问题分为动机不足和动机过强两类。

1. 大学生学习动机不足

（1）学习动机不足的表现

学习动机不足就是指学生缺乏学习动力，集中体现为以下这些状态：“60分万岁，多一分浪费”，为学习而学习；做一天和尚撞一天钟，得过且过；三分钟热度，学习兴趣不断转移；三天打鱼两天晒网，学习目标不断转换；想学习却不能集中精力，经常出现倦怠或者厌恶感；注意力涣散，人在课堂心不知在何方；对学习敷衍了事，甚至不愿意学习，不愿上课、做作业；对学习漠不关心，只专注网游、时尚或其他与学习无关的事物。

（2）学习动机不足的原因

①社会原因：受当前社会相当一部分人奉行的金钱至上、读书无用等消极的错误的观念影响，部分学生认为学习无意义、态度不端正，导致学习无动力。

②家庭原因：家庭不和睦、家长对学生学习不重视、家庭经济条件差等都会影响学生的学习态度、分散学生的注意力，导致学习动机不足。

③学习目标不正确：高中阶段以考大学为唯一的学习目标和学习动力，进入大学后，原目标已经实现，又没有确立起更为远大的学习目标，造成了考上大学之后感觉无所适从，无处着手。

④对大学学习生活不适应：大学学习需要学生由高中的被动学习转变为主动学习，但部分学生自我控制能力较差，在缺少教师监管的情况下放纵自我，容易受别人的影响，如“他们玩我也玩”，沉溺于玩乐中；还有部分学生中学一直成绩很好，颇受大家的关注与推崇，到了大学之后在众多的“天之骄子”中不再受宠而感到失落，情绪低迷，丧失学习的劲头。

⑤对所学专业不感兴趣：所学专业是父母选的或是调剂的，迫于无奈而学习。

2. 大学生学习动机过强

（1）学习动机过强的表现

①学习过于刻苦：学习动机过强的学生几乎把所有精力都用于学习，认为学习以外的任何活动都是对时间的浪费，是不思进取。这类学生长期处于紧张疲惫状态，导致学习效率一日不如一日，学习兴趣也会逐渐减淡。

②成就渴求过于强烈：学习动机过强的学生把学习成绩和周围人的评价放在最重要的位置上，他们害怕失败，想一直处于别人的肯定与赞赏之中，极力追求所谓的成功。

③精神过度紧张：学习动机过强的学生由于压力巨大、长时间超负荷学习导致精神紧绷，因此常感到不安，导致学习过程中注意力因过分焦虑而不能集中，记忆力下降，学习效率也随之降低。

④自我认同感过差：学习动机过强的学生对自己要求过于严苛，他们要求自己只能胜不能败。“理想很丰满，现实很骨感。”长期不切实际的自我要求难以实现，令他们很容易有挫折感。他们即使不断地完成给自己设定的目标，也总是不满意现状，认为自己能做得更好，不断自我否定。

（2）学习动机过强的原因

① 自我期望过高：有些同学对理想中的自我描述得很完美，与现实中的自我差距过大，从而使自己背上沉重的思想包袱。为了实现理想中高大的自我，从而废寝忘食地学习，希望通过自己的努力，通过自己的学习成绩来证明自己的价值，在这种心态下，往往会产生过度学习的现象。

② 荣誉感过强：荣誉感过强是指对学业上的奖惩看得很重，不允许自己落在别人后面，因此拼命学习，力保自己在学习上的优势地位，以获取奖学金、三好学生等表彰。

③ 社会期望过高：大学生往往肩负着父母的期待和他人的祈盼，因此会对自身的社会期望过高，在学习上总是怕辜负他人的期望，只追求成功，害怕失败，心理压力大。

相关链接

耶基斯—多德森定律——学习有最佳动机水平

在各种活动中都有一个动机最佳水平问题。研究发现，动机水平与工作效率的关系存在一个定律，这个现象是由耶基斯和多德森发现的，因此称为耶基斯—多德森定律。如图4-1所示，在一定限度内，随着动机水平的提高，工作效率也随之提高，超过这个限度，工作效率随之降低。最佳工作效率的动机水平为中等，但因工作复杂的程度而略有差异。研究发现，动机的最佳水平随任务性质不同而不同。随任务难度的增加，动机的最佳水平有逐渐下降的趋势。也就是说，在难度大的任务中，较低的动机水平容易完成任务。适度的动机水平，易于维持个人对工作的兴趣和警觉，同时减少焦虑对工作的不利影响。

学习动机强度的最佳水平根据任务性质的不同而不同。任务较简单时，动机强度较高，可达到最佳水平；任务较复杂困难时，动机强度较低，可达到最佳水平。

1. 各种活动都存在一个最佳的动机水平。
2. 动机的最佳水平随任务性质的不同而不同。
3. 在难度较大的任务中，较低的动机水平有利于任务的完成。

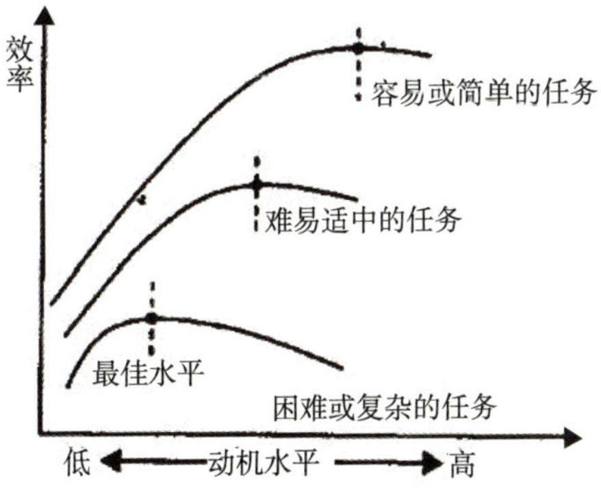

图4-1　耶基斯—多德森定律图

（二）学习动机问题的调试

1. 正确认识学习的目的和意义

明确学习的目的和意义，是提高学习动机的重要条件之一。摆脱学习无用论、学得好不如嫁得好等错误思想的消极影响，不要认为学不学无所谓，混张文凭就行。而要深刻认识到学习乃是自己将来的安身立命之本，大学的目标不是吃喝玩乐，学好专业、提升自身能力才是大学最根本的目标。只有这样，才能从内心重视学习，提高学习的积极性。

2. 积极适应大学学习的特点

大学学习有着自身的特点和要求，大学生要尽快熟悉大学学习的特点，调整心态，转换角色，培养学习的独立性和自主性，尽快融入大学学习生活中。

3. 培养和保持对所学专业的学习兴趣

兴趣是最好的老师。对自己所学专业有浓厚的兴趣是推动学习的强大动力。大学生要认识自己所学专业的意义和价值，要学以致用，理论联系实际，加强实践。

4. 提高学习效率与学业自我效能感

学业自我效能感就是指大学生对自己能够又快又好地学习自己专业的一种信念。掌握科学的学习方法，提高学习的自信，使学习卓有成效，才会激发学习的积极性。

二、学习与考试焦虑问题

学习焦虑是学生由于不能达到预期的目标或不能克服障碍的威胁，致使自尊心、信心受挫，失败感、内疚感增加而形成的一种紧张不安、带有恐惧的情绪状态。考试焦虑是在考试情境下出现的一种焦虑状态，它受个体认知评价水平、人格倾向及其他身心因素所制约，以担忧为基本特征，以防御和逃避为行为方式，表现出不同程度的情绪性反应。由于考试情境经常出现，所以，考试焦虑也可以说是一种习惯性的、条件反射式的情绪反应。

心理学研究表明，学生在学习过程中，保持适当的焦虑是必要的，有一定的紧迫感，可以增强学习效果，但过度的焦虑会对学习产生非常不利的影响。

（一）学习与考试焦虑的表现及原因

1. 学习与考试焦虑的表现

（1）躯体化症状：情绪激动、慌张，手足发冷、肌肉紧张，呼吸急促、心率加速，常伴有头痛、失眠、多梦易醒、神经衰弱、消化不良、食欲不振、心悸盗汗甚至晕倒等症状。

（2）自我认知偏差：缺乏自信，对自我评价偏低，自卑感较重，敏感、胆怯；夸大学习和考试的困难，解题时犹豫不决，思前想后；严重时伴随感知障碍，如视听困难、感受性降低。

（3）注意力与思维混乱：处于这种状态的学生有几分神态恍惚，眼神捉摸不定，大脑不听使唤，面对书本和试题思维僵持，会出现短暂的呆滞现象。

2. 学习与考试焦虑的原因

（1）压力过大：父母、老师都会希望大学生更加优秀，那么无形中向大学生传递了过度的期望值，增加了学生的思想负担，造成其学习和考试焦虑现象越来越严重。

（2）动机水平过强：很多大学生对自己的要求过高，追求完美，自我期望值太高，把考试看得太重，往往因为太想考好而焦虑过度。

（3）自我认知不合理：很多大学生赋予考试更多的意义，出现不合理的认知，认为“对于这次考试我一定要取得高分，不然太没面子”“这次要是考不好，我太失败了”等等类似的想法，把考试赋予更多的荣誉、尊严、面子、前途命运，不断给自己这样不合理的心理暗示，导致压力过大，考试焦虑水平也随之提高。

（4）自信心不足：很多大学生对自己评价过低，自我效能感过低，不敢面对挑战。面对激烈的考试与竞争由于过于担心和焦虑，不敢向自己挑战，更不敢向别人挑战，无法逃避时只能选择焦虑的心理状态。

（二）学习与考试焦虑问题的调适

1. 做充分的复习准备

80%的人考试焦虑是由复习准备不充分引起的，因此牢固掌握知识是克服考试焦虑的根本途径。要掌握一定的学习方法，利用好学习时间，牢固地掌握与运用知识。

2. 调整认知法

由于焦虑是个体在面临未知情境（或不确定因素）时的一种情绪反应，焦虑者往往并不清楚自己到底在担心什么，有时一旦知道了，反而没那么不安了。所以，帮助焦虑者认清自己焦虑的原因并加以分析很重要。面对学习与考试的压力，大学生们不妨问问自己："我到底在怕什么""我为什么会怕""最坏的情况会怎样""即使真的没有考好，天是不是就塌下来了"。正确对待考试结果，不以一次成败论英雄；过于担心、焦虑不仅于事无补，而且还会影响水平的正常发挥。焦虑本身毫无可怕之处，可怕之处在于我们对它的态度。

3. 放松训练法

掌握简单的放松方法，学会放松，缓解焦虑。另外，运动、倾诉、宣泄、心理暗示等也是不错的方法。

4. 系统脱敏法

系统脱敏疗法，又称交互抑制法，主要是诱导求助者缓慢地暴露出导致神经症焦虑的情境，并通过心理的放松状态来对抗这种焦虑情绪，从而达到消除神经症焦虑习惯的目的。系统脱敏疗法是由美国学者沃尔帕创立和发展的。采用系统脱敏疗法进行治疗应包括三个步骤：一是建立恐怖或焦虑的等级层次，这是进行系统脱敏疗法的依据和主攻方向；二是进行放松训练；三是要求求治者在放松的情况下，按某一恐怖或焦虑的等级层次进行脱敏治疗。在专业的个体咨询中，通过让学生构建考试焦虑场景的焦虑等级，用放松的方法来对抗焦虑情绪，也是缓解考试焦虑最常用的方法。

三、学习倦怠

学习倦怠指的是一种在学习活动上消极的萎靡不振的精力耗竭状态，表现为乏力、焦虑、厌倦、冷漠、消沉、郁闷、悲观等一系列倦怠情绪，这种倦怠现象在每个学生的每个学习阶段都可能发生，只不过"倦怠"在不同学生的身上存在的程度不同而已。在学习倦怠情绪的影响下，大学生的注意力难以集中在学习上，导致学习效率低下，学习困难，严重者还感到学习甚至生活乏味，最后厌倦学校生活，逃学，理想破灭，最终导致学业失败。

（一）学习倦怠的表现及原因

1. 学习倦怠的表现

学习倦怠最常见的表现有：对学习生活充满厌倦感，什么都不想做，对什么都没兴趣，即便是曾经感兴趣的学科，曾经喜欢参加的活动，也觉得索然无味；终日态度消沉，情绪低落，灰心丧气，无精打采，时时感到郁郁寡欢，闷闷不乐，但又把所有的愁苦、愤懑积压于心，不向别人倾诉；对学习和学校生活中发生的一切都漠不关心，失去了年轻人的朝气、热忱和激情；无理想、无目标，对自己和其他同学学业的成败得失感到完全无所谓，对父母和教师苦口婆心的劝导教育无动于衷；对自己的前途悲观失望，心灰意冷，整日长吁短叹，一旦谈到自己的理想、前途和希望便愁苦不已，乃至时时在无人的角落里叹息、呻吟……

2. 学习倦怠的原因

（1）学习动机的缺乏：一些大学生对大学学习的重要性重视不够，无抱负。把学习的目标仅仅定位在考试能过就行，没有上升到“学习是为了开辟人生之路”这一层次。对大学教育、大学学习生涯的重要性认识不正确，认为在大学中学习已经无关紧要，感觉不到学业进步带来的成就感和满足感。

（2）高校教育体制的压抑：虽然近年来大学教育的教育方式已经有所改变，但根本上变化不大。在大学中有相当一部分教师还在沿用呆板的教学方式，无创新更无神韵，使应试教育下的学生对学习产生了一种幻灭感，认为大学学习不过是高中的延续。因此，对枯燥乏味的学习过程丧失兴趣。

（3）人生价值观的缺乏：大学生的年龄虽然在18～23岁，已经是成年人了，但是在我国具体国情之下，大学生社会经历单纯，生活内容单调，还处在社会化未完成的阶段。他们的理想、信念、价值观还不完善，还无法把学习上升为一种高度自律自觉的行为，需要受到家长教师的督促指导。由于应试教育体制的存在，这种宏观的人生价值和信念的教育被应试教育压抑或取代了，使得相当一部分大学生，感到空虚和迷惘，自觉人生没有意义，严重者甚至出现人格的病态与缺失。

（4）大学学习生活的不适应：很多大学生一考入大学，完全失去了学习的压力，没有认识到大学学习的要求高、难度大、自主性、实践性等特点，缺乏自律性和主动性，完全不适应大学的学习生活，放松学习在所难免。

（二）学习倦怠的调适

1. 建立适合学生发展和学习的教学管理和评价机制

第一，学校根据社会和学生的需要，为学生提供合适和有价值的课程和学科内容，让学生明确这些学科的性质，指导学生进行课程选择，同时要有高能力的教师通过灵活、创新的教学方法把知识和技能有效地传递给学生。第二，鼓励学生自主学习和参与教学过程。教师和学校管理者可开展多种讨论会、研讨会等，让学生参与有兴趣的项目；同时在制订教学计划和策略时允许学生参与，让学生感到自己是学习的主人。第三，规范考试制度，增加反映学生创新能力的题目比例，杜绝考前划范围的现象。

2. 引导大学生确定合理的目标

目标激励对于大学生来说是一种很好的激励方式，在学习倦怠的预防中，可以引导大学生建立合理的学业目标，有了目标大学生就有了前进的动力和方向。但目标不能过高，也不能过低。过高难以实现，容易挫伤学生的积极性；过低没有成就感，难以起到激励的作用。

3. 加强大学生的理想和信念教育

研究发现，大学生成功、高效的学习与强烈的理想动机有着密切的关系。大学生的理想层次越高，抱负越大，学习的内部动机就越强。要帮助大学生形成正确的人生价值观，认识到自己肩负的历史使命，端正学习态度，牢记责任，真正树立一种勤奋、严谨、拼搏、创新的良好学风。

4. 激发大学生学习热情与斗志

大学校园的理想精神日渐缺失，影响了学生的精神面貌，破坏了应有的学习情趣，损坏了学生的身心健康。我们必须转变教育观念，让大学成为培养大学生精神资源的中心，为大学生提供丰富多彩的砥砺意志的机会。文明其精神，野蛮其体魄。通过灵活多样的校园文化活动，激发大学生学习、生活的热情与活力，克服日常生活中的慵懒思想，呼唤自信，振作精神，让年轻的学子激荡起应有的活力和热情。

四、注意力不集中

注意力集中对大学生学习有着很重要的意义，有的大学生注意力不集中，在学习时，难以长时间保持在特定的对象或活动上。

（一）注意力不集中的表现及原因

1. 注意力不集中的表现

（1）上课不能专心听讲，大脑常常开小差，盯着黑板走神，自己不能控制，思维飘逸。

（2）容易受环境的干扰，教室外的小小动静都能引起注意力的转移，而且长时间不能静心。

2. 注意力不集中的原因

（1）学习动机缺乏：上了大学，没有老师和家长的督促，大学生自制能力差，玩的心思胜过学习。

（2）学习环境差：很多大学生喜欢在宿舍学习，结果会因为很多小事件分散注意力。

（3）生活事件干扰：大学生面临很多学习以外的事情，如社团活动、人际关系、恋爱关系、评优评先等，易引发注意力的不集中。

（4）用脑过度：长期的过度学习，没有合理的休息与放松造成注意力的不集中。

（二）注意力不集中的调适

1. 制订计划，养成习惯

在订下目标、端正了学习态度之后，就可根据每个学期的课表，根据每个星期，甚至每一天，进行自我计划。大学课外自主学习是很重要的，所以学习时间的规划，可以帮助我们形成良好的学习规律。课后学习地点的选择，也可以帮助我们形成良好的学习规律。长久下来，养成良好的学习习惯，进而热爱学习，有想法才会有行动，有坚定的意志才不会被其他无关紧要的事情左右，在课上课后的效率才能提高。

2. 转移注意，自我暗示

注意力不集中的学生在学习时常会胡思乱想，及时调整这种纷乱的思绪对于提高学习效率大有必要。找几张卡片写一些提醒自己的警句，置于平时学习时容易看到的地方，以起提醒自己的作用。当纷乱思想出现时，可采用听一些轻柔音乐，使大脑放松下来，有助于重新集中注意力；也可采用把眼睛闭上，对自己说“别乱想”“认真听课”之类的自我暗示语。如此反复数次，有助于集中注意力。

3. 合理安排，克服干扰

学会处理好学习与学习以外的事情。如学会独立自主地学习生活，学会自立、自尊、恋爱、交友，参加社团和群体活动等都是大学生必须面对和处理的任务，学会处理好这些任务对大学生学业会有很大的促进作用。

4. 科学用脑，劳逸结合

注意科学用脑，劳逸结合，遵从个体生理、心理规律。合理安排学习与休息时间，防止过度疲劳。

互动体验

小小辩论赛

【活动目的】

通过辩论分析学习和休息之间的关系，掌握科学的学习方法。

【活动步骤】

1. 导入语。

小E，大三学生，学习成绩连续两年专业第一，学生们都称她为“学霸”。小E的成绩来自于非常严酷的自我管理，每天学习时间10个小时以上，只要没课，都泡在图书馆，没有什么业余活动，因为她总认为如果自己不学习马上就会被其他同学超越。小E的父母均是高校教师，对小E的将来也寄予了厚望，跟小E谈论最多的话题就是小E的学习。大三的时候，小E突然对这种紧绷的生活状态不适起来，莫名地头疼心慌，学习注意力很难集中，老想着逃避，越想看书越看不进去，越看不进去越着急，后来演变到晚上出现失眠的症状。

2. 安排同学们分组讨论。

小E在学习上出现了什么问题？是什么原因引起的？

3. 同学分成两个小组，围绕学习的“张弛之道”展开一场课堂小辩论。

正方：学习应该“张弛有道”，只有这样才能提高学习效率。

论据：____

反方：学习丝毫不能松懈，只有每时每刻都在学习才能取得好成绩。

论据：____

4. 辩论完后组织学生代表发言。

生物节律的识别

【活动目的】

通过生物节律的识别，帮助学生体验自己一天生物节律变化的情况，找到自己最佳的学习时间。

【活动步骤】

1. 观察自己一天生物节律的变化，将对下述问题的观察结果填入表4-4中，以2～3周为一个统计单位。

表4-4　问题观察结果

编号	题目	观察结果
1	一天中的什么时间，我的学习效率最高、精力最充沛、创造力最强	
2	什么时间我的工作状态最好	
3	什么时间开始感到疲劳，工作力不从心	
4	什么时间觉得累了，想休息	
5	什么时间想去做自己喜爱的运动，调节放松一下	
6	几点钟想睡觉，上床是在几点	
7	实际学习时间从几点到几点	
8	什么时间完成重要任务	
9	什么时间处理不太重要的工作	

2. 观察自己一天个人能力状态和工作安排的情况，填写观察结果在表4–5中。

表4–5

个人能力状态							比较偏差	实际工作安排		
时间	创造力	良好的工作状态	力不从心	出现疲惫	放松	睡觉		工作时间	重要任务和目标	次要工作
1点										
2点										
3点										
4点										
5点										
6点										
7点										
8点										
9点										
10点										
11点										
12点										
13点										
14点										
15点										
16点										
17点										
18点										
19点										
20点										
21点										
22点										
23点										
24点										

3. 通过对自己的生物节律的观察，掌握自己生物节律变化的规律，更好地提升自己的学习效率。

心理测试

考试焦虑测试

【指导语】

请阅读下面的句子，选择最符合你感受的答案，不要用太多时间去思考。每一条项目均按1、2、3、4进行评分，“1”表示没有，“2”表示有时有，“3”表示经常有，“4”表示总是有。

【测试量表】

1. 在进行考试时，我有信心，并且感到轻松。 (1 2 3 4)
2. 在考试时，我感到心慌意乱。 (1 2 3 4)
3. 考虑到考试的分数，妨碍了我进行考试。 (1 2 3 4)
4. 遇到重要的考试时，我会发呆、愣住。 (1 2 3 4)
5. 考试时，我发觉自己净想着我能否学成毕业。 (1 2 3 4)
6. 我越尽力想如何答题，就越是慌乱。 (1 2 3 4)
7. 怕考得不好的念头，干扰我不能集中注意力专心答题。 (1 2 3 4)
8. 当参加重要的考试时，我感到异常的心神不安，神经过敏。 (1 2 3 4)

9. 甚至对考试有了充分准备，我还是感到神经非常紧张。 (1 2 3 4)
10. 在发卷之前，我开始感到极为不安。 (1 2 3 4)
11. 在考试中，我感到非常紧张。 (1 2 3 4)
12. 我希望考试不要如此厉害地烦扰我。 (1 2 3 4)
13. 在重要的考试中，我紧张得连胃也不舒服。 (1 2 3 4)
14. 当进行重要的考试时，我似乎被自己击倒了。 (1 2 3 4)
15. 当参加重要的考试时，我会感到非常恐慌。 (1 2 3 4)
16. 在参加重要的考试之前，我非常担忧。 (1 2 3 4)
17. 在考试之中，我发觉自己想着失败的结果。 (1 2 3 4)
18. 在重要的考试中，我感到自己的心跳得特别快。 (1 2 3 4)
19. 在考试之后，我试图不再担忧它，但是做不到。 (1 2 3 4)
20. 考试中，我的神经是那样紧张，甚至把知道的内容也忘记了。 (1 2 3 4)

【评分标准】

你可依据下面的数值判断自己的焦虑程度。第1题的四种选择是：从不=4分，有时=3分，经常=2分，总是=1分；2～20题的四种选择是：从不=1分，有时=2分，经常=3分，总是=4分。

忧虑性的分数是将第3、4、5、6、7、14、17、20题的得分相加。

情绪性的分数是将第2、8、9、10、15、16、18、19题的得分相加。

【结果解释】

男生：总分在30分以下无焦虑，30～35分有轻度焦虑，36～45分焦虑明显，46分以上有较严重的焦虑。

女生：总分在26分以下无焦虑，27～32分有轻度焦虑，33～41分焦虑明显，42分以上有较严重的焦虑。

忧虑性和情绪性对男女的判断一样。忧虑性分数在10分以下正常，10～16分有明显忧虑性，17分以上相当忧虑。情绪性分数在11分以下正常，12～18有明显的情绪反应，18分以上相当不稳定。

拓展阅读

如何科学用脑

脑科学研究发现，人的大脑在理论上的信息储存量相当于藏书5000万册，大脑的潜能，几乎接近于无限。但是，到目前为止，人类普遍只开发了大脑的5%，仍有巨大的潜能尚未得到合理的开发。换一句话说，一个人的大脑只要没有先天性的病理缺陷，就可以说他拥有了可以成为天才的大脑。

要想学习好，就要善于用脑。科学用脑是科学学习方法的重要方面。那么，科学用脑要注意什么问题呢？

一、用脑讲专心

所谓专心，就是指学习时一定要集中注意力，决不三心二意。此时，整个大脑的活动都处于这唯一的兴奋中心管辖之下。大脑的全部能量都用来供应这个中心的活动，因而大脑的工作效率就特别高，学习效果也特别好。

二、用脑讲“五到”

所谓“五到”，即指心到、口到、眼到、耳到和手到。假如每次学习都能做到眼到、口到、耳到，则若干大脑皮层兴奋中心之间就会渐渐拓通联系，形成暂时性神经通路。以后一听到有关学习内容的声音，就会使人想起过去所看到过的那些学习材料。

三、用脑讲勤

勤用脑会使脑细胞对信息的接受和应答敏感度提高。对脑电波的研究发现，随着人年龄的增长，会出现老化波形，而非脑力劳动者比脑力劳动者出现老化波形更早。这说明脑的使用愈少衰老愈快。勤用脑能使脑细胞保持充沛活力，延长生存时间，从而延缓脑的老化。

四、用脑要适应大脑的活动规律

一个人在最佳时间用脑，效率就高；否则，事倍功半。所谓最佳用脑时间是指人的精力充沛、脑细胞处于高度兴奋状态的时间。人脑的活动在24小时内有周期性变化，这种变化因人而异，每个人均有不同的“生物钟”。因此，每个人要了解自己大脑的活动规律，在大脑最清醒时多用脑效果最好。

五、用脑要适度

用脑要适度就是指学习、休息、运动要有机结合，不要造成大脑的过度疲劳。也就是我们通常所说的劳逸结合。劳逸结合可有效调节流经大脑的血量，改善脑营养代谢，促进脑能源物质的合成，消除脑疲劳。劳逸结合的主要方式有：学习与文体活动交替；学习与睡眠相互调节；学习方式和内容的变换。

六、睡眠要充足

充足的睡眠是保证大脑工作的重要因素，因为长时间工作使大脑皮层神经细胞疲劳，充足的睡眠会消除这种疲劳，恢复脑力。睡眠时间长短因人而异，一般来说，15～20岁的青少年，每天至少要睡9～10个小时，成年人要保证8小时。有条件的话，中午可以小睡。

七、用脑讲营养

脑在人体各器官中是最活跃的器官，虽然其重量只占人体的2%，但消耗的能量却占全身总耗能量的20%。经研究测定，脑所需要的营养成分主要有脂肪、蛋白质、糖类、维生素B族、维生素C、维生素E和钙，其中，脂肪占第一位。为了提高你的大脑工作效率，必须注意多吃上述与大脑所需营养有关的食物。

八、用脑讲保养

现代教育心理学研究表明，情绪与用脑效率之间也有重要的相关性。不论什么原因引起的精神紧张和长时间的精神苦闷、焦虑不安和思想矛盾，都能使脑细胞能量过度耗损，从而使大脑陷于衰弱状态。

九、用脑讲活动

日本学者朝长正德指出：“手指的精细动作可刺激大脑，防止脑退化，如弹奏乐器、打扑克牌、转动核桃等。”中国民间也有“心灵手巧”的说法。因此，你不妨抽空从事诸如此类的能活动手部的活动，这对于提高你的用脑效率将大有裨益。

十、充分地利用外脑

为了更好地利用有限的脑力，做出更多的创造，产生更多更好的智慧成果，我们还需要充分地利用外脑。所谓外脑，一是指别人的大脑、别人的智慧，二是指外部的信息储存和处理机构。

利用外脑的第一个方法是利用外部的信息源，或利用外部条件进行信息储存和处理。比如说，把有关的资料小心地收集，做成卡片，需要的时候，可以随时调用，大脑就可以更多地用于寻找这些材料之间的联系和规律。也可以利用电脑把你收集的有关资料储存起来。利用外脑的第二个方法是利用别人的知识和智慧。每个人的知识和智慧是不同的，对你是很陌生的问题，对有的人来说却司空见惯；对你是困难的问题，对有的人来说却易如反掌。要善于找到知情人、内行人，听取他们的意见。

第三节　大学生学习技巧与能力培养

心灵故事

如此规划大学三年

大一是打基础，进行自我定位、自我探索与专业探索的阶段。大学生应学好专业基础课程和公共基础课程，尝试分析自我、认识自我、了解自己的专业，进行初步的专业方向探索。最终，需要做到能比较全面、客观地了解自己的特点；清晰专业的发展方向，能在自我认知与专业认知的基础上，为自己初步确定未来的方向。

大二是进行专业探索和确定职业目标的阶段。根据大一进行的初步探索更深入地了解和探究专业发展方向。考察这个初步确定的专业方向选择是否需要修正或转移。总之，最终需要给自己一个明确的发展方向。这个目标可以使自己的能力、素质得到提高。进一步深入研究专业知识与技术及与专业相关的各个领域。需要明确自己的方向，是就业找工作、专升本或者考研。大学生需要做出明确的选择，并为这个选择付出努力。

大三是冲刺与总结的阶段。为找工作、专升本、考研做充分的准备，并为之进行最后的冲刺与拼搏。在冲刺结束以后需要做总结，无论是遇到挫折后总结经验教训，还是成功后总结个人的成功经历。遇到挫折和失败需要调整心态，反思和修正自己的规划，或者及时调转方向，向新的目标迈进。而收获并不是人生的终结，也需要总结经验，让自己未来的人生道路更顺利、更成功。

知识导读

大学四年对于每个大学生来说都只有一次，如何利用有限的时间，通过掌握有效的学习方法，系统地对基础和专业知识进行学习和技能的提升是每个大学生都要面临的问题。本节主要从明确学习目标、确立学习计划、合理分配时间、探索学习方法四个方面谈谈大学生学习技巧与能力的培养。

一、明确学习目标

考上大学并不意味着可以一劳永逸了，弄不清这个问题，学习将失去意义。在高考前，毫无疑问，目标只有一个：考上大学。可当大学生们面对为之消得人憔悴的目标实现以后，又该干什么呢？难道是玩游戏、谈恋爱或睡懒觉？

没有目标，人就会茫然，不知所措。没有准备的人就是准备失败的人。大学生要认真进行自我发展设计，规划出最适合自己的学习生涯发展路线，制订出适合自己的长期、中期、近期学习目标及详细计划，并坚持执行。

二、确立学习计划

有计划地安排大学生活，是大学新的学习环境对大学生提出的要求，也是实现大学学习目标的需要。能否合理制订学习计划并有效安排时间落实学习计划，不仅关系到大学目标能否实现，也决定着大学生活的质量。

一般来说，在制订大学学习计划时，首先，要结合本专业特点，分析自身情况，找出自己的长处和不足；其次，要确立大学的学习目标，尤其要分解出每年的具体目标，以明确自己每年努力的方向和重点；然后，围绕具体的目标，制订学习计划，特别要根据目标的不同，制订出实现目标的不同实施方案；最后，最重要的是必须保证计划的严格执行，“三天打鱼，两天晒网”的话，再好的计划也没用。

当然，在实施学习计划时，可能会遇到这样那样的变化需要做及时、适当的调整。因而，在制订学习计划时，不能把时间绝对固定化，要有一定的弹性，这样才不至于在遇到意外情况时手足无措。

三、合理分配时间

合理分配时间的关键在于掌握时间管理的策略。时间管理策略包括以下四个方面。

（一）明确自己的时间

选择任意一个星期，每天记录下每30分钟做的事情，然后做一个分类（例如，上课、读书、和朋友聊天、社团活动等）和统计，看看自己哪些方面花了太多的时间。每天结束后，以每15分钟为一个单位，把一天所有的事情记录下来。一周结束后，分析一下，有没有活动占太大的比例，有没有办法可以增加效率。

（二）统筹安排学习时间

在明确当前时间使用情况的前提下，每位大学生可以根据自己的总体学习目标，对自己的时间做出总体的安排，并通过阶段性的时间表来落实。

每天选出最重要的三件事，并且保证当天一定能够完成。在学习和工作中，每天都有干不完的事，我们唯一能够做的就是分清轻重缓急，要知道急事并不等于重要的事情。

有这样的一个故事：上课时，一个教时间管理的老师带来2个玻璃缸和一堆大小不一的石头。他做了这样一个实验，在其中一个玻璃缸中先把小石头、沙倒进去，最后发现大石头就放不进去了。而另一个玻璃缸中先放大石头，其他小石头和沙却可以顺利地放进去。老师是想通过这个实验告诉我们：时间管理就是要找到自己的优先级，若颠倒顺序，一堆琐事占满了时间，重要的事情就没有空位了。所以，我们每天除了办又急又重要的事情外，有些急但是不重要的事情，也要学会放弃，要学会说“不”！

（三）高效利用最佳时间

人如果利用最高效的时间，只要20%的投入就能产生80%的效率。相对来说，如果使用最低效的时间，投入80%的时间却只能产生20%效率。一天头脑最清楚的时候，应该放在最需要专心的工作上。相对来说，与朋友、家人在一起的时间不需要头脑那么清楚。所以，我们要把一天中20%的最高效时间，用在最困难的科目和最需要思考的学习上。

因此，大学生在安排自己的学习时间时，首先要根据自己的生物钟安排学习时间，把自己最高效的时间段留给需要思考的学习上。其次，要根据一天学习效率的变化来安排学习活动。有的同学上午学习效率高，有的同学晚上学习效率高，可以根据自己的情况有效利用时间。

（四）灵活利用零碎时间

如果你对你的时间做统计的话，你会发现每天有很多时间都白白流失了。例如，等车、排队、走路等，这些时间可以用来背单字、打电话、温习功课等。无论自己忙还是不忙，你得把那些可以利用时间碎片做的事情事先准备好，一有碎片时间就拿出来做。此外，还可以利用零碎的时间与同学、老师进行交流，获得学习的灵感，启发自己的创造性思维。

相关链接

番茄工作法

番茄工作法是弗朗西斯科·西里洛于1992年创立的一种相对于GTD更微观的时间管理方法，是简单易行的时间管理方法。在番茄工作法一个个短短的25分钟内，收获的不仅仅是效率，还会有意想不到的成就感。

下面，让我们好好探讨一下如何利用番茄工作法！我们在工作学习的时候，往往刚开始的1小时效率很高，但越到后来越不想工作，效率越来越低。如何提高自己的效率，让自己能更好地集中精力呢？这里推荐番茄工作法。番茄工作法是一个简单易行的时间管理法，即工作25分钟让自己休息5分钟，在这5分钟时间喝喝茶、上上洗手间、让疲劳的大脑休息休息，然后再继续下一个番茄时间。如此循环，你会发现，这短短的5分钟，让自己的效率大大地提高了！

让我们来看看具体的番茄工作法。

番茄工作法的原则是：

1. 一个番茄时间（25分钟）不可分割，不存在半个或一个半番茄时间。
2. 一个番茄时间内如果做与任务无关的事情，则该番茄时间作废。
3. 永远不要在非工作时间内使用番茄工作法。（例如，用3个番茄时间逛街、用5个番茄时间钓鱼等。）
4. 不要拿自己的番茄数据与他人的番茄数据比较。
5. 番茄的数量不可能决定任务最终的成败。
6. 必须有一份适合自己的作息时间表。

番茄工作法的目标是：

1. 减轻时间焦虑。
2. 提升集中力和注意力，减少中断。
3. 增强决策意识。
4. 唤醒激励和持久激励。
5. 巩固达成目标的决心。
6. 完善预估流程，精确地保质保量。
7. 改进工作学习流程。
8. 强化决断力，快刀斩乱麻。

番茄工作法的做法是：

1. 每天开始的时候规划今天要完成的几项任务，将任务逐项写在列表里（或记在软件的清单里）。
2. 设定你的番茄钟（定时器、软件、闹钟等），时间是25分钟。
3. 开始完成第一项任务，直到番茄钟响铃或提醒（25分钟到）。
4. 停止工作，并在列表里该项任务后画个“×”。
5. 休息3～5分钟，活动、喝水、方便等。

6. 开始下一个番茄钟，继续该任务。一直循环下去，直到完成该任务，并在列表里将该任务划掉。

7. 每4个番茄钟后，休息25分钟。

在某个番茄钟的过程里，如果突然想起要做什么事情：

1. 非得马上做不可的话，停止这个番茄钟并宣告它作废（哪怕还剩5分钟就结束了），去完成这件事情，之后再重新开始同一个番茄钟；

2. 不是必须马上去做的话，在列表里该项任务后面标记一个逗号（表示打扰），并将这件事记在另一个列表里（比如叫“计划外事件”），然后接着完成这个番茄钟。

（摘自：http://www. xinli001. com/info/100013798）

四、探索学习方法

学习活动不仅是教师讲、学生听的活动，更是以学生为主体、对人类所积累的知识经验进行认知和重新发现的活动。在大学期间，学生要根据不同的大学学习环境和学习组织形式，改进学习方法以适应高校的学习。

（一）带着任务预习

课前预习对于学生深入而细致地理解教材是十分重要的。但是，预习不是一般地阅读教材，而是要围绕教师所提出的要求和问题进行探索和思考，以理解教材的中心思想和主要内容。预习中还要记下疑难问题，以求在听课时解决。

（二）开展积极的思维听课

听课的过程不仅要开展思维，使新旧知识衔接与融合，而且要尽可能地对所学知识进行重新发现与探索。这种探究与发现的学习，自然不是一成不变地重复人类原来发现知识的过程，而是要抓住发现过程的关键点，以利于形成合乎逻辑的科学概念与结论。这种发现学习不仅有利于科学知识的掌握，也有利于思维能力的培养。

（三）科学地组织复习

组织复习，不是简单地阅读已学过的材料，而是要达到进一步消化已学过的知识和发展思维能力的目的。

1. 及时进行复习

按照心理学的规律，遗忘是在学习以后就立即开始，其趋势是先快后慢。因此，要提高记忆的效率，必须在学习新材料之后立即开始复习，而不要等到遗忘开始之后才进行，否则，只能取得事倍功半的效果。

2. 分散复习

对已学材料的复习，不能集中在一次时间内进行，而要分散在不同的时间内进行，这有利于提高记忆的效率。

3. 复习方式多样化

分散复习与集中复习相结合是良好的复习方式。学生上课以后，可以当天及时复习，也可以每天复习与每周的阶段复习相结合，或者把逐步的复习与更长阶段（一个月、一个学期）的复习相结合。总的规律就是要把分散复习与集中复习结合起来，这样更有利于巩固记忆的效果。

在复习文字材料的时候，可以采用阅读与回忆相结合的方式进行，即先用回忆的办法去重现学过的材料，然后在重现的基础上再进行阅读，如此反复交替地进行，直到熟练地记住了材料为止。

（四）培养切合个人实际的学习方法

学习方法既有共性也有特性。适合别人的学习方法不一定也适合自己，这是因为每个人的文化知识基础不同、学习能力不同、个性特点也不同。有的人倾向于迅速而简捷地完成学习任务，有的人则习惯于深入地领会和发现新知识；有的人倾向于全面概括地掌握知识，有的人则喜欢深入细致地进行品味；有的人学得快，而有的人学得慢。因此，大学生要针对所学习的内容和对学习的不同要求，根据个人的特点，在借鉴别人学习经验的基础上摸索和总结适合个人特点的学习方法。

互动体验

做自己的时间馅饼

【活动目的】

通过时间饼图的制作，思考自己的时间安排是否合理。

【活动步骤】

1. 请根据你的思考先绘制一张最理想的“时间馅饼图”（图4–2），而后再请你尽量回忆在过去一周中参加的各项活动，包括花在各项工作、学习、家庭和朋友身上的时间，参加的各项进修、兴趣爱好活动、身体锻炼、休闲活动等，然后根据每项活动所投入时间的多少按照百分比分配在这张时间馅饼图（图4–3）中。

图4–2　最理想的时间饼图

图4–3　实际的时间饼图

2. 完成“时间馅饼图”的绘制后，对照一下自己所做的最理想的“时间馅饼图”，看看你是否将自己的时间用来实现自己定下的大学目标。可以尝试问自己以下问题。

（1）我是否合理地安排时间去吃饭，是否有足够的睡眠，是否有规律地锻炼。

（2）我是否知道未来的几个星期或几年想要去哪里。

（3）我完成每天为自己定下的目标了吗？我想要做的是什么？

（4）我有时间平衡娱乐、工作和学习吗？

（5）我觉得自己太匆忙了吗？

（6）我有时间来培养自己与一些重要的朋友关系了吗？如果我告诉自己没有为朋友留出时间，这个信息意味着什么呢？

（7）每天是否有时间来满足自己的精神需求？我留出时间来做自己生活中重要的事情了吗？

（8）我喜欢自己运用时间的方式吗，我愿意做到更多吗？我愿意减少或去掉我日常的一些活动吗？

（9）我今天利用时间的方式和昨天有什么不同？与上周或者上个月比呢？

3. 最理想的“时间馅饼图”的分割与你目前实际的时间分配状况之间有何区别，是什么造成了这种情况，能不能进行改进，如何改进？

请你写出你的时间管理具体计划。

____

____

____

心理测试

学习技能自我诊断量表

【指导语】

这是一份关于大学生学习技能的自我诊断量表，一共有25个问题，请你根据自己的实际情况，逐一对每个问题做出回答。每一条项目均按1、2、3、4、5进行评分，“1”表示很符合自己的情况，“2”表示比较符合自己的情况，“3”表示很少符合自己的情况，“4”表示不符合自己的情况，“5”表示很不符合自己的情况。

【测试量表】

1. 记下阅读中的不懂之处。　（1　2　3　4　5）
2. 经常阅读与自己学习无关的书籍。　（1　2　3　4　5）
3. 在观察和思考时，重视自己的看法。　（1　2　3　4　5）
4. 重视做好预习和复习。　（1　2　3　4　5）
5. 按照一定的方法进行讨论。　（1　2　3　4　5）
6. 做笔记时，把材料归纳成条文或者图表，以便理解。　（1　2　3　4　5）
7. 听人讲解问题时，眼睛注视着讲解者。　（1　2　3　4　5）
8. 利用参考书和习题集。　（1　2　3　4　5）
9. 逐一归纳，并写出学习中的要点。　（1　2　3　4　5）
10. 经常查阅字典、手册等工具书。　（1　2　3　4　5）
11. 面临考试，能克服紧张情绪。　（1　2　3　4　5）
12. 认为重要的内容就格外注意听讲。　（1　2　3　4　5）
13. 阅读中若有不懂的地方，非弄懂不可。　（1　2　3　4　5）
14. 联系其他学科内容进行学习。　（1　2　3　4　5）
15. 动笔解题之前，先有个设想，然后抓住要点解题。　（1　2　3　4　5）
16. 阅读中认为重要的或者需要记住的地方，就画线或做上记号。　（1　2　3　4　5）
17. 经常向老师或他人请教不懂的问题。　（1　2　3　4　5）
18. 喜欢讨论学习中遇到的问题。　（1　2　3　4　5）
19. 善于汲取别人好的学习方法。　（1　2　3　4　5）
20. 对需要牢记的公式、定理等反复进行记忆。　（1　2　3　4　5）
21. 观察实物或参考有关资料进行学习。　（1　2　3　4　5）
22. 听课时做好笔记。　（1　2　3　4　5）
23. 重视学习效果，不浪费时间。　（1　2　3　4　5）
24. 如果确实不能独立解出习题，就看了答案再做。　（1　2　3　4　5）
25. 能制订出切实可行的学习计划。　（1　2　3　4　5）

【评分标准】

很符合自己的情况记5分，比较符合自己的情况记4分，很少符合自己的情况记3分，不符合自己的情况记2分，很不符合自己的情况记1分。把各项所得分数相加，算出总分，对照评价表，就能了解自己的学习技能水平。

【结果解释】

总分101分及以上，学习技能优秀；总分86～100分，学习技能较好；总分65～85分，学习技能一般；总分51～64分，学习技能较差；总分50分及以下，学习技能很差。

拓展阅读

艾宾浩斯遗忘曲线对高效学习的启示

遗忘曲线由德国心理学家艾宾浩斯研究发现，描述了人类大脑对新事物遗忘的规律。人们可以从遗忘曲线中掌握遗忘规律并加以利用，从而提升自我记忆能力。遗忘曲线（图4-4）表明了遗忘发展的重要规律：遗忘的进程是不均衡的，在记忆的最初阶段遗忘的速度最快，遗忘的速度随着时间的推移会逐渐减慢，最后，记住了的材料经过相当长的一段时间后，几乎不再发生遗忘，这种遗忘发展的规律被人们称为记忆的“先快后慢”原则。观察这条遗忘曲线，我们可以直观地发现：背过的材料如不抓紧复习，在一天后将只剩下原来的25%。

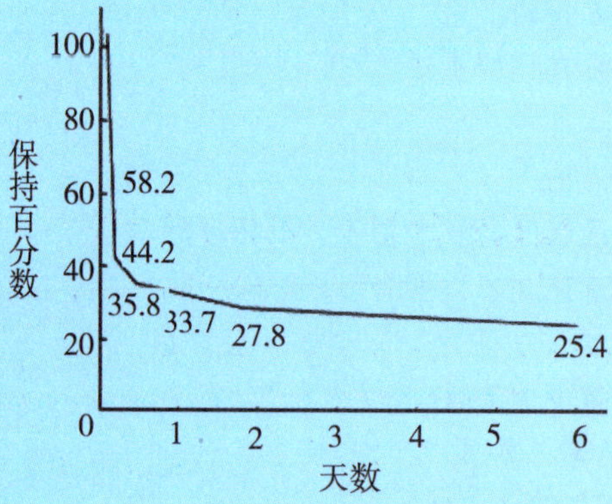

图4-4　艾宾浩斯遗忘曲线

遗忘曲线启示大学生可以运用一定的技巧进行高效学习。

启示一：必须记住的材料在学习后，要在第一时间安排第一轮复习，并及时安排以后的复习。

启示二：第一，一次记忆的材料不要太多，根据后来的研究，一组记忆材料安排在七个左右最合适；第二，积极寻找“需要记忆的材料”之间的联系，通过理解，高效率地完成必须做好的工作；第三，拒绝死记硬背的办法。

启示三：对那些看似独立的记忆材料可以通过编排故事等办法，通过联想帮助记忆。

启示四：努力提高学习的动力，使记忆材料成为学生学习中需要的、感兴趣的材料。

启发思考

1. 结合实际，谈谈学习对于大学生的意义。
2. 谈谈影响学习的因素有哪些？
3. 简述大学生常见的学习困扰。
4. 谈谈你的学习策略。

第五章

大学生情绪心理管理

人们常说：一个人情绪好时，山含情，花含笑；一个人情绪不好时，感时花溅泪，恨别鸟惊心。我们任何人都离不开情绪，情绪是我们“生命的指挥棒”“健康的寒暑表”。情绪给人们的生活带来了很多色彩。对于大学生来说，正确了解情绪的特点，理解大学生情绪的特征，掌握情绪管理的方法和技巧，对于保持良好的情绪状态、促进心理健康发展和社会适应具有非常重要的意义。

第一节 情 绪 概 述

心灵故事

成长的烦恼：失败后的失落

王同学，男，19岁，大二学生。刚进校时，情绪特别高昂，他喜欢参加班级和学校的各种活动，还喜欢和宿舍的同学聊天，一起出去玩。但没过多久，一次参加系学生会竞选，由于没有充分准备，公开演讲时表现很差，结果落选了。他心情一下子就低落了很多，很长时间都恢复不过来。

他现在情绪波动很大，情绪不好时，宿舍同学说话也不理睬；情绪好的时候，又主动找同学说话，同学们都说他怪怪的。他在学习上也是如此，情绪不好的时候，书一点也看不下去。看到周围的同学都很刻苦，他只好硬着头皮去上自习，但是效果并不好。上学期的考试成绩还不错，都是在情绪好的时候抓紧时间补习起来的。

王同学虽已是大二的学生，但由于竞选失败，导致失落感增强，以情绪主导自己的日常行为，不能理性对待这一事件，从而对自我评价过低。过低的自我评价，使自信心锐减，影响了学习效果。其情绪表现得强烈和不稳定，是处在青春期的大学生普遍存在的现象，这并非有“病”，而是青年初期的心理特点之一。

针对这个案例，一是王同学需要了解情绪周期规律。无论是青春期还是成年期，人的情绪都是有周期的。只不过成年期比青春期在控制能力上会有很大提高。同时，在自己学习、工作、生活的安排上学会顺应自己的情绪周期，在自我情绪低落时适当地安排一些运动、娱乐等活动。二是分析导致情绪低落的原因，譬如竞选失败、学习效果不佳，通过正确认知的建立对自我形成积极而客观的评价，从而消除其不良情绪。三是掌握调节情绪的有效方法。

知识导读

一、情绪的定义

（一）情绪的定义

情绪是指高兴、快乐、痛苦、悲哀等，一般发生时间短暂，而且容易变化。人们通常以愤怒、悲伤、恐惧、快乐、爱、惊讶、厌恶、羞耻等反应来说明情绪。中国人常说的喜、怒、哀、思、悲、恐、惊这七情，也被称为情绪。

日常生活中，我们会体验到各种各样的情绪。和朋友在一起放松自由地聊天，我们会感到心情愉快；被人误解，我们会感到生气、伤心；看到有人仗势欺人，我们会感到愤慨……所有这些都是我们经常体验到的情绪。

请先看一个案例：

小刚和小明打球回到家，看到桌上有半杯水。小刚心想：呀！还有半杯水。于是便咕嘟咕嘟把水喝了。小明却想：呀！怎么只有半杯水。于是气嘟嘟地回到了自己的房间。

同样是半杯水，小刚和小明却会产生迥然不同的情绪反应。最核心的原因是他们的需要是否得到满足。所谓情绪，就是人们对于客观事物或活动是否符合自己的需要而产生的态度体验。任何情绪都是由一定的客观事物引起的，客观事物是人们情绪产生的源泉。

情绪反映的是客观事物或活动与人的需要之间的关系，所以情绪作为一种主观体验，它所反映的不是客观事物本身，而是客观事物与人的需要之间的关系。凡是能满足人的需要的客观事物，就使人产生愉快、喜爱等肯定的情感体验；凡是不能满足人的需要的客观事物，就使人产生烦闷、厌恶等否定的情感体验。例如，考试得了高分，有成就感，体验到满足、快乐等正性情绪；相反，考试达不到自己的期望时，便容易产生失落、受挫、苦闷等负性情绪。

填一填：

情境	当时的内心体验	产生该体验的原因
买彩票中大奖		
拿了奖学金		
被老师严厉批评		
和最好的朋友闹矛盾		
听见别人说自己坏话		

（二）情绪的要素

人类有数百种情绪，情绪的复杂性是远远超过语言所能及的。从心理学对情绪的研究上看，情绪包含三个方面：主观体验、生理唤起和外在表现。

1. 情绪是一种主观体验

情绪是由个体对外在环境和现实的认知产生的一种内心感受。简单地说，就是人对情绪状态的自我感受。如与老朋友聚会，会发自内心地觉得快乐；与情侣分手感到内心受伤，体验到痛苦。内省的情绪体验是人脑对客观环境和客观现实的重要反映形式之一，这种反映形式不同于认知活动，它不是对客观事物本身的反映，而是带有主观色彩的反映。

2. 情绪的生理唤起

情绪的产生还会包括一系列的生理变化，也就是生理唤起，如心率、血压、呼吸、汗腺、内分泌、消化系统等的改变。当情绪产生时，人体的各系统、器官都会发生相应的生理变化和物理反应，其生理机制就是大脑皮层的不同神经元产生兴奋，皮下中枢，包括海马、丘脑和脑干网状结构不断传递和反馈信息，协调和支持脑的激活水平和情绪状态。随着脑和神经系统的变化，机体的其他内脏器官也随之产生不同的生理变化，如呼吸急促、心跳加快等。情绪的生理变化，既是主观体验的深化，又是外在情绪表现的基础，在情绪结构中起着承上启下的作用。

3. 情绪的外在表现

情绪最主要的外在表现就是人的表情，包括面部表情、姿态表情和语调表情。人的喜怒哀惧都可以通过面部表情来表现，如开心时眉开眼笑、伤心时愁云满面、烦恼时眉头紧皱；姿态行为也能反映一个人的情绪，如紧张时坐立不安、兴奋时活蹦乱跳。同时，一个人说话的语气、音调、音速、音响也能传达一个人的情绪，如高兴时语调激昂，节奏轻快；悲哀时语调低沉，节奏缓慢，声音时断时续且高低差别很小；愤怒时语言生硬，态度凶狠。所以，根据对人的面部、姿态和语调细致地观察和辨别可以判断其背后的情绪状态。

相关链接

识别微表情

你看过美剧Lie to Me（《别对我说谎》）吗？在剧中，Cal Lightman博士可以通过分析一个人的脸、身体、声音和话语来察觉真相。他是世界领先的侦探专家，一个研究微表情和随机肢体语言来探索你是否撒谎以及为何撒谎的科学家。当一个人不经意地耸肩、搓手，或者扬起下嘴唇，Lightman博士就知道他们在撒谎。通过对脸部表情的分析，他可以读懂一个人的感情——从隐藏在心底的憎恶，到性的冲动，再到嫉妒。

微表情是人类试图压抑或隐藏真实情感时泄露的非常短暂的、不能自主控制的面部表情。它与普通表情的区别在于，微表情持续时间很短，仅为1/25秒至1/5秒。虽然一个下意识的表情可能只持续一瞬间，但这是一种烦人的特性，很容易暴露情绪。大多数人往往难以觉察到它的存在。由于微表情能够表达被压抑掩藏的真实情绪，往往被视为很好的谎言识别的有效线索。

图5-1中是几种表情表达的意思，你来看看是否能够觉察到它的奥妙呢？

图5-1

二、情绪的功能

（一）自我保护

情绪是人类进化而来的，情绪可以帮助人们适应环境，趋利避害，保护人类得以生存下来。一个人没有了快乐，便不懂追求更适合生存的生活环境和生活方式；一个人没有了恐惧，便不会逃避对自身生命有威胁的处境；一个人没有了愤怒，便不会维护自己的领域和界限，不会反抗；一个人没有悲伤，便失去了与周围人群和环境的情感连接，成为一个孤独冷漠的人，孤独地生存。

情绪的自我保护功能，从根本上来说，就是服务于改善人的生存条件和生活条件。婴儿通过情绪反应和成人交流，以便获得成人的抚养；成人也要通过情绪反映他处境的好坏。在社会生活中，人们用微笑表示友好，用点头表示同意；人们还可以通过察言观色了解对方的情绪状态，以利于维护正常的人际关系。

（二）人际沟通

人非草木，孰能无情。人与人的交往与沟通，除了有信息的交换和工作的协调外，还需要有情绪的宣泄、满足与共鸣。试想一下，当你兴高采烈地与朋友谈论一件趣事，而你的朋友却绷着一张脸，冷冷地听完，你有什么感受呢？同住一个寝室，大家却互不表露情绪，天天只是冷眼相对，你会舒服吗？人们都对情感交流有渴望，没有情绪的沟通和交流，我们很容易感到孤独、寂寞和难受。

同时，情绪在人际沟通中起着调节和反馈作用，像宽容、欣喜、热情、微笑、开心等情绪更容易让他人接纳，成为促进人际交往沟通的润滑剂；而猜忌、嫉妒、愤怒、厌恶等情绪容易引起他人的防御，成为阻碍人际沟通的拦路虎，这时就需要我们对自己的人际关系进行反省。

（三）信息传递

我们可以通过情绪及其表现来进行信息的传递。同样，通过对他人情绪的洞察，我们也可以了解到很多信息。例如，上课时你精彩地回答提问，老师面露欣喜，对你微笑和点头，你能感受到老师对自己的肯定和赞赏；面对心仪的异性，你会流露出不一样的眼神和表情，传达着你对他的喜爱；默契的密友间甚至简单的一个姿势、动作就能彼此间心领神会；当你闯祸时，父母严厉或失望的眼神，就让你读懂自己犯了错误，自己所做的不是父母所期望的。

另外，情绪还可以感染，当一个人产生了某种情绪时，通过表情外显而被人所觉察，并引起他人相应地情绪反应。快乐的人会感染身边的人，调动起他人的情绪；而失望沮丧的情绪，也容易扩散，容易使得身边的人也一起郁闷。

（四）组织活动

情绪对人的行为活动具有增力或减力的效能。快乐、热情、自信等积极情绪会提高人们的活动能力，推动人积极地行动，产生强烈的动力作用，对活动起着协调和促进的作用；而恐惧、妒忌、自卑等消极情绪则使人萎靡不振，心灰意冷，降低人们活动的积极性，产生阻力作用，对活动起着瓦解和破坏作用。

（五）影响身心

情绪对一个人的身心健康有增进或损害的作用。良好的情绪状态能使中枢神经活动处于最佳状态，保证体内各个系统活动的协调一致，充分发挥机体的潜能，使机体的免疫系统和体内化学物质处于平衡状态，增强对疾病的抵抗力，提高脑力劳动和体力劳动的效率，也有利于保持身心健康；不良情绪状态的持续存在会使人惶惶不可终日，其结果必然降低人体抵抗力和其他引发疾病因素的能力，对人的身心健康造成损害。

相关链接

关于猴子的心理学实验

预备实验：把一只猴子双脚绑在铜条上，然后给铜条通电。猴子挣扎乱抓，旁边有一弹簧拉手，是电源开关，一拉就不痛苦了，这样猴子一被电就拉开关，建立了一级条件反射。然后，每次在通电前，猴子前方的一个红灯就亮起来，多次以后，猴子知道了，红灯一亮，它就要受苦了，所以每次还不等通电，只要红灯一亮，它就先拉开关了。这就建立了一个二级条件反射。

正式实验：在这只猴子的旁边，再放一只猴子，与第一只猴子串联在铜条上，隔一段时间就亮红灯，每天持续6小时。第一只猴子注意力高度集中，一看到红灯就赶紧拉开关，第二只猴子不明白红灯是什么意思，无所事事，无所用心。

实验结果：第一只猴子先死去了。原因在于，第一只猴子在整个实验过程中，时刻处于紧张、焦虑、恐惧中，这些都是消极的情绪状态，对生物机体有重大的影响。由此，心理学家认为，猴子的死是和不良情绪相联系的。这说明不良情绪对身心健康的重要影响。

三、情绪的分类

根据情绪发生的强度、速度、紧张度和持续性等，可将情绪分为心境、激情与应激三种。

（一）心境

心境是一种微弱而持续时间较长且弥散性的情绪状态，也就是我们平常所说的心情，如心情舒畅、郁郁寡欢、恬静、郁闷等。心境的主要特点包括：从其发生的强度来看，它是微弱而平稳的；从其延续的时间看，它持续时间是较长的，少则几小时，多则数年；从其影响范围看，它具有弥散性，不是指向特定对象，“人逢喜事精神爽”就是心境的一种写照。

（二）激情

激情是一种强烈的、短暂的、具有爆发性的情绪状态，如狂喜、暴怒、恐怖、绝望都是激情的表现。激情往往由重大的、突如其来的事件或激烈的意向冲突引起。激情既有积极的，也有消极的。人在积极的激情状态下，能做出平常做不出来的事情，发挥出意想不到的潜能。比如在竞技运动场上，运动员由于观众的掌声激发激情，可能会取得意想不到的结果。同时，激情也能使人的认识范围变得狭窄，分析能力和自我控制能力都会降低。因此，在消极的激情状态下，人的行为可能会失控，甚至会产生鲁莽的行为，造成恶劣的后果。人应该学会控制自己的情绪，做情绪的主人。

（三）应激

应激是指在突然出现的紧急情况下所产生的情绪状态。人在工作和学习中，往往遇到突然发生的事件或危险，这就要求自己迅速地集中自己的智慧和经验，动员整个机体的力量，迅速做出决定，以应对紧急情况。这时候产生的特殊体验就是应激。比如司机在驾驶汽车途中遇到危险的情境、意外的变故、严重的疾病、考试与事业的失败等都会使人产生应激情绪。应激的发生比激情更突然、更剧烈。在应激状态下，人可能有两种表现：一是意识狭窄、目瞪口呆、手忙脚乱、陷入困境；二是急中生智、行动果断、化险为夷、摆脱困境。应激状态会引起一系列的生理变化，如心率加快、血压升高、内分泌失调、肌肉紧张等，以应对紧急情境。这就是人们为什么在遇到危险时，时常能做出出奇行为的奥秘所在。如果人长期处于高度紧张状态，则会消耗很多体力和心理能量，破坏人体的生物化学保护机制，降低人体的免疫能力，有损于人的身体健康。

互动体验

猜猜我的心情

【活动目的】

通过制作情绪卡片，并进行体会、表演和竞猜，提高识别情绪的能力和移情的能力。

【活动步骤】

1. 写上各种情绪的卡片（包括积极情绪和消极情绪，消极情绪可稍多一些）：积极情绪，如欢乐、兴奋、幸福、狂喜；消极情绪，如生气、愤怒、郁闷、痛不欲生、惊恐、失望、悲伤、紧张、焦虑等。也可以用一些有文学色彩的词，如洋洋得意、暴跳如雷、心满意足、心花怒放、喜极而泣、乐极生悲、怒气冲冲、痛不欲生、心惊肉跳等。写得越多越好。老师也可以提前准备一些情绪词的卡片。

2. 随机派同学抽取写有情绪词的卡片。

3. 同学思考所抽到的情绪会在什么情况下出现，这种情绪有哪些典型表现，需要如何演绎。

4. 抽到卡片的同学轮流表演所抽到的卡片上的情绪，由其他的同学来猜。

5. 大家评比哪位同学表演得最好。

6. 老师补充提问。

（1）日常生活中，这些情绪在你的身上是否会经常出现？

（2）当某种情绪在你身上出现时，你的表现与同学的表演是一样的吗？

（3）你在表演情绪的时候有何感受？

7. 拓展活动。

情绪卡片也可以换成不同情绪的图片让大家猜，或者播放各种包含不同情绪的视频片断。

令我情绪波动的事情

【活动目的】

通过澄清大学生情绪波动的不同应激源，帮助体会不同的情绪及表现形式。

【活动步骤】

1. 引导同学们回顾近3个月自己的生活、学习和工作情况，你对自己近3个月的整体情况进行评分，1分表示非常不好，10分表示非常好，你给自己的评分是：____。

2. 写出引起自己较大情绪波动的事情1～3件，并根据每个事件对自己的影响进行评级（1分表示这件事对我的影响非常小，10分表示这件事对我的影响非常大）。

事件一：____________________

事件二：____________________

事件三：____________________

3. 当你在经受这些事情的时候，你感到____________（请填上描述你感受的词汇）。

4. 当你在体验这种情绪的时候，你有什么样的外在行为表现？

____

____

5. 老师补充提问。

（1）你对自己近3个月的总体评价是几分？为什么给自己打这个分值？主要得分在哪里？失分在哪里？

（2）引起你情绪波动的事情是你自己独有的还是大家都经历了的，你给自己的评分比别人高还是比别人低。

6. 注意事项。

（1）此活动需要所有同学沉下心来仔细体验，因此，课堂氛围的营造以安静为主。有同学特别兴奋或活跃，需采取相关措施使其情绪平静下来。

（2）评分的标尺设定要清楚，并且老师的表述一定要清楚，可强调2～3遍。

（3）写情绪波动比较大的事件时，刚开始可要求大家写3件，如有的同学写不出3件，要认真观察并区别出他是没有沉下心来认真体验，还是心存防御不愿意。如果有同学真想不出来3件事情，过几分钟后再宣布写2件或1件均可。

（4）提醒同学面对同样事件有不同的感受和应对方法，为后面的内容做准备。

心理测试

测测你的情绪类型

【指导语】

请在下列25个问题所提供的备选答案中选一个你认为最符合自己的答案，请如实并快速回答。

【测试问卷】

1. 如果要你选择，你更愿意：

A. 和许多人一起工作，亲密接触　B. 和一些人一起工作　C. 独自工作

2. 当你为了解闷而读书的时候，你喜欢：

A. 选择真实的书，如史书、秘闻、传记、纪实文学

B. 纪实加虚构的读物，如历史小说或带有社会背景细节的小说

C. 最喜欢幻想读物，如浪漫或荒诞的小说

3. 你对恐怖电影反应如何？

A. 不能忍受　B. 害怕　C. 很喜欢

4. 哪种情况最符合你？

A. 对他人的事很少关心　B. 对熟人的生活关心

C. 对别人的生活细节很有兴趣

5. 在你去外地时，你会：

A. 为亲戚们的平安感到高兴　B. 陶醉于自然风光　C. 希望去更多的地方

6. 你看电影时会哭或者觉得要哭吗？

A. 经常　B. 有时　C. 从不

7. 你遇见朋友时，通常是：

A. 点头问好　B. 微笑，握手和问候　C. 拥抱他们

8. 如果在车上有个烦人的陌生人要你听他讲自己的经历，你会怎么样？

A. 显出你颇有同感　B. 真的很感兴趣　C. 打断他，看你自己的书

9. 你是否想过给报社的问题专栏投稿？

A. 绝对不想　B. 有可能想　C. 想过

10. 在一次工作会见中，你被问及私人问题，你会怎样？

A. 感到不快和气愤，拒绝回答　B. 平静地说出你认为适当的话

C. 虽然不快，但还是回答

11. 你在咖啡店里买了一杯咖啡，这时你看见邻座有一位姑娘在哭泣，你会怎么样？

A. 想说些安慰的话，却羞于启齿

B. 问她一下，你能帮助她吗

C. 移开你的座位

12. 你在一对夫妇家里参加聚会时，那对和你很好的夫妇激烈地争吵了起来，你会怎么样？

A. 觉得不快但却无能为力　B. 尽快离开　C. 尽力为他们排解

13. 你送朋友礼物：

A. 仅仅在圣诞节和生日

B. 全凭感情，只要你觉得对他们感到特别亲近就送

C. 在你觉得愧疚或忽视他们时

14. 假如你认识的一个人低级庸俗，但却好为人师，你是否会瞧不起他？

A. 不知道　B. 是的　C. 不会

15. 假如你不得不与你深爱的朋友分手时，你会感到痛苦吗？

A. 说不清楚　B. 肯定会　C. 不会

16. 你生活中的一个重要关系破裂了，你会怎么样？

A. 感到伤心，但尽可能正常地继续生活

B. 至少在短时间内感到痛心

C. 耸耸肩摆脱忧伤之情

17. 你家里闯进一只迷路的小猫，你会：

A. 收养并照顾它　B. 扔出去

C. 想给它找一个主人，找不到时把它无痛地弄死

18. 对于信和纪念品，你是：

A. 无情地把信和纪念品丢掉，即使是你刚刚收到它们

B. 把它们保存多年

C. 两年清理一次这些东西

19. 你是否因为内疚或后悔而痛苦?

A. 是的，甚至为了很久以前的事情

B. 偶尔是这样　　　　C. 不，我从来不后悔

20. 当你必须和一个显得很羞怯或紧张的人谈话，你会：

A. 感到不安，多少也会受到他的影响

B. 觉得有意思并且逗他说话

C. 稍微有点生气

21. 你喜欢孩子们：

A. 在他们小的时候，而且有点可怜巴巴的

B. 在他们长大的时候

C. 他们能与你谈话，并且形成自己的个性时

22. 你的配偶抱怨你在工作上花的时间太多了，你会怎么做?

A. 解释说这是为了你们的共同利益，然后仍然像以前一样做

B. 试图把时间更多地花在家庭

C. 对两方面的要求感到矛盾，试图使两方面都令人满意

23. 在剧场看完特别好的演出后，你会：

A. 用力鼓掌　　　　B. 勉强地鼓掌　　　　C. 加入鼓掌，可能觉得很不自然

24. 当你拿到一份母校出的刊物时，你会：

A. 扔掉之前，通读一遍

B. 仔细阅读，并保存起来

C. 还没有看就丢进垃圾桶

25. 你在马路对面看到一个熟人，你会：

A. 走开　　　　B. 穿过马路和他问好　　　　C. 招手，如果没有反应，便走开

【评分标准】

请依据表5-1将各题分数相加，计算总分。

表5-1

题号得分	A	B	C	题号得分	A	B	C
1	3	2	1	2	1	2	3
3	1	3	2	4	1	2	3
5	1	2	3	6	3	2	1
7	1	2	3	8	2	3	1
9	1	2	3	10	3	1	2
11	2	3	1	12	2	1	3
13	1	3	2	14	2	1	3
15	3	1	2	16	2	3	1
17	3	1	2	18	1	3	2
19	3	2	1	20	2	3	1
21	3	1	2	22	1	3	2
23	3	1	2	24	2	3	1
25	1	3	2				

【结果解释】

25～45分：理智型，特点是理智而有克制力，情绪非常稳定，善于用理智支配一切，感情适度。

46～59分：平衡型，特点是情绪水平一般，有时候会感情用事，有时候也会克制自己，一般情况下能够从容地处理事情。

60～75分：情绪型，特点是重感情，热情而有朝气，善解人意，好强，为人随和，喜自省，行为易受情绪左右。

拓展阅读

情商对成功的影响

情商（Emotional Quotient）通常是指情绪商数，简称EQ。主要是指人在情绪、意志、耐受挫折等方面的品质。总的来讲，人与人之间的情商并无明显的先天差别，更多与后天的培养息息相关。它是近年来心理学家们提出的与智商相对应的概念。

1960年，斯坦福大学心理学家米切尔做了一个考验儿童耐心和意志力的棉花糖实验。10多年后，研究者发现那些通过实验的孩子成年后更加成功。多年来，心理学家一直认为，智力是预测人生成败的最重要因素。但米切尔认为，智力其实受制于自我控制力。这项并不神秘的实验使人们意识到，智力在人生的作用方面过去价值估计偏高，对人生成功取胜还应该有其他因素。

以往认为，一个人能否在一生中取得成就，智力水平是第一重要的，即智商越高，取得成就的可能性就越大。但现在，心理学家们普遍认为，情商水平的高低对一个人能否取得成功也有着重大的影响作用，有时其作用甚至要超过智力水平。情商的要素之一就是人的自控能力，从某种意义上讲，情商表现的是人们通过控制自己的情绪来提高生活品质的能力，即如何激活自己的潜能，如何克制自己的情绪冲动，如何使自己始终对未来充满希望等等。

（摘自：https://xveqiv.com/6683384610/68630452）

第二节　大学生情绪特点

心灵故事

不安静的女生宿舍

王某，大二，女生，平时个性有些古怪，自尊心强，不大与人交往，与同宿舍的小李常为生活中的一些小事发生摩擦，互不买账。一天，她洗干净的衣服，无意中被小李弄脏了一点，小李赶紧道歉，表示愿意将衣服重新洗干净，可她心里仍然很不高兴，也不愿意让别人洗她的衣服，便自己拿着衣服去洗了。可就在晾晒时，一不小心失手掉在了地上，只好又动手洗了一遍，心里窝了一肚子的火。埋怨“都是小李干的好事”，使得她一件衣服洗了三遍。上晚自习时，又发现自己的英语词典没了，东找西找也没找着。而自己急等着用，只好到自习室借其他同学的。等上完自习回到宿舍，得知词典是小李临时急用借走了，也没来得及打招呼，顿时她非常恼火，向小李发起脾气来。宿舍同学劝也无济于事，小李道歉，她也不接受，说小李“真不像话，太没有道德”“真讨厌”，弄得小李无地自容，伤心地哭起来。

此案例中的王某经常为一些小事与同学产生摩擦、发脾气，即使对方向她道歉，她也不接受，自己的情绪常处于愤怒状态。这是由于王同学情绪波动较大，不善于控制和调节自己的情绪，碰到不如意的事情，只一味地责怪别人，将怒气发泄到对方身上，长久下去容易伤害同学之间的感情。

大学生的心理健康很大程度上依赖于情绪是否健康，而心理素质的高低取决于情绪和智商的高低。积极、健康、良好的情绪状态，是大学生幸福生活、愉快学习、健康成长的前提；而消极、不良的情绪状态，不仅会降低大学生学习的积极性和效率，消磨意志，影响其生活的热情，而且会严重影响大学生的心理和身体健康，进而影响他们的成长。

知识导读

处于青年期的大学生，有着丰富的情绪体验，情绪波动大。不良情绪会影响他们的个性发展，影响他们对自我的认识和评价，还会影响他们的认知思维水平，降低大学生的学习和工作效率，严重的情绪困扰甚至会影响大学生的身心健康。

一、大学生的情绪特点

进入大学之后，大学生无论是生活还是学习都有了很大的变化。随着知识素养不断变化，加上大学生所处的特定年龄阶段的影响，在处理生活、学习事件时往往容易遭受挫折，情绪带有明显的特征。

（一）情绪表达内涵丰富、复杂多变

随着大学生年龄的增长，社会性情感的日益丰富，大学生更多地表现出关心他人和社会、积极思考人生的情感倾向，情绪的稳定性增加、波动变化性减少。大学生的情绪表达内涵上也在不断丰富，对自己情绪的认识更加深刻，表达情绪的能力逐步提高，控制情绪的能力也在提升。一般情况下，大学生的情绪表达相对比较稳定。然而，由于大学生身心的特点，往往受到一定的生活和学习刺激就会引起比较强烈的情绪波动，表现为情绪复杂多变。

（二）存在两级性和矛盾性特点

大学生的情绪容易从一个极端直接跳到另一个极端，这种极端变化反映出了大学生情绪的矛盾性特点。比如，理想自我和现实自我的矛盾，社会需求和个人需求的矛盾等，都是导致大学生矛盾情绪产生的原因。大学生对自我的认识还处于不稳定的阶段，对情绪的认识和把握不完整，因而在情绪表现上容易走极端。学校、家庭、社会等都是大学生情绪变化的重要来源，特别是社会热点事件、体制机制变革都会让大学生产生困惑和迷茫，时而激情兴奋，时而悲观厌世。

（三）自我调节意识增强

大学生在面对外界刺激时，能够理智地分析，采取合适的行为，进行自我情绪的管理和控制。但是，大学生由于其心理发展的不成熟，也容易与他人发生冲突，感情用事，往往做出一些冲动的行为。大学生情绪的外在表现和内心体验并不总是一致的，在某些场合和特定问题上，会文饰、掩藏或者抑制自己的真实情绪，表现得不真实。这个时候，大学生通过自我调节的意识，既能通过外显的行为、表情表达自己的情绪，又能根据情境抑制自己的情绪，将某种情绪适当地表达出来。

二、大学生常见的情绪困扰

（一）焦虑

1. 什么是焦虑

焦虑是一种复杂而且常见的负性情绪，表现为对自身的健康和客观情况做出过分严重的估计，常预感到一些可怕的、可能造成精神的、声誉的和现实的威胁即将来临，在缺乏

任何客观根据的情况下出现内心不安，或认为情况严重或者即将大祸临头，并伴有忧虑、烦恼、害怕、紧张、失望、羞愧、不安等情绪体验。从心理学的角度上讲，无论什么形式的焦虑，控制在适当的范围内会激发起我们的动力，有利于提高个人的竞争能力。如果焦虑过度，自己无法控制或持续时间较长，则需要寻求专业人士的帮助。

2. 大学生焦虑的表现

焦虑是大学生常见的情绪困扰和心理障碍，主要涉及以下几个方面：

（1）学业焦虑：即专业焦虑，就是大学生对自己所学专业的不了解，不知道自己学什么、学了以后能干什么、怎么学等，由此产生的焦虑和担忧。另一种是考试焦虑，即由于担心考试失败或者由考试情境引起的一种忧虑、紧张的心理状态。

（2）入学适应焦虑：即大一新生对大学的环境、学习方式和人际关系等不能很快适应而产生的焦虑。

（3）人际交往焦虑：即一种渴望与周围的人建立和谐的人际关系或者在人际交往中感到紧张的一种状态。

（4）就业焦虑：由于即将毕业呈现出迷茫、困惑、焦虑、不安、沮丧等心理状态。

（5）自我形象焦虑：即担心自己不够漂亮、没有吸引力、体胖或矮小等，也有的因为粉刺、雀斑等影响自我形象而引起的焦虑情绪。

相关链接

焦虑水平与学习效率的关系

焦虑水平与学习效率的关系较为复杂，因为它受到许多因素，如学习任务的难度、学习者学习能力、学习情境压力等因素的制约。

一般来说，焦虑程度与学习效率之间的关系（图5-2），可以描绘成一条“倒转的U型曲线”。即中等水平的焦虑有利于学习效率的提高，而过低或过高的焦虑均对学习不利。从学习难度上说，难度大的学习，低焦虑效果好，高焦虑效果差；难度小的学习，高焦虑的效果相对优于低焦虑的效果。

焦虑水平与学习效率的关系还受到个体能力水平的影响，研究表明，能力中等而低焦虑者，其学习成绩比同等能力而焦虑高者好；能力低的学生，无论焦虑水平高低，成绩都差，但低焦虑更有利些；能力高的学生，相对能力低的学生，不管焦虑高低，成绩都较好，但高焦虑更能促进学习，而低焦虑会对学习产生一些消极影响。

就学习情境的压力与焦虑水平的关系看，一般是低焦虑者因情境压力而提高学习效率，高焦虑者因情境压力而降低学习效率。因此，若学生本人学得较为紧张，教师就不能再从外部给他压力；若学生学得较轻松，则应从外部加压，这样才能使两类学生均产生较好的效果。

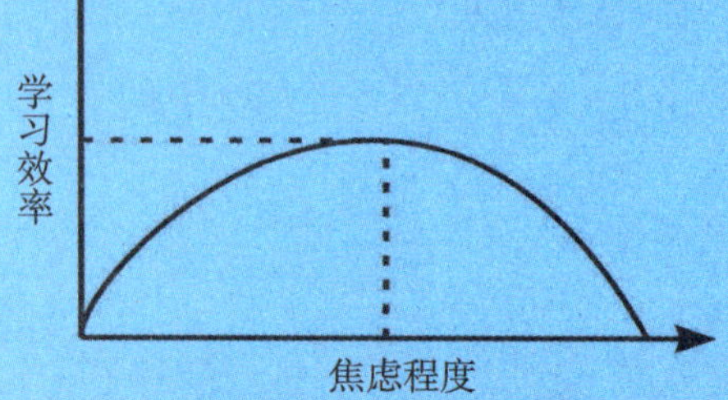

图5-2　焦虑水平与学习效率的关系

3. 焦虑产生的原因

（1）成就动机的影响

成就动机是影响大学生情绪的重要因素。为了学好专业知识为以后择业打下良好的基础，许多同学经常会产生因学习成绩不理想而感到落后的危机感和恐惧感，精神压力大。所以，成就动机是造成大学生考试焦虑的首要因素。

（2）自我认识和评价因素

大学生正处在心理日趋成熟的关键时期，他们常常根据某一事件或事情的某一方面进行不严谨的推论，容易低估、贬低自己的能力、表现和优点，而夸大或高估问题的难度和严重性，这些不良的认知因素是导致大学生产生焦虑情绪的直接原因。

（3）对未来的危机感

大学生对自己的未来和命运越来越关注但又无法预知，这给大学生带来一种危机感，使大学生急于提前武装自己，但又急功近利，很自然就会引发焦虑。

（4）人际关系障碍因素

大学生活为同学们的交往创造了有利条件，但也构成了矛盾纠纷的源泉。大学生由于缺少人际交往的技巧，往往容易造成人际交往障碍。人际关系紧张会直接影响他们的学习和生活，容易产生焦虑。

（二）抑郁

1. 什么是抑郁

抑郁是大学生较为常见的情绪困扰，一种感到无力应付外界压力而产生的消极情绪，常伴有厌恶、痛苦、羞愧、自卑等情绪体验。抑郁情绪和抑郁症是不同的，前者是人们遇到精神压力、痛苦的境遇而产生的一种很常见的情感反应，通常通过自我调适，可重新保持心理平衡。后者又称抑郁障碍，这种疾病的特征是以持久的心境低落为主要标志。

2. 大学生抑郁的表现

抑郁一般表现为情绪低落、心境悲哀。抑郁者会表现出对生活的无望感和强烈的无助感。大学生的抑郁情绪通常表现为郁郁寡欢、闷闷不乐、做事缺乏兴趣、没有活力，进而导致生活能力和学习能力低下、学习效率下降，外表上表现出衣着随便、不梳洗打扮、邋里邋遢、颓废潦倒、面容愁苦、动作甚少。大学生因生活、学习、人际、失恋压力产生抑郁情绪的较为常见，每年患抑郁症者也有相当的比例。有抑郁倾向的大学生的自我评价以消极为主，严重者还会导致自杀。

3. 抑郁产生的原因

（1）自我认知和评价

大学生对自我认知的不正确与自我意识发展的不平衡是大学生产生抑郁心理的主要原因。一些大学生在发展自我的过程中放大了自己的“劣势”，忽略了自我的优势，使大学生对自己生存的意义没有正确的认识，给自己的定位不正确。

（2）人际关系

作为正处在青春期的大学生，交往需要非常迫切。但是，一些大学生由于缺乏与人进行交往的经验和社会技能，加之性格孤僻，心理自卑，行为畏缩，害怕与人交往，因此缺乏安全感，经常处于孤独、寂寞之中，很容易产生抑郁心理。

(3) 学业和感情

学习压力大、动力不足、目的不明确、成绩不理想、学习困难等学业问题给大学生带来一定困扰，使他们进入不了学习状态，内心也非常苦恼；而大学生恋爱目的错综复杂，缺乏恋爱经验，感情比较脆弱，抵抗挫折的耐力较差，一旦恋爱失败，情绪就会一落千丈，从而导致抑郁心理的产生。

(4) 就业和经济压力

随着就业压力的越来越大，致使一些大学生不能选择正确的择业目标，导致抑郁心理的产生。而一些经济条件较差的学生由于家庭条件差，在生活上要承受很大的压力，经常要为自己的学费、生活费发愁，心理上长期处于一种不平衡状态，这种心理上的不平衡也会导致抑郁心理的产生。

(三) 恐惧

1. 什么是恐惧

恐惧指病理性特点的恐惧，即对无客观危险威胁的事情所产生的主观恐惧。它是对某一类特定的物体、活动或情境产生持续紧张的、难以克服的恐惧情绪，并伴随着各种焦虑反应，如担忧、紧张和不安，以及逃避行为。

2. 大学生恐惧的表现

恐惧症常常有明显的强迫性，即自知这种恐惧是过分的、不必要的，但却难以抑制和克服。它表现为个体对某一特定事物或情境产生异乎寻常的强烈恐惧或紧张不安的内心体验并出现回避反应。它包括社交恐惧、动物恐惧、旷野恐惧、高空恐惧等多种类型。常见的大学生恐惧症主要表现为社交恐惧。有些大学生在与人交往时，会不自觉地感到紧张、害怕以致手足无措、语无伦次，有些甚至发展到害怕见人的地步。患有社交恐惧症的大学生往往表现出明显的焦虑和回避行为。恐惧的形成往往与过去的某种痛苦经历有关。

3. 恐惧产生的原因

(1) 家庭环境

由于大学生中独生子女越来越多，成长过程中，与缺少亲密的同龄人一起成长，容易有孤独感、无助感和不安全感。加之有的大学生由于长期缺乏亲人的关爱，导致自我封闭。

(2) 精神因素

精神因素与大学生早期生活经历中遭受到的意外事件的惊吓或创伤体验有关。例如，小时候被蛇咬过，长大后就对与蛇有关的所有事物产生恐惧的心理。这可能是因为在某一情境中发生急性恐惧，并固定下来成为将来的恐惧对象。

(四) 自卑

1. 什么是自卑

自卑是自我情绪体验的一种形式，在心理学上又称“自我否定”。主要表现为对自己的能力、学识、品质等自身因素评价过低。由于学习环境、生活环境的改变，部分大学生由高中时期的“佼佼者”成为了大学校园中的“普通一员”。这种“地位”的改变是造成部分大学生自卑的重要原因，还有一些学生由于家庭条件差或自身某些不足而自卑。有自卑感的学生由于自我评价过低，导致行为畏缩、瞻前顾后、多愁善感、自尊心极强、过于敏感，严重影响了各方面的正常发展。

2. 大学生自卑的表现

大学生自卑心理往往有两种不同的表现：一是逃避参加集体活动，在诸多竞争活动中退缩，甚至明明能成功也不相信自己而放弃参与的机会；二是不承认自己的不足并竭力掩饰以使他人觉察不到自己的自卑，为此常常夸张自己的作为，有时还表现出比较强的虚荣心，对自己的不足和别人的评价很敏感，这一切都是为了掩饰自卑并由此获得一种补偿。

3. 自卑产生的原因

（1）生理方面

大学生对自身生理素质特别在乎，如性别、相貌、身材、体重、肤色等，都可能导致自卑感的产生，其中尤以女生为甚，有生理缺陷的也更易产生自卑心理。

（2）个性因素

自卑感的产生与气质、性格有关。气质抑郁和性格内向者大都确立远远高于自己实力的奋斗目标，因无法实现自己的理想，于是丧失自信，产生严重的自卑情绪。

（3）生活挫折

大学生如果遭受来自家庭或自身的突发性变化，诸如家庭不和、父母离异、亲人病故、失去朋友、身体病残、恋爱失败，以及在人际交往中受挫等，会出现精神恍惚、情绪低落、意志消沉，进而产生自卑感。

（五）愤怒

1. 什么是愤怒

愤怒是当愿望不能实现或为达到目的的行动受到挫折时引起的一种紧张而不愉快的情绪。

2. 大学生愤怒的表现

容易发怒是大学生中常见的消极情绪，它是遇到与愿望相违背的事情，或愿望不能实现并一再受到挫折，致使紧张状态逐渐积累而产生的敌意情绪。有的大学生因一句不顺耳的话、一件不顺心的事，就激动得暴跳如雷，或出口伤人，或拳脚相加。盛怒过后，却后悔不迭。发怒会使人丧失理智、阻塞思维，导致损物、伤人，甚至犯罪等失去理智的行为。大学生中一些违法乱纪的事件，大多是在愤怒的情绪下发生的。

3. 愤怒产生的原因

（1）人格特征

许多研究表明，大学生的愤怒情绪与人格特征有着很大的关系。以自我为中心的人，对他人缺乏宽容，稍有令自己不满意的地方就会表现出愤怒。

（2）情绪处理不当

很多大学生的愤怒是由于情绪处理不当，消极情绪没有合理发泄出来而引起的，通常是表面平静，内心压抑。一些被压抑的情绪会以另一种情绪表现出来，使大学生易怒、焦虑、郁郁寡欢，甚至让人丧失人性。

（六）嫉妒

1. 什么是嫉妒

嫉妒是指他人在某些方面胜过自己引起的不快，甚至是痛苦的情绪体验。嫉妒是自尊心的一种异常表现，在大学生中普遍存在。

2. 大学生嫉妒的表现

具体表现为：当看到他人的学识能力、品行荣誉，甚至穿着打扮超过自己时，内心产生的不平、痛苦、愤怒等感觉；当别人身陷不幸或处于困境时，则幸灾乐祸，甚至落井下石，在人后恶语中伤、诽谤。嫉妒是一种情绪障碍，它扭曲人的心灵，妨碍人与人之间正常地、真诚地交往。

3. 嫉妒产生的原因

（1）过强的自尊心

在现实的大学生活中，一些自我评价过高、自尊心过强的大学生会走向妄自尊大、唯我独尊的地步，这样的人容不得别人强于自己，这种冲突就产生了所谓的嫉妒心理。

（2）错误的认知

嫉妒的产生往往和人的一种错误认知相联系，当自己认为某些东西是自己该获得而没有获得时，或某些东西是别人不该获得而获得时，就会产生嫉妒。

互动体验

探 索 情 绪

【活动目的】

通过练习不同的情绪反应，探索在情绪压抑时的情绪反应。

【活动步骤】

1. 每天用片刻时间独处，思索你的希望，并在日记本上写下你独处时的想法与感受。

2. 在生活中难免会有诸多的不顺利，对此你有什么样的反应和行为。当你处在情绪很压抑的时候，你是否可以很好地表达出来呢，此练习可以比较客观地了解你的情绪表现及其反应。

当我生气时，我会（做）________________

当我害怕时，我会________________

当我悲伤时，我会________________

当我忧郁时，我会________________

当我开心时，我会________________

当我焦虑时，我会________________

当我紧张时，我会________________

当我不安时，我会________________

当我内疚时，我会________________

当我失望时，我会________________

当我怨恨时，我会________________

当我愤怒时，我会________________

当我嫉妒时，我会________________

当我贪婪时，我会________________

当我害羞时，我会________________

当我恐惧时，我会________________

当我烦躁时，我会________________

当我担心时，我会________________

当我疑虑时，我会________________

当我苦恼时，我会________________

当我自责时，我会________________

情 绪 传 递

【活动目的】

通过“情绪源”的传递，让同学们体会不良情绪是很容易传递的，要及时控制不良情绪。

【活动步骤】

1. 首先进行第一轮。请同学们站成一圈，并闭上眼睛。老师在这个圈外，然后轻轻敲一下某个同学的后背，这个同学就是“情绪源”。然后请同学们睁开眼睛，在屋内自由散开，同学之间可以相互自我介绍、握手、自由交谈，尽可能与更多的人交流。

2. 指定的“情绪源”的任务就是通过眨眼的动作将不安的情绪（事先准备一个情绪卡

片，选用卡片中的其中一个负性的）传递给屋内的其他三个人。

3. 任何一个获得眨眼睛信息的人要把自己当作已经受到不安情绪感染的人。一旦被情绪感染了，他的任务就是要对其他三个人眨眼睛，将情绪感染给他们。

4. 当一个受到情绪感染的人已经向其他三个人眨了眼睛时，他继续在屋内转悠，但不要再眨眼睛了。

5. 5分钟后，让同学坐下来。请第一个受到情绪感染的人，即“情绪源”站起来，一直站着。请“情绪源”旁边的三个受到情绪感染的人也站起来。

6. 大家依次都站起来。请“情绪源”情绪低落下来，建议那些不耐烦的人现在可以坐下来。所有情绪低落的人也都坐下来。

7. 活动进行第二轮。老师告诉同学，你已经找到了缓解不安情绪的“灵丹妙药”，这种“灵丹妙药”是通过真挚柔和的微笑传播的。

8. 大家站起来闭着眼围成一圈。告诉他们你会选一个同学作为“微笑情绪源”，他会向三个人微笑，得到微笑的人应该对另外三个人微笑，作为回报。

9. 老师在圈外，注意不要碰任何人的后背。在恰当的时候，假装你已经指定了“微笑情绪源”一样，微笑着说“开始”。

10. 请同学自由活动3分钟，然后请他们坐下。请收到“灵丹妙药”的同学举手，并指出他们认为是“微笑情绪源”的人，大家会指向许多不同的人。

11. 告诉大家，其实根本没有“微笑情绪源”，也没有缓解不安的“灵丹妙药”。

12. 请同学们讨论并分享：

（1）被不安情绪感染时，自己有什么感受？

（2）是否有人避免被感染，怎么避免？

（3）每个人分享自己调节情绪的方法。

心理测试

焦虑自评量表（SAS）

【指导语】

下面有20条文字，请仔细阅读每一条，把意思弄明白，然后根据您最近一星期的实际感觉进行评定。每一条目均按1、2、3、4进行四级评分，主要评定症状出现的频度。“1”表示没有或很少时间有；“2”表示有时有；“3”表示大部分时间有；“4”表示绝大部分或全部时间有。

【测试量表】

1. 我觉得比平时容易紧张或着急。 （1　2　3　4）
2. 我无缘无故在感到害怕。 （1　2　3　4）
3. 我容易心里烦乱或感到惊恐。 （1　2　3　4）
4. 我觉得我可能将要发疯。 （1　2　3　4）
5. 我觉得一切都很好。 （1　2　3　4）
6. 我手脚发抖打颤。 （1　2　3　4）
7. 我因为头疼、颈痛和背痛而苦恼。 （1　2　3　4）
8. 我觉得容易衰弱和疲乏。 （1　2　3　4）
9. 我觉得心平气和，并且容易安静坐着。 （1　2　3　4）

10. 我觉得心跳得很快。 (1　2　3　4)
11. 我因为一阵阵头晕而苦恼。 (1　2　3　4)
12. 我有晕倒发作，或觉得要晕倒似的。 (1　2　3　4)
13. 我吸气呼气都感到很容易。 (1　2　3　4)
14. 我的手脚麻木和刺痛。 (1　2　3　4)
15. 我因为胃痛和消化不良而苦恼。 (1　2　3　4)
16. 我常常要小便。 (1　2　3　4)
17. 我的手脚常常是干燥温暖的。 (1　2　3　4)
18. 我脸红发热。 (1　2　3　4)
19. 我容易入睡并且一夜睡得很好。 (1　2　3　4)
20. 我做噩梦。

【评分标准】

20个条目中有15项是用负性词陈述的，按照1、2、3、4分计；其余5项（第5、9、13、17、19项）是用正性词陈述的，按4、3、2、1计分。将20个条目的各个得分进行相加，即得到粗分。用粗分乘以1.25取整数，即得标准分。

【结果解释】

按照中国常模标准，SAS的分界值为50分。轻度焦虑：50～59分。中度焦虑：60～69分。重度焦虑：69分以上。

抑郁自评量表（SDS）

【指导语】

下面有20条文字，请仔细阅读每一条，把意思弄明白，然后根据您最近一星期的实际感觉进行评定。每一条目均按1、2、3、4进行四级评分，主要评定症状出现的频度。“1”表示没有或很少时间有；“2”表示有时有；“3”表示大部分时间有；“4”表示绝大部分或全部时间有。

【测试量表】

1. 我感到情绪沮丧，郁闷。 (1　2　3　4)
2. 我感到早晨心情最好。 (1　2　3　4)
3. 我要哭或想哭。 (1　2　3　4)
4. 我夜间睡眠不好。 (1　2　3　4)
5. 我吃饭跟平时一样多。 (1　2　3　4)
6. 我的性功能正常。 (1　2　3　4)
7. 我感到体重减轻。 (1　2　3　4)
8. 我为便秘烦恼。 (1　2　3　4)
9. 我的心跳比平时快。 (1　2　3　4)
10. 我无故感到疲劳。 (1　2　3　4)
11. 我的头脑跟往常一样清楚。 (1　2　3　4)
12. 我做事情跟平时一样不感到困难。 (1　2　3　4)
13. 我坐卧不安，难以保持平静。 (1　2　3　4)
14. 我对未来感到有希望。 (1　2　3　4)
15. 我比平时更容易激怒。 (1　2　3　4)
16. 我觉得决定什么事很容易。 (1　2　3　4)

17. 我感到自己是有用的和不可缺少的人。 （1 2 3 4）

18. 我的生活很有意义。 （1 2 3 4）

19. 假若我死了别人会过得更好。 （1 2 3 4）

20. 我仍旧喜爱自己平时喜爱的东西。 （1 2 3 4）

【评分标准】

20个条目中有10项（第1、3、4、7、8、9、10、13、15和19项）是用负性词陈述的，按照1、2、3、4分计；其余10项（第2、5、6、11、12、14、16、17、18和20项）是用正性词陈述的，按4、3、2、1计分。将20个条目的各个得分进行相加，即得到粗分。用粗分乘以1.25取整数，即得标准分。

【结果解释】

按照中国常模标准，SDS的分界值为53分。轻度抑郁：53~62分。中度抑郁：63~72分。重度抑郁：72分以上。

拓展阅读

情绪竟然也可以"传染"

"情绪传染"指的是一个人的坏心情会影响到几个人的好心情。国外有对此巧妙解读的一册连环画：有个小男孩儿心情不好，在路边遇到一条小狗，便狠狠踢去，吓得小狗狼狈逃窜；小狗无端受了惊吓，见到一个西装革履的老板便汪汪狂吠；心情不好的老板在公司里逮住他的女秘书大发雷霆；女秘书回家后把怨气一古脑撒给了莫名其妙的丈夫；第二天，这位身为教师的丈夫如法炮制，对自己一个不长进的学生一顿臭批；于是挨了训的学生，也就是在这之前所说的那个小男孩儿就怀着一种很恶劣的心情回家了，在回家的路上又碰到了那只小狗，于是他二话不说，又是一脚踹向了那只狗……

"情绪传染"是有科学依据的。意大利里佐拉蒂教授在做一次研究猴子脑细胞的实验时发现，猴子在做动作时，大脑中某个特定位置的神经元就立即处于激活状态，这些神经元就像一面镜子，能直接在观察者的大脑中映射出别人的动作，因此，被称为是"镜像神经元"。后来发现，在人类的大脑中，也普遍存在着这种镜像神经元，它们广泛分布在两个大脑半球的重要区域。镜像神经系统不但能对行为产生镜像反应，而且对人的面部表情和情绪也会产生镜像反应。这可能就是"情绪会感染"的真实原因。看到面露恐惧的人，你也会感到恐惧；看到欢乐的笑容，你也会心情愉快。

怎样才能防止"情绪传染"。主要是加强品格和心情的修养。要多一些理性，克服自己的蛮性。要能够清醒地认识到，不能为一些鸡毛蒜皮的小事而生气伤身，这样做是不值的。"笑一笑，十年少，愁一愁，白了头"不是调侃之语，是有其科学道理的。

（引自:http://baike.baidu.com/link? url=vtRJBkBfE536JKQpCYaPuoa9ezzcWjstZHPzY7efJpVOlVbs1g80-CIqwPEZLrmcZ12MakMbvVa1RtiJJafA0K）

第三节 大学生情绪管理

心灵故事

我一定要做得更好

李某，女，20岁。某大学二年级生物科学系学生，爱好音乐，长相出众。李某为家中独女，自小成绩优异。李某性格内向，好强，做事认真仔细，力求完美。李某说自己从小学习成绩就很优秀，在班上一直担任班干部，不论做什么事都严格要求自己，有时也会感觉到责任和压力，但心中告诉自己一定要做到最好。高考时以年级第二的成绩考入了某大学。但大学一年级考试成绩不理想，在大学以前成绩一直是前三，认为只有前三名才是优秀的好学生。所以，对自己很失望，心里很不平衡。见人也不爱说话了，不愿与同学一起活动。觉得自己很差劲，情绪低落，焦虑烦闷，睡眠质量差。

李某的心理问题表面上是由于进入大学后，考试成绩不理想而引起的焦虑、烦闷等不良情绪，实际上来自自身对事情的不合理认识和评价所引起的。例如，李某可能存在："我一定要做到最好""我应该考入前三名"等一些绝对化看法。加之对自己学业的过分完美要求，对自己一次没考好的反应过分强烈，导致了她的自我挫败感。因此，帮助李某以合理的思维方式代替不合理的思维方式，以合理的信念代替不合理的信念，就能让李某减少或消除情绪困扰。

因此，该案例宜采用合理情绪疗法。合理情绪疗法的核心理论是情绪ABC理论。其主要观点是强调情绪或不良行为并非由外部诱发事件本身所引起，而是由于个体对这些事件的评价和解释造成的。个体可以通过改变认知来改变情绪。

知识导读

在生活中，每个大学生都会出现这样或那样的情绪困扰，遇到不良情绪时，大学生可以通过情绪识别、情绪调控等方法来管理情绪。

一、提高情绪的识别能力

情绪识别能力包括两个方面，一是对自己情绪的觉察能力，二是对他人情绪的识别能力。

（一）提高对自己情绪的觉察能力

要提高对自己情绪的觉察能力，首先是运用内省法，知道自己的感受即表面情绪，并分化辨识表面情绪背后真正的需求和情绪感受，然后平静地接纳它。这就要求我们：

1. 要及时觉察自己所处的情绪状态。也就是应时时提醒自己注意：我现在的情绪是什么？不管你处在何种负面情绪中，先暂停、中断目前的情绪，跳出来，让自己先能察觉自己的情绪，是高兴还是生气，是舒服还是不舒服。如当你因为朋友约会迟到而对他冷言冷语时，就应问问自己"我现在有什么感觉"，应自我确认冷言冷语背后的情绪是生气。

2. 要分化辨识表面情绪背后的真实情绪感受。如有时候我们只能粗略地感受到不舒服、不愉快，至于那个“不舒服”是什么，却说不上来，这时候我们就需要进一步探索情绪，试着问自己：是什么让我感到不舒服？这不舒服是愤怒、悲伤、挫折、害怕、羞耻还是罪恶感受？如果是接近愤怒的感觉，是不平、不满、有敌意、生气，还是愤慨呢？如果是羞耻类的情绪，是觉得愧疚、尴尬、懊悔还是耻辱？这样一步一步引导自己，就可以将原本模糊、笼统的情绪，分化成比较具体、明确的情绪，也才能进一步利用情绪所带来的线索，加以应对。

3. 要进一步澄清我们的复杂情绪，以便清晰了解我们所处的情绪状态。通常我们是处在一种复杂的情绪状态中，如有时我们会心中意念纷扰、情绪五味杂陈，整个人有心烦意乱之感，此时，我们就必须暂停并中断目前情绪，冷静地进行澄清。只要情绪中夹杂着两种以上的复杂情绪，就需要进一步加以澄清，应将那些纠葛、混合的情绪抽丝剥茧，辨识出隐藏的真实情绪。理清一层层的情绪，就能比较清楚自己的情绪状态，对症下药，有效解决真正问题。澄清情绪还能帮助我们将注意力集中于内省，有安定情绪的作用。

其次是要通过分析认清引发情绪的原因。只有认清了引发情绪的原因，才能了解自己情绪发生的来龙去脉，真正觉察自己的情绪。这就要求我们：

1. 要清楚地了解影响情绪的各种因素。

2. 要深入分析引起我们情绪的主观原因（理性思考）。

通常，我们都相信，我们之所以愤怒、生气、忧郁，原因是由外在境况引发的。而20世纪50年代发展起来的ABC理论却认为，情绪并非直接源自外在诱发事件，而应该归因于个体对于这件事的观念和想法（该理论和方法我们将在接下来的内容中详细介绍），所以探讨原因、了解情绪背后的想法和信念，可以帮助我们弄清楚是哪些想法或思考方式让我们产生了负向的情绪。

最后是要平静地接纳自己的情绪，并将它恰当地表达出来。这就要求：

1. 要平静地接纳自己的情绪，不能压抑、排斥。

2. 要恰当表达自己的情绪（合理恰当表露与宣泄）。

表达情绪时的有效方式应是以平静、非批判的方式叙述情绪的本质，记住是描述而不是直接发泄，且情绪的言语表达要清楚、具体。

（二）提高对他人情绪的识别能力

1. 提高对他人情绪的识别能力

首先要了解人类情绪表现，即表情的特点。它包括情绪在面部、言语和身体姿态上的表现，称为面部表情、言语表情和身段表情。其次要把握情绪识别的规律性。

2. 准确识别别人的情绪

情绪识别的准确度受多种因素的影响。一是从面部表情中识别。从面部识别情绪的主要线索并不在“眉目之间”，而应特别借助面部那些活动性更大的肌肉群的运动来识别。二是有些情绪容易识别，有些则较难识别。一般说来，快乐和愤怒最容易识别，而对恐惧、哀痛、厌恶等的识别较困难。三是从情绪行为的前后关系中识别情绪，准确度高；而孤立地识别情绪，准确度低。四是面部表情的识别如果能和身段表情结合起来，那就更有利于准确地判断情绪状态。五是言语表情的重要性也不可低估（语气）。六是要准确地识别一个人的情绪单凭表情是不充分的，正常成年人的情绪表现是可以随意调节的，情绪可以在没有表情的情况下产生，表情也可以在没有情绪体验的情况下出现。

二、情绪调控的方法

（一）宣泄法

当情绪发作时，人体内潜藏着一股能量，过分压抑只会使情绪困扰加重，积聚起来有害身心健康。大学生有焦虑、烦闷、抑郁等负性情绪时，也不能一味地把不良情绪藏在心底，进行适度的宣泄，使压抑的心境得到缓解和改善，有利于大学生的身心健康。

宣泄有自我宣泄和他助宣泄。自我宣泄是在情绪之后及时地表达自己的内心感受。如被人伤害后，告诉对方自己的感受，要求赔礼道歉。他助宣泄的方式则有倾诉和模拟宣泄等。倾诉既可向师长、同事、同学、亲人诉说心中的烦恼和忧虑，也可用写日记、写信等方式倾诉不快，以宣泄自己的烦恼和不快，调节自己的情绪。

宣泄的方式有多种多样，若选择不当，不但不能促进心理健康，反而会带来新的情绪困扰。因此，要注意正确选择宣泄方式，应以不妨碍他人和社会利益为原则，宣泄时要注意不损害自己。

（二）注意力转移法

注意力转移法是把注意力从引起不良情绪反应的刺激情境转移到其他事物上去或从事其他活动的情绪调节方法。当出现情绪不佳的情况时，要把注意力转移到使自己感兴趣的事情上，或暂时避开令人伤心的地方，如外出散步、看电影、听听笑话、看看幽默小说、打球、下棋、找朋友聊天、换换环境等。这些活动有助于使情绪平静下来，在活动中寻找到新的快乐。这种方法，一方面中止了不良刺激源的作用，防止不良情绪的泛化、蔓延；另一方面，通过参与新的活动，特别是自己感兴趣的活动而达到增进积极情绪的目的。

注意力转移法有积极和消极两种。积极转移法是把情绪、时间、精力转移到有利于个人发展的方向，如学习、运动等。消极转移法是情绪不好时，把注意力转移到酗酒、吸烟甚至吸毒等，自暴自弃。大学生应当多使用积极转移，尽量避免消极转移。

（三）自我安慰法

这种情绪调节方法主要是当一个人追求某个事物而不能实现，为了减少内心失望，找一个借口或理由，以缓解矛盾冲突，消除焦虑、抑郁、烦恼和失望情绪。人不可能处处顺心、事事顺利，学习、就业、人际交往中遇到了困难和挫折，在经过最大努力仍不能改变状况时，可适当地进行自我安慰，要说服自己适当让步，将不成功归因于客观条件和客观现实，同时要勇于承认并接受现实。经常用“胜败乃兵家常事”“塞翁失马，焉知非福”“坏事变好事”等词语来进行自我安慰，可以摆脱烦恼，缓解矛盾冲突，消除焦虑、抑郁和失望，达到自我激励、总结经验、吸取教训之目的，有助于保持情绪的安宁和稳定。

相关链接

“酸葡萄式心理”和“甜柠檬式心理”

“酸葡萄”一词源自寓言《狐狸与葡萄》。狐狸因得不到自己想吃的葡萄，假设葡萄是酸的，根本没法吃。用这个语言比喻人们对自己想要但又得不到的东西就故意说他不好，从而弱化其意义和价值，以起到平衡心理的作用。比如，有人没有当上先进，就故意说：“当先进有什么用啊，又不能当饭吃！”

甜柠檬式的自我安慰是指人们对于自己的某种行为明知不妥，但又不愿承认，只好找出各种理由来增加行为的合理性，以获得自我安慰，减轻心理压力。正如花钱买了柠檬，吃到嘴里是酸的，但还得想办法证明自己的行为是正确的，所以只得说，加点糖就甜了；比如有人上街买东西上了当，心里十分窝火，但当别人问起此事，还不能承认是自己经验不足造成的，于是他说："不是我无能，而是对方太傻。"平时，我们也拿这种"甜柠檬式"的自我安慰方法来安慰自己和他人，比如摔碎了东西，人们会说"碎碎（岁岁）平安"；丢了东西，人们会说"破财免灾""旧的不去、新的不来"等。

在社会生活中，人们的需要不可能全部获得满足，进行自我安慰可以使人的内心达到平衡。因此，在某种情况下，它不失为一种自我防卫的方法。

（四）心理暗示法

从心理学角度讲，就是个人通过语言、形象、想象等方式，对自身施加影响的心理过程。这个概念最初由法国医师库埃于1920年提出，他的名言是："我每天在各方面都变得越来越好。"

自我暗示分消极自我暗示与积极自我暗示。积极自我暗示，在不知不觉之中对自己的意志、心理以至生理状态产生影响，令我们保持好的心情、乐观的情绪、自信心，从而调动人的内在因素，发挥主观能动性。而消极的心理暗示就是在暗示的过程中会强化我们的缺点，唤醒隐藏在我们内心深处的弱点，从而产生负性情绪。

与此同时，我们可以利用语言的指导和暗示作用，来调适和放松心理的紧张状态，使不良情绪得到缓解。

（五）放松训练法

放松训练法是克服紧张、焦虑的方法，目的是使身心放松，生理和心理活动趋衡，使人从烦恼、紧张、苦闷、忧虑等不良情绪中解脱出来，达到平静。这里主要介绍三种常用的放松训练方法。

1. 腹式呼吸放松法

所谓腹式呼吸法是指吸气时让腹部凸起，吐气时压缩腹部使之凹入的呼吸法。正确的腹式呼吸法为：开始吸气时全身用力，此时肺部及腹部会充满空气而鼓起，但还不能停止，仍然要使尽力气来持续吸气，不管有没有吸进空气，只管吸气再吸气。然后，屏住气息4秒，此时身体会感到紧张。接着利用8秒的时间缓缓地将气吐出。吐气时宜慢、长且不中断。做完几次前述呼吸后，不但不会觉得难过，反而会有一种舒畅的快感。

2. 渐进式肌肉放松法

渐进性肌肉放松训练要求想象最能令人松弛和愉快的情景，使全身肌肉得到深度松弛。具体的指导语是："坐好，尽可能地使自己舒适，尽最大可能地让您自己放松……现在，首先握紧右手拳头，把右拳逐渐握紧，在您这样做时，您要体会紧张的感觉，继续握紧拳头，并体会右拳、左手和右臂的紧张。现在，放松……让您右手指放松，看看您此时的感觉如何……现在，您自己去试试全部再放松一遍……再来一遍，把右拳握起来……保持握紧，再次体会紧张感觉……现在放松，把您的手指伸开，您再次注意体会其中的不同，现在，您左手重复这样做。"以同样的方法用于放松左手与左臂，接着放松面肌、颈、肩和上背部，然后胸、胃和下背部，再放松臂、股四头肌和小腿，最后身体完全放松。

3. 冥想放松法

冥想放松法是一种通过获得深度的宁静状态而增强自我的良好状态。常用的指导语有"你可以闭上眼睛想象初升的太阳、幽静的园林，以及芬芳的花丛和辽阔的海洋"，尽量体验自己在想象环境中的各种美好感觉，比如辽阔的海滨、海风轻拂海面、美丽的花朵、传出阵阵香味等。试着这样每天坚持做1～2次，每次持续5～10分钟，心理会感到彻底地放松。

（六）合理情绪疗法

美国心理学家艾利斯提出了合理情绪法。合理情绪法中最核心的便是情绪ABC理论，用来解释人的情绪困扰和不适应行为的产生。其中，A是指诱发性事件；B是指个人在遇到诱发性事件后产生的相应的信念，也就是他对这个事件的看法、解释与评价；C是指在特定情境下，个人的情绪体验及行为结果。

艾利斯指出，情绪（C）不是由某一个诱发事件本身（A）所引起的，而是由经历了这一事件的个人对这一事件的解释和评价（B）所引起的。因此，事件只是情绪产生的间接原因，认知才是情绪产生的直接原因，是认知决定了情绪的性质。

互动体验

情绪的角色扮演

【活动目的】

通过一些情景下的角色扮演，体会情绪发生的情况并了解情绪发生的原因，理解情绪反应对身心行为的影响。

【活动步骤】

1. 设置一些生活情景

（1）有人弄坏了你的手机；

（2）在某次竞赛活动或者考试中你获得了第一名；

（3）你在公交车上被人踩了一脚；

（4）当你正在看你喜欢的电视节目时，有人把他调成了其他节目；

（5）同学们给你起绰号，并当众喊了你。

2. 讨论在碰到上述情景时，会有何种情绪产生，如果有消极的情绪产生后会有什么结果。

3. 举例自己在日常生活中因不适当的情绪反应造成不良后果的情形。

4. 根据情景进行角色扮演表演。

5. 观看表演并进行评论。

6. 注意事项

教师在活动最后可以用一些话鼓励学生适应并调试情绪，鼓励的语句举例如下：

我有明确的奋斗目标，绝不放弃！

我要积极行动，勇敢实践！

我乐观、自信、坚强！

我将不断超越自我，走向辉煌！

驳斥不合理情绪

【活动目的】

通过与不合理信念进行驳斥，掌握建立合理信念的方法，克服不合理信念。

【活动步骤】

1. 讲述合理情绪疗法ABCDE模式的原理。

2. 找出使自己产生异常紧张情绪的诱发事件（A），比如别人不理睬自己。

3. 分析自己在遇到诱发事件时对它的解释、评价和看法，即由它引起的信念（B）。从理性的角度去审视这些信念，并且探讨这些信念与所产生的紧张情绪（C）之间的关系。从而认识到异常的紧张情绪之所以发生，是由于自己存在不合理的信念，自己应当为自己失之偏颇的思维方式负责。

例如，碰到别人不理睬自己（A）就认为（B）“他人不理睬自己，是不喜欢自己的表现”，但其更深层次的信念可能是“每个人都应该喜欢自己”“自己应该得到每个人的接纳”，抱着这样的信念遇到A这件事，就会感到很不舒服、很紧张拘谨，甚至很失落（C）。

4. 扩展自己的思维角度，与自己的不合理信念进行辩论（D），动摇并最终放弃不合理信念，学会用合理的思维方式代替不合理的思维方式。还可以通过与他人讨论或实际验证的方法来辅助自己转变思维方式，例如“凭什么每个人都应该喜欢自己？有这样的可能吗？”“现实中有可能得到每个人的接纳吗？”“他人不理睬自己就是不喜欢自己吗？”。

5. 随着不合理信念的消除，异常的紧张情绪开始减少，并产生出更为合理、积极的行为方式。行为所带来的积极效果，又促进了合理信念的巩固与情绪的轻松愉悦。个人通过情绪与行为的成功转变，从根本上树立起合理的思维方式，从此不再受异常的紧张情绪困扰，即达到了合理情绪的效果（E）。

6. 概括起来就是：诱发事件（A），有关的信念（B），不良情绪和不适当的行为（C）与不合理信念进行辩论（D），在情绪和行为上产生积极的效果（E）。

7. 练习：请用合理情绪理论分析自己的一次负性事件。

A. 发生了什么事？

B. 当时有什么想法？

C. 是怎样的情绪反应？

D. 对“当时想法”进行辩论。“想法”对吗？证据是什么？按当时的想法去做的最大好处是什么？最大坏处是什么？

E. 若再来一次，现在“我”会怎样处理？会说些什么？会做些什么？感觉如何？

8. 拓展举例

假设你要参加演讲比赛，你感到十分焦虑、紧张和害怕。

原想法：“我应该要讲得很好，不可犯错，犯了错是很糟糕的事。万一讲不好被耻笑，多没面子呀。讲不好说明我是个没用的人。”

驳斥：“这想法会影响我，使我不能正常地表现。”“即使犯了错，被耻笑，我真的受不了吗？”“讲错了就很没面子吗？一次演讲讲不好就说明我是个没用的人吗？这想法并不是事实，只是我自己主观的意见，不切实际地夸大了后果。”“这想法会使我无法达到预期目标。”

驳斥后形成新的合理的想法："虽然我不喜欢犯错，但是如果犯了错，只会感到生气，还不至于到糟透了的地步。""虽然我讲不好，我仍然是个有用的人。一次行为表现不等于一个人的全部；一件事做不成，不代表我就是笨蛋。""不犯错最好，但不表示我一定不可以犯错。"

心理测试

大学生情绪稳定性自我测验量表

【指导语】

请仔细阅读下面30道题，每道题都有三种不同答案，请你从中选择出与自己的实际情况最接近的一种答案。在作答过程中不得漏题，在同一题上不得斟酌太多时间，请根据看完题后的第一反应回答。

【测试量表】

1. 看到自己最近一次拍摄的照片，你有何想法？

A. 觉得不称心　　B. 觉得很好　　C. 觉得可以

2. 你是否想到若干年后会有什么使自己极为不安的事？

A. 经常想到　　B. 从来没有想过　　C. 偶尔想到过

3. 你是否被朋友、同事、同学起过绰号，挖苦过？

A. 这是常有的事　　B. 从来没有　　C. 偶尔有过

4. 你上床以后是否经常再次起来一次，看看门窗是否关好？

A. 经常如此　　B. 从不如此　　C. 偶尔如此

5. 你对与你关系最密切的人是否满意？

A. 不满意　　B. 非常满意　　C. 基本满意

6. 在半夜的时候，你是否经常觉得有什么值得害怕的事？

A. 经常有　　B. 从来没有　　C. 偶尔有

7. 你是否经常因梦见可怕的事而惊醒？

A. 经常　　B. 从来没有　　C. 极少有

8. 你是否曾经有过多次做同一个梦的情况？

A. 是　　B. 否　　C. 记不清

9. 是否有一种食物使你吃后呕吐？

A. 是　　B. 否　　C. 记不清

10. 除去看见的世界外，你心里是否有另外一种世界？

A. 是　　B. 否　　C. 偶尔是

11. 你心里是否时常觉得你不是现在的父母所生？

A. 是　　B. 否　　C. 偶尔是

12. 你是否曾经觉得有一个人爱你或尊重你？

A. 说不清　　B. 否　　C. 是

13. 你是否常常觉得你的家庭对你不好，但你又确知他们的确对你好？

A. 是　　B. 否　　C. 偶尔是

14. 你是否觉得没有人十分了解你？

A. 是　　B. 否　　C. 说不清

15. 在早晨起来的时候，你最经常的感觉是什么？

A. 忧郁　　B. 快乐　　C. 讲不清楚

16. 每到秋天，你经常的感觉是什么？

A. 秋雨霏霏或枯叶遍地　　B. 秋高气爽或艳阳天　　C. 不清楚

17. 在高处的时候，你是否觉得站不稳？

A. 是　　B. 否　　C. 偶尔是

18. 你平时是否觉得自己很强健？

A. 是　　B. 否　　C. 不清楚

19. 你是否一回家就立刻把房门关上？

A. 是　　B. 否　　C. 不清楚

20. 当你坐在房间里把门关上时，是否觉得心里不安？

A. 是　　B. 否　　C. 偶尔是

21. 当需要你对一件事做出决定时，你是否觉得很难？

A. 是　　B. 否　　C. 偶尔是

22. 你是否常常用抛硬币、玩纸牌、抽签之类的游戏来测凶吉？

A. 是　　B. 否　　C. 偶尔是

23. 你是否常常因为碰到东西而跌倒？

A. 是　　B. 否　　C. 偶尔是

24. 你是否需用一个多小时才能入睡，或醒得比你希望的早一个小时？

A. 经常这样　　B. 从不这样　　C. 偶尔这样

25. 你是否曾看到、听到或感觉到别人觉察不到的东西？

A. 经常这样　　B. 从不这样　　C. 偶尔这样

26. 你是否觉得自己有超越常人的能力？

A. 是　　B. 否　　C. 不清楚

27. 你是否曾经觉得因有人跟你走而心里不安？

A. 是　　B. 否　　C. 不清楚

28. 你是否觉得有人在注意你的言行？

A. 是　　B. 否　　C. 不清楚

29. 当你一个人走夜路时，是否觉得前面潜藏着危险？

A. 是　　B. 否　　C. 偶尔

30. 你对别人自杀有什么想法？

A. 可以理解　　B. 不可思议　　C. 不清楚

【评分标准】

以上各题的答案，选A得2分，选B得0分，选C得1分。请将你的得分统计一下，算出总分。

【结果解释】

情绪稳定，自信心强：0~20分。情绪基本稳定，但较为深沉、冷静：21~40分。情绪极不稳定，日常烦恼太多：41分以上。

拓展阅读

死刑犯——水管滴水吓死之谜

美国著名的心理学家——加德纳，原本是一名医生，那时他竭力反对将实情告诉癌症患者。他认为，美国死于癌症的病人中，75%的病人是被吓死的，其余才是真正的病死。它曾做过一个实验：让一个死囚躺在一张床上，并告诉他将被执行死刑。把那个死刑犯的手从一堵墙壁穿过，然后假意在动脉上划了一刀，再告诉死刑犯他的动脉被划破了。

之后在墙壁的另一边打开了水管，让死刑犯可以听见水管滴水的声音，告诉他那是他的动脉在流血。三个小时后，死刑犯毫发无伤地死了，尸检结果是死于失血过多，可是那个死刑犯身上连一个口子都没有。这是一个心理作用，那个死刑犯在心理上认为自己的血已经流光了，所以，他身体各部分所表现出来的也是失血过多的表现。

（引自：http://zhidao. baidu. com/link? url=sVW3hMIjUcv07MuFNGoURm589-ys6TjGQs5w KDrogHw8st-fLa99ooxuhoq1RkrAIleOBI1l-sW-XbsqgvpnKq）

这就说明，心理暗示的作用是非常大的。我们每个人都可以通过积极的自我暗示，在各方面都变得越来越好。

启发思考

1. 什么是情绪？不良情绪对身心有哪些影响？举例说明。
2. 大学生常见的情绪困扰有哪些？怎样克服不良情绪的困扰？
3. 如何理解一个人的情绪不是由客观事物所引起的，而是由自己控制的？
4. 你最近是否遇到不愉快的事情？是如何进行调节的？

第六章

大学生人际管理

人际交往是大学生健康成长的基本条件，沟通更是新时代人际交往中的一项重要技能。了解人际交往的基本理论，结合大学生交往的特点和实际，帮助他们学习有效的沟通技巧，架起心灵沟通的桥梁，在集体中积极、愉快的生活，是家庭、学校和社会对大学生健康成长的殷切期盼。

第一节　人际关系概述

心灵故事

故事1：某高校一位大学生，平时疏于与同学交往，在学校基本没有朋友，形单影只，看到同学们说说笑笑，他的内心倍感孤独。某天忽然离校出走，学校派人四处苦寻无果，同时报警并通知其家属。后来发现，这位大学生其实并未走远，只是多日待在一家网吧里和网上的人倾诉苦闷，身上钱都花光后不堪之下又回到了校园。从老家赶来的父母又是责骂他，又是担心无奈，老泪纵横。但是，因为旷课过多，加上违反学校纪律，学校给予他退学的处分。

故事2：某位大学生到学校心理咨询室求助，自述和室友难相处，其他四个室友都还好，就是李姓室友让他头疼，李同学似乎处处和他过不去，难以沟通，令他很苦恼。这位室友身上毛病还很多，比如，经常深夜打电话、喜欢乱用别人的东西、不及时整理自己的卫生等。而且还一点说不得，稍微说下就会引起吵架不欢而散。这位求助者心理的矛盾就在于要不要和李姓室友力争，说个明白，自己憋着好难受。

上述案例都属于大学生的人际交往问题。在现在的大学生心理咨询和辅导中，有人际交往困惑而求助的案例很多，出现上述案例中那样有宿舍交往问题的大学生占一定比例。在班级和宿舍里，同伴之间的心理交往状况，往往决定了一个大学生是否对大学生活感到满意。很多同学虽能与人交往，但多属泛泛之交，总感到自己缺乏影响力，没有知心朋友，因而感觉空虚、迷茫和失落；他们若遇到一些不好相处的同学和舍友，不知如何处理，就会影响心情，致使学习和生活也会受到很大的影响。

知识导读

从健康心理学的角度讲，大学生积极进行人际交往有着十分重要的现实意义。开放的社会，要以开放的心态面对人际关系。和谐的人际关系、适当的交往能力和表达能力也是人心理素质的展示。在当今的社会转型时期，人与人之间的合作能力、协调能力都无形中已提升到前所未有的高度。为此，学习人际交往的相关理论、提高交往中的心理素质，已成为大学生的人生必修课。

一、人际交往与人际关系的含义

在社会生活中，人们相互交流信息、沟通感情的过程就是人际交往。交往的目的是达成沟通、协调并建立一定的人际关系。从信息交流角度看，交往是发信者将信息编码后输入信息通道，受信者将信息译码后接收，并将反应反馈给发信息者的过程。

（一）人际交往与人际关系

人际交往是指人与人之间通过一定方式进行接触，在心理和行为上发生相互影响的过程。作为一种社会现象，人际交往有两个特点：其一，交往双方互为主体和客体；其二，交往双方行为心理有互动，即在影响他人时，也在接受他人的影响。人际关系是在交往的基础上形成的，好比心理上的桥梁和纽带，显示人与人之间的心理距离。

人际交往和人际关系联系十分紧密。人际关系是从静态角度看到的一种状态，如师生关系、宿舍同学关系；人际交往则更多是一种动态状态，是指人与人之间一切直接或间接的相互作用。一方面，人际交往是一切人际关系的前提和基础，而人际关系又是人际交往的起点和依据。另一方面，人际关系发展和变化实际上是人际交往的结果，人际关系的程度又影响和制约着人际交往的深度和广度。因此，一般都把人际交往和人际关系等同对待。良好的人际交往和人际关系对大学生的成长和成才起着非常重要的作用。

（二）人际关系的结构

在大学生群体中，大家会发现有的同学很有人缘，他们身上似乎有一种吸引力，与很多人相处起来都非常融洽默契，让人好生羡慕。这种能力一般称之为交际能力。大学生群体中气质特征各异，有的人偏安静，有的人可能更活跃一些。通常活跃的人交际面会更广，但是人们会发现，有些活跃的人，也常常因为太直率而得罪人。那么，人际吸引力的秘密是什么呢？这里涉及人际关系的结构。

在结构上（图6-1），人际关系包含着认知、情感和行为三个相互联系与制约的成分，其中，以感情相悦和价值观相似为核心。

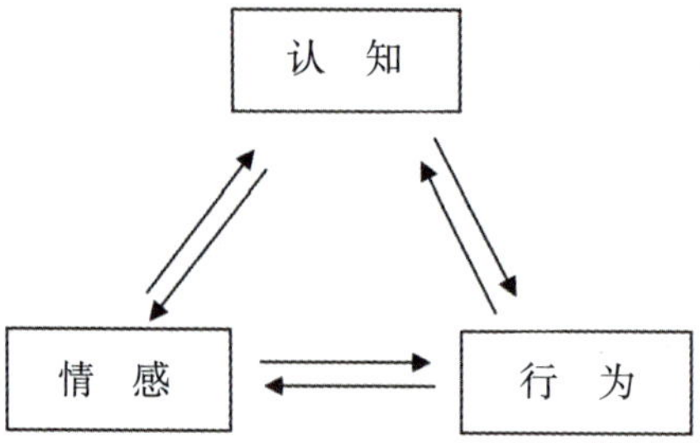

图6-1　人际关系的结构

1. 两情相悦

两情相悦指你喜欢别人的同时，别人正好也喜欢你。两情相悦，互相接纳，可以避免或减少人际间的摩擦与冲突，使交往得以良性循环。反之，你喜欢别人而别人不喜欢你，或者说别人喜欢你而你不喜欢别人，甚至格格不入，就无法形成交往，即使勉强交往，最终也还是要分道扬镳。

2. 价值观相似

价值观相似指能吸引自己的人，在价值观念、态度、信念等方面与自己有某些相似之处的人。越相似，意见越一致，互相就越喜欢。因为，在交往中，彼此价值观相似，不仅容易获得相互支持与共鸣，而且容易预测彼此的反应倾向，相互适应就比较容易。价值观相似，会促进交往频率的增加，循环往复，彼此关系便趋向稳定和密切。

两情相悦和价值观相似，是人际吸引的两大心理机制，其功能的差异是前者作用于交往的前期，后者则常作用于交往的后期。理想的人际关系是两大心理机制同时发生作用，即，既两情相悦又价值观相似。

（三）人际关系的形成

人际交往是人际关系实现的根本前提和基础，也是人际关系形成的途径；而人际关系则是人际交往的表现和结果。从时间上看，人际交往在前，人际关系在后。同时，人际交往是一个动态的过程，而人际关系则具有相对的稳定性。

表 6-1　人际交往与人际关系的相互关系

图解	人际关系状态	相互作用
	零接触	
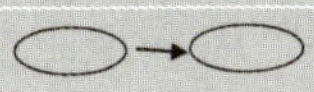	单向接触	低
	双向接触	│
	表面接触	│
	轻度接触	│
	中度接触	高
	深度接触	

表6–1对人际关系的各种状态及其相互作用水平的递增关系作了直观的描述。表6–1中，圆圈表示人际关系涉及的范围。需要特别指出的是表6–1表示了一个重合的情况。无论人们的关系多么密切，情感多么融洽，也无论人们主观上怎样感受彼此之间的完全拥有，关系的卷入者都不可能在心理上取得完全一致。两个人毕竟是两个世界，有着两种理解、两种情感和两种利益的差异。所以，人与人之间只存在很大程度上相一致的问题，而不存在完全一致的情况。

二、人际关系对大学生心理健康的意义

人际关系对大学生的心理健康具有十分重要的意义。良好的人际关系氛围有助于个体提高自信和自尊，使个体感到心情舒畅，体会到温暖和满足感。身处人际关系良好的环境里，个体通常心情愉悦，热爱生活，乐于接纳他人，大大提高个体行为的有效性。而如果人际关系失调，长期处于紧张、冷漠与冲突的人际交往状态中，个体经常感到压抑、孤寂、苦闷，逐渐地会产生对生活、学习和工作的消极态度，甚至导致心理扭曲。因此，和谐、融洽的人际关系对身心具有极其重要的心理保健功能。那么人际关系对大学生心理健康的作用具体表现如下。

（一）满足自身需要，促进情感交流

人是社会的动物，每个人都愿意生活在人群中。人们通常害怕孤独，强烈的孤独感会使人难以忍受，以致影响身心健康。心理学家马斯洛提出了需要层次理论，这一理论将人的需要分为五种层次：生理需要、安全需要、社交需要（归属与爱）、尊敬需要和自我实

现需要。马斯洛认为这五个层次的需要是逐级上升的，当一个层次的需要获得相对满足以后，人就会追求更高层次的需要，这就形成了驱动行为的动力。其中，社交需要希望伙伴之间、同事之间关系融洽，因为每个人都不希望自己离群索居，而是渴望别人了解自己，并得到相互关心和照顾。

（二）调控不良情绪，促进心理平衡

面对生活中不可避免的矛盾，人们会产生这样那样的情绪，或焦虑，或抑郁，或失望，或恐惧，或苦恼，或悲观。不良情绪如果得到及时宣泄，可以避免心理疾病的产生。如果不良情绪得不到适当宣泄，不仅影响人际关系的发展，久而久之，还会造成身心紧张，影响健康甚至导致疾病。所以，良好的人际关系不仅是人健康成长的基本条件，同时也是治疗心理障碍的一个重要资源。

英国著名思想家培根说："如果你把快乐告诉一个朋友，你将得到两个快乐；如果你把忧愁向一个朋友倾吐，你将被分去一半忧愁。"由此可见，良好的人际交往是维护和促进大学生心理健康的一剂良药。

（三）充分完善自我，促进个性发展

认识自我、确立自我、发展自我、完善自我，是一个人青年时代重要的心理过程。而要认识自我、确立自我、发展自我和完善自我，他人的评价很重要。大学生通过与他人相处、比较，并通过他人对自己的评价，可以看到自己的价值、优点和缺点，从而正确认识自我。个性的形成和发展也需要在交往中去实现。只有在交往中自我才会完善，个性才会发展。

（四）提高交往能力，促进事业成功

现代社会是一个合作与竞争的社会，随着职业流动性的增大和大学生自主择业制度的形成，社会对大学生的人际交往能力提出了更高的要求。可以说，人际交往能力已成为大学生必须具备的最重要的基本素质之一。因此，掌握人际交往的基本规律和技巧，提高人际交往能力，建立良好的人际关系，是大学生事业成功的基础，也是心理健康教育的重要内容。

三、影响大学生人际关系的主要心理因素

影响人际关系的心理因素很多，主要包括认知、动机、情感、态度与行为等等。

（一）认知因素

认知是个体对人际关系的知觉状态，是人际关系的前提。第一是对自己的认知，对自己有无正确的自我评价，会影响人际交往中的自我表现；第二是对他人的认知，对他人与自己关系的了解与把握，能使个体在交往中更好地调节与他人的关系；第三是对交往本身的认知，人与人彼此之间若不相识、不相知，就不可能建立人际关系。

（二）动机因素

动机在人际关系中有着引发、指向和强化功能。人与人的交往总是缘于某种需要、愿望与诱因。人际交往的最基本动机就在于希望能从交往对象那里得到自己需求的满足。然而，每个人的需求是有所不同的，有的是希望得到金钱财物而交往，有的是为了攀附名利而交往。大多数人的交往动机都处于较高的社会意义上，比如，结识朋友、寻求信息交流、沟通感情和承担社会责任，等等。每一种动机，都能促使个体参加相应的交往活动。

（三）情感因素

情感是人际关系的重要调节因素。人们在交往过程中，总是伴随着一定的情感体验，

如，满意与不满意、喜爱与厌恶等。人们正是根据自身情感体验不断调整人际关系的。情感直接关系着交往双方在情感需要方面的满足程度，即心理距离。可以说，情感是人际关系中最重要的部分，它往往被当作判断人际关系状态的决定性指标。

人际交往中的情绪表现应是适时适度的，应当与引起情绪的原因及情境相称，并随客观情况的变化而变化。情绪反应过分强烈，不分场合和对象恣意纵情，会给人轻浮不实的感觉；情绪反应过于冷漠，对本可引起喜怒哀乐的事情无动于衷，则会被认为麻木、无情。这些不良情绪反应都会影响交往。

（四）人格因素

人际交往中，人格因素有至关重要的作用。不良的人格特征容易给人以不良评价、不愉快的感受乃至一种危险感，因而会影响人际交往。下面是较常见的一些不良人格因素及其对交往的影响。

1. 为人虚伪。与这种人交往，人们没有安全感。

2. 自私自利。这种人只关心自己的需要，不关心他人，人们在与这种人的交往中会经常感到精神上、物质上受损。

3. 不尊重人。与这种人交往，易被挫伤自尊心。

4. 报复心强。与这种人交往，使人常担心稍有不慎，就会遭报复，感到心理紧张。

5. 嫉妒心强。与这种人交往，易使人感到自己被嫉恨、被排挤、被剥夺，从而感到不舒服、不安全。

6. 猜疑心重。这种人常令人在交往中感到冤枉委屈，难以从内心接近。

7. 苛求于人。这种人易使人感到紧张和压抑，并易使自尊心受挫。

8. 过分自卑。这种人常被感觉为无能，与此种人交往使人感到有负担、沉闷。

9. 骄傲自满。这种人使人感到受威胁或难以信任。

10. 孤独固执。这种人自我防御心理太强，相互间难以影响，使人感到交往无效或交往很累。

相关链接

人与人之间的距离

一位心理学家做过这样一个实验：一个刚刚开门的大阅览室，当里面只有一位读者时，心理学家就进去拿椅子坐在他（她）的旁边。试验进行了整整80人次。结果证明，没有一个被试者能够容忍一个陌生人紧挨自己坐下。当心理学家坐在他们身边后，很多被试者会默默地移到别处坐下，有人甚至明确地问："你想干什么？"

这是一个人际距离的问题。很明显这个实验给出了结论：没有人能容忍他人闯入自己的空间。人与人之间需要保持一定的空间距离，即使最亲密的两人之间也是一样。任何一个人，都需要在自己的周围有一个能掌控的自我空间，这个空间就像一个充满了气的气球一样，如果两个气球靠得太近，互相挤压，最后的结果必然是爆炸。这也就是为什么两个本来关系密切的人，越是形影不离就越容易爆发争吵。

美国心理学家爱德华·霍尔研究发现，人与人之间的距离可以分为以下几个区域。

亲密距离（15厘米之内）：这是人际间最亲密的距离，只能存在于最亲密的人之间，彼此能感受到对方的体温和气息。就交往情境而言，亲密距离属于私下情境，即使是关系亲密的人，也很少在大庭广众之下保持如此近的距离，否则会让人不舒服。

个人距离（46~76厘米）：这是人与人之间稍有分寸感的距离，较少直接的身体接触，但能够友好交谈，让彼此感到亲密的气息。一般来说，只有熟人和朋友才能进入这个距离。人际交往中，个人距离通常是在非正式社交情境中使用，在正式社交场合则使用社交距离。

社交距离（1.2~2.1米）：这是一种社交性或礼节上的人际距离，也是我们在办公室中经常见到的。这种距离给人一种安全感，处在这种距离中的两人，既不会怕受到伤害，也不会觉得太生疏，可以友好交谈。

公众距离（3.7~7.6米）：一般来说，演说者与听众之间的标准距离就是公众距离，还有明星与粉丝之间也是如此。这种距离能够让仰慕者更加喜欢偶像，既不会遥不可及，又能够保持神秘感。

了解了交往中人们所需的自我空间及适当的交往距离，就能有意识地选择与人交往的最佳距离，更好地进行人际交往。

（摘自：http://www.360doc.com/content/14/0310/14/8750152_359275856.shtml）

互动体验

小组活动：画出你的人际关系图

先绘制一个圆圈代表自己，而后请你尽量回想进入大学后你的人际关系网，用不同的圆圈代表不同的人际交往对象类型，并予以注明（如父母、同学、老师等）。再仔细思考自己花在不同人际交往对象群体上的时间，用不同圆圈之间距离的远近代表彼此关系的亲疏（图6-2）。

图6-2

完成人际关系图后，请思考下面问题：

（一）对照一下自己绘制的人际关系图，看看你的人际交往圈是否合理？是什么造成了你目前这种交际圈？你的人际交往圈是否需要改进？如何改进？

（二）思考你有几种不同类型的人际关系网？与不同对象的人交往方式有什么不同？

素质拓展团队培训项目：罐头鞋

【项目类型】

团队合作项目。

【项目导入】

在拓展培训中这是一个团队协作类项目，现在我们面前是一片充满瘴气的沼泽地，沼泽地里有很多剧毒的虫子，我们身体的任何一个部位都不能触碰到这片沼泽地，否则就会受伤，并且如果在沼泽地滞留久了，也会被瘴气所伤。

【项目描述】

罐头鞋由两块窄板和三只大桶组成，木板经过相应处理具有一定的防腐防水性能，总长3.5米，宽0.28～0.3米。该项目采用杠杆原理，木板放在桶上，要求所有人通过沼泽的时候只能站在木板上，由起点移动到终点，利用两块木板快速又安全地使全部队员通过这片有毒沼泽地。在行进的过程中，强调站在木板上的学生必须共同完成。一定要意识到细节问题，如果不注意就容易发生事故，比如一边翘起；强调这是一个团队项目，大家必须协作才能圆满解决问题。

【培训目的】 培养学生相互合作、指挥协调和获取胜利的能力；增强身体的协调力以及平衡能力，锻炼个人的决策力和执行力；加强沟通能力。罐头鞋项目中大家共同交流才能解决直线式沟通的障碍，在混乱紧张的情况下学习如何有效沟通，充分信任队友，很好地执行队友给出的可行建议。

【项目道具】 两块木板、三个大油桶。

【适合人数】 16人左右。

【注意事项】

1. 全体学员相对均匀地站到木板上，不得在木板上故意震颤和打闹。

2. 在没有动作时，双手在体前下垂交叉示意。活动中，如果换位，必须采用面对面扶肩换位，相邻学员应互相帮助。

3. 活动过程中，学员身体任何部位不得触地，木板不得触地。

4. 学员在挪动木板的时候，手指不能在木桶与木头之间，避免被压伤。

5. 踩在木板后方的学员至少要是4个以上体重较重的，后方板长至少要在三分之一以上，在前端的同学需要身手敏捷，这样在更换的时候容易操作。大家要注意后面的板子上是否有人，以防一边无人把另一边的人弄倒。

【讨论与分享】

1. 在这个项目中，什么时候是最难的？

2. 在不能说话的时候，大家如何做到协调一致？如何运用非言语信息？

3. 当总是有队员步调不一致时应该怎么做？

4. 在这个项目完成的过程中，谁发挥的作用最大？哪些人发挥的作用很小？

心理测试

人际关系行为困扰的诊断

【指导语】

这是一份人际关系行为困扰的诊断量表，共28个问题，在每个问题上，若符合自己情况请打“√”，不符合自己情况则打“×”。请你认真完成，然后按后面的计分标准计算总分并对测验结果做出解释。

1. 关于自己的烦恼有口难言。（　　）
2. 和陌生人见面感觉不自然。（　　）
3. 过分地羡慕和妒忌别人。（　　）
4. 与异性交往太少。（　　）
5. 对连续不断的会谈感到困难。（　　）
6. 在社交场合感到紧张。（　　）
7. 时常伤害别人。（　　）
8. 与异性交往感觉不自然。（　　）

9. 与一大群朋友在一起，常感到孤寂或失落。（ ）
10. 极易受窘。（ ）
11. 与别人不能和睦相处。（ ）
12. 不知道与异性相处如何适可而止。（ ）
13. 当不熟悉的人对自己倾诉他的生平遭遇以求同情时，自己常感到不自在。（ ）
14. 担心别人对自己有什么坏印象。（ ）
15. 总是尽力使别人赏识自己。（ ）
16. 暗自思慕异性。（ ）
17. 时常避免表达自己的感受。（ ）
18. 对自己的仪表（容貌）缺乏信心。（ ）
19. 讨厌某人或被某人所讨厌。（ ）
20. 瞧不起异性。（ ）
21. 不能专注地倾听。（ ）
22. 自己的烦恼无人可倾诉。（ ）
23. 受到人排斥与冷漠。（ ）
24. 被异性瞧不起。（ ）
25. 不能广泛地听取各种意见、看法。（ ）
26. 自己常因受伤害而暗自伤心。（ ）
27. 常被别人谈论、愚弄。（ ）
28. 与异性交往不知如何更好地相处。（ ）

【评分标准】

打“√”的得1分，打“×”的得0分。

【结果解释】

如果你得到的总分是在0~8分，那么，说明你在与朋友相处上的困扰较少。你善于交谈，性格比较开朗，主动关心他人。你对周围的朋友都比较好，愿意和他们在一起，他们也都喜欢你，你们相处得不错。而且，你能够从与朋友相处中得到许多乐趣。你的生活是比较充实而且丰富多彩的，你与异性朋友也相处得很好。一句话，你不存在或较少存在交友方面的困扰，你善于与朋友相处，人缘很好，获得许多人的好感与赞同。

如果你得到的总分是在9~14分，那么，你与朋友相处存在一定程度的困扰。你的人缘很一般。换句话说，你和朋友的关系并不牢固，时好时坏，经常处在起伏波动的状态之中。

如果你得到的总分是在15~28分，那么，表明你在与朋友相处上的行为困扰较严重。分数超过20分，则表明你的人际关系的行为困扰程度很严重，而且在心理上出现较为明显的障碍。你可能不善于交谈，也可能是个性格孤僻的人，不开朗或有明显的自高自大、讨人嫌的行为。

拓展阅读

萧伯纳和小姑娘

英国著名戏剧家、诺贝尔文学奖获得者萧伯纳对“平等”二字有很深的体验。一次他访问苏联，漫步在莫斯科街头，遇到一位聪明伶俐的苏联小姑娘，便与她玩了很长时间。分手时，萧伯纳对小姑娘说：“回去告诉你妈妈，今天同你玩的是世界有名的萧伯纳。”小姑娘望了萧伯纳一眼，学着大人的口气说：“回去告诉你妈妈，今天同你玩的是苏联小姑娘安妮娜。”这使萧伯纳大吃一惊，立刻意识到自己太傲慢了。后来，他常回忆起这件事，并感慨万分地说：“一个人不论有多大成就，对任何人都应该平等对待，要永远谦虚，这就是苏联小姑娘给我的教训，我一辈子也忘不了她。”由此可见，在交际中坚持平等原则是多么重要啊！

（摘自互联网：http://www.61ertong.com/wenxue/mingrengushi/20141127/244935.html）

第二节　大学生人际交往常见问题

心灵故事

小方是大一新生，性格偏内向，家庭条件较好，进入大学后与5名同学同住。时间一长，他开始看不惯同寝室同学“不良”的卫生习惯和作息制度，更不喜欢他们的“夸夸其谈”。于是逐渐以独来独往来减少与同学们的交往，而寝室同学说说笑笑，进出都结伴而行，似乎也视他不存在。他开始感到失落了，孤独感油然而生，曾经多次萌发过主动与他们交往的念头，可总是不能很好张开口。他觉得室友们可能在背后议论他，想换寝室但没有得到批准。于是，他早出晚归尽量避开交往。开始失眠，食欲下降，精神状态越来越差，听课效率越来越差，最后终于病倒了。但是在他住院期间，寝室同学对小方照顾有加，就像自己的家人生病了一样，他的心被震撼了。他把内心的苦闷与孤独告诉了他们，才知道原来一切都是自己“想”出来的，同学们只是觉得他不愿与他们交往，并不知道由此引发了他内心如此大的震荡。

小方由于看不惯寝室同学而拒绝与他们交往，最终陷入了失落、孤独中，消极的心理状态导致了躯体化反应，终于不堪重负而病倒。幸好后来在同学们的温暖中找回了和同学之间的友情，感受到了友情的快乐和温暖。他敞开心扉，重新回到了同学们中间。其实，在人际交往中，每个人都需要别人的关心与支持，如若不想痛苦孤单，就不要因为任何原因而封闭自己。因此，大学生在学校要学会关心、学会理解、学会换位和学会适当的妥协。

知识导读

人际交往能力是现代社会人才的重要素质，是一个人能否适应现代社会的重要标志之一。良好的人际交往能力是大学生成人、成才的重要条件。但是目前大学生群体中却不乏不愿、不懂以及不善于交往的同学，他们面临着种种人际交往的问题，为此而苦恼着，甚至影响了自己的学习和生活。他们中不少人纳闷为什么自己总是和别人处不好，不明白问题到底出在哪儿？大学生应透彻地了解问题所在，以积极的态度和行为对待人际交往，从而不断提高人际交往能力，享受人际交往带来的丰富的信息和情感交流的愉悦。

一、大学生人际交往中常见的问题

（一）认知导致的人际交往障碍

不正确的认知即为认知偏差，主要有自我认知偏差和对他人的认知偏差，这些都会影响大学生的人际交往。

1. 自我认知偏差

来源于自我认知方面的障碍因素有很多，对人际交往起主要障碍作用的有“自卑”和“自负”两个极端。

自卑是个体由于某些原因产生自我评价过低从而造成自我轻视和否定的情绪体验。自卑是人际交往的大敌，具有强烈自卑感的人一般表现为自我封闭、不愿与人交往。有自卑心理的大学生大多数比较敏感，缺乏自信，他们处事十分谨慎，为了减少挫折，尽力避开人群。一个人如果形成自卑心理，不仅会阻碍与他人的人际交往，还会抑制自身的发展。

自负则指一些大学生在交往中呈现出以自我为中心的特点，自视甚高，表现出一种“优越感”，喜欢自吹自擂、盛气凌人。他们对别人要求苛刻，希望别人尊重自己，却不懂得尊重他人，具有偏执的倾向。俗话说“人贵有自知之明”，只有正确认识自己、评价自己，才能协调好生活中的人际关系。这对个人的心理和行为发展有着重要意义。

2. 社会认知障碍

社会认知主要是指对他人的认知，包括社会知觉、印象等。在生活实践中，每个人都积累了许多的人际交往经验或者接收到某些相关的信息，如果这些认知发生障碍，将会严重影响人际交往的顺利进行。

（1）首因效应（又称第一印象）

首因，即最初的印象。在人际交往中，人们比较注意刚开始接触到的细节，如对方的表情、身材、容貌等，而对后来接触到的细节不太注意。这种由先前信息形成的最初的印象及其对后来信息的影响，就是首因效应，即我们常说的“先入为主”。

第一印象赖以产生的信息是有限的，也并非总是正确的，但却总是最鲜明、最牢固的，并且决定着今后双方交往的过程。

（2）近因效应（又称最后印象）

近因效应指的是最后的印象对人们认知具有的影响。最后留下的印象往往比较深刻，这也就是心理学上所阐释的后摄作用。

首因效应与近因效应不是对立的，而是一个问题的两个方面。在大学生的人际交往中，第一印象固然重要，但最后的印象也是不可忽视的。一般情况下，在对陌生人的认知中，首因效应比较明显，而对熟悉的人的认知中，近因效应比较明显。这就告诉我们，在与他人进行交往时，既要注意平时给对方留下的印象，也要注意给对方留下的第一印象和最后印象。

（3）光环效应（又称晕轮效应）

光环效应是指由知觉对象的某一特征推及对象的总体特征，从而产生美化或丑化对象形象的心理倾向，即根据最少量的情况对别人做出全面的结论。所谓“情人眼里出西施”，说的就是这种光环效应。

光环效应实际上是个人主观推断泛化的结果。大学生在人际交往中经常有这样的泛化，如喜欢交往对象的某一特征，就认为其他一切都好；反之，讨厌交往对象的某一特征，就认为其他一切都不好。这是一种以点带面、以偏概全的交往方法。纠正的方法是要学会一分为二地看待事物、看待人，对交往对象不能只看其一、不看其二地去全盘肯定或全盘否定。

（4）投射效应

投射效应是指在人际交往中，认知者形成对别人的印象时总是假设他人与自己有相同的倾向，即把自己的特性投射到其他人身上。如“以小人之心，度君子之腹”，反映的就是投射效应的一个侧面。又如考试中想作弊的人总感到别人也在作弊，如自己不作弊就吃亏。这都是投射效应在作怪。投射效应的实质在于从主观出发简单地去认知他人，其结果必然导致认知的主观性、任意性，从而影响人与人之间的良好沟通。纠正的方法是客观地认识自己和他人，分清自我与他人意愿，不要“以己论人”。

（5）刻板印象（又称定势效应）

刻板印象是认知者对于某一类事物或人物的一种比较概括和笼统的看法。比如，有些人认为老年人保守、死板；男生认为女生娇气、傲气；女生认为男生粗鲁、霸气等等。显然，刻板印象所产生的人际认知和评价是不全面、不正确的，有时会造成偏见或成见，对人与人之间的正常交往带来负面影响。纠正的方法是认真对待他人的所有信息，不臆断，对具体的人应具体分析，不能一概而论。

应该看到，人际交往中的这类心理现象常常是许多人在不知不觉中产生的，而且在心理学上也能找到与之对应的理论，但它们会对人际交往带来不同程度的影响。因此，科学地用好人际交往中的心理效应对大学生的成长、成材很有意义。

（二）情绪、情感障碍

所谓情绪（Emotion），是指个体受到某种刺激所产生的一种身心激动状态。人与社会之间，以及人与人之间的关系都可以通过情绪反映出来，诸如爱和恨、快乐和悲伤、期望和失望等等。人拥有各种各样的情绪，但并不是每个人都具有驾驭和控制情绪的能力。通常情况下以下几种情绪可能会影响大学生的人际交往。

1. 易怒

培根说过，有三种人容易发怒：第一是过于敏感的人；第二是认为自己受到轻视的人；第三是那种认为自己名誉受到损害的人。大学生群体正值盛年，在交往中有时会因为发怒而大吵大闹，恶语伤人，甚至大打出手。这样不仅会造成人与人之间的怨恨，而且容易由于无法理性克制情绪而做出一些无法挽回的事情。

2. 冷漠

冷漠是指对他人冷淡漠然的消极心态。主要表现为对人怀有戒心甚至敌对情绪，既不与他人交流思想感情，又对他人的不幸冷眼旁观、无动于衷、没有同情心。冷漠通常因曾受人欺骗、暗算等心灵创伤或曾受人漠视、轻视甚至歧视所致。由此，使其在人际交往中习惯戴上灰色眼镜看待人生，逐渐失去了应有的热情和同情心，并且会恶性循环。

3. 嫉妒

嫉妒是由于别人胜过自己而引起抵触、消极的情绪。这是人性的弱点之一，是焦虑、悲哀、猜疑、羞耻、憎恶、敌意等不愉快的情绪复杂的综合体。别人天生的身材、容貌和逐渐显现出来的聪明才智，都可以成为嫉妒的对象；其他如荣誉、地位、成就等有关社会评价的各种因素，也都容易成为他人嫉妒的对象。嫉妒心强的人往往事事好胜，常想方设法阻止别人发展，总想压倒别人，这会使得同学、朋友都想躲开他，不愿与其交往，从而给自己造成一个不良的人际关系氛围，使自己感到孤独和寂寞。

莎士比亚说：“您要留心嫉妒啊，那是一个绿眼的妖魔！”嫉妒的人是可恨的，不能容忍别人的快乐与优秀，会用各种手段去破坏别人的幸福，有的挖空心思采用流言蜚语中伤他人，有的使用卑劣手段；嫉妒的人又是可怜的，他们自卑、阴暗，享受不到阳光的美好，体会不了人生的乐趣，只能生活在自己的黑暗世界里。

二、大学生的人际冲突

（一）人际冲突的含义及过程

冲突是一种对立的状态，表现为相互关联的主体之间的紧张、不和谐、敌视，甚至争斗关系。原因各种各样，在这个过程中，冲突双方的认知、情绪和关系都可能发生变化。冲突通常是一个动态的过程，大致分为五个阶段。

1. 冲突潜伏阶段

导致双方冲突的客观条件已经基本具备，也就是说，双方在某些方面存在差异，难以兼容，但是，双方还没有明确意识到这种不兼容。

2. 冲突知觉阶段

当双方认识到他们之间的差异，而且认为不能相容时，就进入了冲突知觉阶段。

3. 冲突感受阶段

当双方开始分析冲突性质，思考应对策略时，而且还出现一些情绪性的反应（如紧张不安、不舒服、愤怒等）时，就进入了冲突感觉阶段。

4. 冲突外显阶段

感觉到冲突后，双方都需要做出选择：是回避冲突，还是公开面对冲突。只要一方将冲突公开化，就会进入冲突外显阶段。这时，双方可能发生言语上的争执、情绪上的对立，甚至行为上的对抗。在这个阶段，很容易出现冲突升级，将矛盾扩大化、情绪化。

5. 冲突结果阶段

冲突意味着人际平衡关系的破坏，经过一段时间的互动，双方关系一般会达成一个新平衡，这时就进入冲突的结果阶段。冲突的后果可能是两败俱伤，也可能是一胜一负，如果处理得当，也可能双赢。当然，能否达到双赢的效果，要取决于冲突的性质与双方管理冲突的水平。

（二）大学生人际冲突的发生根源

实际上，在大学生日常生活中人际冲突主要有两种表现形式：一是显性冲突，表现为直接用行为来对抗、侵犯、伤害对方；二是隐性冲突，仅表现为心理上和情感上的对抗或者不相容。大学生正值青春盛年，血气方刚，特别是男性之间容易发生人际冲突。人际冲突发生的根源主要有以下几个方面。

1. 沟通障碍

沟通是一个双向交互的过程，是人际交往的基础。但在沟通过程中，可能会由于信息发送者的表达能力、沟通技巧和策略等问题而导致人际冲突。比如，有些同学会由于某些口头禅或给别人起外号而与同学产生摩擦和冲突；还有一些眼神以及肢体语言也同样传递着信息，如果拿捏不好也会造成冲突。如某些班干部在安排工作时喜欢用食指指向他人发号施令，令人很难接受。另外一种情况是“说者无心，听者有意”，信息接收者自身的状态也会造成冲突。

2. 生活习惯差异

每个人都是一个特异的个体，来自不同地区和家庭的同学存在语言、作息、饮食等习惯的差异。假如彼此之间不能相互尊重、相互谦让，势必会引起矛盾冲突。这种矛盾在宿舍中表现得最为明显，大家朝夕相处，在卫生习惯、作息制度等细节方面的不注意会逐渐引发不愉快，甚至争吵打架。

3. 价值观差异

调查显示，在大学生产生冲突的原因中，由于价值观认同差异产生的冲突约占32.7%，其次分别为：性格不合占17.8%、意见不一占12.7%、当时心情不好占11.2%、生活习惯差异占10.6%，而由于利益原因造成的冲突仅为5.9%。价值观是指个人对客观事物（包括人、物、事）及对自己的行为结果的意义、作用、效果和重要性的总体评价，是对“什么是好的”“什么是应该的”总体看法，是推动并指引一个人做决定和采取行动的原则、标准。换言之，就是该做什么、不该做什么、该怎么做。这些都是由于价值观差异造成的。

相关链接

先锋地下实验

1995年，40岁的意大利洞穴探险家蒙塔尔进行了名为“先锋地下实验室”的活动。他只身下到一个200米深的洞穴里独自生活一年。洞穴里各种设施齐全，有足够的食物，有卧室、卫生间、工作间，还有一个小小的植物园。但是没有人事纠葛，就一个人。在洞顶上的监控室里，研究人员通过闭路电视系统观察蒙塔尔一个人在长期孤独生活情况下生理方面会产生哪些变化。刚开始20天左右，由于孤寂，蒙塔尔曾感到害怕，后来还是顶住了。他给果树和蔬菜浇水，看书、写作或看录像。一年中，他吸了380盒香烟，看了100部录像片。实验室内还备有一辆健身自行车，他共骑了1600多千米。

一年后，当他出来时，体重下降了21千克，脸色苍白，反应迟钝，弱不禁风，大脑混乱，情绪低落，说话结巴，很多词语都忘了。为此恢复了好长时间，后来他说：“一个人在洞里生活，孤独得让人几乎要发疯，甚至几次想要自杀。我过去喜欢安静独处，讨厌嘈杂，现在我宁可选择热闹也不要孤独。这次实验使我明白了一个道理：人生的美好在于与人相处和沟通。”

（摘自：葛宝岳主编，《大学生心理健康与安全课程》，新华出版社，2015年8月）

互动体验

撕　纸　张

【活动目的】

为了说明人们平时的沟通过程中，经常使用单向的沟通方式，结果听者是见仁见智，按照自己的理解来执行，通常会出现很大的差异。但使用了双向沟通之后会怎样呢，会有改善吗？差异可能依然存在，但增加了沟通过程的复杂性。所以，什么方法是最好的，这要依据实际情况而定。作为沟通的最佳方式要根据不同的场合及环境而定。

【活动材料】

A4纸若干。

【活动程序】

1. 邀请十名学生站在讲台前，给他们每人发一张纸。

2. 教师发出单项指令，要求全班和这十名同学都不能发出声音。

“大家闭上眼睛，全过程不许问问题，把纸对折，再对折，再对折，把右上角撕下来，转180°，把左上角也撕下来，睁开眼睛，把纸打开。”在场的所有学生会发现各种答案。

3. 教师问大家，为什么会有这么多不同的结果？（也许大家的反映是：单向沟通不许问问题，所以才会有误差）

4. 邀请一名在场的学生上来，对大家重复上述指令，唯一不同的是这次学生们可以问问题。

5. 教师问大家，为什么还会有这么多不同的结果？（希望说明的是，为何沟通的形式及方法都不是绝对的，它却依赖于沟通者双方彼此的了解、沟通环境的限制等。沟通是意义转换的过程）

变 形 虫

【活动目的】

通过心理游戏“变形虫”，让学生体验沟通的必要性；通过小组交流，让学生感悟人际交往中理解、合作的重要性；在体验和分享中学习人际交往的技巧，提高人际交往的能力。

【活动材料】

13米长的绳子2～3根，眼罩若干。

【活动程序】

1. 教师先把13米的绳子两头相结，结成一个大圈，这样的大圈准备2～3个。

2. 全班同学分成若干组，每组5人。2～3组同时进行游戏比赛。其他组观摩。

3.5名同学分别戴上眼罩，教师把事先准备好的大绳圈分别交给他们。

4. 根据教师发出的指令变形，如，三角形、长方形、正方形、平行四边形……5名参与者通过合作完成，用时最少的组为胜。

5. 在小组预赛中成绩最优秀的小组出线，参加总决赛，决出团体前三名。在总决赛中，教师发出的变形指令，既可以和预赛相同也可以不同，但是难度要适宜，学生可以完成。

6. 在合作过程中，不允许用语言交流。

7. 辅导老师总结点评（如有条件可让组员观看自己比赛时的DV，感受“当局者迷，旁观者清”的道理）并颁发奖品。

【注意事项】

长绳的长度以比5个人伸直双臂的总长度多5米为宜，不要太短，也不能太长，否则都会影响游戏的难度。一般以2～3个小组同时开展竞赛为宜，其他小组观摩，保持安静。在“变形”过程中，要求绳子充分展开，不可以收缩部分绳子，减短边长，降低难度。整个游戏存在“领导”与“服从”两种角色，学生之间需要一种协调、服从、合作的过程，教师要耐心等待“变形”过程的完成。

你 听 我 说

【活动目的】

让学生在心理游戏中感受沟通中非言语因素的重要性；在活动的体验中，提高学生倾听能力。

【活动材料】

无。

【活动程序】

1. 将学生自然分组，两个人为一组，分为角色A和B。

2. 要求学生主动选择角色A和角色B。

3. 由角色B向角色A说一件很自豪的事情，例如获得奖学金等。角色A不能做任何的语言上的回应，但是要假装表现出很不屑的样子，可以使用任何的表情和动作。

4. 由角色A向角色B说一件很委屈的事情，例如被人冤枉等。角色B可以做语言上的回应，但是要告诉角色A自己有更委屈的经历，总之，A说委屈，B要说得比A更委屈。

5. 邀请若干组合分享感受。

6. 由角色A向角色B说刚才的那件很委屈的事情，角色B要做语言上的回应，而且表情动作上都要表现出理解和支持，帮助角色A把委屈的情绪发泄出来。例如，角色B可以说："碰见这样的事情，确实很委屈，我能理解。后来怎么样了？"

7. 由角色B向角色A说刚才那件很自豪的事情。角色A要在言语和动作上表示愿意和角色B分享这种喜悦。

8. 邀请若干组合分享感受。

心理测试

大学生人际关系自我评量表

【指导语】

请你仔细阅读下列16个问题。每个问题后面各有A、B、C三种答案，请你按照自己的真实情况任选其一。

1. 在人际关系中，我的信条是（　　）。

A. 大多数人是友善的，可与之为友的

B. 人群中有一半是狡诈的，一半是善良的，我将选择与善良者交友

C. 大多数人是狡诈虚伪的，不可与之为友的

2. 最近我交了一批朋友，这是（　　）。

A. 因为我需要他们　　B. 因为他们喜欢我　　C. 因为我发现他们很有意思，令人感兴趣

3. 外出旅行时，我总是（　　）。

A. 很容易交上新朋友　　B. 喜欢一个人独处　　C. 想交朋友，但又感到困难

4. 我已经约定要去看望一位朋友，但因为太累而失约了，在这种情况下我会感到（　　）。

A. 这是无所谓的，对方肯定会谅解我

B. 有些不安，但又总是在自我安慰

C. 很想了解对方是否有对我不满意的情绪

5. 我结交朋友的时间一般为（　　）。

A. 数年之久　　B. 不一定，合得来的朋友能长久相处　　C. 时间不长，经常更换

6. 一位朋友告诉我一件极有趣的个人私事，我是（　　）。

A. 尽量为其保密，不对任何人讲　　B. 根本没有考虑过要继续扩大宣传此事

C. 朋友刚一离开，即与他人议论此事

7. 当我遇到困难时，我（　　）。

A. 通常是靠朋友解决的　　B. 要找自己可信赖的朋友商量着办

C. 不到万不得已时，决不求人

8. 当朋友遇到困难时，我觉得（　　）。

A. 他们大多喜欢来找我帮忙　　B. 只有那些与我关系密切的朋友才来找我商量

C. 一般都不愿意来麻烦我

9. 我交朋友的一般途径是（　　）。

A. 经过熟人介绍　B. 在各种社交场所　C. 必须经过相当长的时间，并且还相当困难

10. 我认为选择朋友最重要的品质是（　　）。

A. 具有能吸引我的才华　　B. 可以信赖　　C. 对方对我感兴趣

11. 我给人们的印象是（　　）。

A. 经常会引人发笑　　B. 经常在启发人们思考问题

C. 和我相处时别人会感到舒服

12. 在晚会上，如果有人提议让我表演或唱歌时，我会（　　）。

A. 婉言谢绝　　B. 欣然接受　　C. 直截了当地拒绝

13. 对于朋友的优缺点，我喜欢（　　）。

A. 诚心诚意地当面赞扬他的优点　　B. 诚实地对他提出批评意见

C. 既不奉承，也不批评

14. 在结交朋友方面，我（　　）。

A. 只结交那些与我的利益密切相关的人　　B. 通常能和任何人相处

C. 有时愿意和自己志趣相投的人和睦相处

15. 如果朋友们和我开玩笑，我总是（　　）。

A. 和大家一起笑　　B. 很生气并有所表示

C. 有时高兴，有时生气，视自己当时的情绪和情况而定

16. 当别人依赖我的时候，我是这样想的（　　）。

A. 我不在乎，但我自己却喜欢独立于朋友之中

B. 这很好，我喜欢别人依赖于我

C. 要小心点！我总是对一些事物持冷静、清醒的态度

【评分标准】

各题的计分如下，请根据你所选定的答案，找出相应的分数，并将16个题的得分数累加起来，这个数值大致可以评定你的人际关系是否融洽。

1. A 3，B 2，C 1	2. A 1，B 2，C 3	3 . A 3，B 2，C 1
4. A 1，B 3，C 2	5. A 3，B 2，C 1	6. A 2，B 3，C 1
7. A 1，B 2，C 3	8. A 3，B 2，C 1	9. A 2，B 3，C 1
10. A 3，B 2，C 1	11. A 2，B 1，C 3	12. A 2，B 3，C 1
13. A 3，B 1，C 2	14. A 1，B 3，C 2	15. A 3，B 1，C 2
16. A 2，B 3，C 1		

【结果解释】

如果你的总分在38～48分之间，说明你的人际关系是很融洽的，在广泛的交往中你是很受众人喜欢的。

如果你的总分在28～37分之间，说明你的人际关系并不稳定，有相当数量的人不喜欢你，如果你想受人爱戴，还得做出努力。

如果你的总分在16～27分之间，说明你的人际关系是不融洽的，你的交往圈子确实太小了，很有必要扩大你的交往范围。

自测后提醒或建议：

此问卷仅作为了解自己使用，如有疑问，请咨询专业人员。

拓展阅读

赢得朋友及影响他人的途径

戴尔·卡耐基在《如何赢得朋友及影响他人》一书中提出六条途径：真诚地对别人感兴趣；微笑；多提别人的名字；做一个耐心的听者，鼓励别人谈他自己；谈符合别人兴趣的话题；以真诚的方式让别人感到他很重要。卡耐基将他的技巧传授给了无数的人，帮助他们成功地建立和改善了人际关系，并使他们获得了事业上的成功。实际上，如果你想让人人都有我们比不上的地方，人人都有被人肯定的需要，人人都有自我表现的需要，那么，为什么不做举手之劳就让别人获得满足的事呢？

微笑的力量。初次见面，难免一下子找不到话题，但我们可以送上一个浅浅的微笑。微笑是人与人之间的润滑剂，可以给人以亲和的感觉，使陌生人之间拉近距离，在微笑送出与迎回之际，便是一段美好友谊的开始。因为他们正愁找不到接近你的理由，正在等待认识你的机会呢！

（摘自：方平等主编，《自助与成长——大学生心理健康教育》，教育科学出版社，2010年5月）

第三节　大学生人际交往技能培养

心灵故事

王同学，男，22岁，某高职院校三年级学生。该生自述为家里老大，家中还有一个小他4岁的弟弟。王同学从小不善言辞，家里人总说王同学是“没嘴葫芦”。他的弟弟却非常外向灵活，走到哪里，哪里都很热闹，是家里人的开心果。王同学很羡慕弟弟的外向性格，相形之下，愈发觉得自己木讷，所以，平时很少开口说话，也怕自己说错话得罪人，甚至有时候别人问他话也经常不回答。上大学后，王同学尝试着改变，希望能像别人那样谈笑自如，可是终究内向的性格没有得到改变，延续了以往的风格特征，所以在大学期间朋友特别少，只跟自己同宿舍的两个同学接触较多，以至于大三了自己班上都还有几个同学不认识，与女生更是没有接触。内心感到非常孤独、苦闷，觉得自己就像是行尸走肉，不知道自己活得有什么意义。

王同学由于性格偏内向，缺乏交往技巧，难以和同学们建立友好、深入、持久的人际关系。在心理体验上表现为缺少知心朋友、不愿与人主动交流，甚至有人主动与他交谈时，他都闭口不言，生活在狭小的自我天地，尝够了封闭的孤独滋味，这种状态严重影响了他的社会交往功能，阻断了他与外界之间的交流和沟通。而人是一种群体动物，需要人与社会保持密切的联系，这样才能得以成为一个正常的人。所以，他的内心非常孤独，以至于失去了生活的价值感和意义感。

知识导读

一、培养人际交往的意识

大学生人际交往失败的一个不容忽视的原因是缺乏人际交往的经验、方法及相关的技巧。在人际交往过程中，大学生可能有意无意忽略了他人的体验与感受，不了解、不关心他人，甚至有时也不了解自己。由于缺乏人际交往的技巧和艺术，不少大学生自感没有推心置腹的朋友，大多数只是点头之交。

人际交往是一种复杂的艺术。成功的交往艺术和技巧很多，我们很难做到全部了解和掌握。要想有良好的人际关系，首先要有交往的意识，然后在掌握一定的交往艺术和技巧基础上，多参加社会交往的实践，并在实践过程中摸索、总结和提高。

二、大学生人际交往的基本原则

积极、全面和良好的交往认知是健康交往的基础。为了使自己的交往行为引起交往对象良好的反应，产生积极的交往效果，在交往中应遵循一定的原则。人与人之间的交往应遵循的原则有以下几个方面。

（一）尊重原则

古人说："敬人者，人恒敬之。"尊重包括自尊和尊重他人两个方面。自尊就是在各种场合自重自爱，维护自己的人格；尊重他人就是尊重他人的人格、情感，承认他人的社会价值。只有这样才能保持人际交往的平等地位。懂得尊重他人的人，往往威信较高。因此，在人际交往中尤其要注意尊重原则。

尊重他人要做到：(1) 对朋友平等相待。不应以家庭条件、父母职位、个人容貌、实际能力为标准分等级、分类别对待，应一视同仁。(2) 尊重朋友的人格。不随意暴露朋友的"隐私"，不随意拿朋友的短处和生理缺陷取笑，尊重朋友们的兴趣、爱好等。(3) 尊重朋友的劳动。对朋友的帮助和支持应表示谢意，对朋友付出的劳动予以接受和尊重，珍惜别人的时间和精力，并能给予适当的回报。

（二）真诚原则

研究安德森的个性品质受喜爱程度的序列，人们会发现排在最前面、受喜爱程度最高的6个个性品质是真诚、诚实、理解、忠诚、真实、可信。真诚待人是人际交往中最有价值、最重要的原则，以诚待人是人际交往得以延续和深化的保证。大学生在与人交往中要真诚待人，实事求是。首先，为人诚实。大学生在与同学和朋友的交往中，要以诚相待，不虚情假意，不耍小聪明，建立互相信赖的人际关系。其次，言必信，行必果。对朋友的要求，能做到的就全力以赴；对于做不到的，则不可信口开河，开"口头支票"。只有相互信任，尊重别人，才能建立良好的人际关系。

（三）互利原则

互利是指交往双方在满足对方需要的同时，又得到对方的报答，双方的交往关系就能继续发展。如果一方只索取不给予，交往就会中断。互利性越高，交往双方关系就越稳定、密切；互利性越低，交往双方关系就越疏远。人际间的互利包括物质和精神的，人际交往的互利原则主要指精神上的互利。如思想上沟通交流，既满足了双方的友谊需要，又促进了相互间关系的发展。

（四）宽容原则

宽容，即心理相容，指与人相处时的容纳、包含以及忍让。宽容实际上是一种境界，更是一种修炼。善于宽容他人是人的美德，也是良好心理素质的表现。我们在追求自己个性独立的时候，应当允许其他的个性、行为与生存方式的存在。大学生与人相处时可从两方面做起：一是不以自己做人的标准要求朋友。允许在朋友中存在差异，不企图改变他人，不按自己的标准去衡量和评价他人，承认差别，求大同存小异，和睦相处，不吹毛求疵。二是金无足赤，人无完人。每个人都有自己的缺点和不足，在交往中多看别人的长处，多发现朋友的优点，不强行改变别人已形成的观念，做到尊重他们的权益。

（五）理解原则

相互理解是人际沟通、促进交往的条件。理解不等于知道和了解。就人际交往而言，大学生不仅要细心了解他人的处境、心情、需求，还要根据彼此的情况，主动调整或约束自己的行为，尽量给他人以关心、帮助和方便。古人云："已欲立而立人，已欲达而达人，己所不欲勿施于人。"大学生在人际交往中，能够善解人意、处处理解和关心他人时，相信别人也不会亏待你。

（六）善于倾听

一个真正能展示自己个人魅力与气质的人应该是一个好的倾听者。倾听越多，你就会变得越聪明，就会被更多的人喜爱，就会成为更好的交往伙伴。有的人在听别人说话时心不在焉，或哈欠连天，或时时看表，或不停打断别人的谈话，这样的人不会是一个好的倾听者，他只能使交往的人感到索然无味，最终不欢而散。所以，我们应该时时提醒自己：我们有两个耳朵、一张嘴巴，可以少说一些，但必须学会倾听。

三、大学生人际交往的常用技巧

在学习大学生人际交往原则的基础上，大学生还要掌握一些常用的社交方法。这些常用的社交方法可以帮助同学们建立良好的人际关系。

（一）积极主动创造良好形象

1. 主动打招呼

主动打招呼既使人感到你的热情和乐观的情绪，给人的印象是一种亲近感和你心理的宽容；也使人感到与你的心理距离缩短了。但要做到主动打招呼并不容易，应注意：树立信心，不要计较对方不主动打招呼，与人打招呼时注意语音、语调和音量的控制。

2. 学会微笑

微笑是健康的标志，是自信的象征，是安详、宽容、博爱的产物。微笑隐含着对他人的尊重和接纳。微笑的人能使自己处于一个较好的心理状态，无形中散发魅力和感召力；微笑也会给人一种温暖亲切之感，使人心情愉悦。将微笑挂在脸上需要内在力量的支持，只有心理健康、充满爱心和对未来充满信心的人才能做到。微笑也是可以培养和训练的。

3. 注意仪表仪容

三国时期曹操曾经这样说过："君子整其衣冠，尊其瞻视，何必蓬头垢面然后为贤？"这句话的意思是说，即使是谦谦君子也要衣冠整齐。仪表仪容是人际交往礼仪的第一步，要做到清洁、美观、卫生、得体。

4. 注意姿势姿态

站立是人们在交际场所最基本的姿势，是其他姿势的基础，是培养优美典雅仪态的起点。一般要求头正、颈挺直、双肩展开放松、人体有向上的感觉；坐姿应入座轻稳，双膝并拢，两脚平行，两腿自然弯曲，不跷二郎腿、抖动双腿或者前俯后仰。正确的行走要从容、轻盈、稳重，凡是协调稳健、轻松敏捷的走姿都会给人以美感。女士的走姿要展现身体的曲线美，男士的走姿要体现阳刚之气。

（二）沟通技巧的提升

1. 善于观察，创造交往机会

对别人进行外表观察和语言分析的目的是推断其个性特征和内心世界，进而选择自己与其交往的方式和决定交往的深度。了解对方的兴趣，就他感兴趣的话题进行交谈，谈别人感兴趣的话，有利于引出谈话双方的兴奋点，体现对方与自己有共同的爱好而拉近谈话双方的距离。

2. 要记住对方的名字

卡耐基曾说过："一种既简单又重要的获取好感的方法，就是牢记别人的姓名。"记住别人的名字，会让别人感觉你是一个注重细节、懂得尊重别人的人，是一种礼貌，也是一种感情投资，在人际交往中会起到意想不到的效果。我们可以运用以下方法帮助记忆。

⑴ 多次重复姓名。认真听清姓名，介绍后要立刻重复这个姓名，交谈中尽可能用到。

(2) 建立有意义的联想，或通过谐音帮助记忆。

(3) 认真观察相貌，选择最突出的特征，运用想象把这个人的名字与其面部特征或者一些特异之处进行联想记忆。

3. 注意言语表达

大学生谈话要注意礼貌，分辨对象和场合，特别是在与长辈的对话中。有时候还要学会毛遂自荐，赢得别人的认可，这样才是成功的人际交往。除了要分辨场合和对象之外，语言表达还应该注重语音、语调和语速以及逻辑，不能装腔作势、阴阳怪调。还有个别同学由于自身长期的说话习惯，语速过快，也不能很好地达到沟通交流的目的。说的目的是为了让别人听、让别人懂，所以，要多从对方的角度和立场着想。

4. 学会赞赏

赞美他人会使别人愉快，被赞美者的良性回报也会使我们自己感到愉快，从而形成人际关系的良性循环。在大学生人际交往的技巧中，学会赞赏别人非常重要。

赞赏有两个原则是必须注意的：一是真诚。夸奖别人要出于真心，所夸奖的内容是对方确实具有或即将具有的优良品质和特点，不要让别人感到你言不由衷，另有所图。二是夸奖的内容应被对方所在意。比如，大部分的女同学都喜欢被别人称赞漂亮，但是也有一部分希望别人关注的是自己的智慧和能力。

5. 拒绝的艺术

由于主客观原因，每个人都有自己受限制的点，所以，对于我们情感上排斥或能力不及的事情，我们必须拒绝。但是，如果拒绝没有采用合适的方法和相应的技巧，就容易给对方造成伤害，引发怨恨和不满，更有甚者会导致人际关系的破裂，引起各种难解的纠纷，让自己陷入非常被动的麻烦境地。

拒绝是一种艺术。当别人对你有所求而你办不到时，你不得不拒绝他。拒绝是很难堪的，不得已要拒绝的时候，可以参考这里给大家提供的一些建议。

(1)不要轻易随便地拒绝。太随便地拒绝别人会让人觉得你不重视他，容易造成反感。要表露出一种很愿意、很乐意帮忙，却实在是因为能力不足或其他实际的原因而无法为之出力的态度。

(2) 不要无情傲慢地拒绝。无情地拒绝会令人很难堪，甚至反目成仇。

(3) 要有代替地拒绝。拒绝的同时，如果能提供其他的方法，帮他想出另外一条出路，实际上还是帮了他的忙。

（三）其他技巧

有时候会有意无意遇到令人尴尬的场合，如何利用语言来应付尴尬局面呢？

1. 自我解嘲。如果别人不是用恶劣的口气来讥讽你，而是无意中使你处于尴尬境地，你可不必在乎，用幽默的语言自我解嘲。自我解嘲是应付这种尴尬局面的最好办法之一。如有位古希腊哲学家，有一天他的一个朋友来他家做客，这时他的妻子正在朝他发脾气，大声吵闹。过了一会儿，他妻子忽然端一盆水泼向他。这位哲学家笑说："我知道雷声响过之后必有大雨。"他的朋友和妻子都大笑起来。

2. 以退为进。当别人的发问使你不好回答，甚至使你生气时，你可以用婉转的方式予以反驳。婉转的应付方式常常是装糊涂，或谈一些完全与他问的话不相干的事。

3. 逻辑回敬。当别人有意使你难堪时，可以用逻辑回敬的方法解除尴尬局面。如后汉末年的神童孔融，十岁那年有一次到别人家做客，登门者都是名流，他表现突出被人盛赞。但有一位名叫陈韪的大夫却讥讽道："小时候聪明，但长大未必聪明。"孔融立即答说："我想先生小时候一定十分聪明吧？"陈韪弄了个大红脸。

相关链接

T小组训练法

T小组训练法，又叫"敏感性训练"，是美国社会心理学家勒温等人于1946年创造的。T小组训练法的主要目的是让接受训练者学会怎样有效地交流，细心地倾听，了解自己和别人的感情。

训练方式：把十几名受训练者集中到实验室，或者是远离工作单位的地方，由心理学家来主持训练，时间为一两周或三四周。在这个小组里，成员没有要解决任何特殊问题的意图，也不想控制任何人，人人赤诚相见，互相坦率地交谈，交谈的内容只限在"此时此地"发生的事情。这种限定在狭窄范围里的自由讨论，逐渐使受训者陷入不安、厌烦的情绪当中。随着交谈的进行，人们逐渐地更多地注意自己的内心活动，开始更多地倾听自己讲话。同时，由于与他人赤诚坦率地交谈，也开始发现别人那些原来自己没有注意到的言语和行为上的差别。经过一段训练之后，人们慢慢地发现了自己的内心世界，发现了平时不易察觉到的或者不愿意承认的不安和愤怒的情绪。另外，由于细心地倾听了别人的交谈，也能逐渐地设身处地地体察别人、理解别人。

实践证明，T小组训练法是一个有效地改善人际关系的方法。一些研究还证明，参加过T小组的训练学生比没有参加过T小组训练的学生在达到自己的目标方面取得了更大的进步。另外一些研究表明，参加过T小组训练的学生比未参加过T小组训练的学生形成了更大的内部控制倾向，以及增加了对他人的信任感等等。

（摘自：方平等主编，《自助与成长——大学生心理健康教育》，教育科学出版社，2010年5月）

互动体验

镜　中　人

【活动目的】

提高成员的共情能力，学会在沟通中首先了解对方的想法和感受，互相接纳。

【活动时间】

15分钟左右。

【实施程序】

1. 成员两两一组，面对面站着。分为A、B两种角色。

2. A可以想某件事情并表达出来，B作为倾听者，将原话重复叙述，表达的模式为“你说……，是吗?”直到完全得到对方肯定的答复。

3. 随后，B改为用自己的语言来表达A表达的意思，表达的模式为“你的意思是不是……”直到得到对方完全肯定的答复。

4. 接下来，让A和B讨论3分钟刚才的活动。

5. 原来的两人继续一组，A自由想某个活动并做出动作，B模仿其动作。1分钟后，B询问A的行为含义，表达的模式为“你的行为是不是……”直到得到对方完全肯定的答复。交换角色。

6. 两人交流3分钟，讨论刚才的活动。

【分享交流】

1. 当你在表达一件事情的时候最担心的是什么？当你听到别人重复你的话时你是怎么想的?

要点：一个人在表达一件事情时，最担心的是对方是否愿意去听自己讲。因为在现实生活中许多人都是争着去发表自己的观点，却很少能够认真去听别人讲话。当别人复述你的话时，你会认为对方在认真听你讲话，也会感觉到对方对你的尊重。

2. 当作为听者时你是怎么做的？你能够重复对方的语言吗？你是否理解对方的语言？

要点：要想重复对方的讲话，首先必须做到专心去听对方讲话。这做起来其实并不容易，因为听其实比说更难。学会听是人与人之间进行沟通的前提。学会听的第一个层次是能够复述对方的内容；第二个层次是能够听懂对方表达的意思，这是交流更重要的目的。当然理解别人的意思是更难的。理解他人需要学会站在他人的角度，需要学会去观察对方的非言语行为，也需要学会去核实。

3. 当模仿者理解你时，你是什么感觉？当模仿者不理解你时，你又是什么感觉?

要点：在沟通中，能够被别人理解，就会有欣慰的感觉，会觉得彼此内心有了碰撞；不能被对方理解，就会感到很遗憾，和对方交流会有一种被阻碍的感觉。

4. 当你做动作时是什么感觉？当别人做和你一样的动作时你是什么感觉?

在别人面前做一个动作会有点不好意思或感到有压力，但是，当别人的行为和自己一样时，你的压力就会降低。这就是人们的从众效应。大部分人都有与大多数人采取相同行为的愿望，因为在那样的情况下，人们会感觉到安全。

5. 你是否能够理解对方的动作？可以采用什么方式帮助自己理解对方的动作?

行为的理解比语言的理解更难，也比语言的理解更重要，因为行为比语言更能够反映真实的心理，当语言和行为不一致时，我们会更多地按照行为来理解对方。行为，又可以称为非言语信息。共情能力的提高，除了要用心听对方的言语之外，更重要的是要去观察对方的非言语行为。在双方的沟通中，言语信息只占不到10%，非言语信息占到90%多。在沟通中，当我们不能够理解对方的行为时，我们可以试着与对方保持同样的姿势，这样会帮助我们更容易理解对方的行为。

【注意事项】

领导者要注意观察成员的不同表现，观察那些用心模仿和随便模仿的人，在后面的总结过程可以采访这些成员。

心理测验

你属于哪种人际交往类型？

【指导语】

下列各题请根据自己情况选择，符合自己答“是”，反之答“否”。

1. 我碰到熟人时会主动打招呼。（　　）
2. 我常主动写信给友人以示想念。（　　）
3. 我旅行时常与不相识的人闲谈。（　　）
4. 有朋友来访，我从内心里感到高兴。（　　）
5. 没人引见时我很少主动与陌生人谈话。（　　）
6. 我喜欢在群体中发表自己的见解。（　　）
7. 我同情弱者。（　　）
8. 我喜欢给别人出主意。（　　）
9. 我做事总喜欢有人陪伴。（　　）
10. 我很容易被朋友说服。（　　）
11. 我总是很注意自己的仪表。（　　）
12. 约会迟到我会长时间感到不安。（　　）
13. 我很少与异性交往。（　　）
14. 我到朋友家做客从未感到不自在。（　　）
15. 与朋友一起乘公共汽车我不在乎谁买票。（　　）
16. 我给朋友写信时常诉说自己最近的烦恼。（　　）
17. 我常能交上新的知心朋友。（　　）
18. 我喜欢与有独到之处的人交往。（　　）
19. 我觉得随便暴露自己的内心世界是很危险的。（　　）
20. 我对发表意见很慎重。（　　）

【评分标准】

各题答“是”记1分，答“否”不记分。

【结果解释】

1~5题得分相加之和代表交往的主动程度，得分高说明交往偏于主动型，得分低则说明交往偏于被动型。主动型的人在社交上总是采取积极主动的方式，不会等待别人来接纳自己，而是主动结交，能做交往的始动者；在现实生活中，主动型的人对自己在人际关系方面比较自信，即使在交往中遇到一些误解和挫折，也能坦然对待。被动型的人在社交上总是消极、被动、退缩，总是等待别人来接纳他们；虽然他们处在一个人来人往的社群中，却不能摆脱心灵的孤寂；他们最多只能做交往的响应者而不是始动者。

6~10题得分相加说明交往支配性水平，得分高表明交往倾向于领袖型，得分低则说明偏于依从型。领袖型的人比较好强、固执、独立、积极，自视甚高，非常自信，武断而有力量，攻击性强。依从型的人比较谦卑、温顺，惯于服从、随和；自我抑制，想象力较差，喜欢稳定、有秩序的环境；独立性较差，不喜欢支配和控制别人。

11~15题得分相加说明交往的规范性程度，得分高意味着交往比较讲究严谨，得分低则说明交往比较随便。严谨型的人有很强的责任心，为人忠诚，坚韧有毅力，细心周到，有始有终。

随便型的人不讲原则，不守规则，缺乏社会责任感，做事比较敷衍，缺乏奉公守法的精神。

16～20题得分相加代表交往的开放程度，得分高表明交往偏于开放型，得分低则意味着交往倾向于闭锁型。开放型的人比较可信随和，易于相处，安全感强，对人无猜忌，但也易轻信；不与他人竞争，容易合作，宽容，容易适应环境，善于体贴他人，较有信用。闭锁型的人对他人比较戒备，不易受到欺骗；在集体中与他人保持距离，缺乏合作精神，比较固执己见；嫉妒心也很强，与人相处常斤斤计较，不太顾及别人的利益。

如果得分不是偏向最高或最低两个极端，而是处于中等水平，则表明交往倾向不明显，属于中间综合型的交往者。

（本测验仅供参考，需要时最好当面咨询专业人员）

拓展阅读

人际沟通实用的9条原则

1. 讲出来。坦白地讲出你内心的感受、痛苦或期望，但绝不是批评、责备、抱怨和攻击。

2. 不批评、不责备、不抱怨、不攻击、不说教。这些都是沟通的刽子手，只会使事情恶化。若要批评先从赞扬开始。

3. 互相尊重。只有给予对方尊重才有沟通，若对方不尊重你时，你也要适当地请求对方的尊重，否则很难沟通。

4. 绝不口出恶言或说不该说的话。恶言伤人，就是所谓的“祸从口出”。如果说了不该说的话，往往要花费极大的代价来弥补，切忌信口雌黄、口无遮拦，但完全不说话，有时也会变得更恶劣。

5. 情绪激动时不要沟通，尤其不能够做决定。

6. 承认“我错了”，勇于说“对不起”。承认我错了是沟通的消毒剂，可解冻、改善与转化沟通的问题，就一句“我错了”可化解多年打不开的死结，让人豁然开朗，放下武器，重新面对自己。说“对不起”，不代表真的做了什么天大的错误或伤天害理的事，而是一种软化剂，给彼此一个台阶。

7. 爱。一切都是爱，爱是最伟大的治疗师。

8. 耐心等待转机。如果没有转机，就要等待。当然，不要空等，要你自己去努力，但努力未必就会有结果，但若不努力你将什么都没有。

9. 聪明。聪明使人不执着，而且福至心灵。我们总希望拥有真心朋友，其实朋友的好坏全取决于我们自己。如果你想拥有真正的朋友，自己就要做别人真正的朋友。要改变别人很难，但改变自己容易。

（摘自：张将星，曾庆主编，《大学生心理健康教育》，暨南大学出版社，2013年8月）

启发思考

1. 人际交往对心理健康的作用是什么？

2. 大学生人际交往中常见的问题有哪些？

3. 大学生人际交往的常见技巧有哪些？请结合自身进行分析。

4. 案例分析：班主任张老师对学生的关爱在学校里人尽皆知，尤其对家庭贫困的小韩给予了很大的帮助，小韩也非常感激张老师，师生之间情深意笃。然而，在小韩临毕业时，张老师因为心情不好，当着众多学生的面对小韩大发脾气，使小韩的自尊心受到了严重伤害。虽然老师为自己的一时冲动后悔不已，也向小韩做了解释，但原来那种亲密无间的关系已经消失了。毕业后，其他同学多次看望张老师，唯独他钟爱的小韩没有一点音信，这使他感到十分沮丧。

请思考和讨论：

1. 为什么会出现这样的情况？

2. 用什么方法可以调整？

3. 描述最近导致你人际交往困扰的事件并并分析它们产生的原因。

第七章

大学生压力与挫折管理

随着国内国际形势的不断变化以及我国现代化进程的加快，学校和社会环境也变得日益复杂。面对急剧变化的现代社会和生存的各种现实环境，要求大学生不断进行身心调整，尽快适应大学生活，增强克服困难、经受考验、承受挫折的能力，培养良好的心理品质和自尊、自爱、自律、自强的优良品格，实现良好的发展，同时也为大学生走向社会后的不断适应和发展奠定良好的基础。

第一节　压力与挫折概述

心灵故事

小杰，男，22岁，大二学生。高考时因意外没考取理想学校，来到高职院校。自觉成绩还不错，第一学期放松了要求，觉得自己随随便便也能拿个奖学金。没想到在高职也是高手如云。第一学期自己不仅与别的同学相差很多，而且还挂科了。小明深受刺激，决定洗心革面，第二学期好好努力，争取综合成绩达到班级前十名。第二学期里，他每天起来得比别人要早，也比别人要晚得睡，总担心自己被抛到后面去了。但没想到第二学期还是没有达到预期的效果。看到别的同学好像不用读书、轻轻松松、还不费力地就拿了综合奖学金，自己比别人付出那么多，结果还是这样，不仅有点气馁。第三学期以后，就觉得自己的学习状态一天不如一天，明明知道要好好读书，可是上课容易开小差，思维混乱，记忆力明显衰退，心里憋闷，考试前这种感觉更加强烈，总觉得自己好像没有好好复习一样。眼看就要毕业了，自己回顾这两年，觉得自己好像什么都没有学到，心里不禁惶恐。

大学时期是人生的重要阶段，这一时期迫于学习、工作、人际关系的压力，再加上社会转型与变革的时代背景，种种矛盾冲突交织在一起，对大学生的心理产生了广泛的影响，使得部分大学生存在许多心理问题。大学生要想顺利度过自己的大学生活，不仅要端正自己的学习态度，尽快适应和掌握大学的学习方式。另外，还要多与人交往，有意识地参加各项活动，感受集体生活的温暖，锻炼自己的各方面能力。

知识导读

生活中我们总会祝愿自己和他人万事如意，但实际上，事事如意的人生基本上是不存在的。对大学生群体而言，他们除了面对学习的主要压力外，还要为渺茫的前景担忧，在承受各种压力的过程中免不了要遭遇挫折，每年都有报道高校大学生因失恋、人际冲突、生活受挫等原因而自杀的案例。可见，大学生如果不会处理心理压力和挫折，对大学生的生活和学习可能是一种威胁。那么，大学生的压力和挫折有哪些？这些压力和挫折会造成哪些影响？在面对压力和挫折的时候，大学生应该怎么应对？

一、压力与挫折的含义

（一）什么是压力

压力是压力源和压力反应共同构成的一种认知和行为体验过程。它是一种反应模式，当需要面对的刺激事件超出个体的应对能力时，便会对个体心理造成负担，使个体心理不舒服、沉重，有时还会导致身体出现不适，如胃痛、长痘、失眠等，这就是压力的体现。电影《当幸福来敲门》中的主人公便承受着生存压力、抚养和教育孩子的压力、实习中的竞争压力等等。对大学生来说，日常要面对的事件主要是学习、生活、人际、恋爱等方面，而这些方面都是其压力的来源。

（二）什么是挫折

挫折是指个体的意志行为受到无法克服的干扰或阻碍，预定目标不能实现时产生的一种紧张状态和情绪反应，也就是俗话所说的“碰钉子”。挫折可使意志薄弱者消极、妥协，也可使意志坚强者接受教训，在逆境中奋起。例如，上述电影《当幸福来敲门》中的主人公克里斯•加德纳遇到事业不顺、生活潦倒、妻子离去、居无定所等的不顺，便是克里斯•加德纳遇到的挫折。

一般来说，挫折情境越严重，个体的挫折反应就越强烈；反之，挫折反应就越轻微。但是，只有当挫折情境被主体所感知，并认为自己没有应对的能力时，个体心理才会产生挫折反应。如果出现了挫折情境，而个体没有意识到，或者虽然意识到但并不认为很严重，也就不会产生挫折反应，或者只产生轻微的挫折反应。因此，挫折反应的性质、程度主要取决于个体对挫折情境的认知。

二、大学生常见的压力与挫折的类型

挫折与压力密切相关，如果在压力环境下调适不当，则极易产生挫败感，同时挫败也会使得大学生承受的压力更大。大学生常见的压力来源也是大学生常见的挫折情景，主要有以下几个方面。

（一）自然变故带来的压力与挫折

自然挫折是由个人能力所不能控制的自然因素导致的挫折，如突发疾病、天灾人祸、家庭重大变故等。这些变故突如其来，必然给个体带来巨大的心理压力，有时甚至导致个体无法像过去一样正常生活。由于自然变故并非我们所能控制的，所以很多时候没有一个可以指责的对象，会让我们更难以接受，有的人会埋怨上天不公，自暴自弃，但也有的人会拿出巨大的勇气与此抗争。

（二）学习的压力与挫折

学习是大学生常见的压力源。随着社会竞争愈演愈烈，大学生都希望自己日后在社会中更有竞争力，因而对自己的大学学习不敢掉以轻心。除了要保证正常课程的成绩达到理想的标准，争取获得奖学金外，还要抽出时间与精力投入各种课外的学习与考试，如英语四级、计算机二级等，这些外界以及自己施加的各种各样的学习任务，增加了大学生的心理压力。

除此之外，大学学习环境不同于中学，在这个新的环境中学习需要时间适应调整。若不习惯大学校园里松散自由的学习方式，不懂得为自己的学习进程作规划、定目标，便会遇到各种各样学习上的挫折。比如，不知道学什么、上课听不懂、成绩不理想等都是大学生常见的学习挫折。

（三）生活的压力与挫折

大学生来自不同地方，拥有不同的家庭背景，因此彼此很多地方可能会有差异。比如，家庭经济困难的学生，可能因为生活费用紧张而担心自己在学校的衣食住行；那些上大学前没有独立生活过，总由父母操心自己生活上大小事务的同学，也许会因上大学后需要独自面对而不知所措；同寝室的同学们都带着在各自家庭中养成的生活习惯生活在一起，也难免会发生生活上的矛盾；学校饮食不适应、生活习惯、卫生习惯和作息制度方面的差异都是大学里较常见的生活挫折。

（四）工作和个人发展方面的压力与挫折

上大学后，很多同学开始有意识地发展学习以外的各种个人能力，不少同学会选择参加学生会、勤工助学等各种社团组织。这种工作中一般存在上下级关系，需要接受交代工作的上级监管，工作中可能辛苦受累，有时候可能还需要受点委屈、承受工作的压力。由于大多学生是在进入大学以后才开始接触工作的，经验或者责任心不够，有的同学会出现工作纰漏，遭到上级批评，甚至辞退；有的同学工作不被肯定，方案不被采用；也有的同学无法管理自己手下的成员，无法与共事的同学合作等。面对这些工作中的挫折，有的同学会因此感到自责和难过，有的同学会对管理他的上级以及反对他的人产生不服和愤怒的情绪，也有的同学在遭遇挫折后会出现一些幼稚和非理性的反应。所以，学会承受工作中的挫折对大学生来说是很有必要的。

（五）恋爱的压力与挫折

大学生正值青春年华，生理发育成熟，对爱情早就有了憧憬与期盼，渴望着与异性有亲密的接触，展开浪漫的爱情。然而，爱情就像带刺的玫瑰，追逐其芬芳美丽的同时，也可能会被其刺痛。

不是所有的恋爱都是幸福圆满的。有些学生单相思，自己倾心于对方，却得不到对方的回报，遭受打击；有些学生择偶标准不切实际，选择对象太过理想化、虚荣心强；有些学生看到身边同学纷纷谈起恋爱，而自己却没有男女朋友感到很没面子，有压力；有些学生谈恋爱遭到家里人的反对，但又不想放弃恋爱关系，感到内心冲突矛盾；最严重的是有些学生沉浸在失恋带来的悲伤痛苦中无法自拔。大量个案表明，大学生因恋爱所造成的情感危机，是诱发大学生心理问题的重要因素，也是大学生常见的压力源，有些学生还因此走向极端，甚至造成悲剧。所以，大学生的恋爱压力不容忽视。

（六）人际交往的压力与挫折

大学生中有相当一部分同学不知道该如何与人交往和沟通，缺乏人际交往和沟通的技巧。有的同学是不知道怎么与人交往相处；有的同学则有自闭倾向，不愿与人交往；有的同学为交际而交际，不惜牺牲原则随波逐流，让人觉得其很不真诚而心生厌恶。

在大学生人际关系中宿舍矛盾更容易显现出来。大学里通常4～6人一屋，朝夕相处，学习生活中难免发生各种矛盾，一些学生相互间又不能或不会包容和谅解，日积月累可能致使矛盾激化，甚至酿成血案。如，2016年3月27日夜，某大学舞蹈学院大一学生芦某，因生活琐事被室友滕某涉嫌杀害砍断脖颈身亡，实在令人扼腕叹息。事实上，每个人都需要良好的人际关系，需要真心相待的朋友，都希望能愉快自由地与人互动。而交往和沟通的不畅、不愿相互包容、总希望别人迁就自己的心态，或者自卑、孤僻、好强的个性，都造成一些学生在人际交往上的挫败，从而在心理上产生极大的压力。

（七）就业的压力与求职的挫折

近几年来，由于社会竞争的加剧，就业市场的不景气，就业形势日益严峻，大学生找工作或者说找比较理想的工作越来越困难。很多大学生对日后的就业前景充满不安全感，普遍存在着就业焦虑。“毕业即失业”说法也引起了不少大学生对未来就业的担心，因此，就业问题对大学生造成了很大的心理压力。

三、挫折对大学生的心理影响

挫折是一把双刃剑，既能鼓舞人心，使人奋进，也能令人痛苦，停滞不前。有的人把挫折看成是走向成功的垫脚石，而有些人在挫折面前却不堪一击。任何事情都具有两面性，挫折对大学生的影响也不例外，有其积极和消极两个方面的影响。

（一）挫折对大学生的积极影响

1. 有利于培养大学生坚强的性格和意志。坚强的意志往往是长期磨砺的结果，生活中的挫折和磨难不一定是件坏事，它往往使人变得更加成熟和坚强，有时候大学生经历的挫折越多，应对挫折的能力就越强，性格也会越坚强。

2. 有利于大学生管理自己的情绪。大学生往往一遇到挫折，其神经中枢就会接受刺激，使整个神经系统兴奋水平提高，引起情绪波动。经历过多次挫折的大学生，再遇挫折可能就比较淡定，能很好地管理自己的情绪，冷静地处理问题。

3. 有利于提高大学生解决问题的能力。大学生在遇到挫折时，只要接受现实，做好积极调整，即使不能战胜挫折，也要善于从困难中总结经验教训，使挫折向积极的方面转化，提高自己分析问题和解决问题的实际能力。

4. 有利于大学生正确地认知自我。许多大学生由于缺乏实际经验，对社会和自己有一些不切实际的幻想，当他们用这些想法去指导实践时，很容易遭受失败。失败的遭遇往往能使他们清醒地认识到自己，进而使其做出调整，合理地评价自己，客观地认识社会，增强其社会适应能力。

（二）挫折对大学生的消极影响

1. 降低大学生学习效率。学习是一种积极的思维活动，学习效率除了与个体的智力水平和知识水平有极大关系外，还与学习者的精神状态、自信心等因素密切相关。大学生受挫后，精神状态容易焦虑不安，自信心明显降低，思维比较混乱，难以集中注意力，从而极大地降低学习效率。

2. 降低大学生的思维能力和生活适应能力。许多人一遇到挫折，容易高度紧张，情绪波动比较大，时而害怕，时而激动，不能控制自己的情绪，如果持续遭遇挫折，还有可能导致情绪紊乱。这样不但容易降低大学生的思维能力，严重的还会大大降低他们的生活适应能力。

3. 损害大学生的身心健康。有许多大学生受挫后，自我调整能力比较差，容易长期处于一种紧张、压抑和焦躁不安的状态中，如果这种状态不能得到有效的释放，不仅会损害他们的身心健康，甚至还可能会造成当事人潜在的精神病患。

4. 导致大学生性格的改变和行为偏差。许多大学生在遇到重大挫折或连续挫折而又无法做出相应的调整时，就会使某些性格特征产生相应的改变。如，一位积极自信、热情开朗的大学生，在多次竞选班干部失败后可能会变得自卑。另外，受挫的大学生容易冲动，难自控，很难正确地评价自己的行为，有可能会做出违反社会道德的事情。如，有些大学生受挫后容易想不开，走极端，报复他人及社会。

相关链接

根据美国知名黑人投资专家克里斯·加德纳的真人真事改编的美国电影The Pursuit of Happiness（《当幸福来敲门》）感动了许许多多的观众。影片讲述的是已近而立之年的克里斯·加德纳事业不顺，生活潦倒，只能每天奔波于各大医院，卖测骨密度的扫描仪来勉强维持着生计。偶然间，他了解到做证券经纪人并不需要大学文凭，凭借自己的执着、非凡的妙语，并在一个小小魔方的帮助下，得到了一个实习的机会。但是实习生有20人，他们必须无薪工作六个月，最后只能有一个人录用，竞争、工作与生活带来的压力对贫困的克里斯·加德纳来说实在是难上加难。这时，妻子因为忍受不了穷苦的生活，离开了他和儿子，成为单亲爸爸的克里斯·加德纳和儿子亦因为极度的贫穷而失去了自己的住所，过着东奔西跑的生活。他一边卖扫描仪，一边做实习生，还必须天天去教堂排队，争取得到教堂救济的住房，甚至因排不上救济住房而住进了公共厕所。但是克里斯·加德纳一直很乐观，并且教育儿子，不要灰心。尽管遭遇数不清的挫折，但克里斯·加德纳最终凭借自己的不懈努力，脱颖而出，获得了股票经纪人的工作，后来创办了自己的公司。

（摘自：张将星，曾庆主编，《大学生心理健康教育》，暨南大学出版社，2013年8月）

互动体验

压力传递

【活动目的】

1. 引发成员参与团体的兴趣，增强成员间的协作。

2. 引发成员对压力事件和在压力条件下自身感觉的思考。

【活动说明】

1. 时间：20分钟左右。

2. 材料：小物品（一只手能拿得住并会发声的小件物品）。

【实施程序】

1. 先选择一件用一只手能够拿得住的乐器，或自己的私人物品，如钥匙等，再让成员围成圈站好，把小件乐器或物品放到自己的脚前。领导者先带领成员在一个稳定的节奏中拍手。

2. 然后要求成员把手放到左边，左手在下，右手在上，拍一下自己的左手后，再拍右边成员的左手，还是在稳定的节奏中进行。

3. 领导者把小件乐器或物品拾起放在自己的左掌上，用右手拿起左手的物品放到右边成员的手中，领导者要求成员一起念“拿起”和“放下”，配合抓起和放下的动作，也按一个稳定的节奏来不断进行。

4. 待成员熟悉口令和动作时就开始加快节奏，如有物品滑落，需要在不影响节奏的情况下拾起。

5. 待传递速度加快节奏到一段时间后，看到物品滑落的情况越来越多、成员显得有些手忙脚乱时，领导者可以宣布停止传递，请成员安静地观察教室内发生的事情和景象，并讨论分享自身感受。另外，领导者可以提供的话题包括：回忆活动中感觉最有趣和最紧张的一个环节；自由表达自己对“得”与“失”的领悟；活动中，怎样的失去对自己参与活动的干扰最大；回味在活动中对身边成员的感觉；干扰最大时出现的内心感受，在生活当中是否经历过。

【领导者提问】

刚才大家有什么感觉？这种感觉在生活中熟悉吗？

解说要点：事情一个接着一个、纷至沓来的那种疲惫、无力感是否会出现在刚才的活动中？似乎我们每天都在疲于应付各种事务。但我们也有“拿起”和“放下”的自主权，特别是当外界各种事件让我们身心疲惫时，我们也能够在内心默默地放下它们。另外，我们会发现，很多时候我们都身不由己地在为别人忙碌，而最后自己手上剩下的东西却寥寥无几，因此，需要珍惜生活中令我们感到重要的东西，关爱自我。

【注意事项】

1. 领导者在开始时要提醒成员注意在活动中自己的感受如何，在结束后要积极引发成员的思考，否则，有的成员会仅仅认为这个活动很有趣，而缺乏感悟。

2. 一些平时生活中压力过大的成员的消极情绪可能在这个活动中被调动起来，并且会产生抵触现象，这时领导者要提醒成员自己是与他们在一起的，自己非常愿意参与到成员中与成员一起探索压力带来的感受。

【拓展活动】

这一活动中所念的口号也可以是“得”和“失”，该活动与“得与失”活动配合起来会更有效果。

心理测试

大学生心理适应性测量问卷

【指导语】

本问卷共20题，每题均给出5个备选答案，请从中选择一项最适合你的答案，并打上“√”。

1. 假如把每次考试的试卷拿到一个安静、无人监考的房间去做，我的成绩会更好一些。

A. 很对　B. 对　C. 无所谓　D. 不对　E. 很不对

2. 夜间走路，我能比别人看得更清楚。

A. 是　B. 好像是　C. 不知道　D. 好像不是　E. 不是

3. 每次离开家到一个新的地方，我总爱闹点毛病，如失眠、拉肚子、皮肤过敏等。

A. 完全对　B. 有些对　C. 不知道　D. 不太对　E. 不对

4. 我在正式运动会上取得的成绩，常比体育课或平时练习的成绩好些。

A. 是　B. 似乎是　C. 吃不准　D. 似乎不是　E. 正相反

5. 我每次明明已将课文背得滚瓜烂熟，可在课堂上背的时候，还是会出差错。

A. 经常如此　B. 有时如此　C. 吃不准　D. 很少这样　E. 没有这种情况

6. 开会轮到我发言时，我似乎比别人更镇定，发言也显得很自然。

A. 对　B. 有些对　C. 不知道　D. 不太对　E. 正相反

7. 我在冷天比别人更怕冷，而热天又比别人更怕热。

A. 是　B. 好像是　C. 不知道　D. 好像不是　E. 不是

8. 在嘈杂的环境里，我仍能集中精力学习、工作，效率并不会大幅度降低。

A. 对　B. 有些对　C. 吃不准　D. 有些不对　E. 不对

9. 每次检查身体，医生都说我“心跳过速”，其实我平时脉搏很正常。

A. 是　B. 有时是　C. 时有时无　D. 很少有　E. 完全不是

10. 如果需要的话，我可以熬一个通宵，并精力充足地学习和工作。

A. 完全可以　B. 有时可以　C. 不知道　D. 不太可以　E. 完全可以

11. 当父母或兄弟姐妹的朋友来我家做客的时候，我尽量回避他们。

A. 是　B. 有时是　C. 时有时无　D. 很少有　E. 完全不是

12. 出门在外，虽然吃饭、睡觉、环境等变化很大，可是我很快就能习惯。

A. 是　B. 有时是　C. 是与否之间　D. 很少是　E. 完全不是

13. 参加各种比赛时，赛场上很热烈，观众越加油，我的成绩反而越上不去。

A. 是　B. 有时是　C. 是与否之间　D. 很少是　E. 不是

14. 上课回答问题或开会发言时，我能镇定自若地把事先想好的一切都完整地说出来。

A. 对　B. 有些对　C. 对与不对之间　D. 有些不对　E. 不对

15. 我觉得一个人做事比大家一起干效率高一些，所以我愿意一个人做事。

A. 是　B. 好像是　C. 是与否之间　D. 好像不是　E. 不是

16. 为求得和睦相处，我有时放弃自己的意见，附和大家。

A. 是　B. 有时是　C. 是与否之间　D. 很少是　E. 根本不是

17. 当着众人和生人的面，我感到窘迫。

A. 是　B. 有时是　C. 是与否之间　D. 很少是　E. 不是

18. 无论情况多么紧迫，我都能注意到该注意的细节，不爱丢三落四。

A. 是　B. 有时是　C. 是与否之间　D. 很少是　E. 不是

19. 和别人争吵起来时，我常常哑口无言，事后才想起该怎么反驳对方，可是已经晚了。

A. 是　B. 有时是　C. 是与否之间　D. 很少是　E. 不是

20. 我每次参加正式考试或考核的成绩，常常比平时的成绩要好些。

A. 是　B. 有时是　C. 是与否之间　D. 很少是　E. 不是

【计分标准】

凡单号数1、3、5、7、9等从A～E这五种回答依次为1、2、3、4、5分，凡双号数2、4、6、8、0等从A～E 五种回答依次为5、4、3、2、1分。

【结果解释】

81～100分：适应性很强。

61～80分：适应性较强。

41～60分：适应性一般。

21～40分：适应性较差。

0～20分：适应性很差。

拓展阅读

心中的顽石

——阻碍我们去发现、去创造的，仅仅是我们心理上的障碍和思想中的顽石。

从前，有一户人家的菜园摆着一块大石头，宽度大约有40厘米，高度有10厘米。到菜园的人，不小心就会踢到那一块大石头，不是跌倒就是擦伤。儿子问："爸爸，那块讨厌的石头，为什么不把它挖走?"

爸爸这么回答："你说那块石头喔？从你爷爷时代，就一直放到现在了，它的体积那么大，不知道要挖到什么时候，没事无聊挖石头，不如走路小心一点，还可以训练你的反应能力。"过了几年，这块大石头留到下一代，当时的儿子娶了媳妇，当了爸爸。

有一天媳妇气愤地说："爸爸，菜园那块大石头，我越看越不顺眼，改天请人搬走好了。"

爸爸回答说："算了吧！那块大石头很重的，可以搬走的话在我小时候就搬走了，哪会让它留到现在啊!"

媳妇心里非常不是滋味，那块大石头不知道让她跌倒多少次了。有一天早上，媳妇带着锄头和一桶水，将整桶水倒在大石头的四周。十几分钟以后，媳妇用锄头把大石头四周的泥土搅松。媳妇早有心理准备，可能要挖一天吧，谁都没想到几分钟就把石头挖起来，看看大小，这块石头没有想象的那么大，都是被那个巨大的外表蒙骗了。

温馨提示：你抱着下坡的想法爬山，便无从爬上山去。如果你的世界沉闷而无望，那是因为你自己沉闷无望。改变你的世界，必先改变你自己的心态。

（摘自：http://blog. sina. com. cn/s/blog_62f1ea560100pc40. html）

第二节　大学生常见心理防御机制

心灵故事

张某，大二女生，性格偏内向，父母去年双双下岗，家庭经济收入来源骤减，生活水平大幅度降低，但是为了供给张某读书费用，父母平时总是省吃俭用，生活十分拮据。父母把未来的希望全寄托在张某身上，对她期望很高，希望孩子毕业后能找到一份不错的工作贴补家用，对张某的要求非常严格，有时严厉到伤害她的自尊。张某希望毕业后考上教师，嫁个不错的人家，尽量改善自己家庭的境遇，可是行动上总是上不去，因害怕父母的唠叨，平时甚至不愿回家，心理总有一个疙瘩。半年多来，张某看不进书，坐在教室里总是东想西想，精神不能集中，对自己的行为很不满意，很烦，非常担心自己就一直这样下去。近来尝试着想改变自己，但不知从何做起，效果也不好。心情越来越坏，对任何事情好像都提不起兴趣。吃饭经常没有胃口，去医院检查过，医生说没什么问题。

张某的心理问题显然是由压力造成的。首先，家庭变故是张某的主要压力来源；在本案例中，张某父母双双下岗，家庭应激（压力）是非常大的。张某作为一名学生，对事件的冲击似乎无能为力，只能消极地承受威胁。其次，持续的家庭压力直接影响了来访者在日常生活和学习中的行为方式，甚至影响到张某的某种生理机能，例如，吃饭时没有胃口等。再次，张某采取的方式是摇摆于积极和消极二者之间的。一方面，张某确立了考教师的具体目标，这是积极的应对；另一方面，张某又在回避来自家庭的压力，这又是消极的应对。

知识导读

一、心理防御机制简述

（一）什么是心理防御机制

当个体遭遇挫折和失败时，都会有一种摆脱困境、减轻不安、稳定情绪、重新达到心理平衡的倾向，这种一个人缓解内心紧张或者压力状态的一贯方式或倾向被称为心理自我防御机制。

（二）心理防御机制的特点

1. 心理防御机制往往是无意识的。在我们遇到挫折的时候，往往会无意识地做出一些反应。当我们回忆挫折反应的时候，可能会说在当时那种情况下，啥也想不起来了，或者说也没意识到自己做了什么。这些本能反应是我们在面对心理威胁时习惯了保护自己的方式，而平时是意识不到的。

2. 心理防御机制具有保护心理不受伤害的功能。当我们的心理受到威胁的时候，防御机制就可能启动，它可以保护我们远离不良情绪的困扰，维护我们的自尊心不受伤害。可以说，防御机制在某种程度上满足了我们的心理需求，使我们因挫折而失去的心理平衡得以恢复。

3. 心理防御机制往往回避了问题本身。心理防御机制通过对个人自身与挫折情境之间关系的重构发挥作用，所改变的是个人对挫折情境的看法、解释等，尽管可以保护我们的心理不受伤害，但由于这样做往往只是通过歪曲、回避或者重新解释现实来满足个人的心理需求，而不是针对挫折情境本身所做的应对反应，所以只能暂时缓解我们的焦虑、紧张等不良情绪，减轻心理压力，而不能解决实际问题。因此，心理防御机制对于我们面对现实问题反而是不利的。

4. 心理防御机制与一个人的个性有关。一方面，一个人的个性发展越成熟，越敢于面对困难，因此也就越少利用心理防御机制；另一方面，在遇到挫折时经常使用心理防御机制，这种回避现实困难、谋求心理平衡的行为方式就可能固定下来，成为个性的一部分，妨碍其日后对现实的适应。

5. 心理防御机制种类繁多。尽管都是为了回避现实，获得心理平衡，但每个人采取的防御方式可能不同。因此，就会出现各种各样的心理防御机制。常见的心理防御机制有压抑、合理化、认同、退行、抵消、补偿、升华、幽默等。

二、大学生常见的主要心理防御机制

大学生在遭遇挫折时，也会自觉不自觉地运用心理防御机制。在日常的学习生活中，由于主客观条件不一样，挫折反应也各不相同。挫折的防御机制是多样的，有些是积极的，有些是消极的，也有些是中性的。

（一）积极的心理防御

积极的心理防御能正视挫折，承认挫折，正确分析挫折产生的主客观原因，总结经验

教训，争取积极的行为方式，最后战胜挫折。主要表现如下。

1. 升华。即将遇到挫折或者愿望无法满足时产生的愤怒、不甘等情绪，以外部世界能够接受的，有利于社会发展、文明进步的方式表现出来，并且因此而创造出一定的社会成就，这就是升华，即通常所说的“化悲痛为力量”。升华是最积极的行为反应，从古至今演绎出绵绵佳话。如，古之文王拘而演《周易》；仲尼厄而作《春秋》；屈原放逐赋《离骚》；左丘失明写《国语》；孙膑跛脚修《兵法》。不仅如此，升华还是一种富有建设性的行为反应。所谓“屡战屡败，屡败屡战”就是这种在挫折面前自我激励的情绪状态。

2. 坚持。指个体发现目标难以达到，要求自己做出加倍努力，使目标最终实现。美国电影《幸福来敲门》中的主人翁就是一位面对挫折一直坚持不懈地努力，最终赢得了自己的事业，也获得了幸福的生活。正如有的学者所说：成功就在于最后的坚持之中。

3. 认同。指个体在现实生活中无法获得成功时，效仿他人获得成功的经验和方法，能够使自己的思想、信仰、目标和言行更适应环境和社会的要求，增强自信心，减少挫折感。一般情况下，模仿的他人往往是自己敬重或者喜欢的人。例如，大学生常以一些历史名人、科学家，或小说中所欣赏的人物作为自己效仿的对象，建立自己心中的榜样，并依照榜样进行积极的自我激励与自我暗示，用成功代偿挫折。

4. 补偿。所谓补偿，是指一个因某方面的缺陷而无法达到期望的目标时，以其他方面的成功来弥补先前的遗憾与自卑的现象。例如，一些大学生在学业上的成绩不理想，转而发展自己的人脉和关系网络，培养自己的人际交往能力，并在社会实践中取得优异的表现。

5. 幽默。有些人在遇到让人尴尬或者难堪的情境时，会以一种轻松愉快的方式化解尴尬难堪的局面，称为幽默。幽默不是对问题的回避，而是直面问题，并以恰当的方式做出反应，既不伤害别人，又能够合理地表达自己的想法和态度，使处在情境中的人获得愉快的体验。幽默反映个人看待挫折成败的一种超然心态和智慧。

（二）消极心理防御

消极心理防御是指当大学生遭受挫折后所表现出来的带有强烈情绪色彩的非理性行为。常见的情绪行为方式有以下几种。

1. 固执。固执是当个体一而再，再而三地遭受到同样的挫折，就会慢慢失去信心，失去随机应变的能力，而形成刻板的反应方式，盲目地重复同样无效的行为。在大学生中，固执行为往往容易发生在一些性格内向、倔强、看问题片面的大学生身上。固执是非理智性的消极行为，对大学生的成长极为不利。

2. 退行。又称退化、回归，是指当个体受到挫折时，心理活动和反应退回到个体早期发展水平，以幼稚的、不成熟的方式应对当前情境。表现出这种行为方式的大学生往往对自己缺乏信心，像孩子一样依赖他人，多指大人小孩状。如忽闻亲人离去时，有的人可能会一下子呆住，不知所措，只知道哭泣；又如某大一女生刚入校，参加学生会干部竞选失败了，感到很“委屈”，无法进行理智分析和对待，不吃饭，也不上课，成天蒙头大睡等。

3. 逆反。个体遭到挫折后，如果是一意孤行，而且对正确的观念盲目地持反抗、抵制与排斥态度，这种行为便是逆反。用通俗的语言来说就是“你要我朝东我偏朝西”。持逆反心理的人往往为了排除内心的不满，会产生一些不符合社会规范、不被允许的愿望和行为，甚至做出一些反社会性行为。

4. 攻击。攻击是一种破坏性行为反应，指个体遭受挫折后，在情绪与行动上会产生一种对有关人或物的攻击性的抵触反应，以消除来自挫折的痛苦。攻击的表现形式多种多样，一般可分为直接攻击和转向攻击。直接攻击是指一个人受到挫折以后，把愤怒的情绪直接发泄到使之受挫的人或物上，如大学里发生的打架斗殴、损害公物等现象，甚至出现命案。转向攻击是指一个人受到挫折以后，把愤怒的情绪指向其他的人或物身上去。如当受到老师批评时，把怒气发泄到别人或物品上。

5. 轻生。轻生是受挫者受挫以后表现出的一种极为消极的行为反应。在现实中，面对有些来得过于突然的挫折和打击的大学生，在得不到外力帮助的情况下，很可能自暴自弃，产生轻生厌世、自杀自残的行为，以此来获得内心痛苦的解脱。

6. 压抑。当一个人不愿意接受自己的一些情感、冲动或者记忆的时候，可能会将这些东西“遗忘”，这样就不会感到焦虑和痛苦了。但是，那些“遗忘”的情感、冲动或者记忆并不是真的不存在了，只是一个人为了避免产生心理冲突，降低焦虑，将它们压抑到了潜意识里。事实上，它们往往会以一些特殊的方式来显示其存在，如口误、笔误、酒后吐真言等。

（三）中性心理防御

中性心理防御是指当一个人受到挫折后，采取一些暂时减轻受挫感的行为方式，以解除挫折为自己带来的心理烦恼，减轻内心的冲突与不安。主要表现为以下几种。

1. 求得注意。即想方设法引起别人对自己的注意，如以大声喧哗、寻衅生事、恶作剧来表现自己，这是不可取的。

2. 合理化。即自我安慰，指无法达到追求的目标时，给自己一个好的借口来解释，但用来解释的借口往往是不真实的、不合逻辑的，但防卫者本人却能借此说服自己，感到心安理得。如，阿Q被欺负、不敢还手时说“儿子打老子”。合理化策略主要包括酸葡萄效应、甜柠檬效应和推诿。

（1）酸葡萄效应。酸葡萄效应指的是将自己想要得到却得不到的东西说成是坏的，简单地说就是只要不是自己的就都不是好的。比如，自己运动能力比较差，为了保持自尊就说那些在体育方面比自己强的人“四肢发达头脑简单”；自己学习成绩不理想，就说那些比自己学习好的同学是书呆子、死学。

（2）甜柠檬效应。甜柠檬效应简单地说就是只要是自己的就是好的，也许东西本身并没有那么出众，但因为是自己的，所以就大加颂扬。比如，自己家的小孩眼睛小却说“眼睛虽小，聚光有神”；自己长得胖却说身材丰满。

（3）推诿。俗称找借口，因为害怕受到责备、嘲笑，或者为了减轻心理上内疚感，而将事情的原因推到不可控的外部因素或者可以原谅的主观因素上。比如，古语常说的“谋事在人成事在天”。

3. 反向形成。即人们并不总是能完全接纳自己内心的观念和情感，有时候可能会拼命地压抑那些自己无法接纳的观念和情感，唯恐表现出来被别人发现。但正是由于过度压抑，结果往往会以相反的方式表现出来。比如，明明很讨厌一个人，但在见到对方时却表现得十分热情，甚至热情到连自己都觉得不可思议；明明喜欢一个人，但见到对方的时候却爱答不理，有时候还会出言挤兑对方。区分真实的情感和反向形成情感的标准就是行为表现是否过分，即行为表现是否超出其本应该有的程度。比如，跟一个人没有那么亲密，却表现得异常亲热，自己都觉得难以理解，这个时候就要考虑是不是有反向形成的作用，是不是因为自己心理对这个人有极大意见或者非常讨厌他而刻意压抑的结果。但是，这种刻意压抑长期运用会从根本上扭曲自我意识，使动机与行为脱节，造成心理失常。

4. 抵消。即人们在发生不愉快的事情之后，为了弥补内心的愧疚感、罪恶感等，可能会进行一些象征性或者仪式性的动作以使自己的内心平静，降低紧张焦虑的情绪。简单地说，抵消就是一个人犯了错，可以通过一些象征性或者仪式性的活动让自己的内心感觉好一点，如考试没考好，心里边觉得对不起爸爸妈妈，让他们失望了，回家之后拼命帮爸爸妈妈干活，这样做之后心里似乎好过了一些。

5. 投射。即有时候人们难以接受自己的一些想法、情感、欲望及自身的某些特征，就将它们转移到别人身上，或者认为别人也如此，这样就可以使自己免于焦虑不安。例如，一个渴望获得别人关注的人，可能会向别人述说老是有人在看他／她，其实是他一直在注意别人。我们用自己的想法揣度着世界，揣度着别人，这样有助于我们处理事情、理解他人。但是，因为我们不是他人，所以这种投射又具有一定的局限性，因为我们无法确知别人是不是真的如此。

6. 向下比较。即有时候当我们遇到挫折的时候，有必要和那些命运比我们更差的人去比较，以消除心里愤怒不平的消极情绪，让自己心理获得一种平衡感。

7. 冷漠。即表现出对于挫折情境漠不关心、无动于衷等情绪反应。冷漠并非没有情绪反应，相反，是一种压抑极深的痛苦情绪反应。如，有些大学生面对亲人、朋友带给自己的伤害，或者面对无法摆脱的挫折情境时，通常会表现出冷漠的反应。

三、善用心理防御机制

任何人在任何年龄段都可能会或多或少地使用防御机制。人在遇到挫折、失败和打击时，或者心中的愿望、想法、冲动等得不到满足时，都会本能地动用心理防御机制，为自己在心中筑起一道防线，以免自己的心灵受到伤害。然而，防御机制虽然能够在一定程度上缓解人们心理上的痛苦和焦虑，但却不能直接解决问题。相反，大多数的防御机制都使人回避问题本身。因此，防御机制的使用不可以过当，更不应该成为一个人在遇到挫折、困境和打击的时候所使用的主要应对方式。

另外，与人们心理发展的程度相对应，心理防御机制可分为儿童式的防御机制、不成熟的防御机制、比较成熟的防御机制和成熟的防御机制。儿童式的防御机制包括否认、退行等；不成熟的防御机制包括投射、抵消、认同等；比较成熟的防御机制包括压抑、合理化、反向形成等；成熟的防御机制包括补偿、升华、幽默等。通常，一个人的心理发展越成熟，越倾向于不使用心理防御机制，或者使用更成熟的心理防御机制。

相关链接

烦恼者的十种特征

现代心理学已经总结出“烦恼病”的十大病症，这些病症可以当作一面镜子使烦恼的人进行自我诊断。

1. 以偏概全

这种人最热衷于失败。善于以偏概全的人总会接连不断地失败，因为他已承认自己不能成为一名成功者。他不能经受一次破产、一次失恋、一次批评，因为他会把这一次当成他一生或整个人的失败。

2. 情绪推理

只知道跟着感觉走，不知道感觉却经常捉弄他。中国有一则小故事说：某人丢了斧子，老怀疑是自己的邻居偷的，结果怎么看都觉得邻居像是偷了斧子！善于情绪推理的人就像故事中的这个人，他们的结果也是和他一样：斧子一直在自己的家里，只是没有找到而已。

3. 虚拟陈述

他总认为自己应该长出一对鸟的翅膀，石头也应该开花。对人对己他总有无数的“应该那样”或“不应该这样”的理论，不过这种人得到的最大报酬是内疚、失望、愤怒与不满。

4. 人格化

这种人想把自己变成上帝，他会把邻居的孩子患了一场感冒当成自己的过错。

5. 非此即彼

此人认为世界上只有黑白两种颜色，根本不存在非黑白的灰色。如果他没有考上大学，他会认为自己和文盲没什么差别。

6. 仓促下结论

他似乎有一种惊人的洞察力，即使没有任何令人信服的证据，他也会坚定地得出自己的结论。他不能容忍他的两个朋友在低声交谈什么，因为他认为他们肯定在议论或嘲笑他，他常常扮演一名预言家的角色。

7. 心理过滤

他没有什么爱好，除了寻求烦恼。他会为自己脸上的一个黑痣而烦恼一生，却看不到自己的脸有多么英俊，多么吸引众人的目光。

8. 夸大其词

这种人既会把一位刚刚学会写诗的朋友看成世界上最伟大的诗人，也会把自己不小心在雨天滑了一跤视为世界上最大的耻辱。他会把虱子看成一座山，也会把拿破仑看得不如一只破草鞋。

9. 诅咒与乱比附

以偏概全再严重一点就是这种情况。

自我诅咒者：由于一次偶然的考试成绩不好，他会想，“我是个再差不过的学生了！”而不是认为“这是我的一次失误而已”。

责骂别人者：由于坐在对面的同事表现得庸俗了点，就认为“她是条可恶的母狗”，从此只要一想到或见到她，心里就感到十分恶心。

乱比附：一位正在节食的妇女吃了一个冰淇淋之后就想，“我真令人讨厌，真的可恶，我简直就是一头猪。”这种想法一直会使她感到非常不安。

10. 贬抑积极的事物

这是一种颠倒的炼金术——不断把金黄色的欢乐转化成铅灰色的多愁善感的冷漠。当有人夸奖他的容貌时，他会想：“这只不过是寒暄应酬而已。”转念之间他从内心对别人的恭维就打了折扣。他会念念不忘自己的平庸、无能，他为此付出的代价是感到极度的痛苦和对于美好的事物缺乏鉴赏力，最后他的生活充满无尽的凄凉与悲哀。

（摘自：张将星，曾庆主编，《大学生心理健康教育》，暨南大学出版社，2013年8月）

互动体验

在遭遇挫折的生活情景中，采取不同的应对态度对个体成长的影响是有很大差别的。请大家阅读以下材料后，对照自己在挫折面前的表现。以5~8人为单位分小组讨论自己所受到的启发。

【情景假设】

你每天去上班都得越过一个水塘。这个水塘有些地方结冰很厚，在上面走路很安全，而另外一些地方的冰很薄，稍微有一点重量就会使你掉进冰冷的水中。失败者与成功者思考问题的模式对照如下。

（一）失败者这样思考问题

1. 无论什么时候总是集中精力考虑如何避免失败，而不是考虑如何越过这个水塘，战战兢兢，小心翼翼地往前走。

2. 每走一步都仔细试探冰面厚薄，轻轻地落下脚步，弄清楚冰面确实结实之后才踩下去。然后，犹犹豫豫地再迈一步。这样一步步地走，不惜一切代价地避免失败。

3. 每走一步都小心谨慎地试试冰面厚薄，随时都准备着失败。

4. 一刻不停地担心犯错误，担心掉到冰水里面。

5. 如果非多花工夫不可，就用一整天时间来过这个水塘，连耽误上班都不太担心，总是想着：最重要的是别失败。

6. 如果确实不够机灵，没有看出有一块地方冰太薄，真掉到了水里，就狠狠地责备自己，并怀着非常厌恶的心情，详详细细地回忆你的每一个错误的动作，一点点地想了又想，越想越为自己恼怒。

7. 痛骂自己。面对着冰窟窿让你失败和倒霉的那个地方，坐在那里大声痛骂自己。你从下边的这些话开始骂，越骂用的词越新鲜，越骂想起的词越多：愚蠢、粗心大意、瞎子、低能、傻瓜、笨蛋、蠢猪。

8. 把自己痛骂一番之后，站了起来，又去一寸一寸地试探冰面的薄厚。你慎之又慎地往前挪动，如果你觉得有必要，几个小时才往前走几步。

9. 小心地重复上面的动作，最后到了水塘对面的目的地。

（二）成功者这样思考问题

1. 没到水塘之前，先研究有关冰层的问题。找遇到过类似情况有经验的人谈话，读所有能够找到的有关这个问题的材料。

2. 正开始过水塘的时候，集中精力考虑要解决的问题，即研究怎样走过去，而不是专想掉进冰水的可能性。

3. 做好准备。因为失败的可能性非常之大，穿上一套不怕落水的衣服。

4. 早一点出门，留有充分的时间对付倒霉的事情，这样还能及时赶去上班。

5. 不为掉进水里担忧。心里想肯定自己随时可能落水，因为在生活当中不管走到哪里都有冰层很薄的地方。

6. 不停地走。真掉到冰水里的时候，赶快爬上来，接着往前走，决不动摇。

7. 因为把失败当成朋友和老师，所以把掉进水里的每一个地方做上记号，这样下次好躲开这些地方。

8. 事先在上班的地方准备好毛巾、干净衣服、烘干头发的电吹风、化妆用品等等。有了这些东西，不用麻烦就能把自己收拾妥当、开始工作，而耽误不了多大工夫。不管掉进冰水多少次，夸奖自己掉下去的次数不是很多，而且这么快就走过来了。

9. 到达单位的时候，心里想着：在这里的人全部是从他们自己路上的水塘走过来的，大都经历过他们自己的挫折，所以，他们不会无限耐心地去听你的倒霉事。于是，便不谈自己的遭遇，而是关心大家，跟大家聊一些对彼此都有益处的事情。

（三）请回答以下问题

1. 你所受到的启发是什么？

2. 请尝试用一句话来概括你所受到的启发。

心理测试

挫折容忍力测验

【指导语】

每个人的生活中都不同程度地受到挫折，人们在受挫后恢复的能力却各不相同。有些人弹性十足，有些人受挫后一蹶不振，而大多数人则介于两者之间。下列问题则可以测验出你应付困境的能力。在回答这些问题时，请你用“同意”或“不同意”作答。回答越坦白，越能测验出你的挫折忍受力。同意画“√”，不同意画“×”。

1. 胜利就是一切。（　　）
2. 我基本是个幸运儿。（　　）
3. 白天工作不顺利，会影响我整晚的心境。（　　）
4. 一个连续两年都名列最后的球队，应退出比赛。（　　）
5. 我喜欢雨天，因为雨后常是阳光普照。（　　）
6. 如果某人擅自动用我的东西，我会气上一段时间。（　　）
7. 汽车经过时溅我一身泥水，我生气一会儿便算了。（　　）
8. 只要我继续努力，我便会得到应有的报偿。（　　）
9. 如果有感冒流行，我常是第一个被感染的人。（　　）
10. 如果不是因几次霉运，我一定比现在更有成就。（　　）
11. 失败并不可耻。（　　）
12. 我是有自信心的人。（　　）
13. 落在最后，常叫人提不起竞争心。（　　）
14. 我喜欢冒险。（　　）
15. 假期过后，我需要舒散一天才能恢复常态。（　　）
16. 遭遇到的每一否定都使我更进一步接近肯定。（　　）
17. 我想我一定受不了被解雇的羞辱。（　　）
18. 如果向我所爱的人求婚被拒绝，我一定会精神崩溃。（　　）
19. 我总不忘过去的错误。（　　）
20. 我的生活中，常有些令人沮丧气馁的日子。（　　）
21. 负债累累的光景叫我寒心。（　　）
22. 我觉得要建立新的人际关系相当容易。（　　）
23. 如果周末不愉快，星期一便很难集中精力学习和工作。（　　）

24. 在我生命中，我已有过失败的教训。（　　）
25. 我对侮辱很在意。（　　）
26. 如果聘任职务失败，我会愿意再次尝试。（　　）
27. 遗失了钥匙会叫我整星期不安。（　　）
28. 我已达到能够不介意大多数事情的地步。（　　）
29. 想到可能无法完成某项重要事情，会使我不寒而栗。（　　）
30. 我很少为昨天发生的事情烦心。（　　）
31. 我不易心灰意冷。（　　）
32. 必须要有百分之五十以上的把握，我才敢冒险把时间投资在某件事上。（　　）
33. 命运对我不公平。（　　）
34. 对他人的恨维持很久。（　　）
35. 聪明的人知道什么时候该放弃。（　　）
36. 偶尔做个败北者，我也能坦然接受。（　　）
37. 新闻报道中的大灾难，使我无法专心工作。（　　）
38. 任何一件事遭到否决，我都会寻求报复的机会。（　　）

【评分标准】

上列问题，列入“不同意”的是：1、3、4、6、9、10、15、17、18、19、20、21、23、24、25、27、28、29、32、33、34、35、36、37，其余题为“同意”。依上列答案，相符者给1分，相反者给0分。

【结果解释】

0~10分：你是那种易被逆境、失望或挫折所左右的人，你易于把逆境看得太严重，一旦跌倒，要很久才能站起。你不相信“胜利在望”，只承认“见风转舵”。

11~25分：你遇到某些灾祸或逆境的时候，往往需要相当时间才能振作起来。不过你却能找到很多的技巧和策略来获取个人的利益。

26~38分：你应付逆境的弹性极佳，不理想的境遇对你虽然会造成伤害，但不会持久。你在情感上通常相当成熟，对生活也充满热爱，不承认有失败，纵或一时失败，仍坚信有“东山再起”的一天。

拓展阅读

在中央电视台科教频道《我爱发明》栏目里，有人制作了一个奇特的苍蝇捕捉器。

捕捉器看上去很特别，也很简单。其实它就是一个直径20厘米椭圆形的玻璃杯，上端封闭，没有出口，下端是一个锥形管连接的入口，底部的口稍大些，直径约5厘米，锥形管向上伸入到玻璃杯中心的位置，管口直径约3厘米。就这么一个简单的装置难道真能捕捉住无头乱飞的苍蝇吗？观众们都捏着一把汗。

在记者的见证下，发明人把苍蝇捕捉器拿到附近的公路边上，用砖头支起来，底部放一些苍蝇爱吃的饵料。不一会儿，七八只苍蝇飞来，叮在下面的饵料上。吃饱了的苍蝇按飞行习性向上顺着捕捉器的入口飞到玻璃瓶里，在里面向上、向四周乱飞了一通，始终不能出来。

通过观察发现只要进了捕捉器的苍蝇，只知道盲目地向上飞，向四周飞，不知道向下飞，不知道原来的路是安全的路，无一能逃出，它只能在里面困死、累死、饿死。看来这个简单的装置真能捕住苍蝇。

不懂得向下的路是安全的路，在困境中一味地向前，不会原路返回，这是苍蝇的致命伤。

同样，生活中只知道勇往直前不是真正的勇敢。那些懂得适时放低自己，在困境中及时回头的人才是真正的强者。

（摘自：http://www.ledu365.com/a/xinling/27729.html）

第三节　大学生压力与挫折应对策略

心灵故事

俞敏洪说：“失败是一层灰蒙蒙的纸，它覆盖着生活，使生活看起来也是灰蒙蒙的。但是，只要你跨出一步，勇敢地撕掉这层纸时，看见的就是生活的蓝天碧海。”两次高考失利，俞敏洪在家乡当上了一名拖拉机手，后来成为一所农村学校的代课老师。在母亲的鼓励下他第三次参加高考，最终考上北京大学。大三时，因患有肺结核，被迫休学一年。毕业后留校任英语教师，三次参加出国留学考试，花光了家里的积蓄，也未能迈出国门；反而由于私自在校外办学，被北大处分，于是辞职。在民办的东方大学代课，开始办新东方培训班，经过艰苦拼搏，成为新东方教育科技集团董事长。

从俞敏洪的人生经历中，我们可以看到环境的变化是经常性的，顺境、逆境交替出现；只有积极主动地适应这些变化，并且勇于调整，才能使自己走出情绪的低谷、人生的困境和失败的打击；自怜、自怨或寻求保护伞逃避现实都于事无补。俞敏洪的人生经历其实多少也可以代表我们大部分人的人生旅程，只是对待逆境时候人们的反应有所差别。

知识导读

挫折是人生之旅的波折和考验，一方面它能够打击我们，让我们身心痛苦；另一方面它也给了我们磨砺和成长的机会。借助挫折的力量成就自我的成长，需要我们学习一些技巧调整自己，能够顺利地渡过最艰难的时期，不被挫折打倒。那么，我们怎样才能更顺利地度过挫折带来的困难，并善用这个磨刀石呢？

一、调整不良情绪

挫折来临的时候，我们会产生紧张、焦虑、担心等不良情绪，这些情绪有时会影响我们对问题的分析和处理，妨碍我们处理事情的效率。因此，了解一些调整不良情绪的方法对于我们成功地应对挫折是非常重要的。

（一）暂停思考

遇到挫折时，难免会产生不愉快的情绪，这个时候对自己说“停”将有助于消除不良情绪。具体方法是：首先在头脑中想象挫折带来的想法和感受，当能够清晰地想象挫折事件和挫折情境的时候，对自己说“停”；当自己不能在头脑中清楚地想象挫折事件和挫折情境时，就可以慢慢地不再使用“停”了。其次，想象一个让自己愉快的事情或者场景，用愉快的情绪取代不愉快的情绪。再次，切记当不良情绪消失后，要对自己进行鼓励以强化所取得的成果。

（二）积极的自我指导

人在指导别人的时候总是头头是道，但是轮到自己却常常觉得不是那么回事。事实上，我们完全可以像指导别人一样指导我们自己。例如，当遇到挫折时，像我们一直以来帮助别人的时候一样，对自己说“试试看”。具体的方法是：在遇到挫折时先告诉自己不要担心，看看有什么办法可以解决自己所面临的问题；在开始着手处理问题时，适当地安慰自己，只要能够应对当下的挫折就可以了；同样，当“雨过天晴”后，要记得以奖励自己来强化战果。

（三）正向思维

有的时候，人们觉得挫折难以应对，不是因为挫折本身真的那么难以应付，而是人们在心里给自己设置了障碍。最常见的就是还没有开始做事情时，就觉得肯定做不好；遇到点困难就觉得天都塌下来了，自己再也无能为力……这些负向的思维方式对于应对挫折没有益处，还会影响自己的心情；相反，正向的思维方式则有助于我们应对挫折，产生积极的情绪。正向的思维方式就是以积极的方式来思考问题，如，我们可以这样想：“困难和挫折的出现不是我能左右的，但是我可以决定我自己做什么，我只要尽力就好，既然我已经尽力了，那么无论结果怎样，我也不会有什么遗憾。”

（四）换个角度

任何事情都有两面性，从不同的角度去看待会有不同的感受。塞翁失马，焉知非福？挫折之所以会让人气馁，是因为我们只看到了它对我们达成目标的阻碍，却没有看到它能够给我们带来的启示和教训。比如，一个想要竞选班干部却因为紧张开口就说不出话的学生，当事人可以换个角度来考虑：尽管这一次竞选演讲没有得到想要的结果，但自己能够站在讲台上，本身就已经是一种成功；这一次积累了经验和教训，下一次就能够更好地做准备；通过这次的经历，也可以针对自己的不足着重锻炼需要改善的地方。

（五）转移注意力

我们都有一些经验，当遇到挫折的时候，越想那些让自己头疼的事情，就越是烦躁，事情越糟糕；越是想解决问题，越是想不出办法来。这时，如果我们通过转移注意力让自己的情绪平复下来，等心境平和了再来处理问题，可能会发现原来问题也没那么糟糕。常见的转移注意力的方法有听音乐、看电影、运动、睡觉、逛街等。对于不同的人，不同的活动所产生的效果也不一样，需要每个人寻找和选择适合自己的活动。选择这些活动时有两个原则：一是活动本身能够有效地转移自己的注意力，当我们从事这项活动的时候，能够忘记那些不愉快，放松心情；二是这些活动要有建设性，而不应该对他人或者社会产生破坏性的活动。

（六）放松训练

身体的放松能够让紧张的心情得以缓解。放松训练就是通过让身体放松来达到放松心情的目的。当我们感到心情紧张的时候，可以尝试下述放松方法。

第一，找一个安静的房间，还要有一把带靠背的椅子，然后以一个舒适的姿势坐在椅子上，双脚自然平放在地板上，闭上眼睛。

第二，静静地体会气流在自己身体中流淌的感觉，慢慢地做深呼吸，同时默默在心里说“放松，放松……”

第三，将注意力集中在脸上，可以感觉到脸、眼睛、下巴都很紧张，在头脑中想象脸上紧张的样子，想象自己脸上的紧张感慢慢消失，脸上变得松弛了。

第四，感觉脸上的肌肉松弛起来，并且那种松弛的感觉向全身其他部分传导。

第五，使劲绷紧自己的脸，体会紧绷的感觉，然后缓慢地放松肌肉，让脸上的肌肉变得放松，可以感觉到有暖暖的舒适感从脸上流出。

第六，按照上述的方法将身体的其他部位，如头、颈、肩、手、手臂、肚子、大腿、小腿、脚、脚趾逐一放松。全身放松后再静静地坐5分钟，感觉眼皮轻了，再闭着眼睛坐1分钟，然后再睁开眼睛。放松训练结束。

进行一次上述练习大约需要5分钟，每天练习两次效果更佳。

注意：做练习前不要吃东西，不要穿太紧的衣服，以免影响放松效果。

（七）适当宣泄

心情不好时，若能表达心中的不满、不快等情绪，则有助于缓解不良情绪。不过，宣泄不愉快情绪要讲究方法，方法不当不但难以取得宣泄的效果，甚至可能会对自己和他人造成伤害。在遇到挫折时，比较适合于宣泄的方法有以下三种。

1. 找人倾诉。找个值得信赖的朋友，选个安静的环境，将自己的不愉快讲出来，既可以帮自己梳理思路，重新审视自己遇到的挫折和困难，也可以让自己在与朋友倾诉的过程中获得心理上的支持和理解，进而降低挫折带来的不愉快。

2. 替代倾诉。有的时候，我们可能觉得一些事情不能或者不愿意与他人分享，但是我们心里的压力已经积累到了一个难以忍受的程度，迫切地需要宣泄，这个时候可以找个没人的地方，并选一个替代性的东西作为倾诉对象，甚至也可以没有明确的对象。“国王长了驴耳朵的故事”就是典型的替代倾诉的例子。理发师不敢将这个只有他知道的秘密告诉别人，他快憋疯了，于是找个树洞倾诉，之后心情大好。

3. 写日记/信。将心中的不快和挫折感记录下来，给自己写一封信，隔段时间再看，会发现事情也没有之前感觉的那么糟糕。有的时候我们在写的过程中就会慢慢平复下来，发现自己之前没有考虑到的一些细节，顿悟出解决问题的办法。

二、重构认知

（一）调整观念

美国心理学家艾利斯提出了心理治疗的ABC理论，认为是人们的不合理信念造成了其挫折体验，因此，想要改善人们在挫折中体会到的不良情绪，应该从改变不合理信念入手。常见的不合理信念如下。

- 犯错误是不可原谅的。
- 做事情就必须做到最好，否则还不如不做。
- 我周围的人都应该时刻关心我。
- 没有人喜欢听别人诉说不开心的事。
- 少说多做，不能够随便发表自己的意见。
- 人必须独立，凡事都应该自己面对。

……

生活中存在的不合理信念有很多，归结起来不合理信念的主要特征有：绝对化要求、以偏概全和糟糕之极。我们可以通过这三点来识别自己的不合理信念。另外，还有一个更直接的办法，即参照上述所列出的不合理信念，当自己觉得哪一条似乎特别有道理的时候，就说明在我们的观念中存在着这样的不合理信念。

识别不合理信念的目的是最终改变那些不合理的信念，以合理的信念取代它们。如果发现自己头脑中确实存在上述的不合理信念，尝试用下面的合理信念取代那些不合理的信念。试试看，这样做之后，是不是感觉很多让自己郁闷烦恼的事情都变得不再那么令人讨厌呢？一些想不通的事情似乎也迎刃而解了。与上述不合理信念相对应的合理信念如下。

➢ 任何人都不是完人，都有可能犯错误。

➢ 我们做事的时候只要尽力而为就好，至于能不能成为最好的不是我们所能决定的。

➢ 我有权利拒绝别人。

➢ 别人没有必要时刻关注着我。

➢ 我的行为是由我自己做主的，我有权改变。

➢ 当我不开心的时候，我可以跟我信赖的朋友分享我的感受。

➢ 当我需要帮助的时候，我可以向别人求助。

……

（二）调整抱负水平

抱负水平是人在从事某种实际活动之前，对自己要达到的目标规定的标准。挫折感的产生往往是由于自己的目标过高，不切实际。因此，实时调整自己的抱负水平，不仅可以减少挫折的发生，而且能锻炼自己的意志力。

1. 量力而行，目标适当。调整抱负水平，不提超出自己能力和资源的要求，这样可以减少挫折发生的概率。

2. 提前准备，避免受挫。当意识到可能出现阻碍目标实现的困难时，提早做准备，或者调整自己的目标，尽可能地避免挫折出现。

3. 知彼知己，百战不殆。我们要对自己的优势和劣势有清晰的认识，在做事之前对所要面对的情况也要有清晰的认识。这样才知道差距在哪里，需要向哪个方向努力。

4. 知难而退，洒脱豁达。如果发现事情确实不可为，那么就要果断地调整目标，或者直接放弃目标，而不要恋战，白白耽误时间和精力。

总之，遇到挫折时，应审视自己的目标是否得当，所定的目标最好既有一定难度，又是经过一定努力能够实现的。

三、采取积极的应对方式

挫折是把双刃剑，它既可以磨炼人的意志，让人学会积极的应对方式；也可以让人精神崩溃，或麻木、冷漠，形成消极应对挫折的方式。适当的挫折应对有助于我们的成长，能帮助我们塑造良好的个性品质，也能够为我们在以后的生活中再遇到挫折的时候提供借鉴和指引。选择挫折应对方式的时候，可以从以下两个方面来考虑。

（一）是否成功地化解了挫折

1. 由挫折带来的情绪紧张状态是否得到了缓解。如果不良情绪因此而降低了，那么当前选择的应对方式是有效的；如果当前的应对方式对于改善挫折带来的不良情绪没有效果，甚至火上浇油，那么它就是无效的。

2. 在遇到挫折的时候，人们可能会出现心跳加快、呼吸不顺等身体上的反应，如果我们使用一种应对方式之后，身体上的这些变化消失了，也可以证明这种应对方式是有效的。

3. 生活恢复正常。挫折会打乱我们的生活节奏，扰乱生活秩序，让人焦头烂额，干扰正常的学习和生活。一个成功的挫折应对应该能够让我们的生活恢复到原本的状态和秩序，不再干扰我们正常的学习和生活。

（二）是否有助于以后的生活

1. 所选用的应对方式要有助于我们面对问题，而不是回避问题。面对才是解决问题的开始，如果我们一直无法面对，问题就难以解决。

2. 所选用的应对方式要符合现实情况。任何人也无法凌驾于现实之上，如果我们所选用的应对方式与现实相违背，那么它本身就不可能有效地应对挫折。

3. 所选用的应对方式要有助于我们在面临挫折情境的时候做出准确的评估，而不能够使我们对压力情境的评估出现歪曲。

4. 所选用的应对方式要有助于提高解决问题的能力，改善处理问题的思维方式。

5. 所选用的应对方式要有助于我们识别和控制自己的情绪，提高我们的挫折承受力。

四、有意识地建设和维护社会支持系统

社会支持系统指的是一个人遇到挫折和困难时，可以在自己的社会关系网络中获得的帮助和支持，既包括物质上的，也包括精神上的。通常情况下，个人的社会支持系统主要由亲人、朋友、同学、老师等组成，也包括可以提供心理咨询和指导的咨询师及咨询机构。当我们遇到挫折的时候，我们能够获得的社会支持越多，越有助于应对挫折。因此，我们需要有意识地建设和维护自己的社会支持系统。可以说，社会支持系统是我们在这个世界上生存和存在的支撑点。

首先，弄清楚自己原本有什么资源，这些资源能够给我们提供什么支持和帮助。这样当遇到挫折的时候，就可以有效地寻找可利用的资源。例如，当我们心情不好的时候，可以找朋友倾诉；当我们遇到学习上的困难时，可以找老师求助。

其次，分析还有什么资源是可以发掘的。要注意建设新的资源，扩大自己的社会支持系统。如果只有一个可以倾诉的朋友，赶巧遇到挫折的时候他又不在身边，那就无法获得朋友的支持；但如果有好几个这样的朋友，在需要倾诉的时候就能比较容易地获得这样的社会支持。

再次，社会支持系统是需要维护的。社会支持系统往往由与我们关系比较密切的人组成，不能只在需要的时候才想起来去维护与他人的关系，在平常的生活中就要积极地维护，这样在需要的时候社会支持系统才能够顺利启动。

相关链接

什么是逆商？

除了智商、情商外，近年来又流行一个新概念：挫折商（逆商）。IQ、EQ、AQ并称3Q，成为人们获取成功必备的不二法宝。有专家甚至断言，100 %的成功=20%的IQ +80%的EQ和AQ。

逆商AQ来自英文Adversity Quotient，全称逆境商数，一般被译为挫折商或逆境商。它是指人们面对逆境时的反应方式，即面对挫折、摆脱困境和超越困难的能力。大量资料显示，在市场竞争日趋激烈的今日，大学生创业成功与否，不仅取决于其是否具有强烈的创业意识、娴熟的专业技能和卓越的管理才华，而且在更大程度上取决于其面对挫折、摆脱困境和超越困难的能力。因此，高校教育工作者在实施创业教育的过程中，应该把大学生的逆商培养作为着力点，积极进行大学生的逆商培养，使其在逆境面前，形成良好的思维反应习惯，增强意志力和摆脱困境的能力，从而提高大学生创业的成功率。

AQ不只是衡量一个人超越工作挫折的能力，它还是衡量一个人超越任何挫折的能力。同样的打击，AQ高的人产生的挫折感低，而AQ低的人就会产生强烈的挫折感。

（摘自：http://baike. so. com/doc/6781052-6997367. html）

互动体验

最坏结果设想

【活动目的】

1. 促使成员宣泄自己的压力。

2. 启发成员分析压力事件能够给自己带来的最坏的后果，自己能否接受这一后果。

3. 引导成员平和地看待压力事件的缘起。

【活动说明】

时间：10分钟左右。

场地：空旷教室或团体训练室。

【实施程序】

1. 分组：成员之间两两一组，面对面坐好。尽量选择自己不熟悉的成员。

2. 领导者邀请成员以“我不得不”句式造句，比如“我不得不做某事”，然后继续造句：“如果我不做某事，就会B。”“如果B，则C。”以此类推（B、C均为某个不好的结果），一直到成员觉得可以结束，即没有更坏的结果发生为止。另一名成员倾听，第一个成员分享完毕后交换角色。

3. 分享完毕后领导者可以邀请几名成员自愿分享他们的内容并谈谈感受。

【领导者提问】

1. 大家最后的最坏的结果究竟是什么？

解说要点：有时我们说完这一连串的“不得不”后，会发现很多情况下我们最终否定的是自我的价值，即如果这件事我没做，那么就体现不出自我的存在价值了。但是要注意，我们自身存在的价值不可能也不应该仅仅因为遇到一些小事而被否定。事实上，是否否定自我价值取决于我们自己。另一些“不得不”的最后结果会让我们感到非常有趣甚至荒谬，我们往往倾向于将一些小的失败看成巨大的灾难，把一些小的压力事件主观放大，其实这些“不得不”并不会给我们带来多严重的后果。

2. 体察一下当说完这一连串的“不得不”后，感受如何？说完这件让你担心的事情还会继续让你担心吗？

解说要点：生活事务的状态只有两类，即做了和没做。其余的一切都取决于我们自己的心态。我们每天对自己说的话决定了我们做这些事情的心情，如果每天生活中真的出现这么多的“不得不”，那么，我们就会在一个悲惨的状态下工作，而这一悲惨的状态是自己强加给自己的。谁能够为我们的选择和生活状态负责？答案只能是自己。

【注意事项】

1. 如有黑板，最好把造句的句式在黑板上写下来以便成员观察。

2. 有的成员分享到最后可能会觉得这一过程和最后结果有些可笑，会感觉到其实没有多大的压力，领导者要抓住这一机会进行干预。

【拓展活动】

领导者可以这一活动为切入点，引入情绪管理的ABC理论，请成员分辨自身的不合理信念。

心理测验

心理承受能力测试

【指导语】

对于下面每道题，请根据自己的实际情况做出“是”或“否”的回答。

1. 你认为自己是个弱者吗？

A. 是　　B. 否

2. 你是否喜欢冒险和刺激？

A. 是　　B. 否

3. 你生活在使你感到快乐和温暖的班级吗？

A. 是　　B. 否

4. 如果现在就去睡觉，你担心自己会睡不着吗？

A. 是　　B. 否

5. 生病时你依旧乐观吗？

A. 是　　B. 否

6. 你是否认为家人需要你？

A. 是　　B. 否

7. 晚睡两个小时会使你第二天明显的精神不振吗？

A. 是　　B. 否

8. 看完惊险片很长一段时间内，你一直觉得心有余悸吗？

A. 是　　B. 否

9. 你常常觉得生活很累吗？

A. 是　　B. 否

10. 你是否有一些无话不谈的知心朋友？

A. 是　　　　B. 否

11. 当考试成绩不理想时，你会感到非常沮丧吗？

A. 是　　　　B. 否

12，你认为自己健壮吗？

A. 是　　　　B. 否

13. 当你与某个同学闹意见后，你一直无法消除相处时的尴尬吗？

A. 是　　　　B. 否

14. 大部分时间你对未来充满信心吗？

A. 是　　　　B. 否

15. 你有一个关心、爱护你的家吗？

A. 是　　　　B. 否

16. 当你在课堂上回答不出问题时，你在课后还会久久地感到烦恼吗？

A. 是　　　　B. 否

17. 每到一个新地方，你是否常常会出现问题，如吃不下饭、睡不着觉、拉肚子、头晕等？

A. 是　　　　B. 否

18. 即使在困难时，你还是相信困难终将过去吗？

A. 是　　　　B. 否

19. 你明显偏食吗？

A. 是　　　　B. 否

20. 当你与父母发生不愉快时，你是否曾想离家出走？

A. 是　　　　B. 否

21. 你是否每周至少进行一次所喜欢的体育活动，如登山、打球、游戏等？

A. 是　　　　B. 否

22. 你觉得自己有些神经衰弱吗？

A. 是　　　　B. 否

23. 你认为你的老师喜欢你吗？

A. 是　　　　B. 否

24. 心情不愉快时，你的饭量与平时差不多吗？

A. 是　　　　B. 否

25. 看到苍蝇、蟑螂等讨厌的东西，你感到害怕吗？

A. 是　　　　B. 否

26. 你相信自己能够战胜任何挫折吗？

A. 是　　　　B. 否

27. 你是否常常与同学们交流看法？

A. 是　　　　B. 否

28. 你常常因为想心事而躺在床上久久不能入睡吗？

A. 是　　　　B. 否

29. 在人多的场合或在陌生人面前说话，你是否感到窘迫？

A. 是　　　　B. 否

30. 你是否认为你受到的挫折与其他人相比，根本算不了什么？

A. 是　　　　B. 否

【评分标准】

第 2、3、5、6、10、12、14 、15、18、21、23、24、26、27、30题答“是”记1分，答“否”记0分。其余各题答“是”记0分，答“否”记1分。各题得分相加，统计总分。

【结果解释】

总分在0～9分之间：你的心理承受能力差。你遇到困难易灰心，常有挫折感。

总分在10～20分之间：你的心理承受能力一般。你能轻松地承受一些小压力，但遇到大的打击时，还是容易产生心理危机。

总分在21～30分之间：你的心理承受能力强。你能在各种艰难困苦面前保持旺盛的斗志。

自测后提醒或建议：

此问卷仅作为了解自己使用，如有疑问，请咨询专业人员。

拓展阅读

心理学家用小白鼠做了一个实验。在这个实验中，心理学家给小白鼠设置了一条跑道，在跑道上由远到近设置了两个点A和B。同样将小白鼠分成两组，一组小白鼠的跑道上，A和B两个点都放了吃的东西；另一组小白鼠的跑道上只有B点有食物。心理学家对小白鼠出发和奔跑的速度进行了测量。结果发现，在A点没吃到食的小白鼠在冲向B点的时候跑得更快。这些心理学家在这个实验的基础上提出了“挫折—奋进”说，认为受挫可以激励一个人奋发图强，而且受挫越严重，奋发的程度越大。由此可见，挫折也可以成为我们前进的动力，如果我们在遇到困难和阻碍的时候，能够平心静气，冷静分析，不气馁，积极应对，无论在失败还是在成功面前都善于总结经验教训，有意识地磨炼自己，那么，我们就能够培养自己面对困难时的积极态度和积极品质。

（摘自：林清香，《大学生心理健康教育》，清华大学出版社，2013年10月）

启发思考

1. 结合本章内容谈一谈你在生活中都遇到过什么挫折，可以试着用本章提到的理论对其进行分析。比如，你遇到的挫折是什么原因造成的？挫折的背后是否存在不合理的信念？等等。

2. 什么是心理防御机制？大学生常见的心理防御机制有哪些？

3. 结合自己的生活实际，你认为自己在生活中是否应该使用心理防御机制？为什么？

4. 你觉得自己应对挫折的能力如何？如果想进一步提升自己的挫折应对能力，你应该怎样做呢？

第八章

大学生恋爱心理管理

爱情是人类永恒的主题，更有人将其视为生命的全部意义。古往今来，无数文人骚客对爱情歌以咏之，“关关雎鸠，在河之洲。窈窕淑女，君子好逑。”人们对爱情怀有无限的憧憬。爱情是两个人之间最为亲密的社会关系，是生理活动和心理活动的统一，爱情让人幸福、让人失落、让人迷茫、让人成长。青春正是爱情鲜花盛开的季节，年轻的我们不禁要问：爱情到底是什么？

第一节　掀开爱情的面纱

心灵故事

大一新生小倩来到了心理咨询室，她说自己很迷茫。问其原因，她告诉老师，第二学期一开学，她们宿舍好几个原来玩得很好的小姐妹都谈起了恋爱，一时间她显得有些落单。看到别人在爱情中一副幸福的样子，她很是羡慕，不免对爱情产生了憧憬，可是又害怕谈恋爱会耽误学业，一直很矛盾。上周系部活动时，一位大二的学长向她表示了好感，她既开心又紧张，同时感到不知所措。一方面，刚入校时，这位学长老乡帮了自己很多忙，自己一直很感谢对方，不好意思拒绝对方；可另一方面又觉得学长好像并不是自己想象中的白马王子的样子，面对他时，自己也没有脸红心跳的感觉。这让她很难取舍，这些天，她每天睡不着觉，严重影响了自己的学习、生活。小倩想搞清楚什么是真正的爱情，她应该恋爱吗，她要不要接受学长的追求呢？

爱情是神圣而美妙的，青春期的孩子们更是对爱情充满了向往。然而，接受或付出一段感情应当是一件非常慎重的事情，在决定开始一段感情之前，要先了解什么是真正的爱情。爱情不是攀比、炫耀的工具，空虚和寂寞不应该成为追求爱情的理由，为了恋爱而恋爱是对爱情的亵渎。真正的爱情是两颗心最自然、最炽热的碰撞，“金风玉露一相逢，便胜却人间无数”。同时，要懂得区分爱情与友情、感恩之情等其他情感的区别，希望小倩能够邂逅并把握真正的爱情。

知识导读

一、爱情的定义

伟大革命导师恩格斯给爱情的定义是：“爱情是指一对男女基于一定的客观物质基础

和共同的生活理想，在各自内心形成对对方的最真挚的倾心爱慕，并且渴望对方成为自己终身伴侣的一种最强烈、最稳定、最专一的感情。”这一经典定义全面客观，经久不衰。我们来共同看一下这个定义的一些关键词。

客观物质基础：说到爱情这个词，谈物质似乎有些大煞风景，然而真正的爱情并不是乌托邦。正如作家三毛所说，爱情如果不落实到穿衣、吃饭、数钱、睡觉这些实实在在的生活里，是不容易长大的。没有物质基础的爱情就像是一座空中楼阁，迟早都有倾斜甚至倒塌的时候。爱情是需要经济基础作为后盾的，财富能让爱情、婚姻生活更美好，金钱买不来爱情，却能让爱情更稳固、更长久。

共同的生活理想：这一点很重要，双方一定要有共同的生活理想。也就是说两人要有共同的人生观、价值观。人生观、价值观一经形成很难改变，所以恋爱双方在此问题上的一致性尤为重要，共同的生活理想可以让两个人在人生的道路上共同奋斗、共同抵御风雨而无怨无悔。

终身伴侣的渴望：渴望对方成为自己终身伴侣，这说明了爱情和婚姻的密切关系。单纯为了爱而爱，而不要“婚姻”这个结果的爱情，对自己和他人都是不负责任的态度，是不道德的。恋爱中的人谁不希望朝朝暮暮在一起呢，当你遇到Mr. Right或Mrs. Right时，你一定会渴望对方成为你的终身伴侣，共度此生。

二、爱情的属性

爱情是由生理、心理、社会三个要素相互作用构成的，完整而全面地认识爱情就必须从这三个方面去完整地把握。

（一）爱情的生物属性

科学家经过多年的研究发现，支配我们爱情的激素一般认为有四种，它们分别是苯基乙胺、多巴胺、去甲肾上腺素、内啡肽。

1. 苯基乙胺

苯基乙胺（简称为PEA）。PEA是人体自身合成的一种神经兴奋剂，能让人感到一种极度兴奋的感觉。这种物质使恋爱双方产生来电的感觉，并在恋爱过程中不知疲倦，是信心和勇气的来源。

由于PEA的作用，人的呼吸和心跳都会加速。恋爱中，心跳加快、手心出汗、颜面发红，特别是瞳孔放大是判断真爱还是敷衍的最佳标准。英国伦敦大学的一位瑞士科学家曾经招募自称处于热恋阶段中的青年男女作为志愿者，采用磁性共振成像技术记录他们的大脑活动。图像表明，在看到自己恋人照片的时候，大脑的四个特定区域不约而同地出现血液流量急升的现象。而同时，大脑中负责记忆和注意力的部分活动则受到了抑制，于是，那些处在恋爱中的男男女女自然就“变笨了”。

2. 多巴胺

多巴胺能产生一种使人欢欣的感觉。一般认为，拥抱时所感受到的那种安全感和满足感与这种激素密不可分。

在多巴胺的作用下，我们感觉爱的幸福。人们品尝巧克力时所体验到的那种满足感，都是同样的机制在发生作用。幸好，我们的大脑能够区别彼此之间的不同。多巴胺好像是一把能打开许多锁的万能钥匙，根据所处情景不同，在体内产生不同的反应。巧克力的气味、口味告诉大脑，我们正在吃东西；情侣的体味和香味提醒大脑，我们正在身陷爱中，并促使我们进行交配，以此繁衍后代。多巴胺带来的“激情”，会给人一种错觉，以为爱可以永久狂热。不幸的是，我们的身体无法一直承受这种像可卡因的成分刺激，也就是说，一个人不可能永远处于心跳过速的巅峰状态。所以，大脑只好取消这种念头，让那些化学成分在自己的控制下自然新陈代谢。这样一个过程，通常会持续一年半到三年。随着多巴胺的减少和消失，激情也由此变为平静。

3. 去甲肾上腺素

去甲肾上腺素有强大的血管收缩作用和神经传导作用，会引起血压、心率和血糖含量增高。所谓心跳的感觉就是去甲肾上腺素在起作用，它能让恋爱的人产生怦然心动的感觉。

4. 内啡肽

所有有过恋爱经历的人都知道，爱除了激情外还应该有些其他的东西。在轰轰烈烈地爱过之后，我们需要另外一种爱情物质内啡呔来填补激情。内啡呔可以让人降低焦虑感，让人体会到一种安逸的、温暖的、亲密的、平静的感觉。时间越长，这种状态越牢固。

费舍尔有一本书叫《情种起源》，从更全面的角度阐释了爱情的生物性，揭开了爱情的神秘面纱。

（二）爱情的社会属性

人不是脱离社会而存在的动物，那么人类的情感——爱情就不可避免地具备社会属性。爱情不仅是两个人之间的事情，它受制于或牵扯到两个人的时代背景、社会背景。比如《孔雀东南飞》中的焦仲卿和刘兰芝固然情投意合，然而两人的婚姻却受到了经济地位、社会、文化、风俗习惯、家庭背景的种种影响，最终只得以悲剧告终。

爱情的社会属性主要表现在七个方面。

1. 爱情包含着理性而有目的的交往。动物身上只有条件反射，而人具有在劳动和社会关系中合乎规律地发展起来的意识，他能够根据一定的原则和准则来权衡并且调整自己的行为，这就使复杂的性关系具有高尚的精神。

2. 爱情是同一社会结构中人的道德意识，是与人的善恶观、对道德和不道德的认识联系在一起的。只有人才能把道德带进两性关系，他一旦爱上一个人，就承担了尊重这种亲昵的友谊，并且把她看作最大的幸福而珍惜它的义务。当一个人体会到真正的爱情时，就会表现出自我牺牲精神与巨大的道德力量。

3. 爱情是作为在男女关系上的一种特殊的审美感而发展起来的，爱情创造了美，使人对美有了新的领悟。爱情创造的美丽带着永恒性，我们所说的“情人眼里出西施”正是爱情特殊的审美趋向。在恋人眼中，对方身上所折射出的美丽是其他人无法理解也无法感受的，而这种美不仅表现在外表的吸引，更是心灵深处一种深沉的发自内心的一切对美的鉴赏力的持久的迷醉。

4. 作为一种社会现象，爱情的力量包括生理的力量与精神的力量，使恋人走到一起。爱情引导一对男女共同去建立牢固的生活，去建立婚姻和家庭形式的关系。

5. 爱情的思想内容和社会—心理内容决定于社会发展水平，男女之间的相互作用不仅是生物作用，而且是精神作用。志同道合曾经是革命年代崇高爱情的代名词，当历史进入21世纪时，爱情价值观的多元化显然与我们社会文化的多元化紧密相关。

6. 爱情的社会成分自然也存在于选择欲求对象的过程中。选择和中意的标准不但是生物性的，而且是社会的、心理的。在选择对象时，无论男女都不仅注意到由遗传决定的生物特点（眼睛、头发、体形、气质等），而且考虑其纯社会评价（社会地位、物质条件、教育程度、道德水准、志向等）。如果说爱情最初的迷醉是从生物特点开始的话，那么持久的爱情靠的是社会评价。

7. 调节两性关系的手段是动物所不具备的羞耻感。与美感相对应的是，人类爱情的社会性有其特有的羞耻感，即表现在爱情表达方式与性行为的选择上，也表现在爱情受挫后引起的心理反应。

（三）爱情的心理属性

作为人际吸引的最高形式，爱情是心理学古老而永恒的课题，它一直是心理学中的经典研究课题。在西方心理学界，关于爱情的研究成果众多，我们在此关注一二。

1. 斯腾伯格的“爱情三角论”

这个理论认为：爱情包括亲密、激情、承诺三种成分。亲密是指与伴侣间心灵相近、互相契合、互相归属的感觉，属于爱情的情感成分；激情是指强烈地渴望与伴侣结合，促使关系产生浪漫和外在吸引力的动机，也就是与性相关的动机驱力，属于爱情的动机成分；而承诺则包括短期和长期两个部分，短期的部分是指个体决定去爱一个人，长期的部分是指对两人之间亲密关系所做的持久性承诺，属于爱情的认知成分。

三个维度结合在一起才是圆满完美的爱，随着认识时间的增加及相处方式的改变，上述的三种成分也将有所改变，爱情的三角形会因其中的组成元素的增减，其形状与大小跟着发生改变。三角形的面积代表爱情的质与量，面积愈大，三角形越大，爱情就越丰富。斯腾伯格进一步指出，在三种成分下有八种不同的爱情关系组合（图8–1），具体如下。

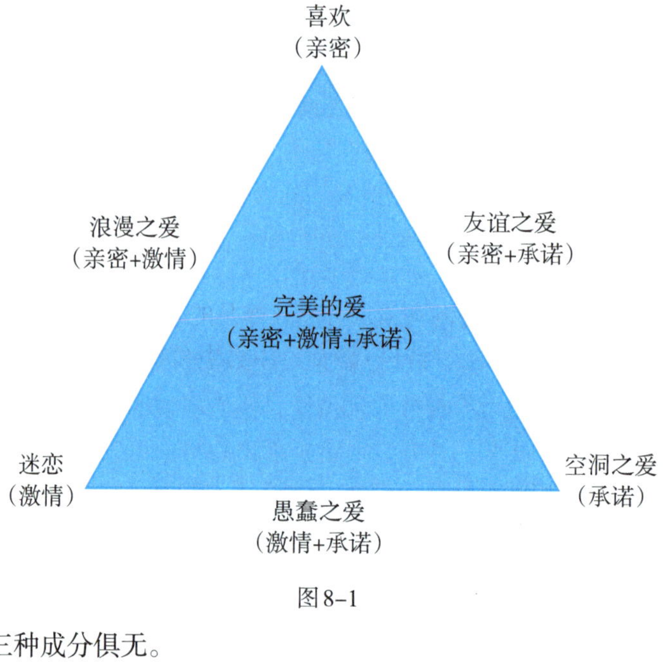

图8–1

（1）无爱：三种成分俱无。

（2）喜欢：只有亲密成分。

（3）迷恋：只有激情成分。

（4）空洞之爱：只有承诺的成分。

（5）浪漫之爱：亲密和激情。

（6）友谊之爱：亲密和承诺。

（7）愚蠢之爱：激情和承诺。

（8）完美的爱：三种成分同时包含在关系当中。

2. 爱情态度理论

鲁宾（1970年）开始将爱情定义成对某一特定的他人所持有的一种态度之后，使得爱情得以并入人际吸引之社会心理学主流内，并能使用一般测量方法研究爱情。

他假设爱情是可以被测量的独立概念，可视为一个人对特定他人的多面性态度，他从文艺著作、普通常识及人际吸引之文献资料中，寻找拟定叙述感情的题目，经过项目分析、信度、效度考验而建立爱情量表（Love Scale）和喜欢量表（Liking Scale），他发现爱情与喜欢有质的差别，量表中他特别突出了爱情的三个特质。

（1）亲和和依赖需求。

（2）欲帮助对方的倾向。

（3）排他性与独占性。

三、常见的爱情心理效应

心理效应是社会生活当中较常见的心理现象和规律，是某种人物或事物的行为或作用，引起其他人物或事物产生相应变化的因果反应或连锁反应。在恋爱过程中常常会出现一些有趣甚至不可思议的现象，我们试图从心理学的角度解释其中的一些现象。

（一）光环效应

光环效应，又称晕轮效应，指对他人直觉的一种偏差倾向。当一个人对另一个人的某些主要品质有个良好的印象之后，就会认为这个人的一切都良好，这个人就被一种积极的光环所笼罩。反之，则被赋予他不好的品质。俄国著名的大文豪普希金曾因晕轮效应的作用吃了大苦头。他狂热地爱上了被称为“莫斯科第一美人”的娜坦丽，并且和她结了婚。娜坦丽容貌惊人，但与普希金志不同道不合。当普希金每次把写好的诗读给她听时，她总是捂着耳朵说：“不要听！不要听！”相反，她总是要普希金陪她游玩，出席一些豪华的晚会、舞会，普希金为此丢下创作，弄得债台高筑，最后还为她决斗而死，一颗文学巨星过早地陨落。在大众看来，一个漂亮的女人也必然有非凡的智慧和高贵的品格，然而事实并非如此，这种现象被称为晕轮效应。《诗经·静女》中男主角得了女主角所送的一根茅草，大赞其“洵美且异”，其内心也明白是“匪女之为美，美人之贻”，此之也谓光环效应。

（二）罗密欧与朱丽叶效应

罗密欧与朱丽叶效应出自莎士比亚《罗密欧与朱丽叶》的这一悲剧。故事描写的是彼此相爱的罗密欧与朱丽叶，由于双方家族的世仇，他们的爱情遭到双方家庭的竭力阻挠。然而，家庭的阻力非但没有使他们彼此分手，反而使他们爱得更深，直至双双殉情而亡。于是，心理学家德里斯科尔等人针对这种试图破坏两个人的爱情关系，反而使两个人爱得更深的现象进行了实验研究。

他们考察了91对已婚夫妇和相恋已达8个月以上的49对恋人的彼此相爱程度与他们父母干涉程度之间的关系。结果发现，在一定范围内，父母干涉程度越高，他们之间相爱的程度也越深。于是，德里斯科尔等人借用莎士比亚戏剧中的情节，将这种当出现干扰恋爱双方爱情关系的外在力量时，恋爱双方的情感反而会加强，恋爱关系也因此更加牢固，此现象称为“罗密欧与朱丽叶效应”。

（三）吊桥效应

吊桥效应源于心理学上一个非常著名的实验。加拿大心理学家达顿等人分别在两座桥上对18～35岁的男性进行问卷调查。一座桥是高悬于山谷之上的吊桥，吊桥距离下面的河面有几十米高，而且左摇右晃，非常危险；而另一座桥是架在小溪上的一座坚固的木桥，高度也很低。心理学家先让一位漂亮的女调查员站在桥中间，并负责对过桥的男士们进行问卷调查，然后告知他们若想知道调查结果可以电话联系这位女调查员。数日之后，给这位女士打电话的男士中，过吊桥的男士远比过木桥的男士多。因为紧张会促使人的PEA的分泌水平提高。也就是说人处在危险的时候，产生爱情的可能性反而会提升。试看电视剧《楚乔传》，楚乔和燕洵两人共同经历了上断头台、被追杀、被下毒、被囚禁的命运，两人心跳指数一路飙升，楚乔和燕洵相互产生爱情的感觉也不足为奇了吧。难怪有人说人生有三种场所最容易发生爱情：高空之上、异国他乡、生死存亡。

（四）蔡加尼克效应

1927年，心理学家蔡加尼克做了一系列有关记忆的实验。他给参加实验的每个人布置了15～22种难易程度不同的任务，比如，写一首自己喜欢的诗词、将一些不同颜色和形状的珠子按一定模式用线串起来、完成拼板、演算数学题等等。完成这些任务所需的时间是大致相等的。其中一半的任务是顺利地完成，而另一半任务在进行的中途会被打断，要求被试停下来去做其他的事情。在实验结束的时候，要求他们每个人回忆所做过的事情。结果十分有趣，在被回忆出来的任务中，有68%是被中止而未完成的任务，而已完成的任务只占32%。这种对未完成工作的记忆优于对已完成工作的记忆的现象，被称为“蔡加尼克效应”。

这也是初恋难忘的主要原因之一。不是因为它本身的美好无法超越，而是因为其未完成的时态让我们念念不忘。

（五）投射效应

所谓投射效应是指以己度人，认为自己具有某种特性，他人也一定会有与自己相同的特性，是把自己的感情、意志、特性投射到他人身上并强加于人的一种认知障碍。即在人际认知过程中，人们常常假设他人与自己具有相同的属性、爱好或倾向等，常常认为别人理所当然地知道自己心中的想法。所以从某个角度说，我们爱上的人其实是我们心中的那个他，而不是真正的他。

（六）阿尼玛和阿尼姆斯情结

人在成长过程中特别是幼年时期与青春开始发育时期，通过开始接触异性的感觉与学习到有关知识的影响，会在心里逐渐形成一种自己理想异性的原型，这种原型就是所谓的“梦中情人”。男性心目中所形成的理想异性形象在心理学中称为“阿尼玛”，而女性则称为“阿尼姆斯”。

正是因为阿尼玛的作用，才致使一位男子在初次见到一位女子就马上认定是“她”，女子在初次见面也认定了“他”，由此坠入情网。当现实中出现与这个“梦中情人”原型有雷同的时候，在人的心里会产生一种似曾相识的感觉，更容易对对方产生信任与依赖的感觉。

男人最早接触的异性是母亲，因此，男人“阿尼玛”形成的原型很多与自己的母亲相似。女人最早接触的异性是父亲，因此，女人“阿尼姆斯”形成的原型很多与自己的父亲相似。因此，理想中的异性标准自然与父亲或母亲相似，这就是很多人认为找到理想中的异性有所谓“夫妻相”的原因。

相关链接

关于爱情的冷知识

接吻为什么要闭眼？什么环境下最适合找对象？送玫瑰等于送苹果吗？日久深情是真的吗？小编今天为大家盘点一些关于爱情的冷知识，部分过于科学可能毁掉浪漫，小心看完之后会再也不相信爱情了哦！

冷知识一：接吻为什么要闭眼睛

简单地讲，在接吻过程中接吻双方闭上眼睛就是为了不受任何内外因素的干扰而尽情享受爱情的甜蜜。

冷知识二：玫瑰和苹果一个科目

玫瑰和苹果都属于蔷薇目，所以情人节嫌玫瑰太贵的男士们就买一箱苹果送女友吧……

冷知识三：找对象的最佳时间地点

在黑暗的场所聚会，发现适合自己的另一半的概率比灯光下高出20个百分比。感情专家们分析说，黑暗中的人们情绪放松，不那么在意他人的外表，而对彼此的内在更加敏感。

冷知识四：男人非常嫉妒帅哥！

研究发现，当看到一个外表比自己更有吸引力的同性时，男人比女人要妒忌得多。他们的肢体语言会立刻出卖他们的不平衡心理。

冷知识五：男人的脚出卖了他的心

如果当你们谈话时男人的脚冲着门口，很显然他准备随时站起来溜掉；而如果他的脚一直乖乖地冲着你，你可以计划下一个节目。因为他的脚趾离他的大脑距离最远，最不受意识的控制。

冷知识六：爱情是一种病

从生物学角度来说，坠入爱河与患强迫症没有什么两样……

冷知识七：日久生情这事是真的，但得看到人

哈特菲尔德的研究表明：人们接触的时间越长，越容易产生友谊或爱情。但一名男子给女友写了700封信，最后……女友嫁给了邮递员……（别再相信网恋啦！！！）

冷知识八：老公是“太监”

网上热传一个段子：“老公”原本是指太监。理由是清人笔记《枣林杂俎》记李自成进京后驱逐太监，“群呼打逐老公”。

不过古代民间老公也有相公的意思。如《水浒传》：“那大王叫一声：‘做什么便打老公？’鲁智深喝道：‘教你记得老婆！’”所以不用太在意哦。

（引自：http://news. cqnews. net/html/2014-04/14/content_30465432. htm）

互动体验

活动：爱情价值观大拍卖

【拍卖活动】

1. 海报上列出的16项价值是爱情的理由（表8-1），可依据学生情况补充内容。

2. 请每人就这些项目进行竞拍，一人有100万元，由教师进行拍卖，叫价以1万元为单位，至16项卖完为止。

表8-1　爱情价值观——异性交友过程，你最盼望得到什么

项目	顺序
1. 可以和他（她）分享生活中的点点滴滴	
2. 可以因他（她）而扩展生活领域	
3. 可以和他（她）相知很深	
4. 可以和他（她）共同建立一个家庭	
5. 可以因他（她）提携，激励而成长进步	
6. 可以多一个工作伙伴	
7. 可以获爱和支持的感觉	
8. 可以享有和他（她）的美好性生活	
9. 可以有他（她）随时随地陪在你身边	
10. 可以和他（她）一起赚很多钱	
11. 可以去照顾和爱他（她）的付出感觉	
12. 可以因他（她）而生活更有变化	
13. 可以有他（她）照顾生活起居	
14. 可以和他（她）一起生儿育女	
15. 可以因他（她）而增加生活乐趣	
16. 可以因他（她）而获得安定感	

【拍卖完，讨论下列题目】

1. 各买到什么项目？

2. 经何考虑而买到自己所得之项目？是自己所需或喜欢的吗？

3. 给这些项目排序。

4. 若重选一次，结果会相同否？如何选？

5. 当你的价值观与你的男（女）朋友相冲突或不同时，怎么办？

心理测试

爱情态度量表（LAS）

【指导语】

想知道你对爱情是什么样的态度吗？以下是一些与爱情有关的句子，请你尽量真实地依自己的经验和想法来填答。如果您有多次恋爱经验，请以您目前或最近一次的恋爱作答；如果您未曾有过恋爱经验，则请以您理想中的情况来回答。

作答时，请在每个陈述句后写下自己的分数。“0”表示完全不同意，“1”表示比较不同意，“2”表示不同意也不反对，“3”表示比较同意，“4”表示完全同意。

1. 我的伴侣和我有着很好的默契。（　　）

2. 我相信我的伴侣，不了解的一些事情不会伤害到他/她。 (　　)
3. 我们的爱情是最好的，因为它源于我们长时期的友谊。 (　　)
4. 我在选择伴侣时一个主要的考虑因素是他（她）怎样影响我的家庭。 (　　)
5. 当我的伴侣不注意我时，我总感觉到浑身不安。 (　　)
6. 我宁愿自己受苦也不愿让我的伴侣受苦。 (　　)
7. 我感到我的伴侣和我密不可分。 (　　)
8. 我有时不得不防备我的伴侣找寻其他的爱人。 (　　)
9. 我们的友情随时间逐渐地发展为爱情。 (　　)
10. 在选择伴侣时一个重要的因素是看他（她）是否有好的家庭。 (　　)
11. 自从我爱上了我的伴侣后，我对于其他事难以集中注意力。 (　　)
12. 只有我的伴侣感到开心我才开心。 (　　)
13. 我和我的伴侣能够相互理解。 (　　)
14. 如果我的伴侣听说我跟别人的一些事情，他/她会非常不安。 (　　)
15. 我们的爱情是很深的友情，不是神秘的感情。 (　　)
16. 在选择伴侣时要考虑他（她）怎样影响我的事业。 (　　)
17. 当我怀疑我的伴侣和其他人在一起时，我不能放松。 (　　)
18. 我通常愿意为实现他/她的愿望而放弃我自己的愿望。 (　　)
19. 我的伴侣在外形上符合我的理想标准。 (　　)
20. 我喜欢和我的伴侣还有其他伙伴们玩“爱情游戏”。 (　　)
21. 我们的关系非常令人满意，因为它来自坚固的友情。 (　　)
22. 在进一步交往过程中，我会试想万一我们有了孩子，我们双方的家庭是否能很好地协调。 (　　)
23. 如果我的伴侣忽视我一会儿，有时我会做一些蠢事去吸引他（她）的注意。 (　　)
24. 我愿意为我的伴侣忍受一切。 (　　)

【评分标准】

把您各题的得分填入表8-2中各题号后，然后算出各类的总分，看哪一类的总分最高，你的爱情类型就接近于相应的那一类。

表8-2

类别	题序	分值	题序	分值	题序	分值	题序	分值	总分
1类 情欲之爱	第1题		第7题		第13题		第19题		
2类 游戏之爱	第2题		第8题		第14题		第20题		
3类 友谊之爱	第3题		第9题		第15题		第21题		
4类 依附之爱	第4题		第10题		第16题		第22题		
5类 现实之爱	第5题		第11题		第17题		第23题		
6类 利他之爱	第6题		第12题		第18题		第24题		

【结果解释】

加拿大社会学家经由文献收集及调查访谈两阶段的研究，将男女之间的爱情分成六种形态：情欲之爱、游戏之爱、友谊之爱、依附之爱、现实之爱及利他之爱。这24个项目是基于以上的6种爱情类型而设定。

「情欲之爱」建立在理想化的外在美，并且是浪漫、激情的爱情。

「游戏之爱」视爱情为一场让异性青睐的游戏，并不会将真实的情感投入，常更换对象，且重视的是过程而非结果。

「友谊之爱」如青梅竹马般的感情，是一种细水长流型、稳定的爱。

「依附之爱」对于情感的需求非常大。

「现实之爱」会考虑对方的现实条件，以期让自己的酬赏增加且减少付出的成本的爱情。

「利他之爱」带着一种牺牲、奉献的态度，追求爱情且不求对方回报。

拓展阅读

爱怕什么

爱怕沉默。太多的人，以为爱到深处是无言。其实爱是很难描述的一种情感，需要详尽地表达和传递。

爱需要行动，但爱绝不仅仅是行动，或者说是语言和感情的流露，也是行动不可或缺的一部分。

爱需要表达，就像耗电太快的电器，每日都得充电。重复而新鲜地描述爱意吧！它是一种勇敢和智慧的艺术。

爱怕犹豫。爱是羞怯和机灵的，一不留神它就吃了鱼饵闪去。爱的初起往往是柔若无骨的碰撞和翩若惊鸿的动力。在爱的极早期，就敏锐地识别自己的真爱，是一种能力，更是一种果敢。爱一桩事业，就奋不顾身地投入；爱一个人，就勇往直前地追求；爱一个民族，就挫骨扬灰地献身。

爱怕沙上建塔。那样的爱，无论多么玲珑剔透，潮起潮落，遗下的只是无珠的蚌壳和断根的水草。

爱怕无源之水。沙漠里的河啊，即使不是海市蜃楼，波光粼粼又能坚持几天？当沙暴袭来的时候，最先干涸的正是泪水积聚的咸水湖。

爱的脚力不健，怕远。距离会漂淡彼此相思的颜色。假如有可能，就靠得近一点，再近一点，直到水乳交融、紧密无间。万万不要人为地以分离考验它的强度，那样你也许会后悔莫及。尽量地创造并肩携手天人合一的机会。

爱像娇艳的花朵，怕转瞬即逝。爱可以不朝朝暮暮，爱可以不卿卿我我，但爱要铁杵磨针，恒远久长。

（摘自：毕淑敏，《爱怕什么》）

第二节　大学生爱情如是说

心灵故事

一

刘某，大三男生，来自贫困农村家庭，父母文化不高，父亲管教极为严厉粗暴，非常害怕父亲。家里有三个姐姐。三个姐姐关系很近，但都不太愿意和他来往，小时候经常趁父母不在吓唬他。刘某性格内向，不善表达，平时在班上默默无闻。大学三年级了，还没有与本班女生说过几句话。和男同学可以打打闹闹，可是一见到女同学就非常紧张，不知说什么。看到许多人有女朋友，非常羡慕，虽然有了暗恋的对象，但一直不敢开口，内心非常煎熬。

像刘某这类从农村出来，家境不好，家庭管教严格，害怕与异性交往的学生，在高校并不少见。这类同学以男同学居多。由于中学时代过多关注学习，缺少与异性交往的机会和经验，随着进入大学，性意识的萌发，特别希望得到异性的关注，但却表现得格外羞涩与敏感，不懂得如何与异性打交道，有时甚至回避与异性的交往，但内心里又极度渴望，导致情感压抑。由于在异性面前表达不畅，手足无措，缺少自信，所以得不到异性的青睐，深感痛苦。

二

某高职学校，中午，食堂前围满了人，一个男生当众长跪于地，一手拿鲜花，一手拽着一个女生，嘴里嗫嚅些什么。女生没有回应，只是低头流泪，想走开却被紧紧拽住。原来两人是情侣，女孩因为某些原因提出分手，没想到男孩用这种方式苦苦挽留。

追求爱情的道路上需要勇敢和浪漫，但是更需要的是智慧，这种大庭广众之下的表白和挽留令人尴尬，甚至恐慌。这个男生缺乏爱情健康的表达能力，采用极端的处理失恋的方式，容易给对方造成极大的心理伤害，效果适得其反。

知识导读

大学生恋爱是校园中的普遍现象，在人生的花季时代拥有真挚的爱情何其幸福。健康的爱情是大学生身心发展的需要，也是大学生人际交往的重要选修课程。但是，由于大学生个性发展以及环境的种种原因，许多学生盲目地结交异性朋友，甚至持有一些偏颇的、不理智的错误的爱情观，尤其面对情感问题时采用过激或极端行为，对彼此身心造成巨大伤害，使青春成为遗憾。引导大学生理性思考爱情、享受美好大学生活是本节的重点。

青春，走起；学习爱情、见习爱神，约一场无悔的心灵碰撞。

一、爱情圆舞曲——当代大学生恋爱的特点

进入21世纪以后，随着社会环境的变化，当代大学生恋爱呈现出明显的时代特点。

（一）自主性强，恋爱行为公开化

大学生是一个特殊的青年群体，思想开放、容易接受新观念、有着较强的独立意识、刚刚摆脱高考的束缚、父母的管制，就像刚出笼的小鸟，在恋爱问题上，个性比较突出，不太受长辈的影响，不顾及他人的评价，校园处处可见热恋中的情侣卿卿我我的身影。

（二）注重恋爱过程，轻视恋爱结果

恋爱向来被看成是为了寻觅生活伴侣，是婚姻的前奏。但是根据调查，在回答：“大学期间谈恋爱主要是为了什么？”这一问题时，28.3%的大学生选择“体验爱情的幸福”；37.6%的选择“充实大学阶段的生活”；11%的选择“将来结婚成家”；9.8%的选择“赶恋爱风的时髦”；13.3%的选择“不知为了什么”。其中，把恋爱动机指向恋爱过程的“体验爱情幸福”和“充实大学阶段生活”共占65.9%，而把恋爱动机指向婚姻的“将来结婚成家”只占11%。由此可见，当代大学生注重的是恋爱过程本身，至于恋爱的结果大多不在其考虑之列。

注重恋爱过程，有利于双方相互了解、加深认识，也有利于培养感情、增加心理相容度。同时也反映出大学生不愿落入世俗，执意追求爱的真谛。但是，只注重恋爱过程，强调爱的“现在进行时”，把恋爱与婚姻相分离，不考虑爱的“将来完成时”，未免失之偏颇。现在大学生中流传着一句顺口溜“不求天长地久，只求曾经拥有”。一些大学生把恋爱当成一种感情体验，及时行乐，借以寻求刺激，满足精神享受；一些大学生则是为了充实课余生活，解除寂寞，填补空虚，把恋爱当成一种消遣文化。只重恋爱过程，轻视恋爱结果，实质上是只强调爱的权利，而否认了爱的责任。

（三）主观学业第一，客观爱情至上

在对待学业与爱情的关系上，43.6%的大学生认为“学业高于爱情”；49.6%的认为“同等重要”；只有6.8%的认为“爱情高于学业”。调查结果说明：绝大多数同学在主观上能够正确看待学业与爱情的关系。但真正在客观上、行为上能够正确处理好学业与爱情关系的大学生却是为数不多。更多的是一旦坠入情网就不能自拔，强烈的感情冲击一切，整天忙于花前月下、你侬我侬，厌学、早退、旷课现象增多，甚至造成多门课不及格，不能顺利毕业，耽误了自己的美好前程，得不偿失。

（四）恋爱观念日趋开放

据中国青年报在对大学生对待婚前性行为看法的调查表明，大学生的性开放程度呈现一个增长的趋势。大学生谈恋爱，受到学生身份的限制，因而许多人认为此时的恋爱应该保守一些，但也有人认为，大学生已经是成年人，可以自由选择恋爱方式。在关于恋爱行为尺度调查中有5种恋爱行为，分别是拉手、接吻、爱抚、进行性行为、同居。半数以上男生选择了“同居”这一项，而女生普遍认为接吻或爱抚都是很正常的行为。

（五）网恋日益盛行

除了传统的恋爱形式外，随着网络的发展与普及，恋爱又有了其虚拟形式——网恋。无形的网络开始取代月老的红线，许多未曾谋面甚至远隔重洋的男女，通过网络相识、相恋。网恋几乎成为年轻人的生活新方式，也成为e时代少男少女的一种新时尚。大学校园本来就充满着浪漫的气息，大学生又对新事物有强烈的猎奇心理，且高校的网络已十分普及，因此，在高校里上网聊天和网恋更为流行。

（六）男生主动性高于女生、文科生比例高于理科生

由于在校大学生男、女生比例悬殊，一般情况下，男生只有自己主动出击才能找到心仪的恋人。相对来讲，女生就可以在众多的追求者中选择适合自己的恋人。

受专业性质的影响，文科生恋爱比例高于理科生。文科学生平时的课程较松，思想充满了浪漫主义色彩，谈恋爱正好可以充实闲暇生活，也满足了他们浪漫的思想。理工科学生的实验多，课后作业重，学习压力大，因而恋爱比例要低些。

二、爱情诊断室——大学生恋爱中常见问题

（一）恋爱动机之扭曲

时下，大学生恋爱蔚然成风。然而，很多情侣不是因为爱情走到一起，而是因为种种其他原因：难以忍受寂寞、试图用爱情来抚慰自己、浇愁解闷者有之，分不清爱情、友情傻傻被动陷入爱情者有之，盲目从众、满足虚荣者有之。如此恋爱，扭曲真情、荒废学业、辜负青春。

（二）恋爱过程之忘我

是否能够兼顾好学业与爱情，是恋爱中的大学生所面临的重要问题。一些大学生因为爱情而荒废学业，爱情的过程疯狂而忘我，陷入情网而无法自拔；一些大学生谈恋爱之后眼中只剩下彼此，和寝室同学来往逐渐疏远，不再参加班集体活动，只见树木不见森林，严重阻碍了自我的发展，格局渐窄。一旦爱情失败，整个大学生活只剩下“荒废”二字，徒留遗憾。

（三）恋爱角色之错位

1. 单相思

单相思是指异性关系中的一方倾心于另一方，却得不到对方回报的单方面的“爱

情”。“我本将心向明月，奈何明月照沟渠”，爱而不得，令人癫狂。

爱情错觉是单相思的另一种形式，它常会使当事人想入非非，自作多情。爱情错觉是指在异性间的接触往来关系中，一方错误地认为对方对自己“有意”，或者把双方正常的交往和友谊误认为是爱情的来临。

要想克服单相思和爱情错觉，重要的是正确理解爱情的深刻含义，同时用理智驾驭情感，尊重对方的选择，不可感情用事。

2. 暗恋

暗恋是指一方对另一方心存爱意或好感没有表现出来，通常不外乎胆怯、害怕被拒绝、其中一方或双方已有伴侣等原因。暗恋是一个人爱情的准备阶段，也是一个人情窦初开时对异性产生好感，并且开始有对爱情的懵懂理解。它是一种痛苦同时又是让人黯然欣喜的事情。每一个人在暗恋的最初阶段，都是一种莫名的兴奋和喜欢。这种心理状态，就如一把双刃剑，可以成就一个人，是动力；也可以毁掉一个人，是破坏。

暗恋通常是一种没有回报的爱，自己心甘情愿为他（她）付出，而暗恋者付出的比正常的恋情多出好几倍，而可悲的是，通常这种付出都不会获得回报。我们首先要明白，暗恋之所以美好，可能是因为你并没有和他真正走到一起，所以没有了解到真正的对方，爱上的可能只是想象中的美好。同时，暗恋又是痛苦的，如果有一天她的身边出现了一个他，你如果又不想承受这种痛苦，那就要学会把你的暗恋说出口。

3. 多角恋

陶行知先生说：“爱之酒，甜而苦。两人喝是甘露，三人喝是酸醋，随便喝，要中毒。”爱情中出现多角恋的情况也不罕见。有些大学生是醉心于此，视爱情为游戏，以拥有多角爱情而沾沾自喜；有些是陷入情网，难以自拔。多角恋行为不道德，既易引起纷争、不幸和灾难，也易产生冲突、酝酿悲剧，并最终为其带来不良的后果。面对这种局势，应该光明磊落，碰到真心所爱，看清形势，发挥优势，奋起而直追；如若失败，愿赌服输，怀着祝福之心默默退出，另寻属于自己的幸福。

（四）恋爱结果之苦酒

最后，我们来谈谈失恋。当心中的理想之爱最终成为空想时，当身边的他（她）执意不再回头之时，留给我们的是心中无限的遗憾、懊恼与失落。如何走出失恋的阴影，是我们应该面对的课题。失恋可以让人一蹶不振，失恋可以让人对人生彻底失望，失恋也可以让人峰回路转、自我升华。柏拉图关于失恋的对话可以给我们深刻的启示。

失恋者：我要等到海枯石烂，直到她回心转意向我走来。

苏格拉底：但这一天永远不会到来。

失恋者：那我就用自杀来表示我的诚心。

苏格拉底：如果这样你不但失去了恋人，你还失去了自己，你会蒙受双倍的损失。

失恋者：踩上她一脚如何，我得不到的东西别人也别想得到。

苏格拉底：这只能使你离她更远，而你本来是想与她更接近的。

失恋者：可我为她所投入的感情不是白白浪费了嘛？谁来补偿我？

苏格拉底：不，你的感情从来没有浪费，因为在你付出感情的同时，她也对你付出了感情，在你给她快乐的时候，她也给了你快乐。

失恋者：可是现在她不爱我了，我却还苦苦爱她，这多么不公平啊！

苏格拉底：的确不公平，我是说你对所爱的那个人不公平。本来爱她是你的权利，但爱不爱你却是她的权利，而你却想在自己行使权利的时候剥夺别人行使权利的自由，这是何等的不公平！

三、爱情研习所——培养爱的能力

（一）迎接爱的能力

爱的能力包括施爱的能力和接受爱的能力。一个人心中有了爱，在理智分析之后，要敢于表达、善于表达，这是一种爱的能力。一个没有爱心的人是一个自私自利的人。一个人面对别人对自己的爱，能及时准确地做出判断，并做出接受、谢绝或再观察的选择，这也是一种爱的能力。缺乏这种能力的人，或是匆忙行事，或是无从把握。大学生要具有迎接爱的能力，就应懂得爱是什么，有健康的恋爱价值观，知道自己喜欢什么，需要什么，适合什么。就应对自己对他人对万事保持敏感和热情；就应主动关心他人，热爱他人。当别人向你表达爱时，能及时准确地对爱的信息做出判断，坦然地做出选择，能承受求爱拒绝或拒绝求爱所引起的心理扰乱。

（二）表达爱的能力

表达你的爱。爱，要勇于表达，既然爱，就要告诉她（他）。对爱情的渴望，总要转化成为一种对爱情的实践，因此，你首先去告诉她（他），告诉对方你的感受，你的承诺，送她（他）一件小小的礼物来传递、表达你的爱情，让对方知道你已深深地爱上了她（他）。爱情是一种经历，是一个过程，而不是一个结果。它必须亲身去体验，去感受。如果一个人不去积极把爱情表达出来，只消极地等待，等明白什么是爱情的那一天的到来，那是永远体会不到爱情的美丽和神圣的。

爱情是神圣而隐私的，在表达示爱方面一定要注意火候，切忌搞怪和突袭。在表达爱意之前，最好征得她的许可约一个时间，并同时提前给她一个淡淡的暗示。要充分了解对方的思维方式和生活规律，选择一个恰当的时机给予对方一个表示，前提是不能给对方造成压力，在公共场合示爱是对爱情的亵渎，同时也将自己和对方推入到了尴尬和危险的局面。如果实在没有把握或难以开口，可以尝试使用逐步试探的方法，给大家都留下回旋的余地。

（三）拒绝爱的能力

自己不愿或不值得接受的爱应有勇气加以拒绝。拒绝爱要注意两个方面：一是在并不希望得到的爱情到来时，要果断勇敢地说“不”，因为爱情来不得半点勉强和将就。如果优柔寡断或屈服于对方的穷追不舍，发展下去对双方都是不利的。二是要掌握恰当的拒绝方式。虽然每个人都有拒绝爱的权力，但是珍重每一份真挚的感情是对他人的尊重，也是一种自珍，同时是对一个人道德情操的检验。不顾情面，处理方法简单轻率，甚至恶语相加，结果使对方的感情和自尊心受到伤害，这些做法是很不妥当并且是危险的。

（四）面对恋爱挫折的能力

大学生恋爱受多种因素制约，因而在追求爱情的过程中遇到各种波折是在所难免的。前面所提到的单相思、爱情错觉、失恋等等恋爱心理挫折对大学生的心理承受能力就是一种考验。如果承受能力较强，就能较好地应付挫折，否则就有可能造成不良后果。因此，提高恋爱挫折承受能力对大学生的心理健康是非常重要的。

当爱情受挫后，用理智来驾驭感情，通过增强理智感，分析原因，总结经验教训，寻找解决问题的方法和途径，在新的追求中确认和实现自己的价值，从而提高自己的心理承受能力和思想水平。

大学生对失恋的应对方式反映了一个人心理成熟水平和恋爱观。一个人能够理智地从失恋中解脱出来，往往会使自己变得成熟起来。

（五）发展爱的能力

爱上一个人是一件简单的事情，然而爱情这朵娇艳的玫瑰只有细心呵护才能永葆生命力。发展爱的能力，首先需要在爱情的发展过程中，双方有意识地培养自己的人格魅力，不断丰富自己，增强彼此的吸引力；其次，在爱情的过程中双方要保持自己独特的个性，不能让自己消融在对方的影子里，同时又要保持与对方的和谐，两心相悦，互补互生；最后，在爱情的发展过程中，要不断提高处理各种问题（与异性朋友的关系、恋爱与学业的关系等）的能力，使爱情之花永不凋零。

相关链接

恋爱中的性别差异

恋爱中的性别差异如表8–3所示。

表8-3　恋爱中的性别差异

	女性	男性
在产生爱情的速度上	较慢	常常迅速坠入爱河
在变心速度上	通常不易变心，但一旦变心很难回头	容易变心，也容易后悔
在感情需求上	关心照顾、了解、尊重、专一、肯定、保证	信任、接纳、欣赏、羡慕、认可、鼓励
在爱的关系中	需要感到被珍爱，而不是生活照顾、物质满足	需要感到他的能力被肯定，而不是不请自来的忠告
在情绪低落时	需要别人聆听她的感受，而不是替她分析和建议	需要独自安静，而不是勉强他细说因由
在寻找自我价值时	从人际关系中肯定自己	从成就中建立自我
在增进爱情时	需要感到被对方了解和重视	需要感到被对方欣赏和感激
在互相沟通时	总是以为男性的沉默代表对她的不满和疏离	总是以为女性的宣泄代表向他寻求解决问题的方法

互动体验

爱情生命线

1. 请在白纸上画一条长长的直线，在末尾标上箭头，使之成为一条有方向的线。在线的左侧标上“0”，在线的右侧箭头旁边标上自己预测的寿命（如80岁）。最后，在纸的上方正中间写上“×××的情感生命线”。

2. 请估算今天的你在生命线上的大致位置，并做出一个明显的标记。

3. 请从左侧“0”开始，从自己有记忆开始回忆。回忆在自己成长过程中难忘、爱慕、痴迷过的异性，包括小伙伴、同学、邻居、明星等，甚至老师、长辈都包括在内。每当回忆一位，就请在生命线相应位置上做出标记，在上方写下他（她）的名字，在下方写下他（她）的迷人之处。

4. 回忆到“今天”暂停。如果现在你有男女朋友，请大大地写下他（她）的名字，在下方写下甜蜜幸福的感受。如果现在你没有男女朋友，请在生命线上画一颗红心，在下方写下心目中的他（她）的可爱之处。如果现在你正处于失恋状态，请仍然画一颗红心，在下方写下对自己和对他（她）的祝福。如果现在你有爱慕的对象但还没有进一步发展，请你仍然画一颗红心，在下方写下自己要如何努力进一步来赢得他（她）的爱。

5. 从“今天”到生命的终结是长长的未来，请你在这长长的未来生命之路上标注出未来人生发展的规划和轨迹，如30岁结婚，请在30岁的位置做出标记，并写上“结婚”二字。

6. 完成后，请仔细观察这条写满了密密麻麻小字的情感生命线，对自己的情感经历做一个总结，以文字或图画的方式呈现在另一张白纸上。

7. 请部分学生分享自己在完成情感生命线过程中的感受。

爱情建议卡

1. 准备心形彩纸，粘贴到每个同学背后，播放音乐《传奇》。

2. 请男女生排队，分别在每个人背后写下对他（她）的爱情能力的看法和建议，要求简单而实际。

3. 请大家根据自己收获的爱情建议卡，思考如何提高自身爱的能力。

心理测试

“喜欢量表”与“爱情量表”

美国心理学家鲁宾（Z. Rubin）把爱情看作一个人对另一个人所持的态度，他编制了喜欢和爱的态度量表，来测量不同的态度。

【指导语】

还在为搞不清是“爱情”还是“喜欢”烦恼吗？不管你是否恋爱，试着针对自己的情况或想法勾选下列符合自己目前恋爱状况或对爱情的憧憬的项目（可复选）。

对「爱情」情绪分析结果，「爱情量表」计十三点：

说明：他=她，男女都可以作为参考。

1. 他觉得情绪很低落的时候，我觉得很重要的职责就是使他快乐起来。
2. 我在所有的事件上，我都可以信赖他。
3. 我觉得我要忽略他的过失是一件很容易的事情。
4. 我愿意为他做所有的事情。
5. 对他我有一种占有性。
6. 若我不能和他在一起，我觉得非常的不幸。
7. 假如我孤寂，首先想到的就是要去找他。
8. 在世界上也许我关心很多事，但有一件事就是他幸不幸福。
9. 他不管做什么，我都愿意宽恕他。
10. 我觉得他的幸福是我的责任。
11. 当我和他在一起时，我发现我什么事都不做，只是用眼睛看着他。
12. 若我也能让他百分之百的信赖，我觉得十分快乐。
13. 没有他，我觉得难以生活下去。

对「喜欢」情绪分析结果，「喜欢量表」计十三点：

14. 当我和他在一起时，我发觉好像二人有相同的心情。
15. 我认为他非常好。
16. 我愿意推荐他去做为人尊敬的事。

17. 以我看来，他特别成熟。
18. 我对他有高度的信心。
19. 我觉得什么人和他相处，大部分都会有很好的印象。
20. 我觉得和他很相似。
21. 我愿意在班上或团体，做什么事都投他一票。
22. 我觉得他是许多人中，容易让别人尊敬的一个。
23. 我认为他是十二万分聪明的。
24. 我觉得他是所有认识人中，非常讨人喜欢的。
25. 他是我很想学的那种人。
26. 我觉得他非常容易赢得别人好感。

【评分标准】

每勾选一项计1分，将1～13项分数累计，将14～26项分数累计。

【结果解释】

如果你在第1项至第13项累计分数偏高，表示你对他的感情以“爱情”成分居多，如果你在第14项至第26项累计分数偏高，表示你对他的感情以“喜欢”成分居多。

拓展阅读

我要的爱情（节选）

我对于你的意义是：我的出现，抹掉了你许多和空虚有关的坏习惯。

我要你上课时不再挂着QQ，自习时不再插着耳机，我愿意你能找回高三时那种能甘寂寞、清苦但平静的心境。

我不希望你每晚举着电话影响了室友的睡眠，让他们对你有一点小小的不满，让他们认为你是个被爱情冲昏头脑的小男人，因为我知道，在你的大学生活中，他们的尊重和支持，会比我睡前的甜言蜜语更重要。

我要你不再翘掉“不太重要”的课，来补各种实验报告和作业本，或是陪我出游，因为每翘一节课你的进程链就比别人松一扣，知道吗，空虚和堕落就是在这种松懈中累积起来的。

我要你不再从周五就打算着带我去哪里玩，看什么电影，我愿意你去找一份规律的兼职工作，或者学一门外语。这样，在有一天你面临择业问题时，不会突然发现我占用了你太多的时间，我们都可以作为一个有竞争力的求职者，坦然地说起我们很充实大学生活。

我要你不再对学校组织的各种活动一味反感和怀疑，因为这些活动无论组织的好与坏，都会使参与的人得到锻炼，没有活动的大学不是完整的大学，没有参与活动的大学生也不是完整的大学生，我愿意你参与其中，渐渐在竞争中树立自信，拓宽胸襟。

我想我不再是一个你空虚时亲亲抱抱的对象，而是你疲惫时的倾听者；我想你在多少年后记起我们的恋情时，不会是夹杂着负担和后悔的，而是溢着阳光的味道；我想你的母亲看到你恋爱中的变化时，不再是对我心存怀疑和埋怨，而是为他的儿子有了更规律更有目标的大学生活而感到欣慰……

我宁愿在这四年里和你聚少离多，也不愿在四年后面临生活时和你做一对苦命鸳鸯。

我知道我们之间的感情还谈不上“爱”，因为爱需要很长时间的积淀。现在只是喜欢，有好感，有默契，想和你一起拼搏，想在你年少轻狂的时光里扮演一个角色……只有一起经历过，各自战斗过，彼此鼓励过，很久很久之后，才敢说我爱你……即时享乐的爱情是短命的！所以我不要……

亲爱的，我多想和你走得更远些，再远些……

（摘自：《真正的大学情侣，就应该是这个样子》）

第三节 走近健康性心理

心灵故事

婷是一个大二的女生，一向活泼开朗的她最近显得心事重重。在朋友的建议下，她来到了心理咨询中心，向老师敞开心扉，说出了隐藏在心理的烦恼。原来，婷有一个男朋友，两个人已经谈了一年恋爱，感情也非常好。但是前一段时间，男友向她提出了在外租房合住的想法，他对婷说爱他就应该和他“在一起”。并且向她许诺，以后一定会好好珍惜婷，对她更好的。婷很惊慌，她很犹豫，一方面，她很爱自己的男朋友，以后也希望和他结婚共同生活；另一方面，她认为自己年龄还小，尚在读书期间，不希望婚前同居，而且她很担心同居会怀孕或染上什么病，心中非常忐忑。男朋友已经好几天没有和她联系了，婷不知如何面对，这样的苦恼又羞于开口向家人或朋友倾诉，很是不安。

青年时期，由于生理方面第一性征、第二性征发育成熟，萌动了对性的意识和强烈的欲望，这种情况十分正常。但是，由于大学生尚处在求学阶段，所处校园环境比较特殊，大学生在进行异性交往、恋爱时要慎重对待婚前性行为这个问题，把握交往的分寸和尺度。婷在面对这一问题时要充分考虑：我对性爱的丰富内涵真正理解吗？他是真心爱我，还是只为满足自己的欲望？一旦发生婚前性行为，我能承担其后果吗？要同自己的异性朋友充分沟通、相互理解，在尊重对方的基础上做出慎重并对双方负责任的决定。此外，作为大学生，应该认识到“性”问题是一个普遍而正常的问题，羞羞答答、谈性色变只会让问题变得更为复杂，要大方面对，科学对待。

知识导读

我们来做一个测试：听到“性”这个词，你会想到哪五个相关的词语？请将它写出来

__________，__________，__________，__________，__________。

性（sex）这个词，是从拉丁语演变而来的。其科学含义可以简单概括为：人类的性是以生物繁衍的机能为基础，受特定的社会关系影响和人的心理因素支配的性行为。性教育又可称为性健康教育，是指关于两性关系以及性生活方式的教育，其目的是使受教育者的性生理、性心理保持健康，性行为符合社会伦理要求，最终在社会上求得两性间完美生活。华中师范大学的彭晓辉副教授说：“性，关乎人们的生活质量，生活质量=生活水平+文明素养，文明素养中包括性文明素养而且是很重要的一个方面。”“正确的性知识教育，可以使年轻人树立科学、健康、进步和有益的性观念，提高他们在性问题上的辨别力、鉴赏力和选择力，良好的性教育可以促进个体身心健康发展和成长。”性，作为爱情的亲密伴侣，应该是自然、美好而和谐的，如果没有性，生命就不复存在。每一个追求自身成长、关注生命价值的现代大学生都要建立一个科学的性观念，培养健康的性心理。

一、理解“性”

（一）性的基本属性

1. 性的多面性

现在，我们来看一下刚才同学们写了哪些词语。总结起来，大致将其分为三类：

正面：幸福、快乐、温存、缠绵、震撼。

中性：怀孕、性心理、性器官、性交、性别。

负面：恶心、肮脏、暴力、丑恶、嫖娼。

从上面的词汇中，大家可以感受到性的多面性，性既可以带给人快乐，同样也会给人带来痛苦。性，自古以来就是一个复杂而饱受争议的词语。

2. 性的三角结构

性作为来源于人的本能行为的一种，在不同的历史文化背景中被赋予了不同的内涵，大致从以下三个方面来理解，首先是生物学意义的性，指的是男女两性在生理上的差异。其次是心理学上的性，指在生理基础上，人们体验性带来的心理感受，如新鲜、刺激、亲密、美好、罪恶等。而由于性别差异，男女在性格、气质、情感、智商等方面也表现出心理层面的差异。再次是社会学意义的性，也就是不同文化对于不同性别的不同期待。比如，在多数文化中，男孩被鼓励强壮、敏捷、勇敢、成功和具有男子汉气魄，而女性则被鼓励温柔、体贴、易动感情和对生儿育女感兴趣。

（二）性心理的基本理论

性心理是指人在性活动中的各种心理反应。在相关性心理理论中，以弗洛伊德关于性心理的理论最具代表性。

弗洛伊德认为，人的精神活动的能量来源于本能，本能是推动个体行为的内在动力。人类最基本的本能有两类：一类是生的本能，另一类是死亡本能或攻击本能。生的本能包括性欲本能与个体生存本能，其目的是保持种族的繁衍与个体的生存。弗洛伊德是泛性论者，在他的眼里，性欲有着广义的含义，是指人们一切追求快乐的欲望。性本能冲动是人一切心理活动的内在动力，当这种能量积聚到一定程度就会造成机体的紧张，机体就要寻求途径释放能量。

弗洛伊德把性心理发展分为五个阶段：

1. 口腔期（0 ~ 1 岁），性本能主要靠口腔部位的吸吮、咀嚼、吞咽等活动获得满足。婴儿的快乐也多来自口腔活动。

2. 肛门期（1 ~ 3 岁），原始性欲的满足主要靠大小便排泄时所产生的刺激快感获得满足。随着括约肌的逐渐成熟，婴儿获得了依照自己的意愿大小便的能力。按自己的意志大小便是满足婴儿性本能的最主要的方式。

3. 性器期（3 ~ 6 岁），这一时期的儿童开始对自己的性器官产生兴趣，性器官成为全身最敏感的部位，儿童常以抚摸性器官获得快感。幼儿在此时期已能辨识男女性别，并以父母中之异性者为“性爱”的对象。

4. 潜伏期（6 ~ 11 岁），这个阶段的儿童，兴趣扩大，由对自己的身体和父母感情，转变到周围的事物，性本能相当安静，注意发展各种为应付环境所需要的知识和技能。

5. 两性期（也称青春期），这一阶段起于青春期贯穿于整个成年期。如果前面的几个心理性欲阶段发展顺利，这时就可以建立持久的性爱关系。这时，虽然快乐源指向生殖区，但人们不只是寻求自我满足，而是考虑他人的需要，在性爱的基础上建立爱情关系。

弗洛伊德创立的精神分析学说对西方乃至世界心理学都产生了深远的影响。在他的理论中，始终贯穿着生物遗传决定论的思想，认为个人的原始性欲支配着整个人的全部活动，包括人格发展。他否认了环境文化的作用，是一种“泛性论”。

二、大学生性心理的一般特征

（一）性心理的本能性和朦胧性

相当一部分大学生，尤其是低年级大学生的性心理，尚缺乏深刻的社会内容，主要还是生理发育成熟带来的本能作用，好像情不自禁地对异性发生兴趣、好感和爱慕。加上不少学生不了解性的基本知识，对性有较浓厚的神秘感，使得这种萌动又罩上了一种朦胧的色彩。大学生由于性生理和性心理日趋成熟，希望与异性交往，他们喜欢探索异性的心理秘密。正是在此基础上，在朦胧纷乱的心理变化中，大学生的性意识逐渐强烈和成熟起来。

（二）性意识的强烈性与表现上的文饰性

大学生对性的关心程度明显强于中学生。他们十分重视自己在异性心目中的形象，十分看重来自异性的评价，并常按照异性的要求和希望来进行自我评价和塑造自己的形象。从大学生宿舍中每晚的卧谈会中我们不难看出大学生对性的关心程度之高，表现出明显的对性的强烈渴求性。同时，我们也看到尽管大学生在心理上对性问题和异性都很关注、很敏感，但在行为上却表现得拘谨、羞涩和冷漠，具有明显的文饰性。

（三）性心理的压抑性和动荡性

青春期是人一生中性欲最旺盛的时期。但是，不少大学生的性心理不够成熟，尚未形成稳固的道德感和恋爱观，自控和自制能力有限，他们的性心理极易受外界各种因素的影响而显得动荡不安，表现出明显的动荡性。而且大学生并不具有通常意义上的满足性冲动的伴侣，容易导致过分的焦虑和压抑，少数人还可能以扭曲的、不良的，甚至是变态的方式表现出来。

（四）性心理的性别差异性

大学生的性心理存在着明显的性别差异性。在对于异性感情的流露上，男生显得较为外显和热烈，女生往往表现得含蓄而温存；在内心体验上，男生更多的是新奇、神秘和喜悦，女生则常是羞涩、敏感和不知所措；在表达方式上，男生比较主动和直接，女生更喜欢采取暗示的方式；男生的性冲动易被性视觉刺激唤起，而女生则易在听觉、触觉刺激下引起性兴奋。不过，这种差异近年来有缩小的趋势。如，在表达方式上，女生变得较为主动的情况也是越来越常见。

三、大学生常见的性困扰

（一）性生理的困扰

1. 体相的困扰

进入青春期后，男生和女生的体相发生了很大变化。男生希望自己身材高大、体魄强壮、音调浑厚、拥有男性磁力以吸引女生；女生则希望自己容貌美丽、体型苗条、乳房丰满、音调柔美来显示女性魅力，以吸引男生。然而，当他们的体相不如己意时，就常出现烦恼和焦虑。

2. 遗精恐惧与月经困扰

遗精是指男性在无性交状态下的射精现象，是青春期男子常见的正常生理现象，是性成熟的标志。过去传统观念往往把遗精看得很严重，认为这种行为会伤元气。青少年常因此而焦虑不安，惊恐失措。实际上精液由精子和黏液组成，一次排放的数毫升精液中99%

的是水分，其余的是蛋白质、糖等，其营养物质对人体微乎其微。认为遗精就是“泄阳”的想法是不科学的，这种想法会引起紧张焦虑的情绪，对身心健康产生不利影响。

女性的月经期及来月经的前几天是女性生理曲线的低潮期，身体的耐受性、灵活性下降，易疲劳。有些女生过于担心经期的不舒服，这些消极暗示会加重自身情绪的低落和躯体的不适感，甚至造成恶性循环。

（二）性心理的困扰

1. 性别认同困扰

刘达临教授在对全国大学生的调查中发现，有一定比例的学生不喜欢自己的性别。其中，男大学生不喜欢自己性别的占2.6%，女大学生不喜欢自己性别的占15.6%，正好是男生的6倍。近年另一项关于大学生性心理的一项调查显示，90%以上的男生对于自己的性别满意度较高，而有超过1/4的女生表示在可能的情况下愿意改变自己的性别。

2. 性交往的不适

“少男钟情，少女怀春”这是青春期性心理的正常表现。大学生们渴望与异性交往的愿望非常强烈。但是，由于受“男女授受不亲”传统性观念的影响，由于缺乏与异性交往的方法，许多大学生羞于与异性交往，常常拒异性于千里之外，在异性面前表现得非常紧张。

3. 性的白日梦与性梦

当大学生们对与异性交往强烈的渴求不能实现时，性的白日梦就有可能发生。性的白日梦又叫性幻想。性幻想是指在某种特定因素诱导下，自编、自导、自演与性交往内容有关的心理活动过程。这在一定程度上可以缓解人们的性需求。白日梦是一种普遍的心理现象。但是，不能长期沉迷于此，甚至把幻想当成现实，那就会成为病态，就会有碍于大学生的健康成长。

性的白日梦是人为的幻想，而性梦则是真正的梦。性梦是指在睡梦中发生性行为。人们通过梦的方式能部分达到自己白天被社会规范限制的性冲动的满足，从而缓解性紧张。性梦也是大学生性心理较为普遍的一种表现。一些大学生由于缺乏对性梦知识的了解，常为自己有过性梦的经历而焦虑和自责。

4. 手淫引起的心理困惑

手淫是指用手或工具刺激生殖器而获得性快感的一种自我刺激，它是一种获得性补偿和性宣泄的行为。在传统的“手淫有害”论的影响下，一些大学生常常为自己有过手淫行为而自责，甚至产生心理障碍。实际上手淫是一种自然的、正常的性行为，手淫是对性冲动的一定程度上的合理缓解。

5. 性骚扰的恐惧

常见的性骚扰有故意擦撞异性身体的某个部位、故意贴近别人、故意谈性的问题、用色情语言进行挑逗、用暧昧目光打量别人或强行要求发生性行为等。由于缺乏自卫心理，一些大学生常常面对性骚扰时惊慌失措、恐惧万分，甚至长时间地自责，认为自己不“干净”，心理困扰长时间不能解脱。

四、培养和维护健康的性心理

（一）性心理健康及其标准

世界卫生组织对性心理健康所下的定义是：通过丰富和完善人格、人际交往和爱情方式，达到性行为在肉体、感情、理智和社会诸方面的圆满和协调。性心理健康是人类健康不容忽视的重要组成部分，近年来正越来越受到人们的重视。

根据性心理健康的内涵，大学生的性心理健康应该符合以下标准。

1. 能够正确认识和接纳自己的性别。

2. 具有正常的性欲望。

3. 个体性心理特点和性行为符合相应的性心理发展年龄特征。

4. 具有较强的性适应能力。

5. 能和异性保持和谐的人际关系。

（二）维护大学生性心理健康的途径

1. 掌握科学的性知识

“一切无知都是令人遗憾的，但是对性这样的事无知，则是严重的危险。”

——罗素

（1）了解科学避孕的方法

目前，常见的避孕方法有安全套避孕、避孕药避孕及安全期避孕。前两种方法避孕效果较好，但避孕药避孕会对身体产生一定的副作用，不宜长期使用。后一种方法避孕成功概率偏低，希望引起足够注意。

（2）流产相关知识

对于大学生来说，还没有做好为人父母的准备，怀孕后通常意味着要做流产手术。医院采用的流产方式一般有药物流产和人工流产两种。药物流产的时间一般在怀孕（停经开始计算）7周（即49天）内比较合适，因为药物作用最敏感的是第35天至第40天。而人流一般在知道怀孕后12周内都可以。无论药流还是人流都会对身体造成不可逆的伤害，严重时甚至会造成终身不孕。

（3）认识性病

性病种类较多，有一定潜伏期。一旦发现或怀疑染病请及时就诊。一般性病去泌尿科就诊，艾滋病去血液科、传染病科或卫生防疫站就诊。正规医院都能提供科学、保密的检查、诊断、治疗和咨询服务，切不可在网上盲目咨询，到不正规的小医院或不正规的特色医院就诊。

2. 培养健康的人格

“性是人格的完成。”性，不仅仅决定于生物本能，一个人对待性的态度，反映了一个人人格的成熟。人自身的尊严感和对他人是否尊重，都会在两性关系中充分体现出来。

（1）要自爱自信

认同自己的性别角色。性别角色意识是一个人社会化成熟与否的重要体现，是心理健康的重要标志。男性和女性在生理和心理上各有自己的特点，各有自己的性别魅力。现代社会的大学生应当在生物生理、社会心理和文化、经济、社会参与以及政治上，进行合乎科学、合乎道德、合乎时代要求的全面角色认同。尽管现在社会上对同性恋存在着各种不同的看法，但人们对同性恋所引起的社会适应困难的看法是相当一致的。因此，大学生应当接纳和欣赏自己的性别角色，发展适应时代要求的优秀个性特点。

（2）要对性行为负有社会责任感

如果性行为只停留在手淫、性梦等方式的自我宣泄上，它不会影响他人。但是，如果性行为涉及另一个人，那么便涉及许多社会责任。性行为可以给另一方造成心理和肉体上的伤害，可以产生第三个生命，这将意味着影响另一个人的生活，也将影响你自己的生活。每一个成熟的大学生都应当了解个人性行为给他人、自我和社会带来的后果。尊重他人，尊重自我，对自我的行为负起责任。大学生要增强自己的性道德和性法律意识，用道德和法律规范自己的性行为。

（3）要培养良好的意志品质

大学生自我控制性心理能力的大小，在一定意义上是由个人意志品质的强弱决定的。意志作为达到既定目的而自觉努力的一种心理状态，具有发动和抑制行为的作用。人不同于动物，人有意志力，人可以抑制和调整自我的冲动。那些放纵自己的人往往缺乏坚强的意志品质。诚如鲁迅先生所言，“不能只为了爱——盲目的爱，而将别人的人生的意义全盘忽略了。”

3. 培养正常的异性交往

异性同学之间的正常交往，有利于破除对异性的无知和好奇，可以使性能量在合适的人际渠道中以升华的方式得以合理地宣泄，保持心理平衡。在异性交往中，要遵循一定的原则：第一，相互尊重；第二，自尊；第三，心态自然；第四，适度；第五，自律。

4. 寻求专业的咨询与帮助

调查显示，大学生的性知识来源，近30%的是通过书本杂志，40%～50%的通过网络，另有近30%的通过录像光盘。

大学生要恰当选择性知识的学习工具，可以参阅一些有益健康的性知识书籍，登陆一些主流媒体的性健康教育网站来学习。同时，一旦出现相关的生理、心理问题，切不可藏着、掖着、病急乱投医，一定要到正规的治疗机构就诊。

相关链接

艾滋病——大学生不可不知的事情

12月1日是世界艾滋病日。据中国疾控中心性病艾滋病防治中心主任吴尊友透露，近5年我国大中学生艾滋病病毒感染者年增35%。青年学生艾滋病疫情主要以性传播为主，主要是男性同性性传播。截至2015年10月底，我国报告现存活15～24岁的青年学生艾滋病病毒感染者和病人9152例。港媒指出，因为许多同性恋者可能是双性恋，所以带来了更大的风险。知道自己是HIV阳性的人不应该参与无保护的性行为。年轻一代不应该自以为是，在性行为之前应该认真思考这件事，了解所交往的人。大学生最需要了解的信息是目前尚无任何药物可以治愈艾滋病。

互动体验

四个问题告诉你关于爱、关于性的真相

【指导语】

请阅读故事，在阅读故事的过程中讨论并澄清关于爱情关于性的一些真相。

姑娘与水手

一艘船遇上了暴风雨，不幸沉没了。船上的人中有4个人幸运地乘上了两艘救生艇。一艘救生艇上坐着水手、姑娘；另一艘上坐着姑娘的未婚夫和他的朋友，气候恶劣，波浪滔天，两只救生艇被打散了。

姑娘乘坐的艇漂到一个小岛上。与未婚夫分开的姑娘惦记着未婚夫，千方百计寻找，但找了一天，一点线索也没有。第二天，天气转好，姑娘仍不死心，继续寻找，还是没找见。有一天，姑娘远远地发现了大海中的一个小岛，她就请求水手："请修理一下救生艇，带我去那个岛上好吗?"水手答应了姑娘，但提出了一个条件，必须和他睡一夜。姑娘万般无奈，寻未婚夫心切，结果满足了水手的要求。

（讨论：贞操和爱情的关系是什么样的?）

第二天早上，水手修好了艇，带着姑娘去了那个小岛。远远地，她看到了岛上未婚夫的身影，不顾船未靠岸，从船上跳进水里，拼命往岸上跑，一把抱住了未婚夫的胳膊。在未婚夫温暖的怀抱里，姑娘想：要不要告诉他昨晚的事呢?

（讨论：善意的谎言和残忍的真相到底哪种是真爱呢?）

思前想后，下决心说明情况。未婚夫一听，顿时大怒，一把推开她，并吼着"我再不想见到你了"，转身跑走了。

（讨论：男性眼中的贞操比生命还重要吗?）

姑娘伤心地边哭边往海边走。见此情景，未婚夫的朋友走到她的身边，用手拍着她的肩膀，"你们两人吵架我都看到了，有机会我再找他说说，在这之前，让我来照顾你吧。"姑娘陷入了沉思。

（讨论：如何区分感激之情和爱情?）

通过听取他人意见，小组成员受到启发，可以修正自己的意见。每个小组派代表交流。在共同讨论中表现出每个人的价值观，也可以了解他人的价值观，促进深入思考，逐渐确立正确的价值观。

心理测试

两性知识知多少

【指导语】

请结合自己对性的认识，勾选表8-4中合适的选项。

表8-4

1. 适当自慰对身体无害	符合	不符合
2. 只要自己快乐就好，社会怎么看，我不在乎	符合	不符合
3. 学习性知识是结婚以后的事，现在难以启齿	符合	不符合
4. 我与对方发生性关系，并不一定得爱对方	符合	不符合
5. 我常有性幻想和性冲动，这真可耻	符合	不符合
6. 采取避孕措施会影响性爱质量，所以我多数情况下不用	符合	不符合
7. 只要对方是自愿和我发生性关系，我就可以不承担后果	符合	不符合
8. 对于性，不愿意的时候我应该坚决说"NO"	符合	不符合
9. 用性来证明自己的成熟和魅力不明智	符合	不符合
10. 有性的爱情才保险	符合	不符合
11. 我觉得我的生殖器不理想，为此感到自卑	符合	不符合

【评分标准】

1、8、9题，选"符合"得1分，选"不符合"得0分；其他题，选"符合"得0分，选"不符合"得1分。将各题得分相加。

【结果解释】

分数越高，表明对性的认识越正确。如果你的得分是5分以下，也许你对性的看法容易导致自己或他人身心受伤，需要特别注意培养健康的性爱观和学习健康的性行为知识。

（摘自：张大均，《大学生心理健康》，清华大学出版社）

拓展阅读

学会去爱

我经常收到和你同龄的和比你稍大的姑娘们的许多来信，你回家以后读一读吧，足有几千份。里面既有真正的人类呼声，也有发人深省的提示：人的爱情应当去创造、去培养，它不会遗传、也不可能继承，它不会像人种延续的本能那样，可以自然而然地得到。

一位17岁的姑娘写道：她同一个小伙子认识了，交上了朋友，很快活。可是她发现，小伙子爱喝酒，说话很粗暴。姑娘为此哭过，烦恼过。但是她原谅了这个小伙子的所有一切越轨行为，实际上，也原谅了他的一些低俗举动。这位姑娘自我原谅说："反正我是爱他的呀。"一件本来可以预料的事情终于发生了，她怀孕了。这位姑娘委身于那青年，与其说是出自爱情，不如说是出于恐惧：她担心，如果拒绝他的要求他会抛弃她，去找更顺从、更好说话的姑娘……当姑娘告诉那青年说，"我们将有孩子了"时，他吃惊地说："怎么说'我们'呢？是'你'将有孩子。"于是他抛弃了她。这姑娘不得不中断了学业，迁到了另一个城市生活。她的一生就这样给毁了。我觉得，这些信的每一张每一页就像烧红的金属片一样炽热、灼人，不时从中发出绝望和惶恐的呼喊：他爱我，可是不尊重我；为了使他不仅爱我，而且尊重我，该怎么办？

你瞧，我的好闺女，我想使你避免许多姑娘犯过的不得不付出昂贵代价的那种错误，有的姑娘因为犯这样的错误而牺牲了自己的幸福、欢乐、健康、甚至生命。人的爱情不仅应当是美好的、忠诚的、可靠的，而且应当是明智的、慎重的、机警的和是非分明的，只有这样，它才能带来快乐和幸福。记住这一点吧，我的女儿。记住：生活中不仅有美好和崇高的东西，令人痛心的是也有丑恶、奸诈和卑鄙行为。你不仅要有一颗坦率、善良的心，这颗心同时还必须是端正的、坚毅的和严格的。

（摘自：苏霍姆林斯基，《给女儿的信》）

启发思考

1. 爱情的定义是什么？常见的爱情效应有哪些？
2. 如何培养爱的能力？
3. 大学生性心理健康的标准是什么？

第九章

大学生网络心理管理

网络正在改变人类的生存方式。

——比尔·盖茨

凭一根纤细的网线，便穿越时空阻隔的界限。没有钢筋混凝土的组合，也跨越了沟壑山涧。在虚幻和现实的朦胧间，穿越徘徊，或梦或醒，打开额上第三只眼。

——克利福特·斯托尔

社会在进步，科学在发展，科技在创新，网络在升级。大学生作为引领时代潮流的弄潮儿，对网络情有独钟，一“键”钟情。网络作为一个服务性工具，其开放性、虚拟性、高效性等特点影响着当今网络时代大学生的学习、娱乐、交友、思维等方式。也正因此，他们“e网”情深，置浪费时间、荒废学业，甚至精神失常于不顾。面对这个绚丽多姿的网络世界，大学生怎样把虚拟社区和现实社会有效地整合起来，让网络为我所用呢？本章将与你一同穿入网络隧道，共同欣赏网络世界这独好的风景。

第一节　网事细说

心灵故事

某日，河南某高校20岁的大二女生张某被其前男友21岁的李某连刺数刀，当场死亡，现场还散落着一束鲜红的玫瑰。这场网恋惨案始于张某大学入学前的暑假。安徽阜阳打工的李某无聊上网，无意中加了张某的QQ号，通过视频聊天，李某被张某的美貌所吸引，在网络上展开了爱情攻势。两人见面后，积蓄已久的激情让两个年轻人迅速沉迷于爱河，短暂见面的几天里就过起了同居生活。分开后，两人虽然相隔千里，但都通过网络视频来联络感情，这段网恋一直保持了数月。

张某同学院的徐某对其仰慕已久，对张某嘘寒问暖，关怀备至。空间距离的折磨加上两人生活的差距，张某渐渐地开始疏远李某，后来提出分手，并更换了自己的手机号和QQ号等联系方式，李某无法接受自己被抛弃的事实，先后向张父发了50余条恐吓短信。无果后，李某在某知名网站发帖谎称“四川女孩张某因家境贫困无法完成学业，安徽打工仔李某身兼数职供她读书，怎知她忘恩负义，还四处散布谣言，说徐某对她心怀不轨，如今，李某已身患白血病，恳求网友热心相助，让他在生命最后一刻见见这位美丽却没有良心的女孩一面”，并发动网友进行人肉搜索，得到了张某的全部个人资料。李某赶到河南要求张某与自己继续保持恋爱关系，遭到拒绝后，李某就拔出水果刀捅向张某，张某当场身亡，李某在现场被警察逮捕，等待他的是法律的制裁。

爱情是美好的，现实是残酷的。如果一味追求爱情的浪漫美好，忽视了网恋背后的实质，那么最后受伤的是自己。本案例中张某正值青年期，生理机能基本成熟，心理机能趋于成熟，渴望与异性交往，体验恋爱带来的新鲜刺激，但不知道爱情究竟是什么，也没有认真思考过。打工者李某孤独无聊、空虚寂寞，把网恋作为满足其好奇心和消除空虚寂寞的手段，而不是为了追求真正的爱情。当这种满足感被剥夺的时候，李某表现出迷茫无助和恐惧心理，从而做出不理智的举动。

知识导读

一、网络的概念及特征

网络，即互联网（Internet），是International Network的缩写，中文称国际互联网，它是集通信网络、计算机、数据库，以及日用电子产品于一体的电子信息交换系统，以接收、储存、处理、传递全球信息为主要功能的国际互联网络，是跨地域、跨时空的信息快速传递和便捷交流的通道。

互联网能使每个人随时将文本、声音、图像、电视信息传递给设有终端设备的任何地方、任何人。从这个角度上说，互联网已经不仅仅是一个单纯的计算机网络，它同时是一个庞大的、实用的、可共享的公共信息源，是一个面向芸芸众生的平台。大学生在这个平台上搜集所需要的材料和知识，以此用于休闲娱乐、颐养性情、提高品味、增长见识等。

网络的发展速度是超常规、跳跃式的，可谓瞬息万变、一日千里，并已涉及我们生活的各个角落，成为当今社会最繁忙、最富有挑战性、最具活力的改变我们学习、生活、思维等方式的便利工具。它具有以下特征。

（一）全球性和开放性

互联网最大的特征是全球性，它不分国家、种族、贫富、性别、年龄，使“地球村”成为现实。同时，它是一个空前开放的系统，为用户提供开放的接入环境。建立在互联网基础上的信息文化，具有内容丰富、传播迅速、影响广泛、服务个性化等特征，是其他类型的传媒文化无法比拟的。

（二）快捷性和高效性

网络带来了高效、快捷、廉价的通信方式。例如，电子邮件可以同时传送图、文、声等信息。网络可以将信息高效处理，鼠标一点，键盘一敲，就能满足各种需要。我们可以足不出户知晓国内外大事，省时省力，提高了生活质量。

（三）平等性和互动性

网络可以减少因社会经济地位不平等带来的享用资源不公的现实事件，“网上盲道”技术研制成功后，盲人、老人、小孩等“信息弱势群体”也可以“网阔凭鱼跃”地顺畅获取信息。网络上，人与人之间的联系方式是互动式，发布信息能得到及时反馈，有问必答为我们提供自由选择、主动参与的广阔平台。网络方便的交互式访问及信息资源的可复制性、共享性和实时传输等特点使信息获取方式更加快捷主动。

（四）虚拟性和隐匿性

网络关系的虚拟性是与实体相对的。网络中，生活的一切主题都可以被虚拟化。交往主体隔着“面纱”，遮蔽了现实世界中显示人们身份特征的识别标志，只用一个数字代码来表明身份，畅所欲言，来去自由。网络上可隐藏性别、年龄、种族和社会地位，每个人都可以成为“隐形怪杰”，一个白发老翁可以伪装成妙龄少女，少女也可自称“大侠”。

（五）弱社会性和弱规范性

由于网络的开放性、虚拟性和隐匿性，社会很难对网络进行有效的监管，网络行为缺乏社会规范性。一些社会成员出于各自的目的，滥用技术手段威胁网络信息安全，使网络盗窃、网络欺诈、网络赌博、网络恐怖事件、信息污染等情况屡见不鲜，扰乱了网络社会的正常秩序，同时，也给网民和社会带来极大伤害。

二、网络对大学生的影响

网络作为一种工具，被人们接受使用的速度如此惊人，对我们的生活、心理产生了极大的影响。网络是把双刃剑，涉世未深、追求刺激、自我控制力较弱的大学生群体成为网络的极大受益者，同时，他们也极易沉迷于网络，出现各种网络心理问题。

（一）网络对大学生的积极影响

1. 丰富知识，开阔视野

大学生拥有强烈的好奇心和求知欲，网络的广袤性、开放性、高效性给予其极大的满足。不用骑马，不用坐船，不用乘飞机，经济实惠，足不出户，鼠标一点，很快地从浩如烟海的信息中搜寻到所需要的知识，比起课堂解答和查阅书本资料，网络显得更方便、更高效又更前沿。全球知识的共享，让新时代的大学生开启一种“头脑风暴式”的全新学习模式。网络构成的协同学习环境，使他们不受地域的限制，实现有效学习。网海宽阔任我“鱼儿”越，网络天空高洁任我“鸟儿”飞，“秀才不出门便知天下事”得到淋漓尽致的体现。

2. 提高自学能力，开拓创新思维

现代社会是终身学习的社会，学习已经成为个体生活的一部分，而自学对每个人来说尤为重要。大学生可以通过远程教学和课程在网络上自主选课、自主择师、自主测验，通过网络图书馆阅读海量图书，通过论坛、微博、微信等渠道直接与某领域专家交流沟通，获取知识。

网络集声音、图像、文字于一体，给人以形象、生动、逼真的感觉。多角度的构建、多侧面的描绘、多角色的模拟，呈现给大学生的是一个多种文化和价值观交织的世界。打破其固定思维模式，促进大学生思维的多元化发展，开拓其创新思维，培养其创新精神。

3. 扩大人际交往的范围

随着网络的普及和发展，电子邮件、网络游戏、网络聊天等形式使得大学生的交往从个人所熟悉的强联系人群，延伸到了原本遥远、陌生的弱联系人群，极大地丰富了大学生人际交往的方式，扩大了人际交往的范围，使得大学生从狭小的生活圈子走出来，接触社会不同层面的人，“朋友遍天下”的理想成为现实。全新的人际互动模式对大学生的社会适应和人际交往能力的培养起到了积极作用，有利于促进大学生的社会化。

4. 拓宽情绪表达的途径

网络成为大学生情绪表达的有效途径。研究表明，网络可以减轻大学生来自学习和生活等方面的压力。大学生可以在网上与有共同兴趣和经历的人沟通交流，获得社会支持。同时，网络的隐匿性使大学生避开了现实世界的压力，更能敞开心扉，真实表达自我，有效缓解情绪压力。

5. 娱乐休闲，满足心理需求

现实社会中，人们做事既要受社会道德规范的制约，还要顾及他人的感受，往往压抑自己内心深处的想法以迎合大众的需要。但是，在网络的虚拟世界里，不论你长相如何、家境如何、身处何地，用一个虚拟的身份登陆，就可以在网上"灌水"、打网络游戏、视频聊天、设置个人主页、收发E-mail等，这些娱乐休闲方式使大学生们眼界开阔、见识增长、身心愉悦，体验现实生活中体验不到的乐趣，满足自我心理需求。正是网络独具的这种优势，让很多人乐此不疲，流连忘返，尤其是引领潮流、追求时尚的大学生，上网更是一种自我实现的满足。

（二）网络对大学生的消极影响

网络给大学生的学习、交友、娱乐等各方面带来了积极的影响，但如果大学生对网络认识不到位，运用不得当，网络也会对大学生的身心产生不可估量的负面效应。

1. 网络影响大学生的身心健康

长时间在网络里漫游不利于身心健康。一方面，生理上出现视力下降、颈椎病、腰椎病、四肢痛、手指灵活度降低、记忆力衰退、睡眠障碍、恶心厌食等躯体病理现象；另一方面，过长时间的上网会使大学生产生社会孤独感、焦虑、沮丧、注意力难以集中等心理现象。

2. 网络产生厌学情绪

信息的丰富性和多样性使得大学生把过多的时间用在网络的漫游中，再加上现实与理想的差距，学生更是对网络产生了极强的依赖性。有学生描述，在网上虚拟空间内打游戏很有成就感，很刺激，很有趣，没有任何现实压力。大学生网游时间越长越不想回到现实社会，学习动力也越弱，厌学情绪日渐增长，逃课上网的现象更是司空见惯，久而久之导致学业荒废。

3. 网络导致社会交往障碍

网络交往的虚拟性影响了大学生的面对面交往，"人—机—人"封闭的网络环境减少了同辈群体现实交往、集体活动、社会实践等机会，个体不能在现实人际交往中产生信任感和归属感，导致大学生现实中的人际关系冷漠，产生紧张、孤僻、恐惧等新的人际交往障碍。某机构对25所大学1000个大学生网民进行了纵向研究，发现网络使大学生网民的社会活动减少、心理幸福感降低、孤独感和抑郁感增加。

4. 网络负面信息的污染

网络信息传播的全球性、超地域性使得某些负面信息无障碍地传播，网络价值取向趋向多元化，主流意识形态的教育功能被弱化。网络垃圾场中充斥着色情、暴力、盗窃、诈骗等，网络犯罪的形式和手段越来越多样化，谣言、诽谤随处可见，垃圾文化影响着大学生的文化导向和价值取向，对大学生的身心健康造成极大伤害，耽误其学习生活，也极易诱使大学生走上违法犯罪的道路。

相关链接

“互联网+”模式下的教育

“互联网+”是两化融合的升级版，将互联网作为当前信息化发展的核心特征，提取出来，并与工业、商业、金融业等服务业的全面融合。这其中关键就是创新，只有创新才能让这个“+”真正有价值、有意义。正因如此，“互联网+”被认为是创新2.0下的互联网发展新形态、新业态，是知识社会创新2.0推动下的经济社会发展新形态演进。通俗来说，“互联网+”就是“互联网+各个传统行业”，但这并不是简单的两者相加，而是利用信息通信技术以及互联网平台，让互联网与传统行业进行深度融合，创造新的发展生态。

一所学校、一位老师、一间教室，这是传统教育。一个教育专用网、一部移动终端、几百万学生，学校任你挑、老师由你选，这就是“互联网+教育”。

在教育领域，面向中小学、大学、职业教育、IT培训等多层次人群提供学籍注册入学开放课程，但是网络学习一样可以参加我们国家组织的统一考试，可以足不出户在家上课学习取得相应的文凭和技能证书。“互联网+教育”模式，将会使未来的一切教与学活动都围绕互联网进行，老师在互联网上教，学生在互联网上学，信息在互联网上流动，知识在互联网上成型，线下的活动成为线上活动的补充与拓展。

“互联网+教育”的影响不只是创业者们，还有一些平台能够实现就业的机会，在线教育平台能提供的职业培训就能够让一批人实现职能培训，而自身创业就能够解决就业。李克强提出的“大众创业，万众创新”对于教育而言有深远的影响。教育不只是商业，就类似极客学院上线一年多，就用近千门职业技术课程和4000多课时帮助80多万IT从业者用户提高职业技能。

在2015年6月14日举办的2015中国“互联网+创新”大会河北峰会上，业界权威专家学者围绕“互联网+教育”这个中心议题，纷纷阐述自己的观点。“互联网+”不会取代传统教育，而且会让传统教育焕发出新的活力。

第一代教育以书本为核心，第二代教育以教材为核心，第三代教育以辅导和案例方式出现，如今的第四代教育，才是真正以学生为核心。中国工程院院士李京文表示，中国教育正在迈向4.0时代。

（摘自：《百度百科》）

互动体验

网络语言大观园

网络语言，活泼而又怪诞，幽默而又富有哲理，往往是一个人通往网络世界的“证件”。下面来测测你的网语水平，请把他们的汉语意思写在后面的横线上。

1. “576”和“644”是哪对情侣的名字？ ____________________

2. “米国”是指哪个国家？ ____________________

3. “66666”是什么意思？ ____________________

4. 请确切说出“BB”四种含义：

（1）____________________ （2）____________________

（3）____________________ （4）____________________

5. 看下面这组数字对话，领悟一下说话者是什么意思？

A："53770880"！ ______________________

B："1314"？ ________________________

A："5845201314"！！ ____________________

B："596"，"56"。 ______________________

6. "鼻子突然感觉到有一股pH值小于7的气息" ____________________

思考：

你怎样看待这种网络语言？

你认为网络语言会击垮我们的常规语言吗？会/不会

请写出你认为"会"或者"不会"的理由__________________________

心理测试

网络认知度

【指导语】

你怎样看待网络？是四通八达、无所不能，还是洪水猛兽、残害人生？抑或仅是一个服务器全然没有知觉？以下是对网络的各种看法（表9-1），根据你的看法进行选择。

表9–1

题目	赞同	不赞同
1. 网络是一片汪洋大海，可以任意遨游，随心冲浪		
2. 网络是学习的好工具，帮助我提高成绩，开阔视野		
3. 网络是我的知己，帮我抹去现实的苦楚，远离"江湖"，好舒心		
4. 网络是一条"毒蛇"，使我的学习时间减少了，与人交往也稀疏了，我变得"与众不同""不伦不类"了，我好难受		
5. 网络带着迷人面纱走来，把我害得痛苦不堪，我恨它		
6. 总以为孩子天真幼稚，没想到一些事情他在网上点击几下，就讲得头头是道，反说起家长知识老化，俨然成为我们的"老师"了！不得不承认网络好		
7. 网络如同洪水猛兽，靠近它人就变得抑郁寡欢、性情暴躁，请赶紧取缔网络		
8. 网络是新时代的新生儿，对待新生儿我们需要精心呵护，用心培养		
9. 电脑是工具，是给我们用的，会用的人是聪明人，只会玩的人是愚蠢的		
10. 网络是一个浪潮，淹没那些在这一浪潮中还没有学会游泳的人		

【评分标准】

赞同第2、6、9、10题各得1分，赞同第3、4、5、7题各得−1分，赞同第1、8题各得0分，然后将分数相加。

【结果解释】

如果分数为正，说明你对网络的态度积极向上，恭喜你能够正确认识现代社会里网络这个高效便捷的工具；如果得分为负，说明你对网络的看法有些偏激，需要加深对网络的认识；如果得分为0，说明你对网络的看法比较公正、客观，希望你积极看待网络的多维功能，成为网络时代的前沿者。

拓展阅读

教育部、国家语委在京发布《中国语言生活状况报告（2016）》，这是教育部、国家语委连续第十一次向社会发布年度语言生活状况报告，我国第一部地方和城市版的《北京市语言生活状况报告》同时发布。

“重要的事情说三遍、‘世界那么大，我想去看看’、你们城里人真会玩、我想静静、吓死宝宝了、内心几乎是崩溃的、我妈是我妈、主要看气质”等当选年度网络流行用语。

网络流行语往往是互联网浪潮下全民娱乐的时代产物，它所包含的绝不仅仅是网民对语言的再创造，其背后所隐藏的社会意义要远远超出词语表面。对网络用语的细致分析，可以准确反映出普通人的生活关注，以一种直接明了的方式呈现市井百姓的人生百态。

报告显示，各行各业的“热词榜”成为中国互联网的一道特色风景。正式的排行榜达100余种，平均每3天就有1个；算上自媒体，排行榜则达400余种，平均每天都有1.3个“热词榜”发布。

网络流行语摘录：

1. 萌萌哒

“萌萌哒”是由网络热词“么么哒”演变而来的，是“该吃药了”的含义。由于语义环境差别，“萌萌哒”多用来形容自己的萌化形象，而“么么哒”更多作为对他人的爱称或者语气助词。

2. 现在整个人都不好了

原本是天涯社区的求助帖子标题，其中有“现在整个人都不好了”的表述，后被广泛用于表达无语、无奈、受不了等情绪。

3. 也是醉了

这主要是一种对无奈、郁闷、无语情绪的表达方式，通常表示对人物或事物无法理喻、无法交流和无力“吐槽”，多可与“无语”“无法理解”“无力吐槽”换用。

4. 有钱，就是任性

某新闻称市民老刘网购保健品花了1760元，不久后陆续接到敲诈电话。老刘明知道自己上当了还一如既往地给罪犯汇款，先后被骗取了几十万元。当记者采访老刘时，老刘却说：“当被骗7万元的时候发现上当了，当时觉得警察不会管，又想看看他们（骗子）究竟能骗多少钱。”这则新闻引爆互联网，网友调侃：“有钱，就是任性。”

5. 吓死宝宝了

“吓死宝宝了”这里的“宝宝”是代替“我”的意思，全句意思是指吓死我了、吓死自己的意思，就是指你自己受到了惊吓，显示自己很可爱……

6. 明明可以靠脸吃饭

一张贾玲昔日的清秀照片被网友翻出来后，大家惊讶地发现，自嘲经常跟男生“掰腕子”的贾玲竟也曾经“女神”过！而贾玲在微博上回应道：“我深情地演绎了：明明可以靠脸吃饭，偏偏要靠才华。”引发众多网友热议和共鸣。

7. 城里人真会玩

你们城里人真会玩的简称，指某些人的行为很做作。

出处：吴亦凡在上海某所大学拍摄电影，结果有人假扮吴亦凡让那些“狗仔”以为是吴亦凡本人，并且“狗仔”把照片上传到微博上，然后才发现并不是吴亦凡本人，之后就出来了这句你们城里人真会玩。

衍生网络语：乡会说，你们乡下人真会说。

8. 重要的事情说三遍

最早说的应该是某房地产网站的电台广告语：“走直线，走直线，走直线，重要的事情说三遍。”此广告一经推出，迅速火遍各大电台。说三遍被各类广告和软文跟风引用无数次，我又没瞎，你何必说这么多废话。

9. 我带着你你带着钱

根据网上的一首原创小诗演绎而来的，原诗是“春天来了，我们去旅游吧！我带着你，你带着钱，三亚也好，长江也罢，横穿唐古拉山口，暴走腾格里沙漠……”

10. 我的内心几乎是崩溃的

某公司CEO在接受媒体采访中说了一句：“我的内心几乎是崩溃的。”因为字字在理，符合很多人的心声，播出之后被不少网友争相借用，成为2015年的热词。

11. 你家里人知道吗？

起源于一个在网吧看新闻的网友：“你在这儿这么土，你家里人知道吗？”随后“你家里人知道吗”很快便成了网络流行语。这句话的发展潜力和可扩展性也给了网友无数“吐槽”的灵感。

12. 吃土

出处：一年一度的网购盛会“双11”之后，不少网友纷纷表示钱花得太厉害，以后吃不起饭，只能吃土了。“吃土”也成为“剁手”之后的疯狂网购代名词。

13. 老司机

“老司机”原本意指在各个网站、论坛里接触时间比较长，熟悉站内各种规则、内容以及技术、玩法，并且掌握着一定资源的老手。后来一首云南山歌《老司机带带我》让老司机这个词爆红，“老司机带带我”也成了新晋网络段子。

14. 小目标

来源于此前王健林在参加某电视节目时说的一段话。在这档采访节目中，王健林谈自己对于年轻人创业，以及梦想的看法时表示：先定一个能达到的小目标，比方说我先挣它一个亿……

15. 洪荒之力

源自于热播剧《花千骨》。洪荒之力是最厉害的法力，拥有洪荒之力之人便得天下。后奥运会期间因“洪荒少女”傅园慧的采访而爆红，不仅成为各大品牌借势的金句，也成为聊天必备和表情包必备的神句！

第二节　大学生网络行为及心理特点

心灵故事

王某，男，某高校政治经济学院2013级思想政治教育专业学生。高考成绩不错，大学第一学年必修课和综合考评成绩均排在班级中等。大二第二学期开始，该生因玩网络游戏出现旷课现象，辅导员老师也对其进行过谈话教育。大三刚开学，暂时脱离了网络游戏。2015年12月起，又开始玩网络游戏了。“我们见过迷恋网游的，但是没见过这么痴迷的。下午2点半就要考试了，他都能把游戏玩到2点。”他的室友说。王某玩网络游戏《穿越火线》《征途》到了“痴迷”的程度，每天都要外出上网，一刻不停地玩上8个小时，有时候课都不上了，即使去上课，也是在课堂上“补觉”。此外，王某家庭条件并不好，并没有购买私人电脑。由于经常性地去网吧上网、购买游戏角色的装备等都需要钱，他几乎把全部生活费都投在了游戏里面，一日三餐也只是用免费师范生的补助，很少给饭卡充值，冬天很冷的时候也只穿薄薄的单鞋。王某几乎把所有的空余时间都拿来打游戏，并开始拒绝参加学院的学生活动。2016年4月起，他发现自己思维跟不上同学的节奏，脑子里想的都是游戏里发生的事，遇到事情会首先用游戏中的规则来考虑。他开始感到不适应现实生活，陷入了深深的焦虑之中。

网络游戏内容惊险刺激，对抗性、投入性强，富于挑战性和冒险性，迎合了大学生生理、心理特点，案例中的王某因为沉迷网游而忽视了现实生活，荒废学业，虚耗青春。长期的网络生活逐渐使他不能适应现实中的生活，不愿参加社会性活动，人际关系敏感，警惕性强，焦虑不安。

知识导读

一、大学生网络行为分析

截至2016年12月，我国网民规模达7.31亿，全年共计新增网民4299万人。互联网普及率为53.2%。从网民的年龄结构来看，20～29岁年龄段的网民占比高达29.9%，大学生正处在这个年龄段，可想而知，大学生是一个庞大的网络群体。大学生接受事物能力强，是互联网的忠实追随者。那么，大学生上网都做些什么呢？调查和研究表明，大学生上网主要有以下几种情况。

（一）网络学习

随着网络的普及，网络学习成为传统学习模式的一种补充。相较于传统的学习形式，网络学习具有灵活、便捷、交互性强、无时空限制、资源丰富等特点，是实现个性化自主学习的有效方式。大学生网络学习的目的主要有完成作业、撰写论文、课程内容学习、了解学科前沿知识等，网络学习已经成为课堂教学的重要补充。

（二）信息查询

互联网的开放性使得互联网如同一个信息的聚宝盆，应有尽有。这些取之不尽，用之不竭的多彩信息赋予了网络的无穷魅力，很多大学生正是把互联网看成是一个庞大的信息库，所以经常上网“寻宝”。

（三）网络交往

当前，社交网络在世界范围内发展得如火如荼，大学生作为接受新知识和新事物的青年群体，对社交网络表现出极大兴趣。大学生通过电子邮件、QQ、MSN、微博、微信、个人空间、社交网站、论坛等形式参与其中，在自由、平等的环境中交流思想、沟通感情、展现自我。聊天、交友、网友见面成了一些大学生日常生活的组成部分，他们乐此不疲，甚至深陷其中不能自拔。

网络人际交往中有一种与众不同的方式“网恋”——两个人在网上相互依恋而形成的一种新型人际关系。有些社交网站还提供“网婚”服务。网恋的双方在虚拟社区买房、结婚、生子等，模拟现实生活。深陷网恋情缘是有害的，大学生需要在现实生活中锻炼与异性相处的能力，为将来真正的婚恋做准备，同时，要认真审视和调整现实的人际关系问题。

（四）网络休闲

1. 游戏

与游戏机或游戏光盘相比，网络游戏因其交互性显得更加魅力难挡。因此，游戏网站也是大学生们经常光顾的地方，他们在网游中体验成功、找回自信、赢得尊重。网络游戏在媒体技术的展现下，在传媒舆论的渲染下，在虚荣心理的驱使下成为众多大学生放不下、割不断的网络情结。有的大学生甚至逃课逃学，在游戏网站一待就是七八个小时，严重影响了学业。如何把网络与自身的专业学习、人生发展、兴趣爱好结合起来，很多大学生却是一片茫然。

2. 视频

在男生将电脑变成游戏机的同时，部分女生则把电脑变成了电视机，她们乐此不疲地观看电影、电视剧等，在剧情中消磨时光，在象牙塔里荒废学业和青春。

3. 购物

现如今，网购成为最火爆、最适合年轻族购物口味的一种购物方式，冲击着人们传统消费习惯和生活方式。大学生作为对网络最敏感的人群，日益成为网购群体的大军。随之，网店、微店也在大学生群体里雨后春笋般出现。淘宝、支付宝、商家信誉、旺旺这些词语如今是大学生的常用语，快递公司每天像开展销会一样，在宿舍楼下摆开一长串包裹。调查显示，大学生群体中80%以上有网购的经历，部分大学生还做起了微商，赚取一定的生活费或零用钱。

二、大学生网络心理特点

了解大学生网络心理需求和特点是开展网络心理健康教育的前提。

（一）求知欲望与好奇求新心理

互联网以其信息快、内容新、手段先进，给大学生提供了一个新奇丰富的大观园，引起了他们极大的关注、兴趣和好奇心，激发了他们学习和掌握网络知识和应用技能的欲望。

（二）平等参与意识与自我展现的需要

网络平等自由的氛围迎合了当代社会中对自由、平等呼声最高的大学生群体。在网络这个虚拟空间里，种种现实社会的限制都消失了，任何人都是互联网的“主人”，可以畅所欲言，而且观点越新颖、越奇特，可能得到的回应和关注越多。大学生在网上按自己的意愿和口味，做自己想做的事，把网络作为展示自我、自我实现的平台。

（三）认同感和归属感的需要

我们每个人都需要社会和他人的认同，只有在得到了社会的承认和接纳之后，才能形成稳定的自尊感和确立稳定的自我同一性，才有可能获得自信和安全感。现实中的大学生跟理想中的自己往往有差距，网络给了他们实现理想我的机会。网络的隐匿性可以让自我得到美化，这样，理想我和现实我以一种虚拟的形式融为一体。网络给了大学生现实中所不能体验到的认同感。马斯洛的需要层次理论指出，人有爱和归属的需要。大学生在虚拟的网络社会里得到无条件的接纳，把网络社会的各种社会判断和自我价值判断的规则变为自我行动的参照系，逐渐形成与网络社会相符的价值观，从中得到归属感。这种认同感和归属感让大学生对网络乐此不疲、不能自拔。

（四）寻求刺激的猎奇心理

互联网以独特的个性席卷全球的同时，也成为色情、暴力等不良内容的重要传播工具。很大一部分学生出于好奇和冲动的心理在网上猎奇，追寻一种在现实生活中难以了解、通过正当渠道难以获得的奇、艳事物或信息，借以获得感官刺激。

（五）急功近利的实用心理

网络信息的丰富与快捷使许多大学生把上网当作通往成功的捷径和有利条件。在他们眼里，网络就是商机，网络就是生财之道。社会误导、网络上基于商业目的的信息煽动，使大学生对“成功”的理解产生了偏差。于是，电子商务、留学资讯、成才捷径、求职之路就备受一部分学生的关注，他们渴望凭借这些信息节省一些时间和精力，走一步先棋，成为网络时代的成功人士。

（六）逃避、宣泄与补偿心理

大学生群体需要面对学习、情绪、社会交往等方面的心理压力，加之社会竞争的加剧，大学生承担的责任也加大了。面对压力和责任，缺乏竞争力和心理脆弱的个体就会产生逃避和宣泄心理，部分学生在现实中受挫时，往往到虚幻的网络空间去倾诉，互联网成了他们逃避现实、寻求自我解脱的一个良好的渠道和环境。

当现实与理想之间出现偏差的时候，人总是希望能寻求到合理的补偿，而网络的虚幻性、自由性恰恰满足了这一需要。有些大学生在网络上恣意地麻醉自己，暂时忘却现实的烦恼和痛苦。

（七）自我实现的虚荣心理

虚拟的网络成为大学生实现自我的一个理想王国。网络中，大学生可以享受到网络特有的平等、自由、成功、刺激的感觉，突破社会及他人对自己行为的匡正与评价，轻松地实现在模拟战争中指挥千军万马搏杀疆场、扮演君临天下的国王、富可敌国的商人、拯救世界的英雄、倾国倾城的美女，甚至十恶不赦的恶魔梦想，获得自我成就感和虚荣的满足感。

（八）“从众”模仿心理

“从众”是日常生活中随处可见的一种社会心理现象，在大学生中，从众现象也很普遍。尤其是在互联网技术高速发展的新媒体时代，看着周围的同学利用网络学习、交流、购物、开网店、网游、看视频等行为，很多大学生受周围环境的影响，为了赶潮流，和他人保持一致，开始了网络生活。有的同学一发不可收拾，对网络的依赖性逐渐加重。

“我们是不同寻常的一代人，我们期望着‘小资＋白领’的生活状态，我们愿意沉溺在虚拟网络里寻找非同一般的爱情故事，我们敢于挑战一切而不会在乎旁人的冷漠和白眼，因为，我们是新时期的大学生！”

以上是大学生对自我的评价，从中不难看出他们或许高傲、或许自信、或许自大的心理状态。大学生之所以有以上心理投射，主要有以下几个方面的原因。

1. 自我意识方面，现实自我与理想自我之间的冲突，自律意识与放纵意识的矛盾。理想化生活的美好与现实社会的残酷使涉世未深的大学生难以应对，从而需要宣泄、补偿、逃避甚至是虚拟的自我实现。

2. 在情绪情感方面，丰富性与波动性并存。大学生情感丰富，波动起伏，渴望真情，可又害怕暴露真情，情感孤独、内隐是他们明显心理特征，这时网络成为其表达真实自我的场所。

3. 在动机方面，交流心理与发泄心理并存，求知心理与猎奇心理并存。网络匿名、虚拟、开放、广泛，内在动机的内驱力促使自己靠近网络。存在着即作用着。心理是行为的根源，行为是心理的折射。正因此，网络的正面与反面作用尽收眼底。水既能载舟，亦能覆舟；刀子可以切菜，也可以伤人，关键看使用者的技巧，而不是水、刀子和网络的过错。

4. 在性心理方面，性需要与性压抑并存。我国是一个较传统和保守的国家，性常常被人认为是肮脏和低俗的事物，故导致性教育落后，但是大学生的生理上已经发育成熟，性需要与性压抑并存。在逆反心理和猎奇心理操控下，大学生开始寻求网上恋爱、网上结婚、网上越轨等满足其发泄的需要。

相关链接

网商（Internet Emotional Quality，IEQ），即人类在信息网络社会特有的一种新的智力商数，以“社会责任意识”为核心要素，以“慎独”“自律”为主要特征的驾驭和掌控网络的智慧。优良的网络心境是指在网络环境中能够保持积极、健康、平和的心理状态。有些大学生智商很高，信息辨别力也强，能正确认识网络的工具作用，但是就是控制不好自己，协调不好社会现实与网络虚拟的关系，最终成为沉迷网络的羔羊。大学生可以通过网络技能教育、网络认知培训，提高网商，认识网络的本质，协调现实与虚拟的关系，增强抗拒不良信息和游戏的能力，培养在虚拟世界中自我反观的能力，营造优良的网络心境。

互动体验

面具背后

每个学生发一个没有任何表情的纸面具，只在眼睛部位留出空隙，保证不影响视物和行动。学生站成一个大圈，“1、2”报数，报“1”的同学向左前方迈一大步，然后向后转，两个同学面对面站好。

教师提出要求，请学生按照要求与对面的人交流。每次完成一个问题的交流后，内圈同学就要向右移动一个位置，结成新的面对面两人组。

1. 内圈同学先向外圈同学打招呼，并做一个表情，外圈同学用语言描述出内圈同学刚才所做的表情。描述后，内圈同学如实做出反馈，双方交流。

2. 外圈同学向内圈同学打招呼，并做一个表情，内圈同学用语言描述出外圈同学的表情，双方反馈交流。

3. 内圈同学用咬牙切齿的表情、动作说出一句赞美对方的话。外圈同学向内圈同学讲一讲感受。

4. 外圈同学用悲伤的表情向内圈同学讲一件快乐的事，内圈同学反馈感受。

5. 内圈同学用肢体做一个动作，外圈同学猜猜这个动作要表达什么意思，之后双方做交流。

6. 外圈同学用肢体做一个动作，内圈同学来猜，之后交流。

7. 与对面同学分享刚才整个过程中的感受。

8. 摘下面具，用最灿烂温暖的表情和对方握手、拥抱或交流。

9. 与对面同学交流网络交往的特点。

10. 与对面同学交流网络交往与真实生活中交往的异同。

完成以上活动，请部分同学谈谈自己的感受。

心理测试

你属于哪种网恋类型?

请根据自己的情况进行选择。

1. 上网时间久了,你会有怎样的感觉?

觉得一切越发虚幻,产生了不安全的感觉,想逃离回到现实中——直接转到第2题

更加依赖虚拟的感觉,有一种上瘾的倾向,深陷不能自拔——直接转到第3题

2. 你最害怕怎样的处境?

身边没有一个可以信任的朋友,整日孤独寂寞——直接转到第4题

周围喧嚣吵闹,让自己根本无法静下心做事——直接转到第5题

3. 这两种生活,你宁愿选择哪一种?

优越的生活条件,但是你爱的人却永远不在你身边——直接转到第6题

拥有你爱的人,但是生活一贫如洗——直接转到第7题

4. 你的恋爱经历更倾向哪一种?

爱在心头口难开,有过暗恋的经历——直接转到第8题

爱就大胆表白,爱过也痛过——直接转到第9题

5. 你的父母在你心中是哪一种类型?

比较开明,可以接受年轻人的思想——直接转到第10题

比较保守,总站在传统思想的立场——直接转到第11题

6. 选择首饰,你会倾向选择哪种?

晶莹璀璨的饰品,使自己在人群中更加夺目耀眼——直接转到第12题

可爱乖巧型的,衬托得让自己更有亲和力——直接转到第13题

7. 你更喜欢哪种风格的歌手?

气质实力派歌手——直接转到第14题

青春偶像派歌手——直接转到第15题

8. 当现实和想象不符合,重重打击你后,你通常的表现是?

倒数3秒忍住眼泪,重新精神饱满地投入自己的人生——直接转到第11题

需要一段时间去调整自己的心态,有时需要朋友亲人的帮助——直接转到第13题

9. 你是哪一种人?

与其生活在现实中,不如生活在想象里——直接转到第14题

与其生活在想象里,更愿生活在现实中——直接转到第12题

10. 你喜欢你的网恋对象给你的感觉是什么?

亲切可爱,通情达理,可以帮你解决生活中的困惑——A

博学多才,幽默聪敏,让你产生崇拜之情——直接转到第11题

11. 你更喜欢哪种风格的作家?

不温不火,娓娓道来,在平静中渗透人生,以冰心、张曼娟、张小娴为代表——B

浓墨重彩,挑剔冷眼领悟人生,以张爱玲、李碧华为代表——直接转到第12题

12. 你目前对人生的理解更倾向于哪一种?

有缘则聚,无缘则散,正如一场戏——C

任何事情都是靠自己争取才会实现的,美好的人生也是——直接转到第13题

13. 你认为男人最有魅力的年龄是?

年轻时，朝气蓬勃，意气风发——D

中年时，事业有成，潇洒成功——直接转到第14题

14. 和你的网恋对象约会，你会选择哪种地方?

麦当劳、肯德基之类的人多并具有轻松气氛的快餐厅——E

咖啡馆、茶馆之类的僻静优雅的地方——直接转到第15题

15. 你所喝的饮料一般是哪种?

固定一个牌子，比如钟爱可口可乐——F

喜欢尝试各种饮料，尤其是新上市的品牌——G

【结果解释】

A. 朋友

从你的潜意识来看，无论你的网恋对象是貌若天仙还是丑陋无比，你在心里对他（她）的人品、智慧等内在方面都已经接受。所以，对方的真实形象只是可能影响你们以后交往的长短，而目前的结果即使最差也可以做朋友。但你们不可能很快发展成恋人，因为在你的内心还有不安或者其他因素在制约你的情感。你是慢热的人，需要更长的时间去了解对方，这也说明你对感情是很负责任的，如果目前你的恋情仍停留在网上阶段，那么在现实生活中见面与否并不十分重要，因为无论如何，你们都是好朋友。

B. 被人整蛊

很不幸，你可能被一个同性的人整蛊了。无论他（她）是否是无心的，但他（她）可能会伤害你的感情。如果是真的，请你一定要坚强一些，对自己说说"因特网上没人知道你是一条狗"的说辞，宽慰一下自己。也许那个人是无心的，可能还是个挺不错的可以当朋友的人。最重要的是不要丢失对他人的信任感，说不定一段真正的美好的网恋正向你走来。

C. 第四类情感

这是目前很流行的一种感情，而以你目前的潜意识状态，你的网恋结果很可能会陷入这样一种情感中。比友情多一点，比爱情少一点，归根结底，这是一种现代都市酝酿出的复杂迷离的情感状态。如果你对这场恋情抱着十分认真的态度，希望你和他（她）真实亲密接触前最好经过一次成熟认真的考虑，不然这段感情可能会让你窒息。如果你本身就喜欢暧昧的感觉，那么你的网恋结果在现实中是正合你心意的。当然，如果你还年轻，请最好不要涉足其中，让感觉停留在网上就好。

D. 恋人

这也许是网恋本身的目的，也是最好的结局。如果你的预测结果是这个，那么恭喜你，你可能真的在虚幻的网络世界中找到了一段现实中的爱情，这是可遇而不可求的缘分，你的潜意识已经开始为你的爱情高奏凯歌了。如果你只希望把美好留在网上，虽然有点可惜，但无论如何都是一道美丽的风景线，让你可以随时驻足，随时回味。希望你对于你的网恋抱着理智、谨慎的态度。无论如何，祝福你。

E. 情人

你的潜意识竟透露出了如此的悲观和执着，那么你的方向真的可能成为别人背后的女人(男人)。你对你的网恋十分在乎，甚至到了死心塌地的地步，但你对现实中的前景却充满了悲观的想象，于是你准备用自己的一切来争取。希望你在最后决定之前还是权衡一下你的人生，如果还有争取的价值，希望你能为自己的命运奋力一搏；如果只是一场虚无缥缈的游戏，希望

你考虑好自己的付出是否值得。总之，祝你一切都好！

F. 陌生人

你是一个乐观向上的人，潜意识里并不是很在乎你的网恋对象。即使现实与想象严重不符，你会把此事放下，去寻找另外一个罗密欧或朱丽叶。这种处理方法是很理智的，也是网恋最潇洒和常见的结局！

拓展阅读

人人都做“低头族” “手机控”谁控了谁？

现在很多人都习惯玩手机，可以说是“机不离手”，上班路上、公交上、饭桌上、甚至熄灯临睡前还摸黑玩手机。手机作为当下通信便捷的产物，已经成为人们生活、工作中不可或缺的一部分，尤其是智能手机的出现，让它成为人们手中的“宠儿”。诚然，在它带给人们便捷、丰富生活的同时，也引发了很多问题，潜移默化地改变着我们的生活。

调查资料显示，90%的学生都在课堂上玩过手机。经常玩的占49%，有时玩的占37%，偶尔玩的占12%，从来不玩的只有2%。常玩的人中，超六成大学生10分钟以内就要看一次手机。在手机功能使用中，聊QQ、微信、打电话占29%，刷朋友圈、微博占28%，玩游戏占9%，看电影、电视占16%，看小说占7%，学习占4%，看新闻占5%，其他占2%。

玩手机有什么危害呢？经常在黑暗环境下边走路边玩手机的“童鞋”要注意了。

一、生物钟错位，白天上课也想睡

据相关的数据得知，在床上使用1个多小时的手机、平板或者其他一些会发出光线的电子产品都会减少人们生成褪黑激素大概22%的总数。而一旦人们的褪黑激素受到了这种程度的抑制，那么人的生理周期也将受到影响，直接影响便是让人始终处于浅睡眠，甚至大大减少人们的睡眠时间。也就是说，玩手机1小时后，你或许不得不再玩上3小时，因为你已经睡不着了。到了第二天又会打瞌睡，导致又没听到老师上课讲的内容，又得课后抽时间来看。

二、青光眼离你我不远

最近有专家表示，摸黑玩手机易导致青光眼，严重的还会导致失明。为降低眼睛负荷，最好调整手机屏幕的对比度，使亮度和色泽尽量柔和。有可能的话应在房间开一盏低亮度的背景照明灯，缓和一下屏幕和背景环境间亮度的差距，这样能对眼睛起到保护作用。屏幕的光线在黑暗中对比度过大，长期刺激人的神经系统，还容易造成失眠。

三、健康致命伤——颈椎反弓

我们正常人都有颈椎生理弯曲，如果没有生理弯曲，甚至向相反的方向弯曲，称为“反弓”。“颈椎反弓”是构成颈椎病最常见的病理基础，高枕可使头部前屈，增大下位颈椎的应力，有加速颈椎退变的可能。而卧高靠背看电视以及长时间上网、躺着玩手机等不良的生活习惯，长时间牵拉着颈椎，也会导致其曲线前凸日渐减少、变直甚至反弓。

四、脑部神经系统混乱，智力下降

手机的辐射是比较大的，有屏幕的辐射和机体信号接收辐射两种。人的体内的血液是需要维持一个正负极电荷的平衡的，屏幕辐射会对这个平衡有细微的影响，虽然不大，但是依然是有坏处的。时间长了会引起机体免疫力下降、易疲惫、恶心等不良反应。晚上睡觉的时候建议少玩会儿手机，手机不要放在枕头旁，以免第二天导致头痛。另外，手机的信号接收辐射会影响人的脑部神经系统，时间长了会使智力降低。

手机网络带给了我们极大的方便，但若使用不当，带给我们的伤害或许会随着科技的快速发展快速加深。我们要正确看待手机的工具性能，不将它当作精神食粮，要丰富自己的业余文化生活，培养自己的兴趣爱好，创造更积极向上的生活品质。希望“世界上最遥远的距离，不是生与死，而是我们坐在一起，你却低头玩手机”的情景不再随处可见。

（摘自：http://www.ecjtu.net/html/news/rixintixing/20140520/31863.html）

第三节　大学生网络心理调适

心灵故事

中国青年报曾经报道过一个名叫张某的大学生，自幼聪颖，13岁开始迷上电脑，16岁考入重庆一所大学之后，便开始沉溺网络，他因大三时旷课次数太多，被校方开除。一次，张某上网时意外发现了一家“黑客培训基地”的QQ聊天群，他报名开始了长达半年的培训，水平提升很快。培训结束时，张某用100元从网上买来一种叫“灰鸽子”的病毒软件，通过病毒侵入用户电脑，对电脑实行远程监控，以盗取用户网上银行的用户名、密码等信息。

经过一段时间的“努力”，张某已有效控制300多台他人电脑。后来，他发现被自己监控的一家温州公司的网上银行账户上有了十余万元存款，于是花了5个QQ币从网上买了两个身份证资料，获取姓名、地址等信息后，用伪造的身份证开设了两个“网银”账户。后来，张某在西安市某网吧包间内，将自己的笔记本电脑接入网络，利用“灰鸽子”软件，仅用1分钟就成功登录到那家温州公司，将那笔钱划到他新开的账户上。当张某准备逃离西安时，没想到，一张假身份证露了马脚，被民警抓获。

一些掌握了较专业的计算机网络知识的大学生，利用自己所掌握的知识，在网络上实施犯罪。据调查表明，在我国，利用计算机犯罪的案件每年以30%的速度递增，造成国家经济损失数以亿计。

本案例中张某曾经是一名优秀的大学生，因为沉迷网络后被学校开除，之后并未从中吸取教训，而是选择通过自己所学的知识采取病毒植入的方式侵入别人电脑，获取别人网上银行的用户名、密码，盗取巨额资金。张某不仅浪费了自身的聪明才智，还走上了犯罪的道路，必将受到法律的严惩。

知识导读

网络已经成为大学生活不可或缺的组成部分，与之相关，大学生网络心理健康状况也应该引起足够的关注。

一、大学生网络心理健康

（一）网络心理健康的概念

网络心理健康是指人们在使用网络时能够保持积极的心态，离线时能够保持心理的平衡，能够较好地把握虚拟与现实之间的关系，在虚拟性与现实性之间以现实性为主导，在线时和离线时能够保持人格的统一。

（二）网络心理健康的标准

1. 有正确的网络心理健康意识或观念

一个心理健康的人要具有正确的心理健康意识或观念，认识到心理健康的重要意义和现实价值，能够运用正确的意识指导自己的心理和行为。正确的网络心理健康意识或观念应包括对网络有正确的认知和态度。

2. 能够保持在线时和离线时人格的统一与完整

在线时，能够积极主动地接收和处理信息；离线时，能够迅速从虚拟情境中走出来，积极融入现实生活中。

3. 不影响现实中的生活和学习

网络使用的时间和频率恰当地控制，不耽误学习和生活。

4. 有正常的人际交往，人际关系和谐

具有健康的网络心理的人，应该在离线时能够维持和发展现实正常的人际交往，并能够同周围环境和人保持良性互动。

5. 离线时身体没有明显的不适应

在线的时间以身体健康为底线，以不影响身体健康为前提，离线后不会因为使用网络导致身体的感觉器官、消化器官、神经系统及其他身体器官机能下降或失调，能保持机体的平衡。

二、大学生的网络心理障碍

大学生网络心理障碍大多数表现为感情上迷失自我、角色上混淆自我、心理上自我脆弱、交往上自我失落。大学生网络心理障碍主要包括：网络恐惧、网络孤独与交往障碍、网络自我迷失与自我认同混乱、网络成瘾综合征等。

（一）网络恐惧

面对色彩斑斓的网络界面，层出不穷的各种网络书籍、电脑软件，看到周围的同学熟练地使用电脑，自由地浏览、聊天时，互联网接触较少的网络初学者感到害怕和迷茫。怕自己学不会或学不好计算机操作，不能有效利用网络来学习和生活，甚至可能成为“网盲”；怕自己学不好计算机而被他人嘲笑为无能或赶不上他人而落伍，“无能感”油然而生；“迷茫”则是因为五花八门的电脑书籍和软件使得他们眼花缭乱，不知道学什么，没有方向感。另外，一些对网络比较熟悉的大学生也有这样的障碍，他们对网络的畏惧主要是害怕跟不上网络的快速发展，怕掌握不了新的网络技术而被淘汰。

（二）网络孤独与网络交往障碍

网络孤独是指希望通过上网获取大量信息、网上娱乐、网上人际交往等来提高或改变自己，但上网未能解除孤独（甚至加重了原有的孤独），或反而因为接触网络而引发孤独感这样一类不良心理状况。很多大学生上网的最初目的是为了获取信息、缓解压力、消除孤独感，久而久之被网络世界吸引，将其作为精神寄托的场所。脱离网络后，发现生活更加空虚、茫然，出现紧张、冷漠等心理失调现象，再加上现实中的人际关系淡化，从而诱发现实生活中的交往障碍，严重时会导致自闭症或抑郁症等心理疾病。

（三）网络自我迷失与自我认同混乱

网络自我迷失与自我认同混乱又可以称为网络人格心理失真。在网络情景中和现实生活情景中交替出现两种或多种不同的性格特征，表现为网络自我与现实自我缺乏同一性，行为判若两人，人格缺乏相应的完整性、和谐性，形成虚拟角色与现实角色相混淆的二重人格冲突。网络的虚拟性和匿名性使许多现实社会中的规范、规则、道德在虚拟世界中冻结，大学生上网者的自我约束力降低，企图借助网络在现实社会中凸显自我，将自我凌驾于社会之上，破译他人系统密码、偷阅机密文件、制造网络病毒、网络黑客、网络犯罪就是这方面的典型表现。

（四）网络成瘾综合征

网络成瘾综合征是指上网者对网络产生较强的依赖性而成瘾，在心理和生理的某种尝试行为中产生了愉悦反应，经过多次重复，从而形成对上网的依赖行为。简单地说，“有网瘾”的人，他们总是想着去上网。其表现症状为：开始是精神上的依赖，渴望上网；随后发展为躯体依赖，不上网则情绪低落、疲乏无力、外表憔悴、茫然失措，只有上网后精神才能恢复正常。他们总觉得在网上比在现实中更快乐或更能实现自我，上网时间失控，欲罢不能，即使已经意识到过度上网的危害仍无法自拔。

目前，大学生网络成瘾主要有这样几种类型：

1. 网络游戏成瘾——沉迷于网络设计的各种游戏中，或与计算机对打，或通过互联网与网友联机进行游戏对抗。

2. 网络交际成瘾——利用各种聊天软件以及网站聊天室长时间聊天。

3. 网络恋情成瘾——沉醉在网络所创造的虚幻的浪漫的网恋中。

4. 网络色情成瘾——迷恋网上的色情图片以及影像，沉迷于观看、下载和交换色情作品。

5. 手机网络成瘾——手机充当电脑沉溺于网络中。

网瘾患者有四个明显特点：行为和心理上的依赖感；行为的自我约束和自我控制能力基本丧失；工作和生活的正常秩序被打乱；身心健康受到较严重的损害。具体表现如下。

1. 耐受性增强，要不断增加上网时间才能获得心理满足。

2. 出现戒断反应，一段时间不上网，就变得焦躁不安。

3. 上网频率和时间总比事先计划要高、要长。

4. 企图缩短上网时间，却总以失败告终。

5. 花费大量时间在有关网络的活动上。

6. 上网严重影响了社交、学习、工作等。

7. 虽然意识到上网带来的严重问题，但仍花大量时间上网。

三、大学生网络心理问题调适

网络为大学生开了一扇便利之门，但它也悄无声息地“网”住了“象牙塔”。“寒窗苦读二十载，一朝却被网络害”，大学生网络心理问题的解决需要政府、社会、学校和学生自身的共同努力。

（一）社会角度

1. 政府：我国应注重网络法律法规的制定和完善，使网络有法可依，依法治网；加强网络道德建设，以德治网，走依法治网与以德治网相结合的道路，同时开创网络管理新体制，优化网络环境，过滤网络信息。

（1）加强立法，完善网络法律体系，依法治网。国家制定有关网络信息的发布、审查、监管、追诉与惩罚的法律法规，增强大学生法律意识，维护正当的网络权益，同时对网络行为进行有效管理。

（2）建设绿色网站，注重网络道德建设，以德治网。预防大学生被网络“毒害”，不能单靠“堵”，还要有“疏”的举措，建设健康、文明、科学、富有吸引力的绿色网站。进行网络的正面宣传、教育，让社会道德规范进网络，倡导网络新风尚。提升学生的网络道德意识，增强其网上自觉性、主体性和责任感，杜绝网络不文明现象。

（3）规范网络市场，树立文明网络新形象。严厉惩治不正规网吧，规范新型网吧，树立文明网吧新典范，切断网络信息的污染途径。同时，网吧应给予积极配合，加强网络的监督与管理，安装防护软件，严防不良信息入侵，污染“网民”，尤其是自制力较差的学生。

（4）开创网络管理新体制。以加强互联网行政法制监督为突破口，以规范网站建设与运营活动为核心，着力构建以政府为督导管理主体、以网络法律规范为根本依据和准则的网络虚拟社区的法制管理新体制，实施“网络清洁日”等相关活动，预防和减少不良网络行为。

2. 软件开发者：从IP地址的监管、网络不良信息的控制、网络的管理等环节运用技术手段优化网络环境，开发屏蔽、过滤不良信息的软件，设置信息过滤器、不良信息防火墙等，最大限度地阻隔不良信息，净化网络环境。

3. 网游制作者：网络游戏制作者应积极倡导符合大学生认知发展的网络文化，多挖掘中国优秀历史文化题材，使学生认识到自己肩负的文化责任。网络游戏开发应强调民族精神、爱国主义、职业道德等思想，培养网游者的责任感，宣传真善美，杜绝网络游戏“黑洞”吞噬生命的悲剧。

《网络游戏防沉迷系统》根据青少年身心发育的特点，通过对网络游戏特性和玩家的消费习惯进行细致的调查分析，确定为：

（1）3小时内为绿色时间，玩家在此时段内，游戏经验值和升级速度一切正常。

（2）3到5小时为疲劳时间，玩家升级速度、经验值减半。

（3）超过5小时，经验值为零，系统强制断线。

（4）休息5小时后，玩家才能重新上网游戏。

（二）学校角度

互联网时代，社会对于复合型人才的需求日甚一日，作为一名合格的未来大学毕业生，熟练掌握各种互联网的应用是必要的，作为教育主体的学校，应积极引导大学生正确文明使用网络。

1. 加强校园网的建设与管理：蠕虫病毒、黑客攻击、非法访问、不良信息入侵等危害着校园网络的安全，学校应建设网络联动机制，对不良信息进行屏蔽，保证校园网的安全与清洁，使学生远离网络污染源。规范上网规则，如《上网学生行为规范》《大学生上网违章行为处罚条例》等，发现不良行为严加处罚。

2. 注重心理健康教育：加强心理咨询队伍的建设，通过开展团体心理辅导等形式，缓解学生的心理紧张和焦虑情绪，增强其抗挫力，避免压力过大上网寻求快乐形成网瘾。同时，培养大学生鉴别是非的能力，积极开展各种健康网络活动，自身装备“网络心理健康防火墙”，使大学生自觉维护自己的身心健康。

3. 开展网络心理咨询。利用网络快捷、保密性好、传播面广的优势，开设网上心理咨询，加强大学生健康网络心理等课题研究，确立一套可操作的、实效性强的网络心理障碍咨询方案。

（三）大学生自我的角度

1. 正确认知网络

网络世界既是一个充满自由、开放、平等的世界，也是一个充满着诱惑与陷阱的危险之地。大学生应该认识到网络只是一个工具，网络资源是人类社会不可缺少的财富，对网络的滥用其实是对社会正常秩序的破坏，这会危及我们每一个人。同时，大学生也应该认清网络社会并非真实社会，网上暂时的成功并非是真实的成功，虚拟的情感宣泄与满足也并非能得到真正的快乐。夸大网络的功能或认为网络是解决一切问题的灵丹妙药，或认为网络是带来人的自我迷失、人与人之间的相互欺骗、社会秩序紊乱症结而否定网络的积极作用都是错误的。大学生只有对网络树立正确的认知，才有可能正确地面对网络，合理地使用网络资源，处理好现实社会与虚拟社会的关系，避免网络心理问题的产生。

2. 自律与自我管理

对于一个人来说，只有自律才能既充分体现其自尊、自主与自由，又充分培养其自我控制力，养成“慎独”习惯。在网络社会里，信息量十分巨大，各种文化与价值理念交织纷纭，各种论断莫衷一是，各色诱惑比比皆是。网络社会又是一个充满自由的社会，缺乏外在约束。在缺乏较强的他律或几乎难以感受到他律影响力的网络社会，自律的重要性与意义显得尤为突出。大学生应合理安排好自己的日常生活，形成正常的生活、学习规律，控制上网时间；同时，要勇于直面现实问题，积极面对现实，多参加有益的社会活动，从网络的依赖中解脱出来。

（1）选择健康的网络环境。将电脑或手机的功能和属性进行设置，过滤掉垃圾网页和不健康信息网站。

（2）上网前制订目标。上网前，列出上网的目标，并将目标分类，按重要程度和紧急程度排序，避免随意浏览浪费时间。

（3）上网前限定时间。上网前，粗略估计所用时间，设置定时时间警示框，比如半小时弹出警示框提醒上网时间；设置闹铃，提醒任务的完成程度，有效调整上网进度；电脑、手机设置上网时间，时间一到就自动关机，养成良好的用网习惯，避免拖拉，提高网上的操作效率。

（4）积极参与实践活动。多参加社会实践活动，在现实生活中发掘自我潜能，发挥自身优势，获得成就感。

（5）网上网下和谐发展。将网络空间的成功经验引入现实生活，解决现实生活中的问题。

（6）恪守网络道德，遵守网络秩序，文明上网。尊重网友，网上用语文明规范，资源共享，自觉遵守网络礼仪；清醒面对网络信息，健康浏览，远离网毒，不轻信、迷信网上信息，不发布虚假、污秽信息；自觉遵守网络行为道德，不侵犯他人网上隐私，不盗用他人网上资源，不利用网络“牟”取暴利，不破坏网络系统。

相关链接

人是具有主观能动性的理性动物，而非被动地接受外界摆布。虽然环境的改变为网瘾者提供了改变现状的外在条件，但网瘾者更要加强自身内在改变的动力，增强积极的自我防御能力，拒网瘾于身心之外。

中国现代学者和思想家胡适曾给大学生推荐过一个“三味药”的防身药方，并为这三味“胡家铺子的陈药”正式定名为问题丸、兴趣散和信心汤。在这里我们再加四味即目标粒、朋友膏、观念丹、时间椎，一并送给所有网瘾大学生朋友。

1. 问题丸：寻找一二个值得研究的问题是养成兴趣爱好、打发空虚无聊的有效途径。

2. 兴趣散：利用业余时间广泛培养兴趣爱好，积极参加或组织集体活动，丰富闲暇生活，转移注意力，以降低对网络的依赖。

3. 信心汤：树立坚定的信心是大学生网虫走出网络泥潭的关键。

4. 目标粒：迷恋网络主要源于空虚，而空虚则主要源于空闲。制订切实可行的目标是治疗空虚的一味良药。

5. 朋友膏：交几个知心朋友，建立良好的人际关系是避免迷恋网络不能自拔的好方法。

6. 观念丹：借网浇愁愁更愁，改变把上网作为逃避现实生活问题或者排解消极情绪的观念。

7. 时间长：严格管理上网时间，学习时间管理技术（Time Management Techniques），设置警示卡（Reminder Cards）。

互动体验

消除网络心理障碍的训练

【活动目的】

以团队的形式就团队成员面对的网络心理问题与他们共同商讨，提供网络心理行为训练机会。

【活动流程】

（1）大家每人说一句流行的网络语言，用“击鼓传花”的方式来进行，接到花的成员讲完后，继续传花。

（2）第二轮“击鼓传花”时，让成员讲述各自的上网经历，并做自我评价，产生情感与心灵的共鸣。

（3）开展对网络信息认识的讨论交流，引导他们正确评价网上信息，共同为提高自身的信息素养出谋划策。

（4）展开网络与网络技术的讨论，使大家懂得网络的两面性、技术的中立性和网络技术的工具性。

（5）小组讨论上网行为的自我管理，共同订立互相监督的契约。

系统脱敏法克服网瘾

引导网瘾者缓慢地暴露于因不能上网而导致的焦虑情境中，以放松的心理状态对抗由网络引起的焦虑情绪，按层次逐级消除对网络过敏的情绪反应。

【做一做】

设立“个人账户”，实行“小步子”计划：

第一个月，每周累计上网不超过______小时，每超1小时扣10分，每少1小时加10分；

第二个月，每周累计上网不超过______小时，每超1小时扣20分，每少1小时加20分；

第三个月，每周累计上网不超过______小时，每超1小时扣40分，每少1小时加40分；

第四个月，巩固成果，并有人严格监督，一旦想上网，要受到严厉制止。

注： 分值递增，巩固上个月控制上网时间的效果，更加靠近或远离预期目标，制造内心波折，促使严格控制自己，提高上网抵抗力。

心理测试

网瘾自查量表

表9-2是美国心理专家金伯利·杨开发，用于验证自己是否患有网瘾的有效测试。请认真阅读，然后从每个项目所附选项中“五选一”。

表9-2

题目	选项				
	A.罕见	B.偶尔	C.较常	D.经常	E.总是
1. 待在网上的时间会超出预计时间					
2. 上网太专注，忘记了要做的事情					
3. 上网的愉悦已经超过了与朋友间的亲密					
4. 会与网上的人发展成朋友关系					
5. 亲友会抱怨你花太多的时间在网上					
6. 网络耗时太多而耽误了学业					
7. 宁愿去网络漫游，也不愿去完成必须做的工作					
8. 上网影响了你的学习或工作					
9. 隐瞒你在网上的所作所为					
10. 会同时想起网上的快乐和现实生活的烦恼					
11. 自己很期待下一次上网的时间					
12. 没了互联网，生活会变得枯燥、空虚和无聊					
13. 被人打扰时，会烦恼或吵闹					
14. 因深夜上网而睡不着觉					
15. 睡觉时仍全身心想着上网或幻想着上网					
16. 想着再多上一会儿网					
17. 尝试减少上网时间，但却失败了					
18. 向别人掩饰自己上网的时间					
19. 选择花更多的时间上网，而不是去和别人出去玩					
20. 当外出不能上网时，你会感觉到沮丧、忧郁和焦虑，但一旦上了网，这些症状就消失了					

【评分标准】

选择A记1分，选择B记2分，选择C记3分，选择D记4分，选择E记5分，请把你选择的各项分数加在一起，计算总分。对照以下不同分数段的解释，自我评判自己对网络的依赖程度。

【结果解释】

分数越高，说明网瘾程度越高，上网给你带来的问题越严重。

1.20～39分：你是一个正常的网络用户，只是有时会上得多些，但总体上仍能自我控制，尚未达到沉溺的程度。

2.40～79分：网络的使用已经引起了一些问题，你应该反思上网给你带来的影响。

3.80～100分：网络已经明显占据了你的生活，你必须马上正视并改善你的上网习惯。

拓展阅读

课堂玩手机成“国际难题” 高校推行“无手机课堂”

手机作为现代通信工具，早已走进校园，开始占据学生大量的零碎时间，学生与手机更是亲密如“恋人”。

六成学生每10分钟就要看一次手机。“没有手机，生活总觉得很不习惯。”一些大学生一到放学时间，边走边捧着手机上QQ聊天或发短信、玩微信，偶尔还拿着手机玩起自拍来。学生上课玩手机成了课堂里的普遍现象。一些公共课甚至成了学生追剧集、看直播的“重灾区”。一般专业课的情况比较好，至少有一半的人还会认真听课，玩手机的是少数。如果是一些选修课，大家玩手机的就多了。为了随时保持电量，不少大学生买了充电宝。

“就算上课不带课本都必带充电宝，每隔几分钟就刷刷微博、朋友圈。其实，也不是老师讲课不精彩，但就是忍不住，每隔一会摆弄一下手机好像已经成为一种习惯。”一名大二学生张同学说，“大学就是费流量，每个月流量都不够用。”手机成为课堂上的“毒物”。

面对这样的情况，高校想出了各种各样的招数来对抗“手机控”。

屏蔽法 扬州大学动物科学与技术学院团委高价购置了一部手机信号屏蔽器，有学生和网友提出质疑：“万一遇上紧急情况，电话都打不出去，会不会太危险?”

“连坐”法 四川师范大学成都学院认为造成课堂上玩手机盛行的一个主要原因是任课老师的“熟视无睹”。如果发现课堂上有学生在玩手机，老师又置之不理，学院将根据玩手机的人数多少，按照教学事故来对任课老师进行处罚。

没收法 华中科技大学物理学院2016年3月6日出台《关于上课期间手机管理的规定》，学生上课时玩手机，将被没收一个月。

扣分法 2015年年底，武昌理工学院规定，学生在课堂中使用手机，发现一次扣除1分平时成绩，直至扣完平时成绩为止。

“点赞”积分法 浙江旅游职业学院使用“无手机课堂”点赞本进行积分，若上课过程中，全班无同学使用手机，即可在课后请任课老师签名确认，完胜一堂课得1分。

美国马里兰州格雷斯克里斯汀学校校长Knode来访中国时说，国外大学也有学生上课玩手机现象，校方规定第一次使用手机被发现，罚款105元；第二次罚款210元，另外在校做2小时清洁；第三次校长就要见家长了。情节严重，还有可能被开除。

优酷上，有留学生实拍了一段很火的国外学生上课玩手机的视频，老师将收上来的手机用锤子直接砸烂了。

为把学生从手机里抢回来，有的老师在课上“以毒攻毒”——用手机上课。2015年6月，武汉商贸职业学院管理基础与实务课程杨老师就让大一学生见识了这一课堂新招。“学生爱玩手机，那我就用手机上课，让他们玩个够。”杨老师开始研究新媒介，开设微信公众号，用微信点名让学生回答问题，或者发送漂流瓶，或鼓励学生在网络平台发送课堂照片和内容，不玩还不行，计入平时分。学生第一节课45分钟必须一直死死盯着手机，很多人大呼：“脖子疼，眼睛受不了，流量耗太快，老师以毒攻毒的绝招忒狠了。”第二节课，学生乖乖听课做笔记了。

“我们老师有无数个点子和话题，一会儿让你谈工业4.0、一会儿让你谈古代诗词，跟不上她的上课节奏可是要被扣平时分数的。有时我刚想摸下手机，就被她点起来了。”学生小柯说。对此，任课老师黎闯进坚信：“让学生忙起来，他们自然而然就忘掉手机这回事了。”

青春留不住，不要在奋斗的年纪荒废了青春。

启发思考

1. 某高校寄送录取通知书时，有一条郑重提醒：大学第一年不准带电脑来学校，大二以上学生若想在宿舍使用电脑，要先写承诺书，保证文明上网；学校与网络运营商签订了协议，宿舍每天晚上统一11点断网，电脑手机都不能上网，直到第二天早上6点；大一宿舍楼内网络不开通，即使有电脑，也无法上网；宿舍管理员不定期到每个宿舍进行巡视，发现学生玩游戏或看片，均要上报学校，并计入毕业德育考评；大学课堂不准使用手机，任课教师发现三次者，该生该门科目不及格……诸如此类的对网络禁用的规定层出不穷。我们该如何看待网络的利弊呢？

2. 有一位教授，他每天到楼下一家豆浆店买鲜豆浆。可是有一天，卖豆浆的店员说："我们不卖给你了，你到网上订购吧。"无奈之下，教授只得回家通过电脑预订了一瓶，过了不多久，有人按门铃，原来是送豆浆的。出乎意料的是，送豆浆的人依然是那个说不卖给教授豆浆的店员。这让教授有一种被愚弄的感觉，久久不能平静。请你帮他去去火消消气。

3. 请你根据自身情况制订"手机上网计划"，并在日常上网中严格遵守。

第十章

大学生健康人格管理

面对考试的失意，坚强者发愤拼搏，懦弱者一蹶不振；面对悲伤的来袭，有人将悲痛化为力量，有人却表现为消沉。同样的环境和社会条件下，有些人成功，有些人一事无成。究竟是什么决定了我们的命运？是运气还是努力？是外在环境还是自己的人格？本章从人格与人生、人格类型和健康人格管理中找到答案。

第一节 人格与人生

心灵故事

日本松下电器公司曾发生过一起事件。有一次，公司计划招聘10名基层管理人员，经过严格笔试和面试后，用计算机计分评选出前十名优胜者。公司总裁松下幸之助在逐个审阅录用名单时，发现有一个在面试中给他留下深刻印象的年轻人未在这十人之列，松下当即令人复查。结果发现，这位年轻人总分名列第二，只因计算机出了差错，把分数和名次排错了。松下立即派人给这位年轻人寄发录取通知书。

第二天，下属报告给松下一个令人震惊的消息：那位年轻人因未被录取而跳楼自杀了。松下闻讯沉默了许久。这时，一位助手忍不住说："真可惜，这么一位有才干的青年没被公司录用。"松下沉重地摇摇头："不，幸亏公司没有录用他，意志如此薄弱、经不起打击的人是难成大器的。"

松下说那位自杀的年轻人并不可惜，因为人生有三个层次的较量，最低层次是技巧的较量，其次是智慧的较量，而最高层次的较量则是人格的较量。人格不仅决定观念、行为、习惯，也决定着人生的层次与高度。可见，健康人格的自我塑造对于大学生的成长、成才具有举足轻重的意义。

知识导读

一、人格概述

（一）人格的内涵

英语中的"Personality"（人格）一词来自拉丁文"面具"（Persona）。面具是在戏台上扮演角色时带上的一种特殊面罩，与我们今天戏剧舞台上不同角色的脸谱相类似，用于表现剧中人物的身份。后来心理学借用这个术语，用来说明每个人在人生舞台上扮演的角色及其不同于他人的精神面貌，又名个性。

心理学家从不同的角度对人格下了定义，综合多种观点，我们认为，人格是个人内在的动力组织及其相应行为模式的统一体。包含以下三层含义。

1. 人格通常指一个人外在的行为模式。

2. 人格更是指一个人内在的动力组织，包括：

（1）稳定的动机。如经常起作用的亲和动机和成就动机。

（2）习惯性的情感体验方式和思维方式。比如是从自己的需要和立场出发，还是设身处地地为他人着想？

（3）稳定的态度、信念和价值观。如责任感，正是一个人的内部动力组织决定了其外在行为模式。

3. 人格就是这样一种“蕴蓄于中、形之于外”的统一体，这种统一体往往由一些特质构成，如，内外向、独立性、自信心等。当然，表里不一的情况也是常见的，但这种经常性的表里不一本身也是一种统一体，即一种人格特质。

（二）人格理论模型

1. 解剖模型

提及人格模型，西格蒙特·弗洛伊德的人格结构最为著名。他把人格划分为意识、前意识和无意识，称解剖模型。意识指的是人们可觉察到的想法。当一个人说“我心里想”的时候，他也许指的是自己意识到的部分。但在大脑储存的信息中，意识处理的信息只占很小的比例。试想一下，你可以轻而易举地调集无数的想法到意识中。例如，你早餐吃了什么？你三年级的数学老师是谁？你上周六晚上做了什么？这些大量的可再现的信息构成了前意识。

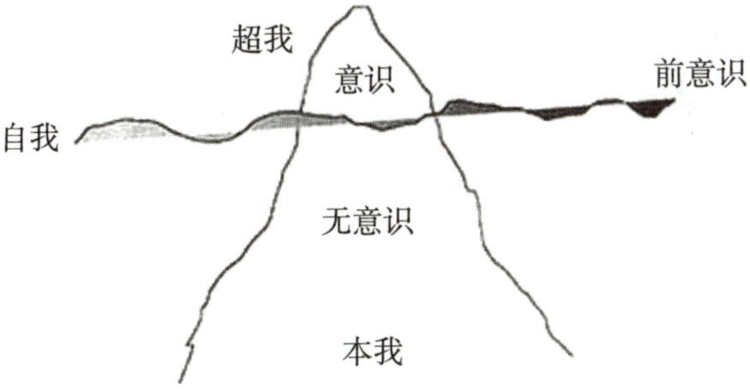

图10–1　冰山模型

许多人认为，意识与前意识的内容已经构成思维内容的全部，但弗洛伊德认为，这只是冰山一角（图10–1），我们内心想法的大部分内容都位于无意识中。这里的内容无法被提取进入意识，除非是在某种特殊情况下。然而，无意识内容却决定了人的许多日常行为。

相关链接

无意识对人们日常行为的影响

有位女士，因失眠困惑来接受心理咨询。她找不到失眠、焦虑的任何原因，身体检查一切正常，但整天都忐忑不安。她说自己最近反复做一个被人追赶的梦：

“我从出租车上下来，有一个黑衣人（看不清楚，可能是男人）在后面赶我，顿时感觉很害怕，并被惊醒。”

咨询师对这个梦进行了解释：

咨询师：“‘车’在梦中是一个普遍的象征，通常指你与某个人的情感空间，如果是家用小车，则指你与自己丈夫或家人的情感空间。出租车，你能想到什么？”

求助者：“出租车就是出租车呀！外出时我经常会打的，一种交通工具。”

咨询师：“出租车相对于家用小车来说，具有特殊意义。首先，它不是你自己的车，而是临时租用的车，故而具有短暂载你一程的意义；其次，它是外出时搭乘的交通工具，暗指与你的这次旅行有关，有‘家外’或‘婚外’的意思。因此，梦中的出租车代表了你与另一个男人的关系，也或许关系是在旅游途中发生的。”

求助者：“啊？你怎么知道？其实我与他是在旅游即将结束的前一天才发生关系的，因为我们都不希望那样平淡地结束，不希望就那样分开，他给我的感觉很好。现在虽然相隔很远，但我总是很留恋这种关系，甚至想找个理由出差去看他。”

咨询师：“或许这段感情对于你来说分量很重，这个我们以后再讨论。现在回到梦中，黑衣人，那个追赶你的黑衣人，使你联想到什么？把你想到的都告诉我。”

求助者：“只知道是个男人，看不清楚面容，很模糊。那种装束在电影里见过——譬如，牧师、布道者、教授、法官。”

咨询师：“对，有时梦中出现的黑衣人也可能指某种令人恐惧的阴影，某个死去的亲人。不过，这要依据你的联想资料来确定。”

求助者：“我想还是牧师或法官比较合适。”

咨询师：“黑衣人的联想资料是牧师、法官，你本人和丈夫正好也都是从事法律工作的，故黑衣人在梦中代表了道德、良心或某种社会规范。这个梦提示你，虽然在意识中你没有对自己的‘婚外情’产生自责感，但在潜意识中仍然承受着道德和良心的谴责，并因此生活在恐惧之中。这就解释了为什么你总是失眠，总是忐忑不安。而如何理解你的内疚感，如何客观、理智地处理这段感情以及它与婚姻关系的冲突，是你不得不面对的现实问题。当你理解了这个梦的意义，并尝试讨论你的这段感情时，这个梦就不会反复出现。”

梦是“通往无意识”的捷径。有些事情或想法由于受超我控制，不能在意识层面显现出来，就通过梦的形式化妆成无意识的象征性语言，有时荒谬、模糊，或者只是一些看来和任何事情都无关的可笑意向，但某些重要的无意识素材可能就隐藏在那里，它们以图像化的“素材”和“场景”呈现出来，来告知人们需要改善的行为。

2. 结构模型

正如人们常说：“这个我想做这件事，那个我想做别的事。”弗洛伊德也发现，组成人格的各部分经常发生冲突，因此，他又创立了结构模型，把人格划分为本我、自我和超我。

弗洛伊德认为，人出生时只有一个人格结构，即本我。这是人的自私部分，只与满足个人欲望有关。本我采取的是行为遵循快乐原则，只关注如何立即满足个人需要，而不受任何物质和社会的约束。比如，小孩儿看见想要的东西，就会用手去抓，却不顾这东西是否属于他人或者有害。这种反射行为一直保持到成年，并受控于健康人格的其他部分。

在生命的头两年里，随着儿童与环境互动，由于本我冲动往往不被社会接受，人格结构的第二部分“自我”就逐渐得到发展。自我的活动遵循现实原则，即个体要满足本我冲动，必须考虑到情境的现实性。与本我所不同的是，自我能在意识、前意识和无意识各部分之间自由移动。

到了大约5岁的时候，人格结构的第三部分“超我”开始形成。超我代表社会的、特别是父母的价值观和标准。超我对能做和不能做的事有更多限制。假如你在朋友家的桌子上看见50元钱，本我也许想据为己有，自我意识到这样做可能会导致的问题，于是试图寻找拿走钱且不为人知的办法。但即使有办法拿走且不被人发现，超我也将禁止这一行为。因为即便不被抓住，偷钱也违反了道德准则。超我对付这种情境的武器是罪恶感。如果拿走了钱，事后你可能觉得这样做不道德，几夜睡不好觉，直到把钱还给朋友才安心。

本我、自我、超我像是一个张力三角形，三种力量既相互补充，又相互对立。在健康人的身上，强大的自我不允许本我或超我过分地掌控人格，三者的斗争永不停止。自我只有处理好了与本我、超我之间的关系，心理才不会发生异常，人生的发展才会顺利。反之，就会产生人格异常。

相关链接

新闻摘录——被压抑的记忆

1969年的一个下午，8岁的苏珊·奈森前往加利福尼亚州福斯特市看望一位邻居。途中，她失踪了。两个月后，人们在附近的水库发现了她的尸体。验尸官断定苏珊死于头盖骨骨折。接着，警方做了调查，但由于缺乏证据，无法继续深入，因此也没有找到杀人犯。

20年后，被害者儿时的伙伴，艾琳·弗兰克林·利普斯科和女儿坐在洛杉矶的家里。突然弗兰克林·利普斯科回想起苏珊的死。当时，她看见一个男人对这个女孩进行了性侵犯，然后用石块砸碎了她的脑袋。她还记得那男人的样子，他正是自己的父亲——乔治·弗兰克林。

凭着女儿的证词，乔治·弗兰克林于1990年被送上法庭，并被判谋杀罪。陪审团在聆听了证词之后，确信除非当时弗兰克林·利普斯科在案发现场，否则她不可能知道案件细节。但为什么这些记忆在20年后才浮现出来？

检察官认为，由于这些记忆太痛苦，以至于弗兰克林·利普斯科把它们压抑在无意识中。现在因为自己女儿和苏珊长得相似，才激发了她长期被压抑的记忆表象，并进入意识。

高等法院法官托马斯·史密斯称，乔治·弗兰克林是一个“残忍而堕落的人”，并判他终身监禁。乔治·弗兰克林成为因“被压抑的”记忆而被定罪的第一人。

（摘自：Jerry M. Burger著，陈会昌译，《人格心理学》（第八版），中国轻工业出版社，2016年）

3. 人格的毕生发展模型

埃里克森认为，人格发展将持续终生。他划分出人人都要经历的8个阶段（表10-1），每一个阶段对人格发展都至关重要。

表10-1　埃里克森人格发展阶段的划分

人生阶段划分	主要发展任务	需培养的品质
婴儿前期（0～2岁）	信任—怀疑	希望品质
婴儿后期（2～4岁）	自主—羞耻	意志品质
幼儿期（4～7岁）	主动—内疚	目标
童年期（7～12岁）	勤奋—自备	能力
青少年期（12～18岁）	角色同一性—防止角色混乱	诚实
成年早期（18～25岁）	亲密—孤独	爱
成年中期（25～50岁）	繁衍—停滞	关心
成年后期（50岁以后）	完善—失望	智慧、贤明

埃里克森提出的人格发展阶段可以让我们构想一幅路径图。我们从婴儿期到老年期一直走在这条路上，但是在8个不同地点，我们会遇到岔路口——面临两个不同的前进方向。在埃里克森的模型中，这些岔路口代表人格发展的转折点，他把这些转折点称为“危

机”。解决每个危机都有两种方式：一种是适应性的，另一种是不适应的。怎样解决每个危机，决定着我们人格发展的方向，并影响到我们怎样解决后面的危机，直至影响我们整个人生的发展。

二、大学生的人格特征

（一）人格的特征（图10-2）

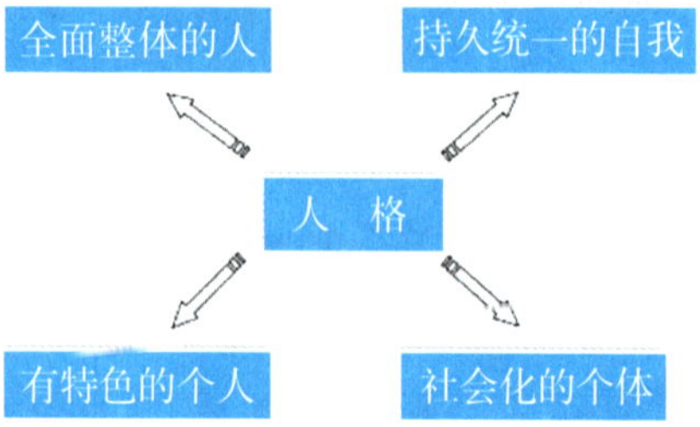

图10–2

1. 独特性和共同性

所谓“人心不同，各有其面”，就是人格的独特性。每个人都具有各自特有的人格，如有的人外向，有的人内向；有的人聪明敏捷，有的人反应迟缓；有的人顽强果断，有的人优柔寡断；有的人扶危济困，有的人恃强凌弱。但人格的独特性并不意味着人与人之间的个性毫无相同之处。生活在有着共同的社会道德准则、统一的地区、统一的教育环境的人们，又会具有相似的人格特征。如，我国北方人的豪爽和南方人的细腻就是人格共同性的体现。

2. 稳定性与可塑性

人格的稳定性是指那些经常表现出来的特点。偶尔表现出的特征不能称为人格。某种人格特点一旦形成后，就相对稳定下来，要想改变较为困难。俗话说“江山易改，禀性难移”。这里的“禀性”就是指人格。当然，人格稳定并不意味着它在人的一生中一成不变，随着生理的成熟和环境的变化，人格也有可能产生或多或少的变化，这是人格可塑性的一面。正因为人格具有可塑性，才能培养和发展人格。

3. 统合性和独立性

人格是由多种成分构成的一个有机整体，具有内在统一的一致性，受自我意识的调控。人格统合性是心理健康的重要指标。当然，人们在不同的场合，表现出的不同人格特征，就是人格独立性的体现。当一个人的人格结构在各方面彼此和谐统一时，他的人格就是健康的。当人格的统合性受到破坏，可能会出现适应困难，甚至出现人格分裂等。

4. 生物性和社会性

人的生理特点是人格发展的物质基础，为人格的形成提供了必要生理前提，并影响着人格发展的方向和方式。而人格的形成很大程度上又受社会环境、历史文化的影响。当一个新生命出生时，只是一个自然人，不具有任何社会特性，但在成长过程中，社会制度、伦理道德、习俗观念等无时无刻不影响着个体人格的发展，进而形成人生观、价值观等人格特征。

（二）大学生的人格特点

国内学者对北京部分高校的1100名大学生进行了调查，发现大学生人格普遍具有如下特点。

1. 谦让、克己、忍耐、谨慎人格特征突出。

2. 在处理人际关系时，通常会首先考虑社会和他人。

3. 在支配与冲动特点方面表现不突出，在社交方面倾向于积极进取，具有稳健、从众的人格特点，具有良好的社会文化程度。

4. 不同学科大学生的人格特征有差异。

三、影响人格形成与发展的因素

（一）生物遗传因素

由于人格具有较强的稳定性特征，因此，人格研究者特别注重遗传因素的作用。遗传因素的作用具体如下。

1. 遗传是人格不可缺少的影响因素。

2. 遗传因素对人格的作用程度随人格特质的不同而异。通常在智力、气质这些特质上，遗传因素较重要；而对价值观、信念、性格等与社会因素关系密切的特质，后天环境更重要。

3. 人格的发展是遗传与环境两种因素交互作用的结果。人既具有生物属性，又具有社会属性。人在胚胎状态时，环境因素的影响就开始了，这种影响会在人的一生中持续下去。后天环境的因素多种多样，小到家庭教育，大到社会文化，对人格的形成与发展都有重要影响，甚至影响人的一生。

（二）早期童年经验

“三岁看大，七岁看老”，人生早期所发生的事情对人格的影响，历来为心理学家所重视。需要强调的是，人格发展尽管受到童年经验的影响，幸福的童年有利于儿童发展健康的人格，不幸的童年也会使儿童形成不良的人格，但二者不存在一一对应的关系，比如，溺爱也可能使孩子形成不良的人格特点，逆境却可能磨炼出孩子坚强的性格。另外，早期经验不能单独对人格起作用，它与其他因素共同决定着人格与人生的发展。

（三）家庭环境因素

家庭是人类性格的工厂，它塑造了人们不同的人格特质，尤其是不同教养方式对人格的发展具有不同影响。

1. 专制型教养方式：父母在子女的教育中表现得过于支配，孩子的一切都由父母来控制。在这种环境下成长的孩子容易形成消极、被动、依赖、服从、懦弱、做事缺乏主动性，甚至不诚实的人格特征。

2. 溺爱型教养方式：父母对孩子过于溺爱，让孩子随心所欲，父母对孩子的教育有时出现失控的状态。在这种家庭环境中成长的孩子多表现为任性、幼稚、自私、野蛮、无礼、独立性差、唯我自尊、蛮横胡闹等。

3. 民主型教养方式：父母与孩子在家庭中处于一种平等和谐的氛围当中，父母尊重孩子，给孩子一定的自主权和积极正确的指导。这种教育方式能使孩子形成一些积极的人格品质，如活泼、快乐、直爽、自立、彬彬有礼、善于交往、富于合作、思想活跃等。

4. 忽视型教养方式：父母对子女既缺少爱的情感和积极反应，又缺少行为要求和控制。这种教养方式下的孩子具有较强攻击性，很少替别人考虑，对人缺乏热情与关心，这类孩子在青少年时期更有可能出现不良行为问题。

相关链接

一个人一生中最早受到的教育来自家庭，家庭中来自母亲对孩子的早期教育又尤为重要。美国一位著名心理学家为了研究母亲对人一生的影响，在全美选出50位成功人士，他们都在各自的行业中获得了卓越成就；同时又选出50位有犯罪记录的人，分别写信给他们，请他们谈谈母亲对他们的影响。有两封回信给他的印象最深。一封来自白宫一位著名人士，一封来自监狱一位服刑犯，他们谈的都是同一件事：小时候母亲给他们分苹果。

那位来自监狱的犯人在信中这样写道：小时候，有一天妈妈拿来几个苹果，红红的，大小各不同。我一眼就看见中间那个又红又大的苹果，非常想要。这时，妈妈把苹果放在桌上，问我和弟弟：你们想要哪个？我刚想说想要最大最红的一个，这时弟弟抢先说出我想说的话。妈妈听了，瞪了他一眼，责备他说："好孩子要学会把好东西让给别人，不能总想着自己。"

于是，我灵机一动，说："妈妈，我想要那个最小的，把大的留给弟弟吧。"

妈妈听了，非常高兴，在我的脸上亲了一下，并把那个又红又大的苹果奖励给我。我得到了我想要的东西。从此，我学会了说谎。以后，我又学会了打架、偷、抢。为了得到想要得到的东西，我不择手段。直到现在，我被送进监狱。

那位来自白宫的著名人士是这样写的：小时候，有一天妈妈拿来几个苹果，红红的，大小各不同。我和弟弟们都争着要大的，妈妈把那个最大最红的苹果举在手中，对我们说："这个苹果最大最红最好吃，谁都想要得到它。很好，现在让我们举行个比赛，我把门前的草坪分成三块，你们三人一人一块，负责修剪好，谁干得最快最好，谁就有权得到它！"

我们兄弟三人比赛除草，结果，我赢得了那个最大的苹果。

我非常感谢母亲，她让我明白一个最简单也最重要的道理：要得到最好的，就必须努力。母亲一直都是这样教育我们，也是这样做的。在我们家里，你想要什么好东西都要通过比赛来赢得，这很公平。你想要什么，想要多少，就必须要为此付出多少努力和代价！

（四）社会文化因素

每个人都处在特定的社会文化环境中，社会文化对人格的影响极为重要。既塑造了社会成员的人格特征，又使成员的人格结构朝着相似的方向发展，这种相似性具有维系社会稳定的功能，又使得每个人稳固地"嵌入"到整个文化形态里，因此，不同文化的民族表现出其固有的民族性格。例如，中华民族是一个勤劳勇敢的民族，"勤劳勇敢"的品质便是中华民族共有的人格特征。

（五）自然物理因素

生态环境、气候条件、空间拥挤程度等这些物理因素都会影响到人格的形成与发展。有很多研究都说明了生态环境对人格的影响。例如，气温会提高某些人格特征的出现频率，如热天会使人烦躁不安，对他人采取负面反应，发生反社会行为。总之，自然环境对人格不起决定性的作用，但在不同的物理环境中，人可以表现出不同的行为特点。

互动体验

1. 请每人在纸上写出你大学三年所要完成的五件大事，实现它们需要哪些人格特点。
2. 现在有特殊事件发生，你必须在五件大事中抹掉两项，请用笔把它们划掉。抹掉就意味着完全失去了，这两项你永远也不能接触，与你无关了。体验一下你现在的心情如何？

3. 现在又有特殊事件发生了，请你再抹掉一件。这一件你也是永远不可能再接触，与你永远无关了。这时你的心情如何？

4. 残酷的现实再一次降临，你还要在剩下的两件大事中抹掉一件，永远地失去。这时你的心情又如何？

5. 现在只剩下一件大事了，看着你剩下的最后一件事情，这就是你大学最想干的，对你来说也是最重要的一件大事，这就是你当前的奋斗的目标。那么，要实现这个奋斗目标，你要培养哪些人格特点？

心理测试

你的人格健康吗？

【指导语】

请按照自己的真实情况作答，如果下列情况符合自己的实际就填写“是”，不符合自己的情况，就填写“否”。

【测试量表】

1. 当你站立时，为了舒服，你总是爱把胳膊放在椅背上。

2. 你有咬手指或手指甲的习惯吗？

3. 当你与人交谈或倾听别人谈话时敲打桌面吗？

4. 当你站立时，你喜欢双臂抱肩吗？

5. 你总是不停地用手指击打东西吗？

6. 当你谈话时：

①你感到抑扬顿挫，眉飞色舞，手舞足蹈。

②你感到有些紧张。

③你把手轻轻地放在衣兜里。

7. 聚会时，不论你想不想吸烟，你总爱点上一支吗？

8. 参加宴会时，你总是把眼睛盯在一盘或附近几样菜上吗？

9. 看到别人把大拇指藏在手心，拳头紧握时，你害怕吗？

【评分标准】

第6题选①得2分，选②得1分，选③得0分。其余8个题目，回答“是”得1分，回答“不是”得0分。

【结果解释】

0~3分：人格健康，不论在什么情况下，都能沉着、稳定。你的举止表现证明你是一个沉着老练、遇事不慌、自信、自强、分寸得当、自制力强的人。这种自我能力是健康人格的重要特点。

4~7分：人格健康状况欠佳。表面上看，你很平静，可你的内心，常常很难平衡。高兴时，你信口开河，夸夸其谈；不高兴时，你冷眼相看，袖手旁观，情绪变化大。对你来说，至关重要的是学会自我控制，从而达到人格结构的稳定与健全。

8~10分：人格健康问题严重。你很不沉着，如果不学会自我控制，坚定信心，在哪里都无法安定，总不舒服，也许你自己还不以为然，可在别人看来却很刺眼。关键问题是你要注意达到内心的平衡、和谐和安定，同时注意与周围的环境相适应。

拓展阅读

一位老教授昔日培养的三个得意门生事业有成，一个在官场上春风得意，一个在商场上捷报频传，一个埋头做学问如今也苦尽甘来，成了学术明星。于是有人问老教授：你以为三人中哪个会更有出息？老教授说：现在还看不出来。人生的较量有三个层次，最低层次是技巧的较量，其次是智慧的较量，他们现在正处于这一层次，而最高层次的较量则是人格的较量。

第二节 健康人格管理

心灵故事

复旦大学林某因生活琐事与黄某关系不和，心存不满，经事先预谋，3月31日中午，将其做实验后剩余的剧毒化合物带至寝室，并注入饮水机槽。4月1日晨，黄某饮用后出现中毒症状，送医院救治无效，于4月16日下午去世。林某犯故意杀人罪被判处死刑，剥夺政治权利终身。

林同学成绩优异，考入国家重点大学研究生，并多次获得奖学金；也曾报名参加学校歌唱比赛，还试镜过历史话剧主角等。这样优秀的一个人，最后结果不禁让人心寒。以下是他QQ空间里以《最近》为题的日志：

我是一个性格内向的人，不喜言辞，不善言辞。内向的人不一定悲观，但是悲观的人一定内向。内向不一定属于病态，但是悲观绝对是病态心理。我想，我是个有点悲观倾向的人。这种悲观倾向会在不恰当的时刻让我动摇、害怕、继而放弃。

可见，成绩优秀并非人格健康。虽然现代社会带给人们的心理压力日渐沉重，但拥有健康的人格能够帮助人们充分体验生活的乐趣，充实我们的精神世界，挖掘我们的各种潜能，创造我们人生的最大价值。

知识导读

一、大学生健康人格管理的必要性

人格是一个人素质的重要组成部分，也是一个人精神面貌的集中反映。大学生作为适应未来社会需要的人才，不仅要有健康的体魄、扎实的科学文化知识，而且还要有健康的人格。

大学阶段正是我们人格发展、完善的重要时期。然而，据调查却发现，大学生的心理问题和精神障碍的发生率较高，精神疾病也成为大学生病休、退学、成瘾、犯罪、自杀的重要原因，这给大学生心理健康教育敲响了警钟。要提高大学生的社会适应能力和心理健康水平，健康人格的管理是关键。其人格发展状况不仅直接影响着社会生活的质量，也间接地关系着整个人类社会是否能得到健康、和谐的发展。

二、大学生健康人格的标准

健康人格的标准有很多种说法。从总体上看，人格健康的人应该是有利于社会和自我发展的人。从具体特征上讲，健康人格应具有以下标准。

（一）和谐的人际关系

人际关系是构成人类社会成员最普遍、最直接的关系。良好的人际关系可以调节身心状态，增强人的责任感，也最能体现一个人人格健康的程度。人格健康者乐于与他人交往，与人相处时，尊敬、信任等正面态度多于嫉妒、怀疑等消极态度；常以诚恳、公平、谦虚、宽容的态度尊重他人，同时也受到他人的尊重和接纳。因此，和谐的人际关系既是人格健康水平的反映，同时又影响和制约着人格的形成与发展。

（二）良好的社会适应能力

社会适应能力反映了人与社会的协调程度。人的社会适应能力是在社会化过程中不断发展的。人格健康的人能与社会保持良好的、密切的接触，以一种开放的态度，主动关心了解社会；观察所接触到的各种事物和现象，看到社会发展的积极面和主流，在认识社会的同时，使自己的思想、行为跟上时代的发展，与社会的要求相符合，表现出能很快适应新环境的能力。不是让社会去适应自己，而是让自己去适应社会。

（三）乐观向上的生活态度

乐观的人常常能看到生活的阳光面，对前途充满希望和信心，对自己所从事的工作或学习抱着浓厚的兴趣，并在工作和学习中发挥自身的智慧和能力，最终获得成功。这是健康人格的表现。他们即使生活中遇到困难和挫折，也能耐心地去应付，不畏艰险、勇于拼搏。相反，悲观的人常常看到生活的阴暗面，对任何事情都没有兴趣，遇到一点挫折就情绪低落、怨天尤人，甚至自暴自弃。

（四）正确的自我意识

自我意识是个体对自己及自己与他人、与周围世界关系的认识。具有健康人格的大学生对自己评价客观、充满自信，在日常生活中能有效地调节自己，与环境保持平衡。人格不健康的大学生，缺乏正确的自我意识，常表现出自我冲突，自我矛盾；或者自视清高、妄自尊大，做力所不及的工作；或者自轻自贱、妄自菲薄，甘愿放弃一切可以努力的机遇。

（五）良好的情绪调控能力

情绪标志着人格的成熟程度，对人的健康有重要影响。人格成熟的人情绪反应适度，具有调节和控制情绪的能力，经常保持愉快、满意、开朗的心境，并富有幽默感，能够使人振奋精神、增强自信、身心健康、提高活动效率；当消极情绪出现时，也能合情合理地宣泄、排解、转移、升华。相反，人格不健康者，具备消极的情绪体验，会降低人的活动效率，甚至使人致病。

健康人格的各个标准都是相关的。“具有体验丰富的情绪并控制情绪表现的人，通常是有能力满足自身基本需要的人，是能紧紧地把握现实的人，是获得了健康的自我结构的人，是拥有稳定可靠的人际关系的人。”总之，人格健康的人其人格的各个方面是统一的、平衡的。上述标准不仅是衡量一个人人格健康的尺度，同时也为大学生改善自己的人格提出了努力的具体目标。

三、影响当代大学生人格发展的主要因素

（一）巨大的社会现实压力

社会市场的激烈竞争促进了经济飞速发展，也给大学生的发展提供了广阔、良好的机遇，但随之出现的一系列社会不良现象亦使大学生在心理上产生了诸多矛盾，紧张的生活节奏使他们感到精神压抑、身心疲惫，错综复杂的人际关系让他们感到举手无措，现实的工作压力让他们感受到社会转型期的阵痛，这些都使得大学生人格弱点泛浮出来，形成心理疾患。

（二）不当的家庭教养方式

长期以来，受高考指挥棒的调遣，很多家长过于注重应试教育，偏重智力教育，忽视健康人格的培养。甚至相当一部分家长因为受教育程度所限，多采用简单、传统的甚至是粗暴的教养方式，易使子女形成敏感多疑、自卑易怒、抑郁焦虑、偏执敌对等不健康的人格品质。相当多的家长在子女考入大学后，将更多精力转移到经济支持上，而对子女的心理成长问题则关注不够。近年来，社会离婚率的提高，导致离异家庭的在校生也逐年增多，这些缺少家庭温暖的学生，更易形成不健康的人格。

（三）欠缺的学校心理辅导

学校教育在一个人的人格形成过程中起着举足轻重的作用。正值青年早期的大学生身心发展趋于成熟，但尚没有形成健康的人格。从大学生的心理困惑看，许多都是由于潜在的人格障碍导致。然而，由于很多学校普遍缺乏受过专业训练的心理辅导教师，使学生的许多心理问题被混同于一般的思想问题，并施以不科学的教导，非常影响大学生人格的正常发展。

四、大学生健康人格的管理

（一）正确认识气质特征

气质是性格的生理基础。它表现在心理活动的强度、速度、灵活性与指向性等方面的一种稳定的心理特征，即我们平时所说的脾气、秉性。气质无好坏之分，每一类型的气质都有它的积极面与消极面。我们并不提倡改变气质本身，而是关键在于发挥自己气质中的积极面，克服消极面，取长补短。比如，抑郁质的人（如林黛玉），能体察到一般人不易察觉之处，感情细腻深沉，应保持细致的特色，从而认真地完成学习任务。但要防止细致过了头，变成多疑。对生活中碰到的不愉快，不必长时间地耿耿于怀，因为挫折本来就是生活中的一部分。应多与人交往，学会科学的情绪情感宣泄方法，这样生活会轻松许多，美丽许多，也更有助于我们健康人格的塑造。

（二）塑造良好的性格特征

性格是个体比较稳定的心理特征，是个体对现实稳定的态度和习惯化的行为方式。它是人格的重要组成部分，在人的个性中处于核心地位，是人格中涉及社会评价的那一部分。著名心理学家巴甫洛夫指出："性格是先天和后天的合金。"性格形成决定于人的先天遗传和社会实践活动两个方面。如果说先天遗传提供了性格的原矿，那么，社会实践活动则是把它冶炼成合金的手段。良好性格的塑造要从每一件眼前的事情做起。思想家老子

说："合抱之木，生于毫末；九层之台，起于磊土；千里之行，始于足下。"因此，锤炼自己的性格，要从身边的小事做起，逐渐发展自己、完善自己。

相关链接

性格不怕内外向，只要精神有指向

很多人误认为外向性格好、内向性格不好，也有很多同学找心理学老师咨询如何改变内向性格。其实，当一个人试图改变自己一贯个性的时候，他可能已经失去了自我内心的安宁。

内向和外向主要是指人的精神指向。比较关注内心的人偏内向，比较关注外部世界的人偏外向。关注内心的人着力发展自我感，首要面对的是如何喜欢自己；关注外在的人着力发展社会能力，首要面对的是被人喜欢与被环境认同。两种力量对每个人都是必不可少的。

以内向性格为主的人比较有意志、有理想，追求个性、特色的美感和兴趣，喜欢学习，外界不管有多大的变化、干扰，甚至打击都妨碍不了他生活的目的与信念。为了一个梦想或观点常常会一直坚持，不达目的誓不罢休。以外向性格为主的人比较灵活、顺从、不给别人或自己找麻烦，能够审时度势、顺水推舟，不好逆水行船。

区别内向与外向的一个简单依据是问问自己的快乐从哪里来？内向者把心理能量指向自己，因此快乐也主要由心而生，不那么依靠外部世界的认同与赞许；外向者把心理能量指向外部世界，喜欢人际交往，好奇，富于冒险精神，对主流文化比较认同。

当然，没有内在肯定和自我认同的人，不可能有持续的力量去发展朝外的进取与奋斗，一个只关注外界但从不自省内心，也不可能获得成功。内向的力量是树根与树干，外向的力量是枝叶、花蕾与果实，这两种心理力量恰好是并存相依的。

（三）自己才是自己真正的"救世主"

1. 辩证客观，学会认识自己

认识自己也就是心理学上的自我意识。自我意识就是对"自我的认知"，或者说自己对自己的认知。它是人格发展的核心。正确的自我意识是健全人格的重要机制，它影响和制约着人格的形成与发展。在塑造健康人格过程中，大学生应该强化自我主题意识，优化人格整合。也只有正确客观地认识了自我，人格才能得以健康发展。

要学会自我肯定，理智与客观地对待自己的长处与不足，冷静地看待得与失。在生活中，要关注真实自己的内在需求，关注自己的优势和成功，挖掘出自己的闪光点，并把自己的优势和闪光点发挥到极致，使之成为自己人生最美丽的风景。同时，要勇于直视自己的缺点和短处，客观地去面对，就会有助于摆脱自卑、虚荣、抑郁，塑造一个乐观、自信的自我。当你在不断完善对自己的认识时，你也就为自己构筑了坚实的健康人格的堡垒，在未来的人生路上，无论是遇到坦途还是荆棘，你都会是一个成功者。

2. 科学规划，为自己设定目标

目标是一个人积极生活的希望，只有为了希望而生活时，才能够克服一切阻碍，朝着自己制订的目标靠近。只要拥有了前进的目标，就会拥有坚定的信念。信念的力量在于即使身处逆境，亦能帮助你扬起前进的帆船；信念的魅力在于即使遇到险境，亦能召唤你鼓足勇气。比如，美国著名的电影《当幸福来敲门》中的主人公克里斯·加德纳之所以最后获得了人生的成功，就在于他无论在何种挫折面前，都坚信："关于我们的生活，幸福自己来敲门，生活也能得到解脱。”这就是他不屈不挠的动力，这句话也就是他的奋斗目标。

心理学之父埃里克森把人生分成八个阶段，他认为，每一个阶段都会有不同的挑战和挫折，这些挫折既是对我们健康人格的考验，也是塑造健康人格的熔炉。大学生正处于亲密对孤独的任务阶段，主要是发展爱的品质。孔子也把人生以阶段划分：“吾十有五而志于学，三十而立，四十而不惑，五十而知天命，六十而耳顺，七十而从心所欲，不逾矩。”从古至今，任何一个成功者，每一个阶段都有着明确的人生目标，并朝着既定的目标前进，最后都因此获得了自信的完美人生。

3. 与时俱进，提升自身能力

（1）自我学习能力

学习能力是作为大学生首先要具备的。大学的学习生活相对开放，没有升学压力的束缚，有更多的自由时间，有必要给自己设定一个可行的学习计划，来提升自身学习能力。如，半年之内可以设定阅读与人际交往相关的、与自己专业有关的一些书籍，了解一些自己感兴趣的书籍等。

（2）信息处理能力

信息处理能力涉及面很广，我们可以利用网络积极了解一些对自己有用的信息。如，通过网络在就业之前就可以了解到哪些是自己想去的单位，招聘单位的岗位设置及要求，也可以在网上找到这个单位的一个QQ好友，了解应聘单位的公司文化等。其实，只要你想做这些很简单。然而，这些简单的事情却可以有效帮助我们就业。

（3）数字应用能力

数字应用能力其实被很多大学生们忘记了，参加工作之后，无论什么工作，我们都会和数字相联系，良好的数字应用能力，能提高面对问题时的敏感度，以及做出决定的正确率，这种能力表现就是思维敏捷、语言表达能力强，这也是大学生们成为未来精英的基础。

（4）与人交流的能力

大学生要提高这种能力没有必要一定要去做促销员、参加社团等集体活动，往往我们参加社团的那些内向的、能力不足的学生就成为锻炼者的看客了。如果你与人交流的能力很差，先试着表达自己，将自己的意思能够很清楚简洁地表达给别人。比如，在校园餐厅吃饭，找一个不认识的人坐在一起，如果你能找个话题与对方说句话，如此一来，交流能力的大门就可以慢慢打开了。

（5）与人合作的能力

在未来的工作岗位中，我们不可避免地要与同事共同协作完成工作，这就需要我们具有与人合作的能力。这需要我们积极锻炼自己的忍耐力，现在不妨就积极地与自己看见就心烦的同学交往，从心底里感谢他，感谢他成为你成长的助力，练就一些处理人事的技巧。

（6）解决问题能力

大学三年的学习生活中，不可避免地要面对各种困难。此时，哭泣、烦闷并不能解决问题，在纷繁的问题面前调控好情绪、理清条理、逐步解决却是一种好的方法。解决问题的能力重要的是要学会控制心情和理清问题的解决思路。

互动体验

事例一：一个胖女孩小A，对别人挑剔的目光极为敏感，而对别人赞赏的目光却认为是恭维与虚伪。

讨论：对于小A这样的人你有何想法？

事例二：小刚和小明因为一件小事打了起来，事情已经过去很长时间了，可小明却一直记在心里，担心给别人留下坏印象。

讨论：对于这样的问题你将如何处理？

事例三：有位同学叫王伟，各方面都不错，只是在学习成绩上表现一般。因此，王伟总是对自己缺乏信心，总觉得自己不是老师心目中的好学生、同学心目中的好伙伴。

问题：如果他是你身边的同学，你将如何看待他？又会怎么帮助他？

对上述每一个问题，请4～5名同学发言，最后由老师总结得出健康人格的重要性，并再次强调大学生应如何培养健康人格。

心理测试

气 质 测 量

【指导语】

请认真阅读下列各题，做出最符合自己的判断。非常符合＝2分，比较符合＝1分，不确定＝0分，比较不符合＝−1分，完全不符合＝−2分。

【测试量表】

1. 做事力求稳妥，不做无把握的事。
2. 遇到可气的事就怒不可遏，想把心里话全说出来才痛快。
3. 宁肯一个人干事，不愿很多人在一起。
4. 到一个新环境很快就能适应。
5. 厌恶那些强烈的刺激，如尖叫、噪音、危险的镜头等。
6. 和人争吵时，总是先发制人，喜欢挑衅别人。
7. 喜欢安静的环境。
8. 善于和人交往。
9. 羡慕那种能克制自己感情的人。
10. 生活有规律，很少违反作息制度。
11. 在多数情况下情绪是乐观的。
12. 碰到陌生人觉得很拘束。
13. 遇到令人气愤的事，能很好地自我克制。
14. 做事总是有旺盛的精力。
15. 遇到问题常常举棋不定、优柔寡断。
16. 在人群中从不觉得过分拘束。
17. 情绪高昂时，觉得干什么都有趣；情绪低落时，又觉得什么都没意思。
18. 当注意力集中于一件事时，别的事很难使我分心。
19. 理解问题总比别人快。

20. 碰到危险情境，常有一种极度恐怖感。
21. 对学习、工作、事业怀有很高的热情。
22. 能够长时间做枯燥、单调的工作。
23. 符合兴趣的事情，干起来劲头十足，否则就不想干。
24. 一点小事就能引起情绪波动。
25. 讨厌做那种需要耐心、细致的工作。
26. 与人交往不卑不亢。
27. 喜欢参加热烈的活动。
28. 爱看感情细腻、描写人物内心活动的文学作品。
29. 工作学习时间长了，常感到厌倦。
30. 不喜欢长时间谈论一个问题，愿意实际动手干。
31. 宁愿侃侃而谈，不愿窃窃私语。
32. 别人说我总是闷闷不乐。
33. 理解问题常比别人慢些。
34. 疲倦时只要短暂的休息就能精神抖擞，重新投入工作。
35. 心里有话宁愿自己想，不愿说出来。
36. 认准一个目标就希望尽快实现，不达目的，誓不罢休。
37. 学习、工作一段时间后，常比别人更疲倦。
38. 做事有些莽撞，常常不考虑后果。
39. 老师或师傅讲授新知识、新技术时，总希望他讲得慢些，多重复几遍。
40. 能够很快地忘记那些不愉快的事情。
41. 做作业或完成一件工作总比别人花的时间多。
42. 喜欢运动量大的剧烈体育活动，或参加各种文娱活动。
43. 不能很快地把注事力从一件事转移到另一件事上去。
44. 接受一个任务后，就希望把它迅速完成。
45. 认为墨守成规比冒风险强些。
46. 能够同吋注意几件事。
47. 当我烦闷的时候，别人很难使我高兴起来。
48. 爱看情节起伏跌宕、激动人心的小说。
49. 对工作抱认真严谨、始终一贯的态度。
50. 和周围人的关系总是相处不好。
51. 喜欢复习学过的知识，重复做熟练的工作。
52. 希望做变化大、花样多的工作。
53. 小时候会背的诗歌，我似乎比别人记得清楚。
54. 别人说我“出语伤人”，可我并不觉得是这样。
55. 在体育活动中，常因反应慢而落后。
56. 反应敏捷，头脑机智。
57. 喜欢有条理而不甚麻烦的工作。
58. 兴奋的事常使我失眠。
59. 老师讲新概念，常常听不懂，但是弄懂以后就很难忘记。
60. 假如工作枯燥无味，马上就会情绪低落。

【评分标准】

根据自己的判断将得分列入表10-2中，计算总分。

表10-2

胆汁质	题号	2	6	9	14	17	21	27	31	36	38	42	48	50	54	58	总分
	得分																
多血质	题号	4	8	11	16	19	23	25	29	34	40	44	46	52	56	60	总分
	得分																
黏液质	题号	1	7	10	13	18	22	26	30	33	39	43	45	49	55	57	总分
	得分																
抑郁质	题号	3	5	12	15	20	24	28	32	35	37	41	47	51	53	59	总分
	得分																

【结果解释】

1. 如果某一项或两项得分超过20分，则为典型的该气质类型。例如，胆汁质项超过20分，则为典型的胆汁质；黏液质和抑郁质两项得分超过20分，则为典型黏液—抑郁质混合型。

2. 如果某一项或两项得分在10~20分，10分以上，其他各项得分较低，则该项为一般气质类型。例如，一般多血质；一般胆汁质—多血质混合型。

3. 若各项得分都在10分以下，但某项或几项得分较其余项高（相差5分以上），则为略倾向于该项气质类型（或几项混合）。例如，略偏黏液质、多血质—胆汁质混合型等。

一般来说，正分值越高，表明被试越具有该项气质的典型特征；反之，分值越低，表明越不具备该项特征。

【典型特征】

1. 胆汁质：直率热情，精力旺盛，脾气急躁，情绪兴奋性高，容易冲动，反应迅速，心境变化剧烈。如，《水浒传》中的李逵、《三国演义》中的张飞。

胆汁质的人适合做导游、推销员、经纪人、节目主持人、演说者、外事接待人员、演员、监察员等。在政府企事业中，可以担任处理紧急事件的官员。但他们不适合整天坐在办公室工作。

2. 多血质：活泼好动，反应灵敏，乐于交往，注意力易转移，兴趣和情绪多变，缺乏持久力。如，《红楼梦》中的王熙凤、《三国演义》中的曹操。

多血质的人职业选择较广泛，如政府、企事业管理官员、外事工作、驾驶员、服务人员、律师、运动员、探险家、新闻工作者、演员、军事侦察员等。但多血质的人不适合做细致单调、环境过于安静的工作。

3. 黏液质：安静、稳重，沉着，反应缓慢，沉默寡言，三思而后行，情绪不易外露，注意力稳定但很难转移，善于忍耐。如，《水浒传》中的林冲、《西游记》中的沙和尚。

黏液质的人适合当外科医生、社会活动家、法官、管理人员、出纳、教师、会计、播音员、科研人员等。

4. 抑郁质：情绪体验深刻，行动迟缓，善于觉察他人不易注意的细节，富有幻想，胆小孤僻。如，《红楼梦》中的林黛玉。

抑郁质的人较适合从事作家、画家、诗人、打字员、音乐家、校对等职业，也适合做机要工作和研究工作。在政府、企事业中，可以主管部分工作，按常规做出决断。

拓展阅读

有趣的心理实验

苏联心理学家达维多娃做过一个有趣的实验，她发给四个学生每人一张戏票，在他们赶到剧院时，戏已经开演了。管理人员为保证演出效果不让他们进。这时，其中的一个人与检票员发生争执，说自己悄悄进去不会影响他人，还说自己的手表是最准时的，并不顾阻拦试图强行进入；另外一个人见楼下入口处看守很严，便悄悄溜到楼上，装作迟来的某贵宾的随从，进去看演出了；还有一个人没说什么，转身去了休息室，心平气和地等候，直到第一场幕间休息时间才正大光明进去；第四个人被拒绝后，非常沮丧，再也提不起兴致看演出了，扭头回家，一边走一边不停地抱怨。

这四个人恰恰是四种典型气质类型的代表：第一个人属于胆汁质，第二个人是多血质，第三个人为黏液质，第四个人属于抑郁质。

启发思考

1. 什么是人格?
2. 分析自己的人格类型和特点，并思考如何完善自己的人格?
3. 气质有哪些类型，如何分析自己的气质类型特点?
4. 认真分析你的家庭教养方式，评述家庭对你人格成长的影响。

第十一章

大学生积极心理品质培养

“祝你幸福”是一份美好的祝福，也是所有人一生的梦想。当今，“幸福”越来越成为人们关注的焦点。比如，人们经常会问别人：“你幸福吗？”但当静下心来自问：“我幸福吗？”瞬间发现，这是一个人生永恒的话题。究竟什么是幸福，如何才能获得幸福，本章从关注优势和提高乐商水平两方面，告诉你怎样做一个持续幸福的人。

第一节　关注优势

心灵故事

有个男孩一直是班里的差生。尽管他非常刻苦，但成绩就是上不去。父亲心里清楚，儿子一点儿也不笨，只是天生对文字类的东西很迟钝。为了鼓励儿子发挥自己的长处，父亲说：“老虎强壮，善于奔跑。猫则温顺、灵敏，虽不能像老虎那样威风和霸气，但它具备老虎不具备的天赋与本能：能上树、抓老鼠。人们都希望自己成为老虎，而这其中有很多是猫，久而久之，变成了一批烂老虎。”父亲又说：“儿子，你天生对文字迟钝，但对图形却非常敏感，为什么放着优秀的猫不当，而偏要当很烂的老虎呢？我不希望你成为一只烂老虎，而且我相信你一定能成为一只好猫！”男孩儿从此专心致志地把漫画当作一生的追求。25岁那年，他成为漫画界炙手可热的人物，《双响炮》《涩女郎》等作品红遍东南亚。他就是朱德庸。

老虎可以学会爬树，但爬得没有猫快。当今社会我们做任何事，在辛勤付出的同时，更需要尊重客观事实，扬长避短，发挥自己的优势，这样才能更好地发展自我，实现人生的价值。

知识导读

一、认识优势

（一）优势

所谓优势，主要是指性格优势，即一个个体比较突出的、好（积极）的性格品质。美国著名人格心理学家、密歇根大学终身教授克里斯托夫·彼得森（Christopher Peterson）将性格优势看作一整套的积极特质，类似于洞察力、团队精神、友善和希望这样的特征。为了表达性格优势的多元性，彼得森教授将性格优势的组成部分称为美德。这些美德主要是指一个人在认知、情感和意志过程中表现出来的稳定的心理倾向，它包括智力品质、情感品质、性格品质和道德品质等方面。

（二）积极优势的分类

美国著名心理学家、国际积极心理学之父塞里格曼（Seligman）指出："心理学不仅研究病态、弱点和损害，还研究优势和美德。"积极心理学的根本目的是增进人类的幸福，促进社会的繁荣。经研究得出人类的6大美德和相关优势，如表11–1所示。

表11–1　优势和美德的分类

美德	定义性特征	优势	定义性特征
1智慧	获取并运用知识	1 创造力	用标新立异且有成效的方式做事情
		2 好奇心	对所有新事物都感兴趣
		3 思维开阔	多方位、多角度考虑问题
		4 热爱学习	掌握新技能、新话题和新知识
		5 洞察力	能够给他人提供明智的建议
2勇气	顶着内外部压力完成目标的意志	6 本真	说真话，表现真实自我
		7 无畏	在威胁、挑战、困难和痛苦面前不退缩
		8 毅力	一旦开始就坚持到底
		9 热忱	用热情和活力拥抱生活
3仁慈	人际优势	10 善良	给他人帮助，为他人做好事
		11 爱	重视亲密关系
		12 社会智力	对自己和他人的动机和感受保持清醒的认识
4正义	公民优势	13 公平	按照公平原则对待所有人
		14 领导力	组织群体活动，确保活动顺利完成
		15 团队合作	作为团队的一员，高效地工作
5克己	预防原罪的优势	16 宽容	原谅对不起自己的人
		17 稳重	让成绩说话
		18 谨慎	谨言慎行，不说后悔的话，不做后悔的事
		19 自我调节	调节自己的情绪和行为
6超然	让心灵与宇宙相连的优势	20 欣赏	意识到生活方方面面的美好、卓越和精彩，并欣赏之
		21 感恩	意识到生活当中发生的好事，并心怀感恩
		22 希望	抱最好的期望，并努力实现之
		23 幽默	喜欢逗乐搞笑，娱乐自己，娱乐他人
		24 虔诚	有信仰，有追求

个人的优势是这6大美德及其各种积极品质的不同组合，每个人都会拥有这些美德中的一种或几种品质。比如，一个人既充满创造力，又勇敢和具有领导力；另一个人既热爱学习，又具有团队合作的品质，同时还谦虚不张扬。这里，创造力、勇敢、领导力之间的组合与热爱学习、团队合作、谦虚三者之间的组合都属于个人优势。这些优势是人们增长学识、维持真诚友谊、取得更高成就的基础。它们充当着对抗压力的保护盾，从而使人们与不幸分离，为人们走向成功搭建平台。尽管它们具有一定的遗传性，但更需要经历学习的过程。通过学习，每个人都可以拥有一定程度的优势。

二、关注优势的由来

塞里格曼Seligman先生在20世纪末树立起积极心理学的大旗，掀起了心理学上的第四大浪潮，反转20世纪中后期心理学过分关注人性的消极面和弱点的研究取向，将心理学引向探索和促进人类性格力量发展和美德完善的轨道。近年来他致力于研究人类的美德和优势，并提出运用美德和优势治疗心理疾病的积极心理治疗理论（Postive Pychology Theory，PPT）。

（一）由习得性无助到习得性乐观

从习得性无助转向习得性乐观源自塞里格曼先生与5岁女儿的一席对话。

一天，塞里格曼先生在花园里除草，女儿快乐地在周围奔跑，他就对女儿大发脾气。女儿对他说："从3岁开始我每天都抱怨，现在我5岁了，我决定不再抱怨了，这对我来说很难，但是如果我能停止抱怨，你能停止发脾气吗？"

这句话对塞里格曼产生了心灵的震撼。他开始反思自身及所从事的心理职业。首先，他意识到改正女儿抱怨习惯的力量不是来自他人，而是来自她自己，她自身具有这种神奇的力量，在心灵深处不断增强、发展，帮助她去改变自己的弱点和抵抗生活中的风暴；其次，培养孩子不是去修正他们的错误，而是识别和培养他们最强的品质，帮助他们增强令他们生活得更好的力量。也就是从那一刻他决定改变自己。这一转变也预示着心理学界由传统的关注问题的模式转向关注力量、美德和优势的研究模式。

相关链接

习得性无助

"习得性无助"是美国心理学家塞里格曼1967年在研究动物时提出的。他用狗做了一项经典实验。起初他把狗关在笼子里，只要蜂音器一响，就给以难受的电击，狗关在笼子里逃避不了电击。多次实验后，蜂音器一响、电击前就先把笼门打开，此时狗不但不逃，反而不等电击出现就先倒在地上开始呻吟和颤抖。狗本来可以主动地逃避电击的，却绝望地等待痛苦的来临，这就是习得性无助。

细心观察，我们会发现：正如实验中那条绝望的狗一样，如果一个人总是在一项工作上失败，他就会在这项工作上放弃努力，甚至还会因此对自身产生怀疑，觉得自己"这也不行，那也不行"，无可救药。而事实上，此时此刻的我们并不是"真的不行"，而是陷入了"习得性无助"的心理状态中，这种心理让人们自设樊篱，把失败的原因归结为自身不可改变的因素，放弃继续尝试的勇气和信心，破罐子破摔。

习得性乐观

塞里格曼将乐观风格归纳为三个简单要素：持久性（Permanence）、普遍性（Pervasiveness）、个性化（Personalization）。他认为乐观是在人们对已发生的事件进行解释时，对好事件进行持久的、普遍的和个人的归因，而对坏事件进行短暂的、具体的和外在的归因。这种对事件的解释方式是后天习得的，人们可以通过学习，将悲观的归因方式转向乐观的归因方式，这就是习得性乐观。

习得性无助与习得性乐观学生的特征，如表11-2所示。

表11-2 习得性无助与习得性乐观学生的特征

学生类型	对坏成绩的解释	持久性	成就期望	对坏成绩的反应
习得性无助	能力低	长久的	低	放弃，再多的努力也没有用
习得性乐观	低努力	短暂的	高	不断坚持，努力会有回报

（二）由弥补劣势到关注优势

在一个团队中，决定团队能不能完成绩效，总是由最差的那位员工决定。然而，一个人总有优势和劣势，对“最差的员工”来讲，是让他短板“变长”，还是尽量发挥他的长处，增大他的优势呢？传统的做法，是让这位最差的员工进行培训学习，提升业务能力，迎头赶上；而最有效的做法却是，最差的这位员工也有自己的优势，根据其优势合理安排、妥善安置其岗位，发挥其最大效能。这就是积极心理学上的一大贡献，体现出了人们从关注改善劣势到发挥优势的转变。

相关链接

短板理论

短板理论又称“木桶原理”“水桶效应”。该理论由美国管理学家彼得提出：盛水的木桶是由许多块木板箍成的，盛水量也是由这些木板共同决定的。若其中一块木板很短，则盛水量就被短板所限制。即一只水桶能装多少水，取决于它最短的那块板。这块短板就成了木桶盛水量的“限制因素”（或称“短板效应”）。若要使木桶盛水量增加，只有换掉短板或将短板加长才行。

有人这样说：比最低的木板高出的部分是没有意义的，高出越多，浪费越大；要想提高木桶的容量，就应该设法加高最短的那块木板的高度，这是最有效也是唯一的途径。短板理论也就是我们经常所说的主要矛盾，只有明白事物的薄弱环节，抓住问题的关键所在，抓住问题的主要矛盾，才能抓住解决问题的关键，才能获得最大限度的成功。日常生活中也是这个道理，克服“短板”的过程其实就是找到事物发展过程中的关键薄弱环节，并加以克服，使事物更好地发展。

（三）由关注问题到发挥优势

当前学校心理健康教育中非常关注心理疾病和心理问题。然而，学校育人环境不是发现“学生的问题”，更不是发现“问题的学生”，而是发掘学生自身具有的优势与潜能。因此，心理健康教育的目标不只是消除症状、修补缺陷，更要着重于培养学生的积极心理品质，帮助学生了解自身的优势。这就意味着我们需要关注学生积极向上的自我力量与性格优势。此处我们对“优势”的理解，指每个人具备的正向特征，除了较为出众的能力外，品德、性格、习惯等都有可能构成一个人的优势，并不完全等同于“特长”。借助这种积极向上的优势力量对抗心理困扰，消除问题行为，建立抵御挫折、心理创伤和障碍的预防机制。“发挥优势”将让教师和学生都习惯去发现各自的积极力量和优势，创造“人人都精彩，人人都自信”的人文环境。

相关链接

恶补劣势的莘莘小草

一个小孩子，期末考试结束，把分数拿给家长看，家长先是一喜后是一惊：语文100分，英语100分，数学15分！99.99%的家长会说："呀！你数学怎么考得这么差！如果这样下去，你连中学都考不上，就更别提大学了！假期不要休息了，我给你请个数学家教，我们专门补习数学！"孩子无比痛苦，头疼不已，但是也没有办法。其实，我们一辈子就是这么不停地补短，什么不好补什么，列入每天急迫性日程的，肯定是那些我们的缺点、不足、劣势等。我们生怕被这些不足拖了我们的后腿，因为我们永远被告知木桶的容量是由最短的那根决定，而不是最长的那根。补来补去，数学固然提高到了六七十分，但是语文和英语也相应地下降到了六七十分，不复有原来的奇迹和才华。

一个人的精力有限，花在了补短上，也必然影响了长项的发展。这样，我们最后虽然能够考上大学，但也是那莘莘学子中普通的一棵小草而已。

长板更长的名人轶事

同样也有个小孩子，也是同样的分数：语文100分，英语100分，数学15分。父亲问孩子："数学怎么这么差？"孩子说："我实在不感兴趣，学不进去。""那语文和英语为什么这么好？"孩子立刻很兴奋地说："我喜欢啊，我能够找到乐趣！"父亲说："好！既然如此，索性你就把精力放在语文和英语上吧。你呢假期也不要休息了，我们买些中国古典名著和原版英文名著，找个好先生给你辅导辅导！"孩子非常开心，潜心学习语文和英语。甚至在上数学课的时候根本不听，只顾看自己的小说。考大学的时候，报考了清华，成绩出来，依然还是语文100分，英语100分和数学15分。招生老师面对这样的成绩单，争议不休，后来校长一锤定音：录用之！这个学生就是钱钟书！如果没有钱爸爸的优势理论，如果没有40年代时期清华校长的优势理论，我们只能再多一个平庸之才，而不会有这样的大才和他的那么多的名著！

三、关注优势的价值

虽然性格优势潜藏在每个学生的身上，但一项研究表明，仅有10%的人在危机时刻知道自己的优势并能够自动地、自然地、熟练地、流畅地运用它们；另有10%的人完全没有意识到自己的优势；而80%的人能意识到他人的优势并学着做，但是不会运用自己身上的优势。因此，有意识地帮助学生识别和发掘自身优势，并学会在日常生活中练习和运用这些优势，可以促进他们对生活、学习的参与度，获得情感、学业上的成功，创建富有意义的生活，实现蓬勃发展的人生。

（一）关注优势可以让人更快乐

人似乎生来就有享受快乐的能力。快乐是人类精神上的一种愉悦，是一种心灵上的满足，它会使一个人变得开心。这种愉悦是在人的需要得到满足之后的生理或心理上表现出的一种反应，常见的表达方式就是笑。关注积极优势的人，会让自己获得并发展自己的积极情绪，感到生活着满足、学习着幸福、工作着快乐，还能把积极优势发挥得淋漓尽致，形成积极人格特质，捕捉到人生的意义，建立起良好的人际关系，学会善待自己和他人等。这样一来，又会获得更深层次意义上的快乐。

（二）关注优势能充分实现人的价值

一位名人曾说："人必须悦纳自己，扬长避短，不断前进。"一个成功的人，他一定懂得发扬自己的长处，发掘自身才能的最佳生长点，扬长避短，脚踏实地地朝着人生最高目标迈进。毕竟每个人都有自我提升和自我实现的动机或愿望，作为天生具有学习特点的学生更是如此。关注自己的积极优势可以创造出外显和潜在的积极力量、积极品质等，在这个过程中，发挥自己的优势，学生的积极体验就会增强，积极人格也会得到有效培养。这样，我们在辛勤付出的同时，就能更好地发展自我，不仅在学校生活中获益，在离开学校后仍能幸福快乐，并持续不断地创造出美好而充满意义的生活。

四、如何提升个人优势

（一）天生我才，发现你的优势

天生我才必有用。每个人都有自己独特的优势，除了有较为出众的能力外，我们的品德、性格、习惯都可能构成我们自己的优势。如何发现自己的优势呢？

1. 关注自己的不同点。我们身上的不同点往往会是自己的潜在优势。要发现自己的潜在优势，就须要勇于实践、勇于探索，在尝试中发现自己、认识自己，不断地反思自己能干什么，不能干什么，如此才能取之所长、避之所短。

2. 关注自己的兴趣点。如何找到自己的兴趣点呢？唐纳德·克里夫顿告诉了我们一个很简单的方法。比如，当我们看到别人在做某件事时，心里是否会有一种痒痒的召唤感——"我也想做这件事"；当我们完成一件事时，是否会有一种满足感或欣慰感。假如是，这个让我们心里"发痒"的品质或兴趣点就是我们的优势。

3. 通过优势测量问卷（见心理测试部分），了解自己的积极优势。

（二）与众不同，发挥你的优势

最大限度地发挥你最出色的优势，使之成为你人生品牌的强项。判断一个人是否能够成功，最主要是看他能否最大限度地发挥自己的优势。研究发现，人类有400多种天赋。这些数量并不重要，最重要的是你发挥了哪些优势。

1. 做出优势承诺。为了有效发挥优势，我们有必要让自己做出优势的公开承诺。这种承诺作为一种公开保证，往往能够发挥出极大的作用。比如，面对优势做一些承诺宣言，如，"我承诺，我不允许任何困难阻挡我的发展""我承诺，在我做事感到难以坚持时，我一定有足够的耐心，并充满希望"等，这些承诺都会帮助我们形成自我优势意识，最终发挥自己的优势。

2. 不断使用优势。每天都关注自己的优势，并为我们的优势提供足够多使用的机会。在日常生活中不断地使用优势，比如我们可以在课堂学习中、在学生社团里、在班级岗位上等发挥我们的优势，以确保这些优势能够得到稳定和持续。这样不仅可以增加对学习的投入程度，而且还会增加成功的可能性。

（三）超越自我，构建你的优势

构建优势也就是要建立大学生身上原本所没有的，但对他们来说又是有益和必要的一些性格优势。性格优势可以通过一些适当的有效的方法进行构建而获得。我们可以通过想象、自我对话和运动等方式不断地使用、练习我们的积极优势，并意识到这些品质在不断练习中形成了一种卓越的、自动化的习惯，从而构建出自己的优势。

1. 通过想象构建优势

想象能创建自我效能感或一个信念，大学生可以通过想象使用优势来处理消极后果。比如，我们可以想象各种可能的消极后果的细节，然后思考一个有效的应急方案，从而使自己的恐惧下降。因此，利用想象出来的自我优势，在脑海中演练，慢慢地就能学会使用想象来改变局限性的心态，创建一个开放性的、可发展的心态，并最终学会构建和使用优势。

2. 依靠自我对话构建优势

自我对话是我们和自己进行的无声的对话，可以帮助我们针对问题进行优势的重新评估和解释。自我对话的方式可以是沉思、写日记、给自己写信、在内心重复别人所说的关于自己的信息，也可以默念积极宣言、期待积极结果、做出积极预测等。对话的内容可以这样："虽然眼前的困难让我很疲惫，但是我相信我是一个执著的人，我绝不会轻易退缩。""因为考试成绩不理想，我很难过。但是，这也让我更清楚地了解到学习要执著。"通过这些训练，学生可以学会从消极事件中找出积极因素，从而构建自己的优势。

3. 通过参与运动构建优势

身体优势和性格优势相互影响、相辅相成。将身体优势锻炼与性格优势练习结合起来是一种一举两得、事半功倍的做法。舞蹈对大学生来说是很好的优势训练方式。有证据表明，舞蹈可以用来发泄和调整情绪，帮助学生构建优势。同时，跳舞还能够加强群体团结，带来乐观与喜悦。通过这种结合，学生在学习舞蹈的同时，他们的求知力、创造力和团体合作等优势就可以得到快速构建与提高。

互动体验

在这个星期里，我希望你能抽出一段时间，用一种新的方式，在学习、休闲或工作时，练习你的一项或多项突出优势，一定得是明确使用它的机会。例如：

1. 如果你的突出优势是创造性，那么你可以每晚留出两个小时来写剧本。

2. 如果希望、乐观是你的一项突出优势，那也许可以向当地报纸投稿，表示你对太空计划的未来发展满怀希望。

3. 如果你觉得自我控制是你的优势，那么你已在某一个晚上去自习室学习或去操场锻炼，而不是在宿舍上网、打游戏、看电视剧等。

4. 如果你的优势是欣赏美与卓越，那么你可以选择一条更长、风景更好的路线去学习、吃饭等，哪怕这会多用20分钟。

最好的方法是创造性地使用你的优势。写下这个过程。你在做它之前、之中以及之后分别有什么不同的感受？该活动有挑战性吗？时间过得很快吗？你是否忘记了自我？

心理测试

了解你的突出优势

【指导语】

请认真阅读表11-3中的描述，看是否符合自己的实际情况，并把符合程度所代表的数字写在每题后面。"5"非常符合我，"4"符合我，"3"既没有符合也没有不符合，"2"不符合我，"1"非常不符合我。

【测试量表】

表11-3

优势	题目	符合程度	优势总分（每个因子的两题相加）
好奇心	1. 我对世界总是很好奇		
	2. 我很容易感到厌倦		
喜爱学习	3. 每次学新东西我都很兴奋		
	4. 我从来不会特意去参观博物馆或其他教育性场所		
判断力	5. 不管是什么主题，我都可以很理性地去思考它		
	6. 我常会很快做出决定		
创造性	7. 我喜欢以不同的方式去做事情		
	8. 我的大多数朋友都比我有想象力		
社会智慧	9. 不论是什么样的社会情境我都能轻松愉快地融入		
	10. 我不太知道别人在想什么		
洞察力	11. 我可以看到问题的整体大方向		
	12. 很少有人来找我求教		
勇敢勇气	13. 我常常面对强烈的反对		
	14. 痛苦和失望常常打倒我		
毅力	15. 我做事都有始有终		
	16. 我做事时常会分心		
正直真诚	17. 我总是信守诺言		
	18. 我的朋友从来没说过我是个实在的人		
仁慈慷慨	19. 上个月我曾主动去帮邻居的忙		
	20. 我对别人的好运不像对我自己的好运那样激动		
爱与被爱	21. 在我生活中，有很多人关心我的感觉和幸福，就像关心他们自己一样		
	22. 我不太习惯接受别人对我的爱		
公民优势	23. 为了集体，我会尽最大努力		
	24. 我对牺牲自己利益去维护集体利益很犹豫		
公平公正	25. 我对所有人一视同仁，不管他是谁		
	26. 如果我不喜欢这个人，我很难公正地对待他		
领导力	27. 我可以让人们为了共同的目标而努力，而且不必反复催促		
	28. 我对计划集体活动不太在行		
自我控制	29. 我可以控制我的情绪		
	30. 我的节食计划总是虎头蛇尾，半途而废		
谨慎	31. 我避免参与有身体危险的活动		
	32. 我有时交错了朋友或找错了恋爱对象		
谦虚	33. 当人们称赞我时，我常转移话题		
	34. 我常常谈论自己的成就		
对美和卓越的欣赏	35. 在过去的这个月，我曾被音乐、艺术、戏剧、电影、运动、科学或数学等领域的某一个方面感动		
	36. 我去年没有创造出任何美的东西		
感恩	37. 即使别人帮我做了很小的事情，我也会说谢谢		
	38. 我很少停下来想想自己有多幸运		
希望乐观	39. 我总是看到事情好的一面		
	40. 我很少对要做的事情有周详的计划		
目标感	41. 我对生命有强烈的目标感		
	42. 我对生命没有目标		
宽恕慈悲	43. 过去的事我都让它过去		
	44. 有仇不报非君子，总要报了才甘心		
幽默	45. 我总是尽量将工作与玩耍融合在一起		
	46. 我很少说好玩的事		
热忱热情	47. 我对每一件事都全力以赴		
	48. 我老是拖拖拉拉		

【评分标准】

请按照自己的符合程度给每道题目打分，并计算出每个优势的分数（每个因子的两道题得分之和），然后对每个优势的总分由高到低进行排序。你排在前五项的优势是（请按内容填写）：1. ________；2__________；3. ________；4. ________；5 __________。

【结果解释】

一般来说，你会有五项或少于五项得到9分或10分，这是你的突出优势。你也会有一些项目得了4~6分的低分数，这些就是你的劣势。建议你在日常生活中将自己的优势尽量发挥出来，它们是影响幸福的重要因素。要建构好生活就要展现你的优势，把它们变得更好，并且用它们来抵消你的劣势及其带给你的不快。

拓展阅读

三个旅行者同时住进了一家旅店。早上出门的时候，一个旅行者带了一把伞，另一个旅行者拿了一根拐杖，而第三个旅行者什么也没有拿。在他们出门不久，一场瓢泼大雨就下了起来。晚上他们归来的时候，拿伞的旅行者被淋得满身湿透，拿拐杖的旅行者则跌得浑身是伤，而第三个旅行者却安然无恙。

于是，前两个人很纳闷儿，问第三个旅行者："你既没带伞，也没有拐杖，怎么会一点事儿都没有呢?"

第三个旅行者并没有立即回答，而是问拿伞的那个旅行者："你为什么会淋湿而没有被摔伤呢?"

拿伞的旅行者回答说："当大雨来到的时候，我因为有了伞，就大胆地在雨中走，却不知雨中有风，伞遮不到的地方就被淋湿了；我走在泥泞的路上，因为没有拐杖，所以走得非常仔细，专拣平稳的地方走，所以就没有摔伤。"

然后，他又问拿拐杖的旅行者："你为什么没有被淋湿而是摔伤了呢?"

拿拐杖的那个人说："当大雨来临的时候，我因为没带雨伞，所以只能找那种能躲雨的地方走，所以没有淋湿；但当我走在泥泞坎坷的路上时，我便用拐杖拄着走，却不知为什么频频跌跤。"

第三个旅行者听完后笑笑说："这就是为什么你们拿伞的淋湿了，拿拐杖的跌伤了，而我却安然无恙的原因。当大雨来时我在房檐下走，遇到泥泞的道路时我慢慢地过，所以我既没有淋湿也没有跌伤。"

第二节　提升乐商

心灵故事

一次罗斯福家中遭窃了，丢失了很多东西，一位朋友闻讯后，忙写信安慰他，劝他不必太在意。罗斯福看了之后，给朋友写了一封回信，他是这么说的："亲爱的朋友，谢谢你来安慰我，我现在很平安，感谢生活。因为，第一，贼偷去的是我的东西，而没伤害我的生命；第二，贼只偷去我的部分东西，而不是全部；第三，最值得庆幸的是，做贼的是他，而不是我。"

对任何一个人来说，失窃绝对不是幸运的事，但罗斯福换了一种心态角度去看待人生中的这种失意与不幸，也避免了给自己带来烦恼。对待同一件生活事件，尤其是负性事件，人们可以有不同的生活态度，其中乐观态度可以帮助我们铸造积极而幸福的人生。

知识导读

一、乐商

乐商（Optimistic Intelligence Quotient，OQ），即乐观的水平。从本质上说，乐商不仅指一个人乐观水平的高低，它还指个体从所经历的消极事件中获取积极成分的能力，以及影响或感染他人的能力。主要包括：

1. 人的乐观程度。这可以通过归因风格（ASQ）量表测量。另外，还包括个体使自己变得快乐的能力，特别是自我激励的能力。

2. 人摆脱消极事件或消极影响的能力。尽管使自己摆脱消极事件走出生活低潮的能力并不等同于让人乐观的能力，但个体要想乐观总是要先摆脱自己已有的消极心理，然后才能运用各种积极的技术使自己高兴起来。乐商高的人一般能迅速摆脱自己的各种消极情绪。

3. 人影响他人变乐观的能力。乐观具有感染性，但不同的人对他人感染的力量不一样。乐商高的人更能够感染他人，使他人也很快地变得乐观。

乐商是一种能力，而且是一种后天的主动控制，是可以通过学习获得的技巧。它熟能生巧，有规律可循。

二、高乐商者的特征

（一）高乐商的人更有利于个人的社会性发展

所谓社会性发展，通俗一点说就是高乐商的人会挣更多的钱、获得更好的社会地位、有更稳定的婚姻关系等，即一个人会因具备高乐商而让自己获得一个更成功的社会生活。

相关链接

高乐商者有更多杜乡微笑

19世纪法国神经病学家吉尔玛·杜乡（Guillaume Duchenne，1806—1875年）首先对真笑和假笑做了区分。他发现当一个人真笑时，即当人真心快乐时，其嘴巴周围和两只眼睛周围的肌肉都会出现显著性运动；而当一个人假笑时，则只有嘴巴四周的肌肉产生运动。由于这种微笑分类法是杜乡首次提出的，因而人们习惯上就把真心的笑称为杜乡微笑。

研究发现，当人们展现杜乡微笑时，个体的大脑会产生让心情更好的化学物质，引发与满足、快乐等相关的神经活动显著增强。即使有意去运动那两组肌肉，人们也会产生快乐的感觉。因此，在自然状态下要鉴别一个人是不是具有高乐商这一特征，就看他是不是具有杜乡微笑。这种用杜乡微笑来预测人是否具有高乐商的方法已得到了心理学的实验证明。

高乐商者能获得更幸福的婚姻

海登斯顿等人在美国《动机与情绪》杂志上发表了一个研究报告，他们选择了一些大学年刊上的照片，男女性都有，同时又找了这些人在未成年时的照片，然后按照照片对这些人的微笑进行分类，再对这些人30多年后的生活状态进行追踪比较。结果发现，不管是年刊上的照片，还是毕业时的照片，那些具有杜乡微笑的人，其离婚显著低于那些具有非杜乡微笑的人。

相关生理检测也表明，当女性进行杜乡微笑时，她身体内会分泌大量的催产素，而催产素被称为“拥抱荷尔蒙”，可以有效增进夫妻间的亲密关系，从而建立良好稳定的夫妻关系。因此，高乐商能获得更稳定、更幸福的婚姻。

高乐商者能挣更多的钱

美国国家青少年健康纵向研究是一项始于1994年的国家层面的大型研究，共记录了约15 000多名青少年的乐观水平的变化情况，发现那些16～18岁时乐商水平最低的被试，他们到了29岁时，其平均收入比这个群体的整体平均收入少30%；而16～18岁时乐商水平最高的群体到了29岁时，其收入则比整体的平均收入高了10%左右。即，一个人如果年少时越乐观（乐商水平越高），长大了就越会赚钱。另一项研究也表明，具有杜乡微笑的人要比那些没有杜乡微笑的人多挣超过30%的钱（每年）。即，高乐商者每年多挣15 000美元左右。

（二）高乐商的人能增强个体免疫系统

免疫系统是人保持身体健康和对抗疾病侵扰的防卫组织系统，主要用来指认并消灭那些侵入人机体的异类物，如细菌、肿瘤细胞和病毒等。心理学家研究发现，高乐商的人有更强的免疫系统、工作能力以及更佳的心血管功能（更少的心脏病发作和动脉阻塞）。当高乐商者遭受失败或挫折时，他们一般不会变得沮丧，也不会很快放弃，他们甚至会有意识地主动抗拒无助。即一个人无助感体验越少，其免疫系统的活动能力就越强健，生命也越长寿。

（三）高乐商的人能增强个人健康意识

高乐商者习惯于自己掌握自己的命运，一旦生病也会立即采取有效行动，去找医生或专业人士治疗。而低乐商者却把生病看成是必然产生的、永久的、普遍性的事。后者认为，自己生病后做什么都不会有用，所以也往往不太愿意去看病和听从医生的建议，常采取听之任之的态度。比如，谁都知道吸烟有害健康，但在对待戒烟这件事上，高乐商者远比低乐商者更愿意采取戒烟措施。而且当面临抽烟、酗酒等不良生活方式引诱时，相比于那些低乐商者，高乐商的人更能经得起引诱。并且在相同引诱条件下，低乐商者吸烟和酗酒的比例超过高乐商者一倍。

（四）高乐商的人比较愿意寻求社会支持和交往

高乐商的人具有更多微笑，而微笑是一种用来改善人际交往、寻求社会支持的自动化手段，这在一定程度上就意味着高乐商的人更愿意主动寻求社会支持，建立良好的人际交往。而且当遭遇到不幸事件时，高乐商者更愿意向他人倾诉，比如，打电话给朋友，告诉别人他自己的不幸，向他人寻求安慰与帮助。而低乐商的人往往比较被动，总是等待朋友主动来询问自己。事实上，如果一个人不主动去告诉朋友自己所发生的不幸，谁又会知道他的遭遇呢？长此以往，高乐商者就会积累成功经验，提升其乐商水平，继而进入一种良性循环，而低乐商者则相反。

三、乐商的影响因素

（一）母亲的解释风格

孩子的解释风格与其母亲的解释风格关系特别密切。主要原因在于，多数情况下母亲照顾孩子的生活更多一些，其近距离接触孩子的机会远大于父亲，在漫长的接触过程中逐渐积累，形成与母亲类似的解释风格，同时投射到自己的生活中，这又在一定程度上加强或削弱了自己的乐观水平。

（二）老师和家长的批评

也许很多老师和家长没有意识到，孩子做错事时，他们给予的批评可能会影响孩子的一生。当孩子在聆听大人教训时，他注意到的不只是批评的内容，还有批评的方式。孩子一般都会相信大人们的批评是正确的（因为所有的成年人在孩子心目中几乎都是权威），而且会用这些批评来构筑或内化成自己的解释风格。

（三）早期的危机事件

人的一生无法由自己说了算。在不同的人生阶段，人们都有可能遭遇到一些自己控制不了的不幸，但相对来说，人生早期的不幸也许是人一生最大的不幸，因为这个时期的灾难很容易让人形成消极心态。而且一般来说，个体早期面临的不幸事件越多，长大后就越悲观。如果所面临的危机事件能得到妥善解决，孩子就会认为不好的事件是可以改变、克服的，否则，这颗绝望的种子就永远埋在了孩子的心里，并使他们终生受苦。

四、提升乐商的方法途径

（一）努力欢笑

当你努力使自己快乐时，你也会改变你自己已有的感觉，你会觉得你周围的事物更可爱。尤其是当人处于平静状态时，强作欢笑可以提升人的乐观水平。这意味着当我们不太喜欢某件事、某个人、某种结果而又不得不接受这些事、人或结果时，我们可以有意对这些事、人或结果进行微笑，或许就可以改变你的态度。

（二）留住自己生活中的美好

每个人的生命中肯定会有许多让人快乐的时光，但如果人们没能收藏这些快乐时光，那这些快乐就会像抓紧在人手心里的沙，不经意间就从手指缝里溜走，再也找不回来，因此，保留住自己生活中的快乐时光就显得更为重要。学会把自己日常生活中的一些快乐时光保留住，在以后平淡或不快乐的日子里再把这些快乐时光翻出来反复品味，会给自己增添许多快乐。

相关链接

如何保留住生活中的快乐时光

1. 多拍照片。
2. 举行必要的仪式。
3. 多看别人的优点。
4. 经常晒晒你的好福气。

（三）细细品味现在

品味是指人们引起、欣赏和增加积极体验的能力，以及基于这种能力的心理加工过程。细细品味现在能帮助人们从琐事中发现生活的美好，把点滴的快乐汇集起来，找到生活的意义，进而更多地增加个体的积极体验或幸福感。这需要我们：

1. 经常和他人分享自己的体验。
2. 主动把你现在的一切好事或好感觉构建到你的记忆中。
3. 时时自我祝贺并自我奖赏。
4. 努力使自己深刻感知周围的事。
5. 学会专注。
6. 经常努力冲破已有的习惯。

（四）努力做善事

通过做善事来获得的快乐是一种深层快乐，是人性得到满足后所释放的自我证明的快乐，这种愉悦所带来的快乐会更持久，也更有益。当然，做善事并不意味着要你付出很多，有时其实只是举手之劳，如，让有事的人先走一步、帮别人顺带一件物品、在路上主动给别人让一下路、对不认识的人微笑一下等。千万别小看了这些善事，它们也许是你快乐的最好激发器。

（五）经常感恩他人或社会

“滴水之恩，涌泉相报。”“感恩”不仅是一种情感，更是一种人生境界；永怀感恩之心，不仅是一种处世哲学，更是生活中的大智慧。怀着感恩的心去生活，生活中所体验到的感激就越多，心情就会越好。因此，要学会凡事（哪怕是微不足道的小事）必感恩，把感恩当作自己生活的一处习惯，人们就可以因放大对好事的记忆而更快乐。

（六）学会宽恕

宽恕他人可以提高人的乐商水平。如果学会了宽恕，就能转移甚至消除曾遭受的痛苦。然而，这并不是说宽恕能够自动惩罚那些曾经伤害过我们的人，而是它能在不改变记忆的情况下，改变自己的心态，使人们的生活重新恢复到快乐的状态。

相关链接

宽恕REACH五步法

1. R 即回忆（Recall）。对于曾经的伤痛，先做几次深呼吸，然后慢慢让事情在脑海中再过一遍。回忆时尽量以客观的方式去进行，不要把对方“妖魔”化，也不要自怨自艾或过分拘泥于细节。

2. E 即共情（Empathize）。试着从对方的角度考虑下，理解他为什么要伤害你。尽管这样做不容易，但是设想如果让对方解释，他会怎么说，尽量想出一个可信的理由。以下几点有助于你寻找到合适的解释：

当一个人感觉到自己的生存受到威胁时，他会出于自卫而伤害别人；一个人在伤害他人时，自己也往往处于害怕、担心或受伤害的状态；一个人所处的情境条件导致他这样做，这样做不是他的人格使然；人们在伤害别人时，自己往往没有清楚意识到，只是突然发作……

3. A 即利他（Altruistic）性真心宽恕。回想一件你曾伤害过别人而对方原谅了你的事，想想获得原谅时的内疚，再想想你当时的感激之情。这是他人给你的宽恕礼物，因为你需要这份礼物，那你现在也可以送份宽恕礼物给别人。

4. C即公开承诺（Commit）宽恕。不要选择在心里原谅，要通过写信给对方，在日记中、记事本里清楚写下自己的宽恕，或把这份宽恕告诉某位可靠的朋友或第三者等，以此公开表明自己的宽恕，但一般情况下不要在对方的集体面前表达自己的宽恕，因为这样做会给对方造成一定的压力。

5. H即保持（Hold）宽恕。过去的记忆一定会再次回来，不过有记忆并不代表不原谅，宽恕并不是消除记忆，而是换掉记忆上贴的那个标签。

（七）多与朋友或亲人相处

快乐不仅是体验本身，还是一种意义理解。因此，你住哪里、有多少钱、做什么工作等和你的快乐关系不是很大，但朋友和亲情却会直接影响你的快乐。因为当一个人和朋友、家人在一起时，会置身于功利、事务之外，更容易获得内心的宁静和快乐，不仅让人体验到放松，而且快乐来源也有多种，有时可以是来自一份美食、一次按摩，甚至是一次鸟虫鸣叫，但更多的时候，快乐来自一种心灵平静。

（八）照顾好自己的身体

当一个人有良好的身体感受时，其内心也会相应体验到更多的快乐，当然良好的心理体验也会影响个体的身体感受。照顾好自己的身体，每天要固定抽出一定的时间参加一下体育锻炼，这对改善心情大有好处。已有多个研究证明，保持充足的睡眠、进行适当的运动和锻炼等，可以在短时间内迅速增加人的快乐。

互动体验

感恩习惯练习

作为提升乐商的途径，当感恩成为一种习惯，我们会更多地珍惜生活中的美好，而不会把它们当成是理所当然。请按照下面的要求来做：

1. 每天睡前花5分钟时间回忆一下刚过去的一天，回忆那些已经发生的、跟自己有关的事，特别是思考一下今天有哪些事情值得感激，并写下让你感到感激的5件事，这些事情可大可小，从一顿饭到与一个好友的畅谈，并自言自语地小声表达自己的感恩。

2. 请不要小看这5分钟的努力，它会以舒适的感觉伴随人们入眠，更会让人在感受好事的快乐中做美梦。

3. 如果每天都做的话，你可能会重复地列出一些事情，这很好；重点是，在重复之外，为了让你每次回忆的情感体验保持新鲜，请把它们写下来，同时去想象每件事当时的体验和感受。

4. 你可以自己做这个练习，也可以与你的同学、家人、恋人一起完成，共同表示对生活的感激，进而让彼此关系更加亲密和谐。

心理测试

“解释风格”问卷

【指导语】

请仔细阅读下面的每一个情境描写，并想象你在那个情境中。有的情境你可能从没经历过，不过这没关系；有时候也可能提供的两个答案都不适合你，那也没有关系，圈一个最可能适用到你身上的情境就可以了。你可能不喜欢描写这些情境的句子写法，但是请不要圈选你认为“应该”或是“对别人来说这样说才比较好”的选项，请选择你喜欢的、比较适合你的选项，每一题单选一项，请把该选项上的分值圈出来。

【测试量表】

1. 你所负责的那项计划非常成功。

A. 我监督手下很严（1）

B. 每一个人都花了很多心血在上面（0）

2. 你和配偶（男/女朋友）在吵架完了后讲和了。

A. 我原谅了他/她（0）

B. 我一般来说是很宽宏大量、不记仇的（1）

3. 你在开车去朋友家的中途迷路了。

A. 我错过了一个路口没转弯（1）

B. 我朋友给我的指引讲得不清不楚（0）

4. 你的配偶（男/女朋友）出乎意料地买了一件礼物给你。

A. 他/她加薪了（0）

B. 我昨晚请他/她出去吃了豪华大餐（1）

5. 你忘记你配偶（男/女朋友）的生日。

A. 我对记生日是很差劲的（1）

B. 我太忙了（0）

6. 神秘的爱慕者送了你一束花 。

A. 我对他/她很有吸引力（0）

B. 我的人缘很好（1）

7. 你当选了社区的公职（民意代表）。

A. 我花了很多时间和精力去竞选（0）

B. 我做任何事都全力以赴（1）

8. 你忘记了一个很重要的约会。

A. 我的记忆有时真是很糟糕（1）

B. 我有时会忘记去看记事本上的约会记录（0）

9. 你竞选民意代表，结果你落选了。

A. 我的竞选宣传不够（1）

B. 我的对手人脉比较广（0）

10. 你成功地主持了一个宴会。

A. 我那晚真是风度翩翩（0）

B. 我是一个好主人（1）

11. 你及时报警阻止了一件犯罪。

A. 我听到奇怪的声音，觉得不对劲（0）

B. 我那晚很警觉（1）

12. 你这一年都很健康。

A. 我周围的人几乎都不生病，所以我没被传染（0）

B. 我很注意我的饮食，而且每天休息都足够（1）

13. 你因为借书逾期未还而被图书馆罚款。
A. 当我全神贯注在阅读时，我常忘记借阅到期了（1）
B. 我全心在写报告上，忘记去还那本书了（0）
14. 你买卖股票赚了不少钱。
A. 我的经纪人决定去试一个新的投资（0）
B. 我的经纪人是一流的（1）
15. 你赢了一场田径比赛。
A. 我觉得我是东方不败（0）
B. 我很努力训练自己（1）
16. 你在大考中失败了。
A. 我没有其他考生那么聪明（1）
B. 我准备得不够（0）
17. 你为你的朋友特别烧了一道菜，而他连尝都不尝。
A. 我烧得不好（1）
B. 我的食谱也许不太适合他的口味 （0）
18. 你花很长时间练习某项运动，但在比赛时还是失利了。
A. 我不是一个好的运动员（1）
B. 我对那项运动不在行（0）
19. 你的车子在深夜的大街上没有了汽油。
A. 我没有事先检查下油箱还有多少油（1）
B. 油表的指针坏了（0）
20. 你对朋友发了一顿脾气。
A. 他/她总是烦我（1）
B. 他/她今天很不友善（0）
21. 你因未申报个人所得税而受罚。
A. 我总是拖着不愿意去办有关所得税的事（1）
B. 我今天很懒散，不想报税（0）
22. 你邀请一个人去玩，他/她拒绝了你。
A. 我那天什么事都做不成，心情恶劣（1）
B. 我去约他/她时紧张得说不出话来（0）
23. 一个现场节目的主持人从众多的观众中挑出你上台去参加节目。
A. 我坐的位置比较好（0）
B. 我表现得最热情（1）
24. 在舞会上，常有人请你跳舞。
A. 我在舞会上很活跃（1）
B. 那晚我一切表现都十全十美（0）
25. 你替你的配偶（男/女朋友）买了一件礼物，而他/她并不喜欢。
A. 我没有好好用心思去想应该买什么（1）
B. 他/她是个很挑剔的人（0）

26. 你在应聘面试中表现得很好。

A. 我在面试时觉得非常自信（0）

B. 我很会面试（1）

27. 你说了一个笑话，每个人都捧腹大笑。

A. 这个笑话很好笑（0）

B. 我说笑话说得很好，时间拿捏得很准（1）

28. 老板只给你一点点时间去完成一个计划，但你还是如期达成了。

A. 我对我的工作很在行（0）

B. 我是一个很有效率的人（1）

29. 你最近觉得很疲倦。

A. 我从来就没有机会放松一下（1）

B. 这个星期我特别忙（0）

30. 你邀请某个人跳舞，他/她拒绝了。

A. 我不是一个好的舞者（1）

B. 他/她不喜欢跳舞（0）

31. 你救了一个人，使他没有被噎死。

A. 我知道如何急救喉咙梗死的人，我会这个技术（0）

B. 我知道紧急的情况如何处理（1）

32. 你的热恋情侣想要冷静疏远一阵子。

A. 我太自我为中心了（1）

B. 我花在他 / 她身上的时间不够（0）

33. 一个朋友说了一些使你伤心的话。

A. 他/她说话每次不经过大脑就冲口而出（1）

B. 他/她心情不好，把气出在我身上（0）

34. 你的老板来找你，要你给他一些忠告。

A. 我是这个领域的专家（0）

B. 我给的忠告--向都切实可行（1）

35. 一个朋友谢谢你帮助他/她度过一段困难时期。

A. 我很乐意协助朋友度过困难期（0）

B. 我关心朋友（1）

36. 你在宴会上玩得很痛快。

A. 这里的每一个人都很友善（0）

B. 我很友善（1）

37. 你的医生说你的身体健康情况极佳。

A. 我坚持经常运动（0）

B. 我对健康很小心也很注意（1）

38. 你的配偶（男/女朋友）带你去度一个浪漫的周末。

A. 他/她需要远离城市几天（0）

B. 他/她喜欢去看看新的、没去过的地方（1）

39. 你的医生说你吃太多甜的东西。
A. 我对饮食不太注意（1）
B. 我避免不了糖分，到处都是甜品，每样东西里都有糖（0）
40. 老板指派你去做一个重要计划的主持人。
A. 我刚刚才成功地做完一个类似的计划（0）
B. 我是好的计划主持人，监督严谨，沟通良好（1）
41. 你和你的配偶（男 / 女朋友）最近一直吵架。
A. 我最近压力很大，心情不好（1）
B. 他/她最近心情恶劣（0）
42. 你滑雪时总是摔跤。
A. 滑雪很困难（1）
B. 滑雪道结了冰，很容易滑倒（0）
43. 你赢得了一个很重要的大奖。
A. 我解决了一个重大难题（0）
B. 我是最好的员工（1）
44. 你买的股票现在跌入谷底。
A. 我那个时候对商业投资不是很懂（1）
B. 我买错了股票（0）
45. 我中了奖券（大乐透）。
A. 真是运气（0）
B. 我选对了号码（1）
46. 你在放假时胖了起来，现在瘦不回去。
A. 从长远来看，节食是没有用的（1）
B. 我这次用的这个减肥法没效果（0）
47. 你生病住院，但是没什么人来看你。
A. 我在生病的时候脾气不好（1）
B. 我的朋友常会疏忽像探病这种事（0）
48. 商店拒收你的信用卡。
A. 我有时高估了自己的信用额度（1）
B. 我有时候忘记去付信用卡账单（0）

【评分方法】

1. PmB代表“坏事件的持久性归因”维度（题号：2、7、13、14、19、22、28、31），测量你是不是把坏事件归因于持久性的原因，把这8项得分相加。

2. PvB代表“坏事件的普遍性归因”维度（题号：5、10、11、12、15、21、30、32），测量你是否会将坏的事件在各方面都灾难化，把这8项得分相加。

3. PsB代表“将坏的事件内在化还是外在化”维度（题号：3、9、19、25、30、39、41、47），测量你是否习惯于将坏的事件内在化还是外在化，把这8项得分相加。

如果你的PmB或PvB或PsB总分是“0”或“1”，那么你就是一个具有较高乐商水平的人；是2分或3分，那么你是一个中等乐观的人；是4分，那么你是一个既不乐观也不悲观的人；是5分或6分，那么你是一个有点悲观的人；是7分或8分，那么你是一个十分悲观的人。

4. PmG代表“好事件的持久性归因”维度（题号：1、6、8、9、16、17、26、27），测量你对好的事件会持续多久的看法和态度，把这8项得分相加。

5. PvG代表“好事件的普遍性归因”维度（题号：3、4、18、20、23、24、25、29），测量你对好的事件普遍性的乐观程度，把这8项得分相加。

6. PsG代表“将好的事件内在化还是外在化”维度（题号：1、4、11、12、23、27、36、45），测量你习惯于将好的事件内在化（个人化）还是外在化，把这8项得分相加。

【结果解释】

同样把这8项的得分分别相加，如果PmG或PvG总分是7或8，那么，你就是一个很乐观的人；如果是6，那么，你是一个中等乐观的人；如果是5或4，那么，你是一个既不乐观也不悲观的人；如果是3，那么，你是一个有点悲观的人；如果是2、1或0，那么，你是一个十分悲观的人。

整体乐商水平：

G—B（好的方面的总分—坏的方面的总分）=（PmG+PvG＋PsG）–（PmB+PvB+PsB）

如果你的G—B分数在：

8分以上：总体来说，你是一个很乐观的人，即你是一个高乐商的人。

6～8分：中等乐观，你是较高乐商的人。

3～5分：一般性乐观，你是个一般乐商水平的人。

1～2分：中等悲观，你是个轻度低乐商的人。

0分或负分：极度悲观，你是个重度低乐商的人。

拓展阅读

蟑螂家有两个儿子，一天，老大哭着回来对父母说：“爸爸妈妈，生活还有什么意思吗？别人都说我是害虫！”

这时候，弟弟回来了，高兴地对父母说：“爸爸妈妈，别人对我真好，见到我都和我打招呼——Hi（害）—虫！”

第三节 持续的幸福

心灵故事

一个20出头的年轻小伙子急匆匆地走在路上，对路边的景色与过往行人全然不顾。

一个人拦住了他，问：“小伙子，你为何行色匆匆啊？”

小伙子头也不回，飞快地向前跑着，只泛泛地甩了一句：“别拦我，我在寻求幸福。”

转眼20年过去了，小伙子已变成了中年人，他依然在路上疾驰。

又一个人拦住了他：“喂，伙计，你在忙什么呀？”

“别拦我，我在寻求幸福。”

又是20年过去了，这个中年人已成了一个面色憔悴、老眼昏花的老头，还在路上挣扎着向前挪。

一个人拦住他："老头子，还在寻找你的幸福吗？"
"是啊。"
当老头回答完别人的问话，猛地惊醒，一行眼泪掉了下来。原来刚问他问题的那个人，就是幸福之神，他寻找了一辈子，可幸福之神实际上就在他旁边。

是啊，什么是幸福？各国政府在追崇着国民幸福指数，媒体在热议着幸福的话题，各地政府也在忙着幸福城市的评选，千千万万的民众也在关注着"什么是幸福"，但回答的声音却有千万种。有些人甚至为了幸福，就像故事中的老人一样，追求了一辈子的幸福，原来幸福就在自己身边。可是我们又如何将幸福进行到底呢？

知识导读

一、幸福的内涵

（一）幸福的常见类型

1. 把"成功"当幸福

把成功当幸福的人，他们并不享受生活，对现状总是不满意，但总是给自己制订目标，告诉自己"苦点没什么，要努力，达到目标就会幸福"。而追求目标的过程充满压力和焦虑，等他们真的追求到目标的那一天，得到的只是快乐。快乐是短暂的，因为"人的欲望永远无法满足"。短暂的快乐过后，他们会给自己制订新的目标，并告诉自己，"再苦点没什么，再努力，达到目标就会幸福"，背负着压力和焦虑再次上路。等到这个目标达到的时候，他们又获得了短暂的快乐。同样，短暂的快乐过后，他们又给自己制订了新的目标，背负着追求目标的压力和焦虑再次上路……直到老去。因此，这种人"不享受生活，只追求目标"，他们"把成功当幸福"，其实并不幸福，陪伴他们左右的是"无尽的压力和焦虑"。

2. 把"解脱"当幸福

把解脱当幸福的人，怎么努力也达不到现实的要求，使得自己"当下的生活"没有了快乐，同时也不知道"将来的生活"会是什么样子，对将来的生活也不憧憬、不向往。所以，他"现在不快乐，未来也没目标"，内心感受到的是："活着有什么意思?!"于是就有了"解脱"的想法。这一类型的人"并不喜欢当下的生活"，当下的生活也不能给他们带来快乐和满足。因此，"把解脱当幸福"的人，其人生没有意义，也并不幸福。

3. 把"享乐"当幸福

很多人从小到大，过着"衣来伸手，饭来张口"的日子，所有事情均由家长包办，他们只需要"好好学习"就行了。其中一部分人无论怎么努力学习都不能让自己满意，慢慢失去了学习的兴趣，失去了积极的人生目标，而他们从小到大总能轻而易举地获得物质上的满足，他们渐渐形成了"把享乐当幸福"的价值观。这样的人在享乐过后极度空虚，空虚了怎么办？再去享乐弥补空虚，周而复始，形成了过一天是一天，过一天享乐一天的价值观。这一类型的人把享乐当幸福，没有积极的人生目标，并不幸福。

4. 真正的幸福

享受现在生活的快乐，同时不断追求着积极人生目标，这种生活状态是"真正的幸福"。也就是说，正确的幸福观是"享受着生活，不断追求着目标"，这样的人也是真正幸福的人。他们享受生活，心态平和；他们追求着目标，积极向上；他们最终将会实现自我价值，一辈子处于“幸福的状态”。因此，心中有目标又享受现在的人一定是充实的、积极向上的，内心也是幸福的。

相关链接

幸福汉堡包模型

泰勒·本·沙哈尔曾经为参加壁球赛而严格控制饮食，他决定比赛一结束就大吃“垃圾食品”以犒劳自己。但当他真的一口气买来四个汉堡时，却不想吃了。就在那一刻，“汉堡模型”在他脑海中形成。即，四个汉堡代表四种人生模式：第一个汉堡，口味诱人但是标准的垃圾食品——享乐主义型，为了享受现在快乐而出卖未来幸福；第二个汉堡，口味很差，可里面全是蔬菜和有机食物——忙碌奔波型，追求未来快乐而承受现在痛苦；第三个汉堡，既不好吃也不健康——虚无主义型，既不享受当下也对未来没有期望；只有第四个汉堡是“幸福”的——感悟幸福型，现在与未来双赢。

（二）幸福的真正内涵

幸福……那就是

我饿了，看别人手里拿个肉包子，那他就比我幸福；

我冷了，看别人穿了一件厚棉袄，那他就比我幸福；

我想上茅房，就一个坑，你蹲在那里了，你就比我幸福！

原来幸福就是……

其实，幸福不是比别人好一点点，《现代汉语词典》对“幸福”的解释是：幸福就是使人心情舒畅的境遇和生活。目前，心理学界对幸福的界定如下。

1. 幸福是一种积极态度

幸福是个人根据自定的标准对其生活质量进行整体评估而产生的愉快的主观感觉。总体上用一句话来说就是：“我的生活过得还不错。”幸福也是一种能力，通过学习是可以获得的。

2. 幸福是一种乐观性格

幸福主要表现在个体对待生活是一种稳定、一致、积极的行为风格，由于积极正面思考比较多，因此总会相信未来会更好。总体上来说就是：“我是一个非常热心的人。”

3. 幸福是一种快乐的心情

个体可以感受到正面的情绪，如快乐、感恩、怜悯和酣畅等，心情总是愉悦的，脸上也总有“杜乡式微笑”。用一句话来说就是：“在生活中，我感受到了尊敬与感恩。”

4. 幸福是一种愉悦的感受

味觉、嗅觉、触觉及其他感官的快乐虽然不是情绪，但我们能判断这种感受的好坏。虽然不是我们追求和奋斗的目标，但是可以让我们感到很快活，并且是一种身心都能感受到的快感。如，阳光照在皮肤上的温暖、微风吹拂脸庞的春意、细雨洒在手心的快感等。

5. 幸福是一种福流体验

美国心理学家齐斯真·米哈伊于1960年，通过观察美术学家、国际象棋高手、攀岩者、作曲家、运动员等，发现这些人在他们所从事的活动中，会全神贯注地工作，时常遗忘时间的运转轨迹，以及周围环境的知觉。这些人参与的活动完全出自于其内在的乐趣，这些乐趣来自于活动的过程，而不是外在的报酬。这种经由全神贯注所产生的心理体验，他称之为“Flow”，并认为这是一种最佳的幸福体验。用一句话来说就是：“一切都是永恒和静止，我感觉不到时空的存在。”

相关链接

Flow（福乐）的特征

1. 全神贯注（注意力集中）。
2. 物我两忘（自我意识和时间意识的暂时性消失）。
3. 驾轻就熟（对生活有完全的掌握和控制）。
4. 体验过程（感受到活动的精确回馈）。
5. 主动积极（发自内心地参与活动）。

二、幸福的影响因素

（一）主观因素

1. 人格特征

幸福的实质就是个体的主观积极体验，它更多依赖于个体自身所设定的标准，主观性是其最为突出的特点，因此，人格特征成为影响主观幸福感最有力、最核心的因素。比如，外倾性的性格就容易获得幸福感，而且生活满意度也较高。

2. 自尊

随着大学生对自我的关注加强，自尊就成为影响其幸福感的一个重要因素。自尊对个体的主观幸福感预测作用较强，高自尊的个体对自我持肯定的正向评价，普遍认为自己比较出色，对自己有信心，相信自己有能力克服缺点，自我接纳与和谐程度高，体验到的积极情感较多，消极情感较少，对自我较为满意，因此，幸福感体验较高。低自尊的个体则与之相反。

3. 控制感和自我效能感

在控制感上，研究结果表明，个体越认为生活更多由外在控制，其主观幸福感水平越低；反之，越倾向于内控的个体，即认为自己行为可以改变世界，其幸福感水平越高。内控者倾向于把行为后果看作是由自身行为本身决定的，体会到对事件的控制感，较为乐观和主动，多采用问题指向的应对方式，往往能较好地适应周围环境，无疑会对幸福感产生正面的影响。外控者倾向于把行为的结果归结于机遇和运气或其他一些自己无法控制的外部力量，较为悲观和被动，采取的应对方式比较消极，不利于个体的适应及身心健康，从而也损害自身的幸福感。

4. 应对方式

使用解决问题、求助和合理化应对方式多的个体，幸福感水平较高；使用发泄、退避和不良情绪应对方式多的个体则幸福感水平较低。王极盛和丁新华的研究显示，大学生较多使用解决问题、求助和合理化等积极应对方式，不良情绪、退避和发泄类消极应对方式使用较少，而且女生在解决问题和合理化应对方式的使用上要多于男生。

（二）客观因素

1. 学业满意度

田澜等人的调查显示，总体幸福感与学业满意度具有极为显著的正相关关系。郑雪等人通过调查我国大学生学习主观幸福感现状及其影响因素，认为学习满意度高，在学习过程中体验到更多积极情感的学生主观幸福感较高。同时，还存在学校类型的差异，非重点大学的学生，其主观幸福感显著低于重点大学的学生。

2. 家庭因素

家庭的环境、经济状况、家庭结构等交互影响着学生的幸福感。调查发现，个体在家庭中所感受到的亲密度越高，家庭的适应性越强，越感到幸福。家庭关系和谐，情感联系亲密，个体长时间生活在这种氛围之中，自然能其乐融融，感受到较多的积极情感体验，并对生活做出满意评价，从而显著影响幸福感。

三、幸福五施——将幸福进行到底

（一）颜施——要笑

笑是人类最古老的交流方式之一，微笑比语言出现得更早。微笑在沟通时可以避免冲突，让人更舒服；还可以开怀、通气，有效降低血压，经营良好的人际关系。所以，我们每天要多些微笑，笑的时候要让眼睛周围的肌肉收缩和嘴角的微笑同时出现；在微笑前先想想快乐的时光，会让我们笑得更开心；还可以找到你日记中值得感恩的经历，想想这段经历，然后发自内心的笑；还可以幽默地笑。幽默是生活中的润滑剂，这种笑会给人以轻松和幸福。

相关链接

微笑可以使人善良

美国曾做了一项丢失钱包的归还率实验，在实验中有52%的钱包都得以归还。在归还的钱包中，装着名片的钱包占8%，装着一对老夫妇的照片的归还率为11%，装着一只宠物狗照片的归还率为19%，内有一个快乐家庭照片的归还率为21%，钱包内含有微笑婴儿照片的归还率为35%。

（二）身施——要动

生命在于运动，运动是生命之源，运动是健康之本。运动让我们生命活力十足，心情舒畅，远离疾病，健康长寿。研究发现，体育活动的效果与抗抑郁和抗焦虑的药效基本上是一样的。每天10分钟的体育锻炼就能产生积极的效果，30分钟的锻炼就可以产生理想的效果。运动还能使我们保持有型的身材、使我们耐力增加、使我们胸怀坦荡、使我们朝气蓬勃、使我们神采飞扬、使我们充满毅力、使我们更能去轻松幸福地面对生活。大学生趁着年轻，我们可以邀上亲朋好友一起外出旅游、唱歌、行善等，这些对情操都是一种陶冶，对心灵都是一次洗礼，生活也会因此更幸福。

相关链接

梦骑士的故事

梦骑士（Men Cheese）于2011年成立于浙江省杭州市下城区浙江工业大学，音译为“梦骑士”，是面向大学生、旨在帮助大学生单车远行、锻炼自己、实现梦想、体现人生价值的组织机构。Men Cheese车队是一群喜欢骑行的人，一群乐观向上的人，一群热爱冒险的人，一群向往远方的人，一群永远都在路上的人……一直致力于在大学生群体中发起单车运动的热潮，丰富大学生课余生活，鼓舞大学生去挑战自我、追逐梦想与幸福。

（三）言施——要说

要想获得幸福，生活中有效的沟通必不可少。我们在学习、工作、娱乐时，或者希望和一些人的关系更加稳固和持久时，都要通过交流、合作达成目标，这就需要“说”。“说”可以是口头的，也可以是书面的；可以是言语的，也可以是非言语的。在说的时候，要投入时间，并留意对方要做的事情；还要对对方表达出敬佩、感激和感情。说的方式见表11–4。

表11-4

支持度/参与度	积极	消极
主动	热情反应、刨根问底	倒苦水、批评
被动	为你高兴，但不会或不愿表达	漠不关心，似乎跟自己没有关系一样

（四）眼施——要观

生活中不是缺少美，而是缺少发现。做一个幸福的人，就要善于发现生活中的善和美。倘若说欣赏自然之美需要睿智和一双善于发现真谛的眼睛，那么欣赏人间真情善事，则需要有细腻的情感。人如果能丢下无谓的烦忧，哪怕一片树叶、一朵小花，都能发现它的美。只要用心，生活中的美和喜悦便会不请自来。虽然生活不都是快乐和幸福，但常常感动于亲情的温暖，感动于朋友间情谊的真挚。练就一种修养、一种品位去适时捕捉和欣赏生活中的善与美，为心灵开一扇窗，让善事的光芒和生活中炫目的美呈现在你眼前，原来幸福就一直充斥在生活的各个角落。

（五）心施——要善

人们常说，好人有好报。所谓好人就是经常做善事的人。心理学研究发现，经常做善事，可以让人获得持续的幸福。毕竟帮助别人会让我们与他人的关系更加亲密；帮助别人也可以使我们的生活方式更加积极；帮助别人还会让我们更加自信；帮助别人更会让我们觉得生命更有意义。当拥有了亲密、积极、自信、意义等这些积极特质时，幸福便会油然而生！

互动体验

哪个情景更幸福？

情景1：某教授在上海开会，但是会议直到7点才结束。他的飞机8点半起飞，为了赶上飞机，他一路奔跑，从地铁到出租，再到自悬浮列车，再到机场。等他赶到机场时，已经过了8点钟，飞机工作人员正准备关门。教授运用高超智慧，经过百般努力，机场工作人员最终让他上了飞机，这时距离起飞时间只有10分钟了！

情景2：某教授在上海开会，但是会议直到7点才结束。他的飞机8点半起飞，为了赶上飞机，他一路奔跑，从地铁到出租，再到自悬浮列车，再到机场。等他赶到机场时，已经过了8点钟，这时他发现飞机还晚点半小时，所以他顺利地安全登机。

你认为，以上两种情况下，哪一种结果会让教授感到更幸福？

你福流过吗？

1. 这件事让你产生浓厚兴趣，专注而沉浸其中，对周围的一切浑然不知。

2. 你始终被一种愉悦的力量推动着，虽然这件事对你有挑战，但你不断探索，觉得能控制它。

3. 活动完成，你无比喜悦，体会到创造性的乐趣。

如果上面的情景都出现过，毫无疑问，你就是拥有过Flow体验的人。

心理测试

大学生幸福感量表

【指导语】

您好！以下问卷涉及您在生活中所遇到的一些情况、您的一些做法或看法。请仔细阅读每道题目，并根据自己的第一感觉尽快做出回答。请勾选最符合您情况的答案代码，①很不同意，② 不同意，③一般，④有点同意，⑤非常同意。

1. 我能很好地适应我周围的环境。	① ② ③ ④ ⑤
2. 我有一个和睦的家庭。	① ② ③ ④ ⑤
3. 我喜欢和我的朋友们在一起。	① ② ③ ④ ⑤
4. 我每天都过得很充实。	① ② ③ ④ ⑤
5. 父母给我营造了一个好的家庭氛围。	① ② ③ ④ ⑤
6. 我有一些知心的朋友。	① ② ③ ④ ⑤
7. 我是一个愿意接受改变，不断得到成长的人。	① ② ③ ④ ⑤
8. 我满意现在的学习、生活环境。	① ② ③ ④ ⑤
9. 总的说来，我对自己是肯定的，并对自己充满信心。	① ② ③ ④ ⑤
10. 随着时间的流逝，我不断地加深对自己的认识。	① ② ③ ④ ⑤
11. 相信毕业后我能找一个满意的工作。	① ② ③ ④ ⑤
12. 无论做什么事情，父母都能理解并支持我。	① ② ③ ④ ⑤
13. 我和朋友之间能够互相理解。	① ② ③ ④ ⑤
14. 每天醒来，我都浑身上下充满着力量。	① ② ③ ④ ⑤
15. 当我有困难的时候，朋友总能及时地帮助我。	① ② ③ ④ ⑤
16. 我对自己的学业充满了信心。	① ② ③ ④ ⑤
17. 我不保守，是一个愿意接受新鲜事物的人。	① ② ③ ④ ⑤
18. 一提到爱情我就会高兴。	① ② ③ ④ ⑤
19. 我有一个好的学习氛围。	① ② ③ ④ ⑤
20. 我清楚自己的人生目标是什么。	① ② ③ ④ ⑤
21. 我能很好地融入我周围的环境。	① ② ③ ④ ⑤
22. 任何年龄的人都应该成长与发展。	① ② ③ ④ ⑤
23. 我对未来充满了干劲儿。	① ② ③ ④ ⑤
24. 一回到家我就有一种安全感。	① ② ③ ④ ⑤
25. 我的生活环境很糟糕。	① ② ③ ④ ⑤
26. 我能积极主动地完成自己制订的计划。	① ② ③ ④ ⑤
27. 我觉得世界上没有真正的友谊。	① ② ③ ④ ⑤

28. 一想到爱情我就觉得很渺茫。 ① ② ③ ④ ⑤
29. 和家人在一起时我感到无比的幸福。 ① ② ③ ④ ⑤
30. 我从友谊中获益匪浅。 ① ② ③ ④ ⑤
31. 我感到自己在感情上很空虚。 ① ② ③ ④ ⑤
32. 我不得过且过，真正地思考过未来。 ① ② ③ ④ ⑤
33. 生活是一个不断学习、变化和成长的过程。 ① ② ③ ④ ⑤
34. 我和我的朋友们互相信任。 ① ② ③ ④ ⑤
35. 我的家人都很健康、快乐。 ① ② ③ ④ ⑤
36. 我相信爱情。 ① ② ③ ④ ⑤
37. 我的人生有方向和目标。 ① ② ③ ④ ⑤
38. 我能很好地安排我的学习。 ① ② ③ ④ ⑤
39. 我的家人都非常关心我。 ① ② ③ ④ ⑤

【评分标准】

请按照每个因子所对应的题号进行计分，①、②、③、④、⑤分别计1分、2分、3分、4分和5分，(其中，第25、28、31题反向计分，计5分、4分、3分、2分和1分)，然后填入每个因子所对应的空格中。

环境适应性：1，8，21，25 ____________

家庭满意度：2，5，12，24，29，35，39 ____________

友谊满意度：3，6，13，15，27，30，34 ____________

生活充实感：4，14，19，26，38 ____________

个人成长：7，17，22，33____________

自我信心：9，10，11，16，23 ____________

爱情满意度：18，28，31，36 ____________

目标感：20，32，37 ____________

总分 ____________

【结果解释】

环境适应性：包括1，8，21，25四个题，主要体现为对自己生活的内外环境的适应能力。8分以下，说明对外界环境的适应能力不强，需要多学习适应环境的方法与技巧；9~14分，说明环境适应能力较强；15分以上，说明你的环境适应能力很强，有很好的心理承受能力去应对各种复杂的环境变化。

家庭满意度：包括2，5，12，24，29，35，39七个题，主要体现为对自己所处的家庭地位、关系、生活细节的满意程度。12分以下，说明满意程度不高，需要针对具体问题进行家庭关系修复；13~24分，说明你比较满意你的家庭状况，还需进一步提高家庭成员的认同度；25分以上，说明你很满意你的家庭，氛围融洽，生活很幸福。

友谊满意度：包括3，6，13，15，27，30，34七个题，主要体现为你对人际交往和人际关系的满意程度。12分以下，说明你对你的人际交往状况很不满意，缺乏人际信任，交往的圈子很窄，对友谊和朋友需要努力拓宽你的交际面和信任朋友；13~24分，说明你的人际交往一般，有一定的人际圈，但数量并不多，熟悉的较信任满意，不熟悉的则不太信任满意；25分以上，说明你的人际交往很广，重视友谊，能很好地取得朋友信任。

生活充实感：包括4，14，19，26，38五个题，主要体现为对生活事件的满意程度。10分以下，说明你感到生活很无聊，得过且过，这需要你积累生活经验，掌握生活技巧，寻找生活乐趣；11～17分，说明你对生活有一定的兴趣，还需要进一步完善；18分以上，说明你的生活独立能力很强，对各种生活事件都充满热情，能很好地体验生活快乐。

个人成长：包括7，17，22，33四个题，主要体现为对自己生理和心理成长变化的认可程度。8分以下，说明你对自己的成长变化不认可，受过去事件的影响较深，需要加强自我成长训练，寻求心理援助；9～14分，说明你比较认同你的成长，但易受现实突发事件的影响，需要学习应对成长烦恼的方法与技巧；15分以上，说明你对你的个人成长经历很满意，且能很好应对各种烦恼。

自我信心：包括9，10，11，16，23五个题，主要体现为对自己处理问题和应对挫折能力的自信程度。10分以下，说明自信心不足，对很多事持比较悲观的态度，缺乏处理和应对的勇气，需要锻炼毅力，增强自信，学习解决问题的方法与技巧；11～17分，说明有一定自信，但还不全面完善，需要增加多种兴趣爱好和各种能力的深度，进一步增强自己的人格魅力；18分以上，说明你很自信，有自己独特的人格魅力。

爱情满意度：包括18，28，31，36四个题，主要体现为你对爱情、恋爱的看法及满意程度。8分以下，说明你不太相信爱情，不太满意自己的爱情和恋爱现状，需要先从基本人际交往开始，在互信交往中增进感情，并学习处理好各种分歧矛盾的方法，避免恋爱偏见；9～14分，说明你有一些满意自己的感情状况，但易受恋爱感情分歧影响，除学习恋爱方法外，还需要有主动处理、真诚、理解和宽容的心态；15分以上，说明你很满意你的爱情和恋爱状况。

目标感：包括20，32，37三个题，主要体现为你对各种学习、生活、事业目标的方向感。6分以下，说明你没有目标方向感，对各种事情不能有明确清晰认识，空虚感很强；7～11分，说明有一些目标，但易受任务的困难阻碍，半途而废；12分以上，说明你的目标比较明确。

总分：将所有题的分数进行汇总得出总分，反映你在总体上的幸福感程度如何。65分以下，说明你的总体幸福感很弱，需要从各方面进行调整；66～140分，说明你的总体幸福感一般，有一些幸福感受，也有一些记忆深刻的痛苦经历，需要处理好愉悦与困惑之间矛盾心理的平衡，不必过于纠缠在某一事件上；141分以上，说明你总体幸福感很强，愉悦心情较多。

拓展阅读

小猪问猪妈妈："妈妈，幸福在哪里？"猪妈妈告诉小猪："幸福在你的尾巴上。"小猪听后，每天都在想方设法咬自己的尾巴。一天，小猪问妈妈："妈妈，幸福真在尾巴上吗？为什么我总抓不到它？"猪妈妈笑着说道："幸福在你的尾巴上，你每天快乐地生活着，它就幸福地跟在你的身后，与你一同前行。"

幸福不是抓住，幸福是尾随在你快乐生活的背后。我们都来让幸福跟随自己吧！

启发思考

1. 学完这一章，你了解到自己的优势是什么？
2. 生活中你是如何运用这些优势的？
3. 如何提升自己的乐商水平？
4. 在以后的生活中，你打算如何将幸福进行到底？

第十二章

大学生心理危机与生命成长

近年来，大学生自杀事件频现，似有愈演愈烈之势！为什么大学生要把自己的生命如此仓促地画上句号？谁来为大学生自杀负责？是社会大环境残酷，还是大学心理教育不到位，抑或是学生自己太脆弱?！怎么识别并预防大学生心理危机？怎么培养出心理健康、耐挫力强的学生，正是这一章节我们要探讨的主题。

第一节 心理危机识别与干预

心灵故事

××，独女，家庭条件良好，父母宠爱，以优异的成绩进入“985”高校，因性格活泼，聪慧能干，担任班长、学生会副主席，深受同学喜爱。然而，大二下学期时，她有了严重的抑郁问题，学业、生活一塌糊涂。和很多人一样，在遭遇一连串挫折后好长时间，她才想起求助。她说，自己不讨人喜欢，没有才能，没有希望。她觉得学校的功课很无聊，考试制度有问题，爽性缺席了2门课程的结课考核。她开始逃避，宅在宿舍上网、看电视剧。她越来越讨厌自己。

大多数人在经历打击时都会伴随情绪的低落。当接二连三的希望破灭，有些人会出现抑郁。抑郁时，很小的障碍都会感觉像不可逾越的高山，情绪会变得很糟糕，容易哭泣，行为也会犹豫不决，被动自责，甚至想轻生。与此同时，生理方面表现为没有食欲、失眠、感觉疲倦。这就是心理危机的征兆。

知识导读

一、大学生心理危机概述

（一）心理危机及其特征

每个人在其一生中经常会遇到应激或挫折，一旦这种应激或挫折不能自己解决或处理时，就会发生心理失衡，这种失衡状态就是心理危机。也就是说，心理危机需要三个条件：一是较大的生活事件，二是不适的身心反应，三是超出自身应付的范畴。

美国心理学家G. Caplin于1974年首次提出心理危机的概念，并对此进行了系统研究。他认为，每个人都在努力维持内心的平衡、自身与环境的协调，当个体生活发生重大变化或遭遇危机时，内在平衡就会打破，进入失衡状态，进而出现焦虑、抑郁、厌食、失眠等系列身心反应。对灾难事件的研究表明，70%的当事人心理创伤可以自愈，30%的当事人在一定程度上会出现心理问题，严重的会造成创伤后应激障碍。

（二）大学生心理危机的特点

1. 类型分布

大学生心理危机的类型主要表现为焦虑危机、失恋危机、哀伤危机和自杀危机。焦虑危机主要是指大学生因学业、就业、人际冲突、环境适应等引发的严重焦虑情绪。他们在情绪和身体上可能会存在紊乱状态、语无伦次。处于失恋危机的大学生往往会体验强烈的羞耻感、情感混乱、内心沮丧、抑郁、愤怒等情绪，情况如果恶化，个体还可能会崩溃。哀伤危机主要是指因亲友丧失造成的悲痛欲绝等。他们可能因为自己没有尽到心意而自责，可能因缺乏后续支持、亲友丧失而抑郁或焦虑。自杀危机是最严重的危机，个体要采取各种手段结束自己的生命。当前，大学生因学业、恋爱受挫或严重人格障碍产生自杀想法的较多。

2. 时间分布

大学生心理危机爆发存在时间聚集性，3～5月是危机事件发生的高峰期，10～12月危机事件发生频率也较高。原因有三：一是春季和秋冬之际是精神疾病的高发期，人的情绪波动较大；二是年初和开学时期学生面对的学业与生活压力会骤增；三是某种程度上反映了学生的重大生活事件具有时间聚焦性。王传中研究了某高校2004～2007年爆发的188起大学生心理危机事件，发现新生适应期、就业考研期、期末考试期、春冬病躁期、自杀传染期、节假影响期是学生心理危机的多发期。

3. 性别分布

研究指出，危机事件中男生多于女生，尤其是因学业问题和情感问题发生的危机事件男生较多。而女生因就业和家庭原因发生危机事件的情况较多。从报道的案例来看，男生学习的自觉性、自制力相对较差，不少危机的前兆都有学业滑坡、沉溺网络的情况，且男生在情感纠葛方面易于冲动，行为失控。女生因就业市场性别偏见、自身主动性差等原因处于劣势，情感更多依赖家庭，加剧了在就业和家庭方面的心理危机风险。

4. 风险比率

研究指出，大学需要重点关注的学生约2%～5%，达到心理障碍层级或属于高危学生（自伤和伤人风险较高）的比率约2%～3%，极端危机学生比例0.2%。没有朋友、没有对象、不喜欢参加社团活动的学生自杀风险较高；遇事经常以宣泄情绪为主来保持心理平衡、逻辑性太强、爱钻牛角尖的学生自杀风险也较高；曾患精神分裂症或抑郁症、服用成瘾性物质、有自我伤害行为、喜欢从阴暗面看问题等也是自杀的危险因素。

（三）大学生心理危机的理论解析

精神分析理论认为，人易于发生危机，源于童年的成长环境和创伤经历。危机预防就是提供安全、接纳、温暖的成长环境，帮他重新长大。人际关系理论认为，人如果能相信自己，相信他人，就有自我实现和战胜危机的信心，危机便不会持续很长时间。

危机树理论把人的成长过程比作大树，土壤比喻社会环境因素，如家庭经济状况、文化因素及社会变迁等。树根比喻家庭功能不良及学校环境限制，当父母离婚或学校过于重视成绩，缺乏生活技能及探索自我的课程，树根便无法供应健康的养分给树木。树干比喻人格特质的缺陷。树枝形容结交不良朋友，沾染陋习，产生危机行为（果实），人出现抑郁、焦虑、自卑等情况，通常经由家庭和学校两大主根传送而来。

以大学生自杀为例，从表面上来看，常见原因有三大项：（1）心理社会因素，如遭遇某些打击或压力；人际关系问题；被家人、好友抛弃或拒绝；不良的心理素质和个性因素。（2）精神疾病，存在如抑郁症、精神分裂症、酒精中毒、人格障碍、器质性精神障碍等疾病。（3）躯体疾病，出现如恶性肿瘤、艾滋病、病程迁延、久治不愈的疾病等。深度剖析，往往存在家庭关爱缺失、人生价值观扭曲、个性过分好强、无法容忍挫折、孤独、父母及社会期望的压力等状况。

二、大学生心理危机的识别与评估

（一）大学生心理危机的潜在风险评估

评估学生心理危机的潜在风险主要有固态因素和动态因素两类指标。

固态因素包括：（1）疾病情况，指身体是否有严重疾病，久治不愈，个人很痛苦。研究表明，患慢性疾病（如HBV、肺结核、HIV）的人50%有心理危机。（2）家庭状况，指家庭结构是否单亲或离异，家庭氛围是否轻松和谐、平等民主，家庭功能是否良好，是否满足了学生生理、心理、社会性发展的需求等。家庭是学生精神活动和心灵成长的主要环境，父母惩罚、严厉、拒绝、否认的态度对子女的心理健康有严重的影响，过度保护和过度干涉易让子女出现强迫、偏执、焦虑等心理问题。（3）人格特质。悲观、自卑、外归因、依赖性、焦虑性人格是危机的易感性人格特质。（4）既往经历，指是否有寄养情况，是否有重大创伤等。有寄养经历的学生由于生活环境的变迁，易于困惑、不安，甚至恐惧，产生自我认同等心理危机。（5）社会支持，指身边父母、同学、朋友、老师等能够提供的帮助，包括物质支持和精神支持。（6）精神资源，指学生是否有合适的理想、信念和价值观。信仰对人的生存价值和心理健康有正向积极作用。拥有梦想和希望便有动力与意义。反之，迷茫困顿就会增加心理危机风险。

动态因素包括：学习压力、人际冲突、情感纠葛、就业压力、应激事件、情绪波动等。研究表明，大学生极端心理危机事件相对集中在学业问题、情感受挫和就业压力方面。理科学生危机事件多是学业问题，文科学生危机事件多是情感问题，就业压力引发的危机事件文科学生多于理科学生。这主要是由于理科学生学业负担重，文科学生就业形势不佳造成的。

（二）大学生自杀的风险评估

当前，大学生自杀事件时有发生。教育部直属高校大学生自杀死亡率平均为2.3人/10万人·年；全国普通高校大学生的自杀死亡率为1.25～1.33人/10万人·年。自杀是中国15～34岁人群的首要死亡原因，甚至超过了车祸与疾病。预防自杀是大学生心理健康教育的基础任务，为此，我们必须准确识别和评估危机学生的自杀风险。大学生自杀风险评估可分为粗略识别和精确评估两个环节。

1. 自杀风险的粗略识别

意欲自杀者通常会在言语和行动上表明自杀的企图，使我们有迹可循。他们在言语上的线索一般有：

（1）流露出无助或无望的心情或无价值感。

（2）表达过死的念头，谈论与自杀有关的事或开自杀方面的玩笑。

（3）讨论自杀计划，包括自杀方法、日期和地点、易获得的自杀工具等。

（4）直接说出："我希望我已死去""我再也不想活了"。

（5）间接说出："我所有的问题马上就要结束了""现在没人能帮得了我""没有我，别人会生活得更好""我再也受不了了""我的生活一点意义也没有"等。

行为上的线索一般有：

（1）出现突然的、明显的行为改变或危险性行为增加。如易激怒、过分依赖、持续不断地悲伤或焦虑、常常流泪、注意力不集中、成绩下降、经常缺勤、孤僻、人际交往明显减少、无缘无故地生气或与人为敌、出现自伤或自杀行为。

（2）抑郁症表现（情绪改变、睡眠食欲改变）。

（3）有条理地安排后事。

（4）突然把个人有价值、有纪念性的物品送人。

（5）与亲朋好友告别。

（6）频繁出现意外事故。

（7）饮酒和吸毒的量增加。

2. 自杀风险的精确评估

自杀风险的粗略识别是自杀风险评估的初始阶段，结论存在不确定性，而这种不确定性需要通过后续的精确评估来解决。精确评估往往需要专业的危机干预工作者，他通过与特定大学生面对面的会谈，运用娴熟的会谈技巧，深入其内心世界，以了解和评估其自杀意念和自杀计划为核心，准确判断当事人实际存在的自杀风险，从而划分风险等级，确定干预策略。它是自杀风险评估的核心阶段。

自杀风险的精确评估通常分为五个步骤。

（1）评估抑郁程度。有自杀倾向的人往往都有着严重的抑郁。抑郁是自杀风险的显著预测因子。在评估时，可从询问学生最近的感觉和感受入手，然后具体了解其无助感、绝望感、罪恶感或无价值感程度，询问其是否兴趣丧失、有退缩或隔离等情况。这些状况越长久、越密集，感觉强度越大，意味着抑郁程度越深。

（2）探测自杀意念。当学生存在严重的抑郁症状，工作者应平静地询问其是否想过伤害自己，以及这种意念持续的时间、频率和强度。意念越长久、越频繁，自杀风险就越高。

（3）探察自杀计划。有无自杀计划是自杀风险高低的分水岭。一般来说，没有自杀计划的自杀意念风险偏低，有明确自杀计划的自杀意念风险较高。所以，一旦学生存在自杀意念，工作者必须进一步询问其是否有详细或明确的自杀计划，澄清该计划的具体性、可行性和致命性。如果自杀计划具体、可行、致命，则该生的自杀风险等级是极其高危的。

（4）评估社会支持。主要是周边能获得的物质支持和精神支持。社会支持良好，预后也较好。

（5）划分自杀风险等级。自杀风险一般可以划分为五个等级：无自杀风险（没有自杀的意念或计划）、轻度自杀风险（有自杀意念，但无特定计划）、中度自杀风险（有自杀意念和一般的自杀计划，有危险因素，也有保护因素）、严重自杀风险（存在经常而强烈的自杀意念，自杀计划具体、可行且致命，有多重风险因素）、极严重的自杀风险（同前，明确表示一旦有机会就会自杀）。

通过上述流程，我们将形成对某个大学生自杀风险的清晰认知。具体操作还可参照后边的“自杀/攻击危险性评估（SRA）”。

三、大学生心理危机的预警与干预

（一）大学生心理危机预警

大学生心理危机预警主要通过建立宿舍—班级—学院—学校四级预警网络，做到信息传达得有效畅通，以便对学生的心理状况变化早发现、早通报、早评估、早治疗，力争将学生危机的发生消除在萌芽状态。

一是发挥宿舍心理信息员和宿舍管理员的作用，及时了解和掌握学生心理健康状况，遇到紧急情况时主动关心同学，及时向辅导员或班主任汇报，必要时也可直接报告心理健康教育与咨询中心。

二是发挥班级心理委员等学生骨干的作用，及时了解和掌握本班同学的心理健康状况，关心同学，加强思想和感情上的联系和沟通。一旦有异常情况发生，能够做到及时发现、及时向班主任、辅导员报告。

三是学院领导和教师要关爱学生，密切关注学生异常心理和行为，对需要心理援助的学生提供帮助和指导，及时与学生家长沟通。对重要情况要立即向相关领导、相关部门报告，并在专家指导下及时对学生进行干预。

四是学校贯彻落实心理测评制度、学生骨干定期培训交流制度、特殊群体学生定期摸排制度、学生心理危机预警信息录入制度、心理健康信息评估与反馈制度、督导检查制度等，实现危机预警信息动态管理，确保工作的科学化和规范化。

相关链接

哪些学生易于发生心理危机？

1. 遭遇突发事件而出现心理或行为异常的学生，如家庭发生重大变故、受到自然或社会意外刺激的学生。

2. 学习压力特别大且心理或行为异常的学生，如第一次出现不及格科目的优秀生、需要重修多门功课的学生、将试读的学生、将被退学的学生、完成毕业论文有严重困难的学生、高分低能的学生等。

3. 感情受挫后出现心理或行为异常的学生。

4. 性格内向、经济特别困难、深感自卑且出现心理或行为异常的学生。

5. 出现严重环境适应不良导致心理或行为异常的学生。

6. 与他人发生严重人际关系冲突（被多人排斥、受到歧视或误解等）后出现心理或行为异常的学生。

7. 患有严重心理疾病，如抑郁症、恐怖症、强迫症、癔症、焦虑症、精神分裂症等疾病的学生。

8. 由于身边的同学出现个体危机状况而受到影响，产生恐慌、担心、焦虑、困扰的学生。

9. 由于转专业、休学、降级等组织管理上的原因或纯粹个人原因远离集体单独行动的学生。

（二）大学生心理危机干预的目标与原则

大学生心理危机干预是指对面临心理危机的大学生采取迅速而有效的应对措施，给予支持与帮助，使之逐渐恢复心理平衡。其最低目标是在心理上帮助学生解决危机，避免自伤或伤人。最高目标是提高学生心理平衡能力，使其高于危机前的平衡状态。

实际工作中，我们认为大学生心理危机干预应遵循如下四项基本原则。

（1）系统性原则。心理危机干预是学生突发事件应对工作的一部分，应和学生突发事件工作的开展整合在一起进行，以维护校园安全稳定为前提，根据学校学生工作的整体部署，及时调整心理危机干预工作重点。

（2）疏导原则。在对特定个体进行心理危机干预时，要循循善诱，巧妙运用倾听、共情等科学方法和策略，化解个体心中的矛盾与纠结，从而缓解危机状态。

（3）人本原则。在危机干预工作中要充分尊重学生的心理需求和个性特点，尊重其个人权益，保护其隐私，在尊重其人格的基础上进行教育和辅导。

（4）长期性原则。危机干预在事发时既要快速、准确、有效工作，又要注意事后长期关注和跟进辅导，以确保危机状态彻底化解，避免潜在的问题再度爆发。

（三）大学生心理危机干预的具体实施

1. 学校层面

（1）危机的即时处理

①准确评估。一旦发现学生处于危机情况中，学院应尽快与学生接触并进行安抚，同时上报心理健康教育与咨询中心，邀请专业人员进行心理危机的评估和处理。

②追踪处理。对症状表现较轻、危机程度不高者，以在校心理咨询为主，辅以药物治疗；对症状表现较重者，建议即时转介医院等机构。同时，院系对这些学生进行不同程度的监护。对于突发学生自伤、伤人事故等的紧急处理，院系闻讯后应立即赶赴现场，并报告给学校相关部门，进行紧急救助；对于因心理危机休学而后又复学的学生，院系对其学习生活进行妥善安排，帮助其建立良好的支持系统，并定期随访。

③通知家长。如果确定某学生存在严重危机（自伤或伤人风险较高），学院应立即通知家长，向家长汇报学生目前情况和事件的严重程度，请家长配合学校共同做好学生的监护和心理疏导工作，确保其人身安全。

④政策和措施。在危机处理过程中，需要考虑学生在危机期间是否还能完成学业，是否需要休学或缓考。依据相关政策，必要时做出相应的通融和调整。在适当情况下，还应协助学生及其家庭得到恰当的帮助（心理咨询、贫困补助等）。

⑤对危机相关人员进行辅导。周边人员可能因为危机事件的影响，引发应激状态，需要心理支持和专业辅导。

（2）危机的事后处理

危机事件发生后，学院及相关行政部门应立即成立危机干预小组。危机干预小组应当立即召开有关人员会议，了解大致情况，制订下一步工作计划。具体如下：

①与家属取得联系，向家属澄清事件发生的整个过程，了解家属如何理解该事件及对善后处理的希望，告知家属学校处理事件的大致过程。

②迅速召集教师开会，解释事件相关过程和处理情况，并且准备一份正式的通告，以便教师向学生做出解释。

③辅导员或班主任应当面将事件通告学生，并向学生提供有关的帮助信息，确保情绪不稳定的学生及时被发现和干预。如果有些学生受到较大影响需要请假或休学，必须要求家长或监护人到校。

④危机干预小组应随时了解事件和工作开展进程，包括是否通知到了相关人员，是否还有其他人员加入小组，是否掌握了全面信息，学生对此事如何反应等。

⑤危机事件发生以后，当事人的朋友、同学等都会有悲伤或愤怒等情绪，需要通过哀悼释放情绪。哀悼可以以小组的形式，对所有希望参与的人员开放，有组织地引导学生讨论该事件。

⑥帮助家属整理当事人的物品，办理各项遗留的手续。在处理物品时，要考虑相关人员的感受。

⑦危机事件后，应尽快帮助教师和学生重新投入生活。教师应关注学生的各种反应，将情况严重的学生名单送交咨询中心备案，并推荐他们接受心理咨询。

⑧召开总结会议，了解事件的详细过程，讨论如何更好地处理类似事件以及如何避免类似的问题等，将事件的发生和处理过程形成报告，递交学校相关部门和领导。

2. 个体层面

（1）危机干预的步骤

当我们发现学生面临心理危机时，可采用“六步干预法”进行危机干预。

①确定问题。危机干预的第一步是从当事人的立场出发，确定和理解当事人的问题。干预人员可使用同感、理解、真诚、接纳以及尊重等积极的倾听技术，既要注意当事人的语言信息，也要注意其非语言信息。

②确保当事人安全。在危机干预过程中，干预人员应将确保当事人安全作为首要目标。这里的安全是指对自我和对他人的生理和心理的危险性降低到最小的可能性。在干预人员的检查评估、倾听和制订行动策略的过程中，安全问题都必须给予同等的、足够的关注。

③给予支持和帮助。危机干预强调与当事人沟通和交流，通过语言、语调和躯体语言让当事人认识到危机干预人员是能够给予其关心帮助的人，让当事人相信“确实有很关心我的人”。

④提出应对方式。帮助当事人探索可以利用的替代解决方法，促使当事人积极地搜索可以获得的环境支持，启发其思考，使其知道有哪些人现在或过去关心自己，有哪些应对方式可供选择。

⑤制订行动计划。帮助当事人做出现实的短期计划。计划应根据当事人应付能力，着重于切实可行和系统地帮助当事人解决问题。计划的制订应与当事人协商，让其感到这是他自己的计划。

⑥得到当事人的承诺。帮助当事人向自己承诺采取确定的、积极的行动步骤，这些行动步骤必须是当事人自己的，从现实的角度是可以完成的。在结束危机干预前，危机干预工作者应该从当事人那里得到诚实、直接和适当的承诺。

除此之外，还应该启动社会支持系统，包括来自于父母、教师、同学以及其他朋友的支持。这种支持不仅包括心理和情感的支持，也包括一些实质的救助行动。

（2）危机干预的具体策略

①向他表达你的关心。“最近你不怎么爱说话了，看起来有些不开心，能否告诉我是咋回事？遇到什么事情了，我可以为你做点什么？”“我知道你站在那儿是万不得已的选择，一定发生了什么事情让你很痛苦。要不谁想走这一步啊？”

②要有耐心，多听少说，尤其不要教导。静静地陪伴是很有力量的。

③要允许他流泪，允许他表达情绪，不批判，多接纳。

④给予希望，让他知道面临的困境能够有所改变，不是完全无能为力的。

⑤可以跟他谈论自杀。问他：“你有没有想过伤害自己？具体是怎么想的？”

⑥在谈话结束时，跟他形成契约。“今天我们谈到这里，下个礼拜或者明天的这个时候我们俩再见面，可以吗？”一定要得到他的同意，让他知道你的关怀是持续的。

⑦有的人不想让你帮助，不要伤心，给他提供专业帮助的信息。

心理测试

自杀/攻击危险性评估表，如表12–1所示。

表12-1　自杀/攻击危险性评估（SRA）

判断项目	无	有（低）	有（高）	极高
评估自杀、自伤、暴力攻击计划	0	1	2	3
评估既往相关自杀、自伤、暴力攻击经历	0	1	2	3
评估目前现实压力	0	1	2	3
评估目前支持资源	2	1	0	
临床心理评估（睡眠、饮食、健康、心理状态）	0	1	2	

【危机等级评定】

0分——正常；1～2分，无明显危险——关注；3～5分，中等危险——追踪；6～8分，高度危险——高危；9～13分，即时警戒——警戒。

拓展阅读

关于自杀的误解

1. 嘴巴上说要自杀的人不会真的自杀。

80%的自杀死亡人士生前曾谈到他们的自杀想法。

2. 谈论自杀会鼓励自杀。

对想自杀的人来说，谈论自杀能够有效地预防自杀。如，“你最近好像有点情绪低落，是否想过做出什么伤害自己的事？”或“有没有想过做一些傻事？”

3. 想自杀的人都一心一意求死。

大部分想自杀的人心中都很矛盾，他们想死，也想活。

4. 一旦有过自杀倾向，就会不断地想自杀，没有人能帮得上忙。

自杀危机一般都非常短暂，只要有人中途介入并经过治疗，他可能永远不会再有自杀的想法。只有10%的企图自杀者最后自我终结生命。

5. 未留下遗书者不算自杀。

只有约1/3的自杀身亡人士会留下遗书。

6. 沮丧过后，自杀危机也就解除了。

自杀最危险的时期发生在极度沮丧过后前3个月。许多人度过沮丧，心灵重获喜乐平静后，反而决定他们必须以自杀来“真正解决”自己的问题。

7. 想自杀的人不会寻求医生帮助。

研究显示75%自杀身亡的人，在自杀前3个月内曾找过医生帮助。

周围人的自我调整方法

1. 给自己愈合的时间，使自己能够很好地理解和接受亲人逝去的事实。

2. 认识到那种受打击的感觉是正常的、自然的。

3. 不用害怕哭泣，泪水有助于痛苦情感的释放。

4. 你对死亡事件并没有责任，它是你所爱的人自己的选择，并不是你能左右的。

5. 耐心对待自己，宽容那些不理解悲伤的人。

6. 决定如何和别人谈论有关自杀的事件。

7. 理解家人和朋友的痛苦感受，他们也需要度过居丧期。

8. 要意识到你的生活会因此有所改变，但你终究会走出痛苦的阴影，重新找到生活的意义。

9. 设法推迟做重大决定的时间。

10. 分清轻重缓急，循序渐进地处理每一件事情。

11. 认识到居丧期出现自杀的想法是常见的，但是如果发展到有具体的自杀计划，要立即寻求他人的帮助。

第二节　大学生生命教育

心灵故事

近年来，韩国非常流行体验“死一把”的一项游戏。参与这项游戏的人，首先留下肖像，写好遗嘱，然后穿上寿衣躺进棺材。工作人员营造氛围，使体验者能听到外面的撕心裂肺地哭喊与喧闹。大约15分钟后，打开棺材，体验活动结束。

缘何越来越多的人喜欢参与这项活动？从中他们又能得到哪些益处？在这个生活节奏较快的时代，面对每天忙不完的工作和事情，我们往往习惯了思考怎么更开心、更快乐地活，而不去思考死亡的话题。向死而后生。当真正进入游戏，躺入棺材，体验“死亡”，听着棺材外人们的哭声，以及对自己生平的各种评价时，相信每一个参与体验的人都会感受到强烈的心灵震撼。回想自己做过的事以及未完成的心愿，几乎所有人都有一个共同的想法：要好好地珍惜生命，过好每一天。

知识导读

一、大学生的生命探问和困惑

大学是自我认同形成和发展的重要时期。这一阶段，学生开始独立思考很多人生的问题：我是谁？我为什么而活？我该怎样活？他们开启了孜孜不倦的探索历程，因为自身与现实的种种因素，会出现很多的迷茫与困顿。

（一）目标缺失

“十年寒窗苦读，总算可以放松放松了。”一些学生进入大学就开始憧憬着怎么玩乐，怎么享受生活。“上大学”的梦想实现了，下一个目标是什么？不知道。为中华崛起而读书，听起来有些太大，太遥远。为个人幸福快乐？好像又有点太小、太虚，难以把握。当没有一个清晰而明确的目标时，有的人忙于社团，有的人忙于兼职，有的人忙于恋爱，更有的人沉溺网络，找不到归属感与成就感……迷茫是生命的一种过渡状态，大学生若能允许自己积极主动地通过师长、朋友探索，定能找到自己的方向。

（二）价值感苍白

自尊是心理健康的基石。感觉活得有意义、有价值是人生存的动力和依据。一些大学生不能很好地认识自己，接纳自己，尤其是在遇到挫折困难时，极容易产生自卑心理和非理性想法。成绩不理想，觉得“自己是笨蛋”“无脸见爹娘”；恋爱分手了，觉得“我不好，没有人会爱我”“我不值得爱”；找不到理想的工作，觉得“读大学白读了”“自己一无是处”等；严重者甚至觉得“活着没有意义”“拖累家人，还不如死了算了”。这些学生都看不到生命自身存在的价值。

（三）态度倦怠

不知从何时起，“郁闷”成为大学生的口头禅，“纠结”成为大学的流行语。不少大学生失意、迷茫、困顿、疲惫、无奈，他们好像被消极的生活状态笼罩侵蚀，没有了青春的朝气与活力，害怕生活有矛盾，回避生活中的冲突，不敢担当生活的压力，消极度日。有的人甚至发展出抑郁、焦虑等症状，在学习、工作、生活的考验中节节败退。

二、大学生生命教育概述

（一）生命的内涵与特征

生命，是一个难解的话题。古代哲学认为生命是气的活动；现代哲学认为“生命主要是由核蛋白质分子组成的，以细胞为最基本单位的复合体系的存在方式”；医学界定“生命是活着的状态，是有机体从出生或发端到死亡之间的时期，是区分非生命、非有机化合物或死亡有机物的特征的总和”。人们对生命的认识逐渐深化，然而生命与非生命的界限却日渐模糊。这里，我们只谈人的生命。

人的生命是自然、社会、精神三者的统一。生命的自然形态是生命的本真，社会形态反映了人与自然、与社会、与他人之间的紧密连接，精神形态则是生命中最珍贵的，它能穿越时空永恒存在。

它具有几大特征：（1）独特性。世间没有两片完全相同的树叶，人亦如此。每个人都是独一无二的，都有自己独特的处事方式、行为风格与人生梦想。（2）有限性。每个人的生命都是有限的，人死不能复生，生命无价，要珍爱自我及他人生命。（3）社会性。人是一切社会关系的总和，唯有与人建立“有意义的爱的连接”，方能活出尊严和幸福。（4）开放性。人可以自我超越、自我发展，做最好的自己。（5）曲折性。生命的进程曲折起伏，需要具备承受挫折和失败的能力与素质，由此不断成长成熟。

（二）生命教育及其意义

生命教育就是以生命为核心，以教育为手段，倡导认识生命、珍惜生命、尊重生命、爱护生命、享受生命、超越生命的一种提升生命质量、获得生命价值的教育活动。

近年来，世界各地都在大力倡导生命教育。美国中小学都普及了生命教育，大体分为品格教育、迎接生命挑战的教育和情绪教育，还成立了各种专业协会，出版了各种书籍、影视资料。澳大利亚重点教导孩子识别有危险的行为，加强问题解决能力，肯定而非挑衅的行为方式，发展积极的态度。日本的余裕教育旨在引导孩子认识到生命的美好和重要，能面对、承受挫折，热爱生命、珍惜生命。新西兰强调引导学生认识人类身体的功能及身体失衡的状态，协助学生建立自我尊重、健康生活、发展拒绝的技巧。中国香港地区举办了很多生命教育研习活动，开展了生命教育教师培训。中国台湾地区成立了生命教育推广中心，设计了生命教育课程，编写教材，培训师资，生命教育成为新的教育门类。大陆这些年也轰轰烈烈地开展了许多生命教育的活动，形成了政府主导、民间参与、社会各界积极配合的模式。

为什么要对大学生进行生命教育？主要原因有二：（1）生命教育是一切教育的前提，是教育的最高追求。教育的核心在于唤醒人的生命意识，启迪人的生命智慧，激发人的生命活力，开发人的生命潜能，全面关照生命的多层次需要。教育不仅要为国家和民族的未来生存发展做准备，也要为学生个人的发展和幸福做准备，不断提升人的生命质量。（2）生命教育促进大学生对生命的完整性认识，唤醒大学生的生命价值意识。当前，一些学生因为遭遇挫折和打击，轻易地结束生命，不仅与他自身的心理素质有关，还与教育缺乏对生命的关注有关。教育一般比较重视学生的生命发展与完善，忽视对死亡的认识与理解。不了解死亡的真相与威胁，就易于失去活着的动力与紧迫感，不懂得珍惜生命。生命教育关注从生到死的整个过程，引导学生正确认识生与死，认识生命的完整性，将情感寓于理性，提升生命的活力与价值。

相关链接

有学者把人的生命分为生理性实体生命和关系性人文生命。关系性人文生命又分为血缘性亲缘生命、人际性社会生命及超越性精神生命，如图 12-1 所示。

1. 血缘性亲缘生命。每个人都是父精母血孕育而成，由此传承与繁衍，使人类世世代代、生生不息。人在得到生理性实体生命的同时，也获得了亲缘性，这种亲缘非纯生理与自然，其中有着千百年人类文化与文明的积淀。

2. 人际性社会生命。人生活在社会之中，必然与社会中的人和组织结成复杂的关系，打上社会的烙印。亚里士多德说，能独自生活的人，不是野兽，就是上帝。

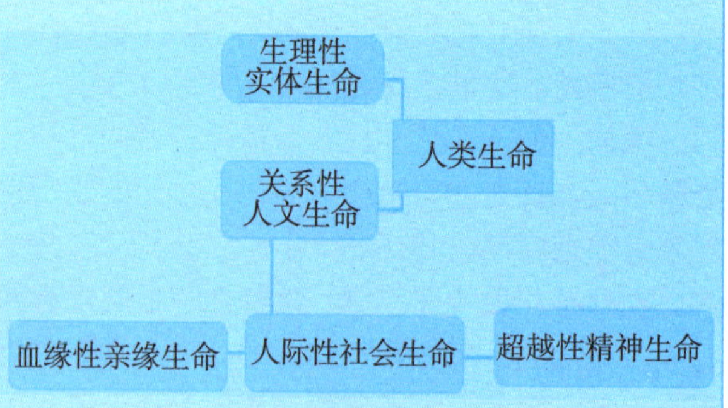

图 12–1

3. 超越性精神生命。人类与动物最大的区别就是人有精神、意识、思维、心理等。人的精神生命具有超越性，可上溯无穷之前，可思考万年之后，可思考实体世界，可创造精神世界。

由此，人的生命不仅是实体性存在，更是关系性存在。生命是“我”的，但又不完全属于“我”，我们的生命与亲人、他人、社会密不可分。且去看看自杀引发的亲属悲痛有多深，社会问题有多大，我们没有权力放弃我们的生命。任何人都没有理由以任何方式主动结束我们或他人的生命。

（三）大学生生命教育的内容与途径

1. 生命教育的内容

大学生生命教育旨在引导学生对生命与死亡有基本认识、探索生命的意义，建构正向而积极的生命态度，能恰当地保护自己，爱己，爱人，爱每一个生命。其内容包括死亡教育、生命意识教育、生存能力教育和生命化伦理教育。

(1) 死亡教育。从“由死观生”的角度出发，关照生命，激发大学生对生命意义的追寻，丰富生命内涵，减少伤害事件的发生。生与死是生命的一体两面，对大学生进行死亡教育，主要是引导学生认识死亡，了解死亡本质，认识生与死的关系，思考死亡的意义，加深对生的理解，体会到生的有限、生的可贵、生的价值，从而树立健康积极的生命观，珍爱生命，提升生命质量。

(2) 生命意识教育。生命意识教育旨在帮助学生形成科学、正确、完整的生命观，对生命充满热爱、珍惜、敬畏、尊重、欣赏，主动维护生命的各项权益。它是生命教育的起点，通过生命常识教育引导学生了解生命起源、生命的脆弱性和不可逆性，从而体会生命的宝贵，爱护生命，尊重生命；通过生命历程教育引导学生意识到挫折是生命发展的重要组成部分，要在挫折中磨炼、蜕变与成长。

(3) 生存能力教育。联合国教科文组织指出，学会生存是教育的根本目的。生存能力教育着眼于大学生生命安全，强调通过生存拓展训练，使大学生了解生活中的不安全因素，掌握简单可行的安全防范、自救与他救常识，规避危险与伤害。如懂得在遭遇洪水、火灾、雷击、溺水时如何自救与他救，野外或特定艰苦环境下如何生存，如何预防艾滋病、远离毒品等。

(4) 生命化伦理教育。它立足从生活的角度关照生命，实现生命与生命的和谐相处，从伦理规范的角度看待生死之间常常面对的困境，引导学生有所为有所不为。

2. 生命教育的途径

(1) 创造充满生命情怀的校园文化

积极的组织系统是建构积极人格的支持力量，是个体不断产生积极体验的直接来源。高校应加强校园文化建设，努力营造合作、欣赏、分享、信任的文化氛围。在合作中，培养诚信；在欣赏中，赢得自尊；在分享中，学会给予；在信任中，学会自律。给学生一些权利，让他自己去选择；给学生一些机会，让他自己去把握；给学生一些问题，让他自己去解决；给学生一些条件，让他自己去创造。

(2) 打造生命化的课堂

用生命教育的理念与内容改造和提升课堂教学、主题班会与社会实践，如组织开展关爱生命等团体辅导，组织大学生走近养老院、临终关怀病房、地震灾区，定期服务社会福利院等，引导学生体会生命的脆弱和成长的艰辛。在学科教学中，渗透生命教育，关注学生生活世界，打破书本和生活的界限；关注学生生命价值，给予他们探索、成长的空间，允许他们犯错误；关注学生情绪情感，构筑民主、平等、合作的师生关系；关注学生心理世界，帮助他们不断突破自我。

三、生命教育的重要原理

(一) 生命与生活紧张原理

生命是人生的存在面，是过去、现在、未来的一条“河流”，在这一层面，过去、现在和未来联系在一起，成为“生命之场”；而生活则是人生的感受面，是当下存在的一个“点”，在这一层面，凸显的是人们当下的感觉，转瞬即逝。我们不能只追求生活的感受，忽略生命状态，也不能把生活的不如意强加给生命，变成生命的不如意。

一些学生特别关注物质享受和感官刺激，而不了解生命的关系性存在，不懂得生命的责任与义务。他们酗酒、沉溺网络、吸毒，追求好的生活感受，潜在地损害了生命健康。一些学生以为生活就是生命，以至于生活感受不好，就放弃生命存在。殊不知，生活的不如意只是生命的一部分，我们不需要因为一时挫折裹足不前，而应把眼光放远，以更积极豁达的态度经营生命，让生命绽放精彩。

（二）人生时光与物理时间不等式原理

在物理时光中加入情感、心理、精神等因素，人的感觉和感受都会发生变化。物理时光客观不变，人生时光则有很强的主观性。正如爱因斯坦所言：当与一个美丽的女孩聊天，你会觉得时间过得真快；当你处于痛苦中，你会觉得时间好慢。

对于特定个体，物理时光不能变更，但人生时光却可以调节与改变。且看一些智者，他们在有限的物理时光中创造非凡，改变人生时光，大大提升了生命的品质。当我们慨叹人生短暂时，请考虑怎么延长人生时光，丰富我们内在的精神生活和心理生活。时间老人不知疲倦地前行，我们要化被动为主动，积极地投入到有意义的工作中去，为亲人、他人或社会多做贡献。积极生活，人生便绚丽多彩。

（三）生命共同体原理

生命共同体原理包含三层含义：(1）在人的生理性生命层面，人和人本质是相同的；(2）在人的关系性人文生命层面，所有人共同构成生命共同体，每个人都应突破自我限制，加强沟通与连接；(3）不仅人与人是生命共同体，人与其他生命体乃至整个宇宙也是生命共同体。由此，人与人、人与自然、人与社会应该和谐相处，同舟共济，共存共荣。

现代社会市场经济规则之下，竞争白热化甚至引入了大学校园。一些学生因为考试、选拔、奖助学金的竞争，压力山大，精神负荷加重。有的笼罩在失败的阴影下，无法自拔，甚至丧失了生活的意义和价值感。谁是竞争中永远的赢家？一些成功者有时虽然获得了胜利的快感，但也损失了人性的代价。

在追求个人幸福的过程中，我们应理解同情他人，不妨碍或协助他人获得幸福；要特别关注弱势群体、落后人群，尽可能地给予帮助和关爱；既要争强好胜、拼搏进取、吃苦耐劳，更要团结协助、与人为善，不断内观内求，自我提升。

（四）生死互渗原理

生死互渗原理包含三层含义：(1）生命有机体每时每刻都在不停地新陈代谢，细胞在不断地生长、衰老、死亡。(2）人“活”的过程也是“死”的过程。人每活一天，也是向着死亡更近一步。(3）人在自觉“生”的同时，也便派生出“死”的意识。

人在一生的某个阶段，必然出现死亡的意识，尤其是随着年龄的增加，死亡的意识会日渐浓厚，由此产生对死亡的焦虑、悲观、痛苦和恐惧。了解了生死互渗的原理，人在思想意识上便易做到“先行到死”，即站在人生的终点，反观人生的中点，觉察我们当下生命真正缺少什么，应该追求什么，什么才是真实的幸福与快乐，由此自我定位，具备好坏优劣、是非善恶的价值判断标准，为我们人生确定方向和内容。

人若仅仅关注“生”，未必能很好地生活，只有参透了“死”，并能立于死的视角看待生活与生命，才能更好地活着，在有限的生命中创造更大的意义和价值。

互动体验

"十月怀胎"

【活动准备】

气球、胶带若干、承诺书。

【活动时间】

1天。

【指导语】

我们都知道世上只有妈妈好，妈妈总被歌颂与传唱，今天让我们一起来体验一下妈妈"十月怀胎"的感受。我们先把气球固定在腹部，代表自己的胎儿，我们担任母亲。接下来的一天，我们要像妈妈疼爱宝宝一样细心，不论是上厕所、吃饭，还是做操，都不能让"宝宝"受到伤害。明天，我们在课堂上分享自己的感受和体会。

教师透过问题，深化讨论："你知道妈妈的生日吗？你知道妈妈喜欢的颜色吗？你知道妈妈喜欢的水果吗？你知道妈妈喜欢的运动吗？你知道妈妈穿多大鞋吗？你给妈妈捶过背吗？你给妈妈洗过脚吗？你知道妈妈对你最大的期望是什么？"

引导学生思考：妈妈为我做了什么？我要为妈妈做些什么？如何感恩深爱我们的人？

生　命　线

【活动准备】

A4纸、笔若干。

【活动时间】

50分钟。

【指导语】

每个人都有自己的生命线，就是生命走过的历程。世间有多少人，就有多少生命线。

（1）请准备一张白纸，横放，在上方写下"×××的生命线"。

（2）在纸的中部，从左到右画一条长长的直线，加个箭头，使它成为有方向的线。

（3）在线的左端写上出生，然后问问自己期待活多大，或预期活多久，在线的最右端标上这个年龄，并标识目前个人的年龄点。

（4）回忆生活中最快乐和最痛苦的事情，确认事情发生的时间，在生命线上标识出来。注意，可将快乐的事情标在生命线的上方，把痛苦的事情标在生命线的下方，并且越快乐，标得越高，越痛苦，标得越低。举例：如图12–2所示。

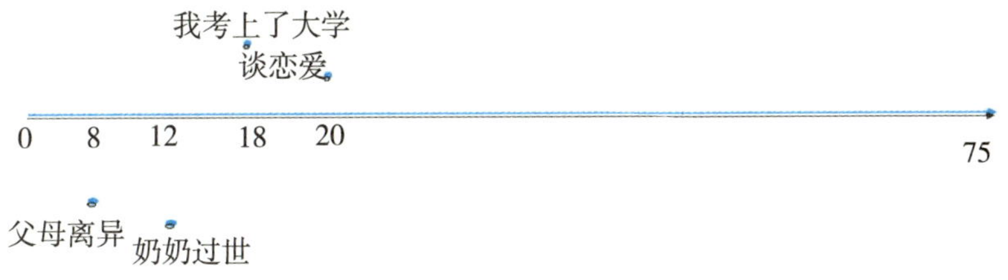

图12–2

（5）看着自己的生命线，思考影响人生的重大事件，是快乐的多，还是痛苦的多，上升和下降的幅度怎样？

（6）现在进入将来时，把期待或预期的生活事件标识出来，如建立家庭、发展事业，注明时间，评估快乐与痛苦指数。同样，把最期待的高高地写在线的最上方。当然，你还会预期生活有挫折，如失去亲人、工作受挫等。同样标识出来。这才是完整的人生。

（7）看着你的生命线，如果标示的事件大部分在线下，问问自己：是不是对未来的估计太消极，对自己有太多的不满，是否可以考虑调整一下看世界的视角？如果大部分事件都标在了线上，也请思考自己是否真的接纳了生活的悲伤或挫折？

（8）生命线永不停息地向前走，作为生命的主人，请考虑你打算怎样让它精彩绽放？

心理测试

生活目的测验

【指导语】

在下列句子中选择最能代表你感受的数字。从1到7分别代表不同程度的感受。请尽量避免使用中间状态。

1. 我通常是：

1　2　3　4　5　6　7

非常无聊的　　中性的　　兴致勃勃的

2. 生活对我来说：

1　2　3　4　5　6　7

总是令人兴奋　　中性的　　完全是例行公事

3. 在我的生活中：

1　2　3　4　5　6　7

根本没有目标或目的　　中性的　　有明确的目标或目的

4. 我个人的存在是：

1　2　3　4　5　6　7

完全无意义　　中性的　　非常有意义

5. 每天都是：

1　2　3　4　5　6　7

完全一样的　　中性的　　崭新和不同的

6. 如果我可以选择，那么我宁愿：

1　2　3　4　5　6　7

不要出生　　中性的　　像这样再活几次

7. 退休后我会：

1　2　3　4　5　6　7

做一些我一直想做的事　　中性的　　虚度余生

8. 在达到生活目标的路途上，我：

1　2　3　4　5　6　7

一筹莫展　　中性的　　正逐步迈向成功

9. 我的生活是：

1　2　3　4　5　6　7

空虚绝望的　　中性的　　充满令人兴奋的事

10. 如果我今天死了，我会觉得我这一生过得：

1　2　3　4　5　6　7

非常有价值　中性的　完全没有价值

11. 想到我的一生，我：

1　2　3　4　5　6　7

经常怀疑我为什么活着　中性的　总能看到活的理由

12. 相对于我的生活而言，这个世界：

1　2　3　4　5　6　7

令我完全混乱不解　中性的　与我生活配合得天衣无缝

13. 我是一个：

1　2　3　4　5　6　7

完全没有责任感的人　中性的　有着强烈责任感的人

14. 关于人是否有自决的自由，我的看法是；

1　2　3　4　5　6　7

人完全可以自由选择　中性的　人受遗传和环境制约

15. 对于死亡，我：

1　2　3　4　5　6　7

准备好了，没有恐惧　中性的　毫无准备，很恐惧

16. 对于自杀，我：

1　2　3　4　5　6　7

认真考虑过用它解决问题　中性的　从未认真地想过

17. 我认为自己在生活中寻求意义、目的和使命的能力：

1　2　3　4　5　6　7

非常强　中性的　根本没有

18. 我的生活是：

1　2　3　4　5　6　7

由我来控制　中性的　由外在因素所控制

19. 面对每天的工作是：

1　2　3　4　5　6　7

快乐及满足的来源　中性的　痛苦及枯燥的来源

20. 我发现：

1　2　3　4　5　6　7

还没有找到生活的目的　中性的　已经找到了一个明确的满意的目标

【记分与结果说明】

此量表用于测量一个人感到生活是有意义和目的的程度。其中第1、3、4、5、6、8、9、11、12、13、16、20题为正向计分题，选择1、2、3、4、5、6、7按1、2、3、4、5、6、7分计算；第2、7、10、14、15、17、18、19题为反向计分题，选择1、2、3、4、5、6、7按7、6、5、4、3、2、1分计算。将各题分值相加得到总分，总分越高，说明其越感到生活有意义和目的。

拓展阅读

爱的链条

在得克萨斯州一个风雪交加的夜晚，一位名叫克雷斯的年轻人因为汽车“抛锚”被困在郊外。正当他万分焦急的时候，有一位骑马的男子经过这里。见此情景，这位男子二话没说便用马帮助克雷斯把汽车拉到了小镇上。

事后，当感激不尽的克雷斯拿出不菲的美钞对他表示酬谢时，这位男子说：“不需要回报，但我要你给我一个承诺，当别人有困难的时候，你也要尽力帮助他人。”于是，在后来的日子里，克雷斯主动帮助了许许多多的人，并且每次都没有忘记转述那句同样的话给所有被他帮助的人。

许多年后的一天，克雷斯被洪水困在了一个孤岛上，一位勇敢的少年冒着被洪水吞噬的危险救了他。当他感谢少年的时候，少年竟然也说出了那句克雷斯曾说过无数次的话：“不需要回报，但我要你给我一个承诺……”

克雷斯的胸中顿时涌起了一股暖暖的激流：“原来，我穿起的这根关于爱的链条，周转了无数的人，最后经过少年还给了我，我一生做的这些好事，全都是为我自己做的！”

假如给我三天光明

《假如给我三天光明》是海伦·凯勒的散文代表作。该书主要描写了海伦变成盲聋人后的生活，以及她如何求学的生涯。海伦从一个身残志坚的柔弱女子视角，告诉我们应当珍惜生命，珍惜造物主赐予我们的一切。节选部分：

我们谁都知道自己难免一死。但是这一天的到来，似乎遥遥无期。当然，人们要是健康无恙，谁又会想到它，谁又会整日惦记着它。于是便饱食终日，无所事事。

有时我想，要是人们把活着的每一天都看作生命的最后一天该有多好啊！这就能更显出生命的价值。如果以为生命还比较漫长，我们的每一天就不会过得那样有意义，有朝气，我们对生活就不会总是充满热情。

我们对待生命如此倦怠，在对待自己的各种天赋及使用自己的器官上又何尝不是如此？只有那些盲了的人才更加珍惜光明。那些成年后失明、失聪的人更是如此。然而，那些耳聪目明的正常人却不好好地去利用他们的天赋。他们视而不见、充耳不闻，无任何鉴赏之心。事情往往就是这样，一旦失去了的东西，人们才会留恋它，人得了病才会想到健康的幸福。

我有过这样的想法，如果让每一个人在他成年后的某个阶段瞎上几天，聋上几天该有多好。黑暗将使他们更加珍惜光明；寂寞将教会他们真正领略喧哗的欢乐。

最近一位朋友来看我，他刚从林中散步回来。我问他看到些什么，他说没有什么特别的东西。要不是我早习惯了这样的回答，我真会大吃一惊。我终于体会到了这样一个道理：明眼人往往熟视无睹。

我多么希望看看这世界上的一切，如果说凭我的触觉能得到如此大的乐趣，那么能让我亲眼看一下该有多好。奇怪的是明眼人对这一切却如此冷漠！那点缀世界的五彩缤纷和千姿百态在他们看来是那么平庸。也许人就是这样，有了的东西不知道欣赏，没有的东西一味追求。在明眼人的世界上，视力这种天赋不过增添一点方便罢了，并没有赋予他们的生活更多的意义。

思考：在读这些内容时，你心里涌现出什么感受？你认为人为什么活着？生命的意义和价值是什么？

第三节　用积极铸就幸福，让人生蓬勃绽放

心灵故事

妈妈出乎意料地送给小女孩一条漂亮的裙子，当时小女孩刚从楼下满头大汗地跑回来。

她看到素雅中透着可爱的连衣裙，眼睛就离不开它。

“喜欢吗？”妈妈问。小女孩连连点头。

“送给你！不过你要答应我，不要把它弄脏、弄破，要好好爱惜它。”小女孩使劲点头。

穿上裙子的她果然美丽。为了爱护裙子，她不再上蹿下跳，不再地上打滚，她变得斯文、干净、可爱起来。

每个人内心里都有个柔软的部分，不愿意辜负别人的信任。给自己或他人一个支点，坚持下去，就会变成一种力量。唤醒内在的智慧与力量，也许并不困难，需要的是我们持续的、积极的视角，欣赏、鼓励、陪伴与支持，静待我们的生命之花绽放。

知识导读

一、心理健康教育范式的转变

（一）心理科学的误区

检索1967～2000年的心理学研究发现，对焦虑的研究约41 416篇，愤怒的研究约5584篇，抑郁的研究约54 040篇，然而，关于愉悦的研究只有415篇左右，幸福的研究1710篇左右，生活满意度的研究2582篇左右。心理学在研究负面心理方面要比研究正面心理方面成功得多。心理学展示了人类的缺点和内在的缺憾，但很少揭示人的潜能、优点、愿望与抱负。先前的心理学似乎把自己限定在黑暗的、卑劣的区域。

实践表明，关注消极是有代价的：一是放大了问题，使人觉得自己是受害者，是有问题的人；二是忽略了生活中很多不错的、美好的方面；三是忘记了自己具有改善生活和发展自己的潜能。钟思嘉认为，当心中有消极负面的想法时，愈想它，就犹如盐撒在伤口上会愈痛；犹如车轮陷在泥沼中，愈加油陷得愈深。

心理学的使命不只是治疗人的精神或心理疾病，还要帮助普通人生活得更充实、更幸福，发现并培养具有非凡才能的人。20世纪末，积极心理学应时代需求而生。它的目标就是从心理上去推动改变，使心理学转变到并帮助人在生活中建立最好的方面。

（二）心理健康的发展趋势

积极心理学具体引发了哪些变化呢？它在关注人软弱一面的同时，也看重人独特的优点与长处；在致力于修护生命伤口的同时，也竭力建立生命中美好的特质；在努力帮助受心理困扰的人的同时，也关心怎样使普通人活得更精彩。

在心理健康教育领域，它掀起了一场革命，使心理健康教育从关注少数学生到关注广大的学生群体，从关注学生的心理问题到重视学生乐观、希望、抗疫力等积极心理品质的培养；心理危机干预工作正逐步走向科学化、规范化和操作化，更加重视发展性、实践性的措施和方法。从清华大学学生的团体训练课程（表12–2）可以看出，心理健康教育课程

已经从补救性、治疗性的范式转变为发展性、教育性和预防性的范式。

表12-2　清华大学学生的团体训练课程

课程主题	课程名称	时段
新生适应	走进新生活	大一上
学习方法	Day day up	大一下
自我成长	发现独特的我	大二上
亲密关系	知心知情知爱	大二下
生涯规划	我的生涯我做主	大三上
职业探索	行行出状元	大三下
提升抗逆力	面对挫折我能行	大四上
毕业生辅导	心的起航	大四下

积极心理学的理念在心理咨询实务中也得到了广泛应用。焦点解决短程咨询和叙事疗法应运而生。焦点解决短程咨询强调：来访者是解决问题的专家，咨询师是解决问题过程的专家；问题不全是问题，它也有正向价值；重新解释来访者的问题，改变就在其中；不断强调来访者生命中的"例外"，就能引发更多的"例外"。叙事治疗强调人们透过故事看本质，故事创造一种世界观、人生观。改变说故事的方法，也就改变了生活。如，一对因矛盾闹分手的情侣，当咨询师搁置他们的冲突，引导他们回忆恋爱的种种美好时，他们的兴奋与幸福再度勾起，他们便从容地回到桌面探讨分歧，分歧的结果便不再只是冲突。一次次的制造例外，诉说恋爱中的美好，他们的恋爱有了更多的经典时刻。

在管理领域，积极心理学的理念也广泛渗透。管理者越来越强调"不责备"政策，通过弹性工作、完善休假制度、在职培训等，想方设法激发员工的才华和潜力，使员工获得更大的参与权和自主空间。人们越来越认识到，主观因素对我们的幸福感影响很大。自信、乐观、积极、宽容、懂得感恩的人通常都比较幸福。它们的作用甚至超越了金钱和地位。

二、大学生的幸福现状

（一）幸福的2.0版本

塞里格曼在对积极心理学多年研究的基础上，打破先前的幸福1.0版本，提出了幸福的2.0版本。他认为幸福的目标不再只是提高生活满意度，而是让人生更加丰盈蓬勃，绽放活力。

幸福2.0理论有五个要素：积极情绪（Positive Emotion）、投入（Engagement）、积极的人际关系（Relationships）、意义（Meaning）和成就（Accomplishment），简称PERMA。

积极情绪包括喜悦、安宁、感激、兴趣、希望、自豪、激励、敬佩和爱等。它让我们像花儿一样绽放，全身心地欣赏周围的美好，充满希望地看待挫折和失败，赐予我们疗愈的力量，使我们更加坚韧和坚强，和我们周围的人更和谐、更亲密。它还能降低血压、减少疼痛，使我们睡得香甜。然而，积极情绪不是越多越好。研究发现，积极情绪和消极情绪的最佳比例是3∶1（表12-3）。也就是说，一定程度的消极情绪是有意义的。没有积极情绪，人觉得痛苦崩溃，没有消极情绪，人感觉不踏实。

表 12-3

	幸福1.0	幸福2.0
目标	提高生活满意度	提升积极情绪、投入、意义、积极的人际关系、成就，使人生丰盈蓬勃
指标	生活目标度	积极情绪、投入、意义、积极的人际关系、成就

投入，又称心流体验，即经由全神贯注产生的心理体验。米哈伊在研究中发现，运动员、作家、象棋高手等在从事某项活动时，专注地沉浸其中，忘却时空，好像被一种愉悦的力量推动着，激发出极大的内在兴趣，处于“爽”“顺畅”的状态，毫无疑问地感觉“很幸福”。

积极的人际关系就是有意义的爱的连接。研究发现，孤独对人的生活消极影响极大。他人是人生低潮最好和最可靠的朋友。对人际关系的追求是人类幸福的基石。

意义是致力于某种超越自我的东西。它是积极情绪的决定性因素。意义有主观成分，但又不完全主观。林肯曾非常抑郁，在绝望的时候他会觉得自己的人生毫无意义，但我们认为他的人生充满意义。

成就也是大多数人对幸福的追求。成就很多时候能带给我们积极的情绪或直接的快乐。然而，要注意一些学生为了赢而赢，不惜作弊、投机取巧，过于强调成就而忽略了其他，这最终会使幸福打个折扣。

（二）大学生的幸福观

资料表明，大学生的幸福观主流是积极向上的，符合社会发展潮流，并呈现多元化趋势。

1. 传统文化对大学生的幸福观有非常大的影响。调研表明，在大学生感到幸福的若干指标中，“能够帮助别人”占84.5%，“别人对自己道德的评价”占66.7%，“家庭美满”占66.7%，“学业优良”占69.1%，这表明当代大学生的幸福观受传统文化的影响，以社会为取向，强调个人幸福与社会道德的结合，注重家庭的和谐相处，并希望通过自身努力实现人生价值。

2. 大学生的幸福观呈现多元化。一些大学生求知欲强，具有远大的理想和抱负。他们期待展示自我才华，活出个人风采，保持积极向上的昂扬状态，学业事业有成，实现自身价值。一些大学生强调“生活富裕让人幸福”，一方面反映了大学生重视物质条件，也潜在反映了部分学生有享乐思想。还有一些学生重视“身体健康”“自由自在”，说明他们关注内心感受，体验到了身心健康、自我满足对幸福的意义和价值。同时，乐于交往，希望被人接纳，有良好的人际交往也是大学生幸福观的一部分。

（三）大学生的幸福来源

幸福来源就是幸福的方式和方法。大学生追求幸福主要涉及是靠自己还是靠他人，是通过劳动还是借助其他等问题。

1. 相信幸福来自努力

调研表明，90%以上的学生表示要靠自己的努力获得幸福，极少数人愿意依靠父母或社会。他们感慨：“幸福的生活要靠自己”“幸福要自己争取”“自己努力实现自己的心愿，我觉得最幸福”。这意味着绝大多数学生都正确地认识了努力与幸福的关系，反映了新时代青年学子追求幸福的特点。他们具有较强的独立性，他们的幸福观日趋成熟。

2. 高度评价奋斗和劳动对幸福的价值

研究发现，绝大部分学生希望通过自己的努力和劳动创造幸福，选择合适的方式获得满足。他们感言：“幸福是建立在自己努力奋斗的基础上”“幸福需要付出”“幸福就在不断地追求和奋斗的过程中”。这意味着当代大学生能充分认识到，只有积极进取，为社会创造财富，有所贡献，才能获得较大的成就感和满足感。

三、大学生的幸福教育

（一）了解自身突出优势

每个人都有很多优势，在学习、工作、生活中得以展现，从而让生活更幸福，更有成就。塞里格曼认为，对于个体来讲，幸福的来源主要是个人的优势与美德。他提出，人有24项优势，分为六大集群（参见第十一章第一节积极优势）。

请找出自己的优势，并在学习、工作和生活中尽量充分发挥你的优势，让你的生活变得更好。

（二）训练乐观解释风格

解释风格是个体对成功与失败进行归因、理解、判断时表现出来的一种稳定倾向。它有三个重要维度：永久性—暂时性，普遍性—特定性，个人化—非个人化。永久性是指事情会继续下去，暂时性是指事情是可改变的或是过渡性的。普遍性是指事情会影响许多情况，特定性是指事情只影响特定情况。个人化认为事情起因是我，非个人化认为起因是其他人或是其他情况。

乐观的人和悲观的人在这三个维度上表现出很大的差异。比如，在坏事情发生时，悲观的人倾向于认为坏事情是自己的错，是永久的，生活多方面都会受到影响。乐观的人倾向于认为事情不是我的错，一会就过去了，只会对生活的特定方面有些影响。在好事情发生时，悲观的人倾向于认为相信好事情是暂时的，是运气好的结果，即使成功了，也会认为这是一种意外；而乐观的人倾向于认为相信好事情是永久性的，是因为自己有能力，肯努力。

一些大学生有着悲观的解释风格。当同学忙于学习工作，疏于与他人交往，或者发生些许摩擦，他会认为“大家都讨厌我，不愿和我做朋友”；当同学指出他身上的许多优点和特长时，他说“那不算啥，我只会这点”或“那是因为我这次准备比较充分，下次就难说了”。研究发现，悲观的人容易放弃，常常陷入抑郁中。乐观的人各方面都表现突出，身体较少生病。乐观的领袖易于激励人，深得民心。

塞里格曼认为，正如悲观是通过学习而获得的，乐观也可以通过学习而获得。我们可以改进自身的解释风格，发展出乐观的思维模式。

一是学会识别情绪低沉时大脑自动冒出来的想法。如，一个学生失恋时，痛苦地认为“没有他的爱，我活不下去”“这辈子我再也爱不上任何人了”。当她学着觉察这个想法，就能明白这是她个人的解释，而非事实。

二是学会与这个自动冒泡的想法抗争，举出很多相反的例证。每当“没有他的爱，我活不下去”这个念头出现，就集中精力去想与之相反的事实：没有他的日子，我曾活得很好；我现在有些痛苦，但并不代表活不下去。

三是学会用新的解释代替旧的解释。“我能爱上他，也必能爱上其他人”，“我和他分开，只是因为有些方面我们不合适”，这种解释就容易使人摆脱绝望和悲观。

四是学会把自己从消极或抑郁的思维中引开。当这个学生意识到消极的想法有时难免，如果经常思维反刍，情况会更糟，还不如积极主动地提醒自己想好事，想自己的小确幸、小快乐。

五是学会认识并质疑种种悲观抑郁的想法。“除非每个人都喜欢我，否则我就是失败者”“除非我做好这件事，否则我就是笨蛋”“任何问题都有答案，我必须找到它”，这些想法容易导致抑郁，你可以考虑新的念头，如“有人喜欢你，也有人讨厌你”“尽力就是成功”“生活免不了遇到问题，没有最好的解答，做好重要的即可”。

（三）将创伤转变为成长

许多人在经历重大挫折后，表现出沮丧、抑郁，有的甚至出现了创伤后应激障碍。然而一段时间后，他们不但没有被打倒，反而获得了更大的成长，拥有了比之前更强大的心理功能。研究发现，人生最糟糕的15件事情，如受折磨、患重病、孩子夭折、入狱等，经历过的人，比那些没有经历过的人拥有更强的优势；经历两件可怕事情的人比经历一件的人更坚强；经历过三件的又比那些经历过两件的人更坚强，即创伤能带来成长。

美国的朗达·卡纳姆准将就是这样一个典型例子。她是一名医生、生化博士、飞行员，在执行救援任务时，直升机坠落，只有3个人存活。她的两只胳膊和一条腿都断了，还受到了敌方的暴打。多日后，被释放的她作为英雄归来，所有人为之鼓掌喝彩。正应了尼采的经典名言：那些杀不死我的，必使我强大。类似的例子不胜枚举。有数据表明61.1%在越南战争中被监禁、受到折磨的飞行员在心理上受益，他们从创伤中得到了成长。

为什么创伤能带来成长？从传统智慧来看，在悲剧之后，人们往往更珍惜生命，更注重追求人际关系和精神世界层面的幸福，更可能采取行动，发挥优势，着眼改变。

然而，不是创伤对所有人都有益。要将创伤转变为成长，必须仰赖于五项因素：（1）认识到创伤后信念的崩塌是正常反应，这并不意味着自己有问题，或性格有毛病。（2）对于各种症状不那么焦虑，知道这是一个正常的、过渡的过程，随着时间的推移，为所当为，它会慢慢减少。（3）能够建设性地表露，讲出自己的创伤经历，而非压抑自己，因为这只会加重生理和心理的症状。（4）在创伤叙述时，能视创伤为成长的过程，描述创伤后自己积极的改变。尤其是描述在悲痛的过程中自己的优势是如何被激发的，自己是如何走出来的，这一过程有何启发与收获。（5）总结因创伤而产生的更加坚强、更加大无畏的人生原则和立场。

互动体验

感恩拜访

想一个依然健在的人，他多年前的言行曾让你的人生变得美好，你从来没有充分地感谢过他，但下周你就会去见他，想到谁了吗？给这个人写一封感恩信，亲自递送给他。

这封信的内容要具体，大约400字。信中，你要明确地回顾他为你做过的事情，以及这件事如何影响你的人生。让他知道你的现状，并提到你是如何经常想到他的言行的，尽量写得拨动心弦！

打电话告诉他，你想要拜访他。见到他后，慢慢地念你的信，注意他和你自己的反应。你们可以讨论信的内容，并交流彼此的感受。

三 件 好 事

每天晚上睡觉前，花10分钟写下今天的三件好事，以及它们发生的原因。你可以用日记本或电脑写下这些好事，重要的是要有记录。这三件事不一定要惊天动地。如，同学帮我占了位。

每件好事的下面，请写清楚“它为什么会发生”。一开始，也许你觉得有些别扭，但请你一定要坚持一个星期，它就会逐渐变得容易了。3个月后，你就会更幸福，并喜欢上这个练习。

心理测试

Diener的生活满意度量表

【指导语】

表12-4中有五个你赞成或反对的句子，请参照你的实际情况选择相应的数字。

表12-4

项目	强烈反对	比较反对	有点反对	中立	有点赞成	比较赞成	非常赞成
1. 我的生活大多数方面都接近于理想状态	1	2	3	4	5	6	7
2. 我的生活环境很好	1	2	3	4	5	6	7
3. 我对我的生活很满意	1	2	3	4	5	6	7
4. 到目前为止，我已经得到了在生活中我想要的东西	1	2	3	4	5	6	7
5. 如果重新活一次，我不会做任何改变	1	2	3	4	5	6	7

【计分】

31～35分，表示你非常满意你的生活；26～30分，表示你很满意你的生活；21～25分，表示你比较满意；20分，表示中间状态；15～19分，表示你有一点不满意；10～14分，表示你不满意；5～9分，表示你非常不满意。

【讨论】

你的幸福指数：________________。

你对你的生活满意吗?

如果不满意，是谁偷走了你的幸福? ______________，______________，______________。

如果满意，那是因为：

1. ________________。2. ________________。3. ________________。

尽情享受你的幸福吧。

幸福的路径

【指导语】

表12-5中的句子反映了人们的一些想法，请你实事求是地选择能够描述你生活状态的

选项。

表 12-5

项目	一点不像我	只有一点像我	有些像我	大多时候像我	非常像我
1. 我的生活有崇高的目的	1	2	3	4	5
2. 生命如此短暂，要懂得享受生活中的愉悦	1	2	3	4	5
3. 我寻找能够挑战自己技术和能力的机会	1	2	3	4	5
4. 生活中我保持出色的成绩	1	2	3	4	5
5. 无论在工作还是玩的时候，我都忘我的投入	1	2	3	4	5
6. 我经常全神贯注于我做的事情	1	2	3	4	5
7. 我很少被周围发生的事情分散注意力	1	2	3	4	5
8. 为使世界更美好，我也有一份责任	1	2	3	4	5
9. 我的生活有长久的意义和价值	1	2	3	4	5
10. 无论我在做什么，对我来说，赢是很重要的事	1	2	3	4	5
11. 在选择要做什么时，我常常考虑这件事是否令人愉悦	1	2	3	4	5
12. 我所做的事情对社会有重要的意义	1	2	3	4	5
13. 我希望比别人更有成就	1	2	3	4	5
14. 我同意：人生得意须尽欢，莫待无花空折枝	1	2	3	4	5
15. 我喜欢做充满刺激的事	1	2	3	4	5
16. 我喜欢竞争	1	2	3	4	5

【计分统计】

根据自己的选择将统计总分填入表12–6中。

表 12-6

幸福路径	题号	总分	幸福路径	题号	总分
愉悦	2，11，14，15		意义	1，8，9，12	
投入	3，5，6，7		成功	4，10，13，16	

【结果解释】

这是依据积极心理学家Peterson撰写的《积极心理学》中描述的幸福路径所编制的问卷。如果四个维度的得分都高于15分，表示你正有一个非常充实的生活，并对生活高度满意；如果四维度的得分都低于9分，表示目前你的生活比较空虚，而且你对这种状态非常不满意。你应该做点改变，不论大小，只要尝试着去改变就好。如果你在某一两个维度分数较高，表示你可能正在寻找机会让生活更幸福。

拓展阅读

谢坤山的乐观人生

谢坤山，1958年出生于中国台湾，知名的口足画家，曾出版自传《我是谢坤山》，得到了极高的赞誉。

由于家境贫寒，很早辍学的他12岁起，到工地打工，用他那稚嫩的肩膀撑起家庭。然而命运偏倚，16岁那年，他因误触高压电，失去了双臂和一条腿；23岁时，一场意外事故又使他失去了一只眼睛。随后，心爱的女友也离他而去……

面对命运如此打击，他并不抱怨，不沉沦，毅然选择不拖累家人，独自流浪求生存。他一边打工挣钱糊口，一边忙公益救助社会。后来，他逐渐地迷上了绘画，想给自己灰色的人生着上绚丽的色彩。

起初，他去艺校旁听，学习绘画技巧。没有手，他就用嘴作画，先用牙齿咬住画笔，再用舌头搅动，嘴角时常渗出鲜血。少条腿，他就“金鸡独立”，通常一站就是几小时。他尤其喜欢在风雨中作画，捕捉那乌云密布、寒风侵袭的感觉……他的坚韧打动了一个女孩，对方不顾父母强烈反对，毅然走进他的生活。

有了伴侣的支持，他更加勤奋作画，到处举办画展。功夫不负有心人，他赢得爱情，赢得事业，也赢得了社会的尊重。他的传奇故事家喻户晓，成为无数青年励志的典范。有人问他：“假如你有一双健全的手，你最想用它做什么？”他笑着说：“我会左手牵着太太，右手牵着两个女儿，一起走好人生的路。”

人生就是一盘棋，而与你对弈的是命运。即使命运在棋盘上占尽优势，你只剩下一炮的残局，也不要推盘认输，要笑着面对，坚持对弈下去，因为人生就在坚持中转机！

【推荐视频】

《阿甘正传》《三傻大闹好莱坞》《没手没脚没烦恼》（尼克·胡哲），《谢坤山的乐观人生》《别对自己说：不可能》（约翰·库提斯），《哈佛大学幸福课》《百家讲坛：破解幸福密码》（毕淑敏）等。

启发思考

1. 哪些学生容易发生心理危机？如何识别、预防大学生心理危机？
2. 关于生命，你有哪些思考或探索？你认为生命中最重要的是什么？
3. 怎么提升个人幸福指数？怎样让你的人生蓬勃绽放？

参考文献 REFERENCE

[1]（爱尔兰）卡尔著，丁丹等译. 积极心理学[M]. 北京：中国轻工业出版社， 2013.

[2]（美）伯格（Burger），J. M. 著，陈会昌译. 人格心理学（第八版）[M]. 北京：中国轻工业出版社， 2014.

[3]（美）海伦. 帕尔默（Helen Palmer），九型人格[M]. 北京：华夏出版社， 2016.

[4]（美）马丁. 塞里格曼著，洪兰译. 真实的幸福[M]. 沈阳：万卷出版公司， 2010.

[5]（美）马丁. 塞里格曼著，赵昱鲲译. 持续的幸福[M]. 杭州：浙江人民出版社，2012.

[6] 常春娣，张燕云. 大学生心理健康教育[M]. 重庆：西南师范大学出版社，2012.

[7] 方平，杨伊生，王润平. 自助与成长——大学生心理健康教育[M]. 北京：教育科学出版社，2010.

[8] 高兰等. 大学生心理健康教育[M]. 北京：教育科学出版社，2015.

[9] 葛宝岳. 大学生心理健康与安全课程[M]. 北京：新华出版社，2015.

[10] 葛明贵，王军，施宝琴. 大学生心理健康教育[M]. 北京：教育科学出版社，2014.

[11] 何静春，袁一平. 大学生心理健康教程[M]. 北京：化学工业出版社，2015.

[12] 胡珍. 性爱 婚姻 家庭——大学生性教育教材[M]. 北京：科学出版社，2011.

[13] 冀先礼等. 心理健康教育[M]. 北京：光明日报出版社，2011.

[14] 林清香. 大学生心理健康教育[M]. 北京：清华大学出版社，2013.

[15] 刘卫锋. 大学生心理健康教育与素质拓展训练教程[M]. 武汉：南京大学出版社，2015.

[16] 鲁忠义，安丽娟. 大学生心理健康教育[M]. 北京：教育科学出版社，2015.

[17] 马国杰，李俊杰，张敏. 新编大学生心理健康教程[M]. 郑州：郑州大学生出版社，2013.

[18] 孟娟，周华忠. 自助与成长——大学生心理健康教育[M]. 北京：国家行政学院出版社，2013.

[19] 彭纯清，孙霞. 大学生心理素质训练[M]. 武汉：华中师范大学出版社，2014.

[20] 任俊. 乐商[M]. 北京：清华大学出版社， 2013.

[21] 桑志芹，邓旭阳. 大学生心理素质训练[M]. 上海：上海教育出版社，2009.

[22] 司家栋，张付山. 班级团体心理辅导课程主题方案[M]. 北京：蓝天出版社，2012.

[23] 唐植文. 当代大学生心理健康教程[M]. 上海：东北师范大学出版社，2010.

[24] 王裕清. 大学生职业生涯规划与就业创业指导[M]. 北京：北京邮电大学出版社，2014.

[25] 韦志中. 大学心理健康教育[M]. 北京：中国轻工业出版社，2015.

[26] 吴青枝，王利平，赵小荣. 大学生心理健康教育[M]. 北京：现代教育出版社，2012.

[27] 徐国立. 大学生学习与心理指导[M]. 北京：中国人民大学出版社，2014.

[28] 徐亮，张平，王灿. 为心灵开一扇窗——大学生心理健康教育[M]. 天津：南开大学出版社，2014.

[29] 轩希，周璠. 大学生心理健康教育[M]. 长春：东北师范大学出版社，2013.

[30] 阳志平等. 积极心理学团体活动课操作指南[M]. 北京：机械工业出版社，2009.

[31] 叶琳琳. 大学生心理健康教育与心理素质训练[M]. 北京：北京师范大学生出版社，2013.

[32] 张潮，杨晓荣. 自助与成长——大学生心理健康教育[M]. 北京：教育科学出版社，2010.

[33] 张弛，田宝伟，郑日昌. 团体心理训练[M]. 北京：开明出版社，2012.
[34] 张大均，吴明霞. 大学生心理健康（修订版）[M]. 北京：清华大学出版社，2015.
[35] 张将星，曾庆. 大学生心理健康教育[M]. 广州：暨南大学出版社，2013.
[36] 赵雪莲，杨津田. 大学生心理健康[M]. 长春：东北师范大学出版社，2012.
[37] 郑日昌. 大学生心理健康——自主与自助手册[M]. 北京：高等教育出版社，2007.
[38] 郑淑杰. 大学生心理健康教育[M]. 北京：教育科学出版社，2014.
[39] 郑晓江. 生命教育演讲录[M]. 南昌：江西人民出版社，2008.
[40] 郑雪. 人格心理学[M]. 广州：暨南大学出版社，2007.
[41] 朱育红，潘力军，王爱丽. 大学生心理健康教育课堂互动手册[M]. 上海：华东理工大学出版社，2015.